《企业文案一本通》系列丛书

U0592470

（第二版）

公关文案

GONGGUAN WENAN YIBENTONG

一本通

李　笑◎主编

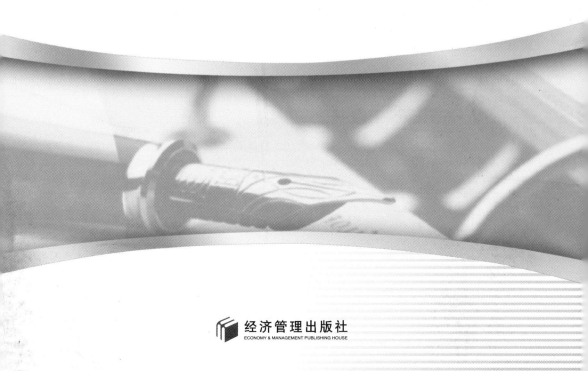

经济管理出版社
ECONOMY & MANAGEMENT PUBLISHING HOUSE

图书在版编目（CIP）数据

公关文案一本通/李笑主编 . —2 版 . —北京：经济管理出版社，2017.3
ISBN 978 - 7 - 5096 - 4951 - 0

Ⅰ.①公…　Ⅱ.①李…　Ⅲ.①公共关系学—文书—写作　Ⅳ.①C912.3

中国版本图书馆 CIP 数据核字（2017）第 031399 号

组稿编辑：谭　伟
责任编辑：谭　伟
责任印制：黄章平
责任校对：超　凡　王纪慧

出版发行：经济管理出版社
　　　　　（北京市海淀区北蜂窝 8 号中雅大厦 A 座 11 层　100038）
网　　址：www. E - mp. com. cn
电　　话：（010）51915602
印　　刷：三河市延风印装厂
经　　销：新华书店
开　　本：720mm×1000mm/16
印　　张：24.5
字　　数：467 千字
版　　次：2017 年 3 月第 2 版　　2017 年 3 月第 1 次印刷
书　　号：ISBN 978 - 7 - 5096 - 4951 - 0
定　　价：80.00 元

本书编委会

主　编：李　笑
副主编：朱玉侠　谭　伟
编　委：李正乐　林　侠
　　　　朱玉侠　李全超
　　　　安玉超

前　言

　　企业的公关工作除了常规的沟通协调、信息传播（包括媒介发稿）、大型活动策划和实施外，整合传播、品牌推广、危机管理、企业形象设计、企业发展咨询等内容已构成了企业公关的新热点。尤其是随着一大批专业公关机构的崛起，企业公关服务的范围已拓展到各个相关领域。而在这些领域的服务中，无一不需要文案写作知识和技能的运用。所谓企业公关文案写作，实质包括了企业在公关实务中所需运用的一切文案写作的知识和技能。

　　随着中国公关专业化、职业化建设进程的加速，公关文案写作能力对于一名合格公关人员的重要性日益显现。这一点已被越来越多的公关人员所认识。无论是企业公关部的专业人员，还是一名在专业公关机构任职的业务人员，其工作的性质决定了他必须要能够熟练地撰写从柬帖、会议致辞到专题活动策划书，乃至危机管理方案、评估报告等一系列文案，否则就无法有效地开展工作。对于一些专业公关机构而言，能否提供好的文案，有时甚至是"生死攸关"的大事情。所以，对公关从业人员来说，学习公关文案写作，是个人要想在事业上有所发展、有所成就必不可少的修炼。

　　鉴于此，作者编写了《公关文案一本通》，阐明了企业各类公关文案的写作目的、写作要求和注意事项，并附上范例，以帮助读者举一反三，掌握其要领。

　　《公关文案一本通》以公关文案为切入点，突出了在企业运作过程中经常遇到的公关文案写作，是全面、高效解决问题的实用工具和文案大全。

　　全书分为十五章，详细阐述了调研策划、事务管理、演讲致辞、公关广告、信函书贴、新闻传播、宣介推广等内容。

　　《公关文案一本通》精选大量实用范本，语言通俗易懂，内容全面规范，结构明晰严谨，融理论性与实用性于一体，集创新性与指导性于一身。它具有以下三个特点：一是前瞻性和现代性，内容新颖，贴近现实，具有超强的时代感。二是系统性和全面性，篇章组织结构系统科学，丰富全面，突出重点。三是标准性和实用性，编写规范，简洁实用，可操作性强。

　　总之，它涉及公关人员文案写作的方方面面，具有很好的借鉴性和参考价值，是企业公关人员及专业公关机构从业人员案头必备的文案写作指导用书。

　　本书在编写过程中参考了大量的书刊、报纸、网站，为公关文案撰写提供了借鉴和帮助，作为编者，我们在此深表谢意。

目　录

第一章　企业调研策划文案

第二章　企业事务管理文案

第六章　企业公关广告文案

第七章　企业商务公关文案

第八章 企业招投标公关文案

第九章 企业信函公关文案

第十章 企业书贴公关文案

第十一章　企业新闻传播文案

第十二章　企业哀祭丧仪文案

第一章 企业调研策划文案

一、公关调查报告

（一）公关调查报告的含义

所谓公关调查报告，是指用以反映公关调查所获得的主要信息成果或初步认识成果的一种书面报告。

公关调查报告是公关调查成果的集中体现，以方便社会组织的领导者或公关部门的负责人参考利用，使他们免去全面查阅所有原始资料之累，有利于将公关调查成果尽快地应用于公关科学运作过程中，求得公关科学运作的良好成效。

（二）公关调查报告的种类

公关调查报告依据不同的划分标准，依据调查对象的范围和内容的不同，可以分为综合型公关调查报告和专题型公关调查报告。

1. 综合型公关调查报告

综合型公关调查报告主要是用于整体的调查和全面调查，涉及面比较广泛，引用的材料也比较多，而且报告内在的层次性和系统性要求比较高，报告的整体分量比较重。例如，进行企业发展战略的策划，不仅要进行知名度、美誉度的调查，还要进行企业内部基本实态调查分析，并要对自己的产品、广告宣传、营销方式等各个方面进行一系列的调查，除了了解自己以外，竞争对手的情况、本行业发展趋势分析等也要调查，形成这种综合型调查报告才能满足它的实际需要。综合型调查报告要展示调查内容的全貌，既要纵向的发生、发展的线索，又要梳理横向各部分之间的关系，注意到内外之间的联系和互相影响，从而使组织的决策者对调查对象的历史、现状和趋势有一个全面、立体的认识。

2. 专题型公关调查报告

专题型公关调查报告是围绕某一个具体的公关问题进行调查之后所写的报告，它涉及的问题较为单一，针对性强。每个报告所涉及的内容范围相对集中，报告具有显著的实用性。专题型公关调查报告按内容划分，主要有概述基本情况的专题报告、透视热点情况的专题报告、经验总结性的专题报告、查找教训原因的专题报告、建议性的专题报告。

另外，公关调查报告依据调查客体的性质不同，还可以分为叙述性调查报告和分析性调查报告；依据调查表达的方式不同，可以分为文字报告和口头报告。

（三）结构与写法

公关调查报告的结构是指构成报告文本基本骨架的形式。构成公关调查报告的主要部分有标题、导语、目录或索引、正文、结语、附录。

1. 标题

标题是公关调查报告本质内容的高度概括，一个好的调查报告标题不仅能直接反映出报告的核心思想和基本内容，还会因为它揭示的深刻内涵引发读者强烈的阅读欲望，所以，标题要开宗明义，做到直接、确切、精练。

一般来说，公关调查报告的标题都要写在报告文本的封面上，当然，在封面上除了报告的题目之外，还应标上调查单位名称和报告日期。

公关调查报告的标题可以分为单标题和双标题两种。单标题多为公文式标题，一般是把调查单位、调查内容明确而具体地表现出来，如《关于河北广播电视大学远程教育学员学习情况的调查》、《关于我省今年"注册入学教育"收费问题的调查》。这种标题概括了报告的主要内容和分析范围。有的单标题报告直接将调查报告的基本观点挑明，如《我省电大的教学资源为何得不到充分的利用》。

双标题也称为双行标题和主、副标题，一般主标题反映调查的中心思想，是受关注的部分，它揭示的是报告中最主要的事实和思想，副标题则是在时间、范围、内容上对正标题加以限制，或补充主标题之不足，如《学习方法也是生产力——我省远程教育学员在学习小组中交流自学经验的情况调查》、《怎样的消费怎样的销售——对我省中小城市消费者购买模式与目标市场促销方式的调查分析》、《变"两张皮"为"一体化"——新飞公司加强企业思想政治工作调查》。这种标题往往是主标题发人深省，简洁明快、新颖活泼，富有强烈的吸引力，副标题相对来说更具体"务实"一些。

2. 导语

在调查报告的开头一般是导语，即公关调查报告的前言部分，对本次公关调查的情况做简明扼要的说明。所以，也有的调查报告将这部分内容单独列出来，放在报告文本的开头，称其为"说明"或"概要"部分。

导语根据报告的种类、用途和具体调查的手段和方法不同而略有一些差异，一般情况下它包括以下三方面内容：

（1）要说明公关调查研究的缘由和目的；委托方与被委托方的单位名称；

调查什么问题，解决什么问题。有的报告在此还要阐明调查的意义。

（2）说明调查对象、范围、主要调查方式和手段。

（3）说明调查的主要过程，即调查时间、调查地点、大致经过等。

有的调查报告在导语中概述调查报告的基本观点。也有的调查报告没有目录，在导语中直接交代调查报告的主要内容由"一、二、三……"部分组成，以此作为报告文本的大纲。

3. 目录或索引

公关调查报告如果内容较丰富，装订页码较多，从方便阅读对象的角度出发，应当使用报告目录或索引，将报告文本的主要章、节、目及附录资料的标题列于报告之前，在报告目录中写明章、节、目的标题及号码和页码。

4. 正文

正文是调查报告陈述情况、列举调查材料、分析论证的主体部分。在正文部分必须真实、客观地阐明全部有关论据，包括从问题的提出到引出的结论、论证的全部过程，及与之相联系的各种分析研究的方法。

此外，还要对报告文本有关内容结构进行精心安排。基本要求是结构严谨、条理清楚、重点突出，要做到这一点，就要将调查得到的数据、材料、图表、观点等进行科学分类和符合逻辑的安排。正文部分的结构方式也由于不同的调查报告而多种多样，但基本结构方式主要有三种，即横式结构、纵向结构和交叉结构。

5. 结语

这是公关调查报告的结束部分，没有十分固定的格式，写法是根据文本内容而定的。一般来说，这部分是对正文的概括和归纳，是报告主要内容的总结。有的在结语中强调报告所论及问题的重要性，以提示阅读者关注；有的提出报告中尚未解决的问题，以引起重视；有的则和盘托出解决问题的办法、建议或措施。

无论是哪种结语，其结论和建议与正文的论述要紧密对应，不要重复，以免出现画蛇添足之嫌。

6. 附录

附录部分的内容是指在报告正文中因行文关系没有出现，或正文中提及了但又不完整的内容，它们与调查结果有关，是整个调查结果必不可少的组成部分。附录部分的内容一般都对正文报告有补充作用，例如，数据统计的汇总表、指数平滑分析、回归分析等方法的说明，以及重要的背景材料、公众问卷的设计、样本抽取方案和对企业财务报表的分析报告等。

范例:

北方图书城公关形象调研报告

目的:

为了优化北方图书城的产品服务质量,有效提高其公关形象,给同学们提供更优质的服务,特将北方图书城与其他书店相比较并做出调查,在此基础上形成调查报告。

调查方法:抽样调查

调查样本:辽东学院学生

执行机构:辽东学院公共关系研究小组

任务分配:

联系企业:李××

问卷设计:晁××

资料整理:潘××

实地调研:隋××

执　　笔:李×

调研时间:20××年×月×日

公司简介:

北方图书城是东北地区最大、图书种类最全、服务最佳的大型书城。丹东北方图书城于 2003 年 6 月 20 日开业,位于丹东元宝区锦山大街,地处繁华的商业地段,是丹东规模较大的一家文化用品企业,拥有员工 18 人,书类齐全,环境优雅。

内容摘要:

文化用品市场已经是一个竞争激烈的市场,在丹东地区文化用品店也有很多了。北方图书城作为丹东规模较大的一家书店,怎样才能立于不败之地呢?就现在的形势来看,光靠产品质量是远远不够的,还要靠公司的信誉度和美誉度。学生是书店的主要顾客,为了让学生买到满意的书,也是为了提高北方图书城的知名度、信誉度和美誉度,我们小组特进行了此次调查。这次调查的主要内容有北方图书城的内部环境、书的质量、书的种类、服务质量、售后服务等方面。结果统计后运用了图表分析的方法进行了分析,现将调查结果汇成报告供北方图书城进行参考。

背景资料:

随着社会文化的发展,人们对知识的需求越来越大,书店已经成为了一个大众化的消费场所。从开业以来，由于地理环境的优势，北方图书城已在同行业中占据领先地位。但是广大的消费者特别是辽东学院的学生对其公关形象方面有很多的不满和抱怨。同时，最近几年来其他书店也发展起来，如兴华书社、新柳文化商场等，给北方图书城带来了不小的冲击，因此，在文化用品市场竞争日趋激烈的形势下，北方图书城有必要进行改变创新，适应消费者的不同需求，以求更好的发展。

调查基本内容：

此次调查，我们以辽东学院南校学生为样本，设计问卷100份。涉及各个学院的各个年级，其中大一9人，大二30人，大三60人，大四1人；其中女生62人，男生38人。问卷有效率达到94%。对于此次调查同学们都非常配合，提供了许多宝贵的建议。只有6%的人没有去过北方图书城，这其中有25%的人经常光顾新华书店，4%的人去兴华书社，还有14%的潜在顾客去其他地方。

以下是对北方图书城的知名度、美誉度、信誉度的具体情况调查：

（1）对知名度的调查情况：只有6%的人没有去过北方图书城，这说明它的知名度非常高，但是这6%的人里有90%是大二的学生，说明它的宣传力度不够大。

（2）对美誉度的调查情况：

单位：%

	A	B	C	D
店内环境	5	59	27	3
服务员态度	5	54	33	2
书本质量	5	39	42	8
书本价格	1	36	48	9
书本摆放	26	68		
服务员形象	8	51	32	3
结账速度	10	52	29	3

注：A—B—C—D是由次到好的顺序。

由此表可以看出，59%的人认为店内环境一般，也就是说在环境方面北方图书城与其他书店相比不占任何优势，反而可能处于劣势；服务态度是我们调查的重点，恰好有54%的人认为服务态度一般，所以北方图书城应该在服务质量方面做出很大的改进；同样有约50%的人认为服务员形象和结账速度一般；约40%的人认为书的质量和价格一般，说明了北方图书城在这方面做得还不够好；店内书本摆放比较合理，这从只有26%的人认为不合理可以看出来。

（3）对信誉度的调查情况：55%的人认为售后服务一般，11%的人认为很差。以后买书一定去别的书店的人占15%，中间顾客占78%，绝对拥护者占1%，由此可见它的信誉度需要加强。

我们可以看出，知名度、美誉度、信誉度相比而言，公众更关心的是它的美誉度，所以如果北方图书城想改变就必须从它的美誉度开始。

存在的问题：

从上述调查分析可以看出，北方图书城知名度很高，但美誉度和信誉度却一般。信誉度方面的问题主要包括：退货、换货不及时；爱以各种理由推脱；员工的办事效率不高。美誉度方面的问题包括：规模太小、店内灯光较暗、书的种类不全且布局不合理；环境不够舒适，供顾客读书休息的地方太少；服务态度特别不好；文学气息不强；营业时间太短。

解决方案：

针对以上我们发现的问题，经过考察论证后提出以下方案来解决上述问题：

（1）知名度方面：应提高对外宣传力度，重点要对大一的新生进行宣传，新生入学时在校内悬挂条幅，赞助迎新晚会等，同时还应组织文化活动，如读书节、外语节、假日书市、大型的名人签名售书等活动。建立学习型社会，营造良好的文化氛围，在广大读者中产生深刻的影响。

（2）美誉度方面：在知名度打开之下通过各种活动增强北方图书城的文学气息，给服务员进行全新培训，以提高其服务态度，让顾客有亲切感，这是最主要的。店内环境应符合一个书店的格局，灯光要温暖而不是昏暗，书的种类尽可能齐全，及时更新，并且摆放要合理，以供读者能够方便地找到。应多设座位以便顾客读书休息，营业时间在可能的情况下应延长。结账速度适当加快。

（3）信誉度方面：要完善售后服务体制，对于在本店内购买的图书，若不是顾客人为造成的损坏或是买错等问题应及时给予退换，并且帮助顾客找到其满意的图书。提供便利的代购服务，让顾客感觉拥护它是一种责任，从而逐渐培养忠实客户，无形之中也为北方图书城做了良好的宣传。

调查总结：

北方图书城给同学们的总体印象还是很好的，店内环境和书的质量也都还不错，朋友之间也会相互建议，但是大多数同学都有点抱怨和不满。最主要的也是我们这次调查的核心内容，同学们觉得其服务质量很不好，而且书的种类不全，环境不是特别好。建议在这些方面稍加改进，会大大改观其不好的一面。

这次调查得到了伍××老师和同学们的大力支持，若没有他们的支持，这次调查很难进行下去。同时北方图书城也给了我们很大的便利。针对我们在调查过程中发现的问题，我们提出了自己的建议，下一步我们会做出一项策划方案，通过切实的行动来提高北方图书城的知名度、信誉度和美誉度，同时也是让北方图书城更好地为同学们服务。

二、公关评估报告

（一）公关评估及公关评估报告的含义

公关评估就是根据特定的标准，对公关计划、实施及效果进行检查、评价，以判断其优劣的过程，它在整个公关计划实施过程中都具有重要作用。评估控制着公关实践的每个活动及环节。公关评估报告就是对评估工作成果的最终体现。

（二）公关评估报告的功能

它能精确地描述整个公关活动过程，简洁地概括活动所取得的主要结果及其存在的不足，科学地预测尚未解决的一些问题在今后的发展趋势，并提出相应的解决办法，为决策者把评估分析用于组织战略决策提供充分的信息根据。

（三）公关评估报告的写法

1. 撰写原则

（1）针对性。

（2）完整性。

（3）及时性。

（4）客观性。

（5）独立性。

2. 撰写内容

（1）评估的目的及依据。

（2）评估的范围。

（3）评估的标准和方法。

（4）评估过程。

（5）评估对象的基本情况。

（6）内容评估、分析和结论。

（7）存在的问题及建议。

3. 撰写格式

（1）封面。

（2）评估成员。

（3）目录。

（4）前言。

（5）正文。

（6）附件。

（7）后记。

（8）评估时间。

4. 注意问题

（1）定性与定量相结合。

（2）建议与策略具有可行性。

（3）语言准确、精练。

（4）结论客观具体。

范例：

伊利集团液态奶事业部沈阳"雷霆行动"公关传播效果评估报告

【项目名称】

伊利集团液态奶事业部沈阳"雷霆行动"公关传播方案

【项目背景】

2003年10月15日，××接到液态奶事业部消息，获知蒙牛前阶段在辽宁省铁岭市与带有黑社会性质的人员合作，向当地奶农收购牛奶，共购得奶农价值280万元牛奶，但并未向奶农支付奶款，而是携款潜逃。事后，蒙牛虽承诺给予受害奶农赔偿，但至今没有兑现，且威胁当地奶农：一旦将此事告知媒体，则不再收购他们的牛奶。××与伊利东北区经理李先生取得联系，证实此事，并征求其意见。××成立本项目专案组，召开第一次项目讨论会，随即制定项目运作思路，并口头与伊利液态奶事业部沟通，基本达成一致。

【项目介绍】

××与伊利液态奶事业部沟通之后，对整个事件进行了全面的分析，通过分析，找到了打击对手的"攻击点"："三农"问题、涉黑问题、欺诈问题、信用问题及企业的管理及发展问题。同时，根据当时运作的系列项目，就本项目制定了相应的公关策略，即源于此而高于此——借题发挥、覆盖全国，庖丁解牛、出手不凡（快、狠、秘、准），揭露真相、直面市场，以情感人、引发共鸣。

根据整体的公关策略，在媒体的运作方面，我们制定了明确范围、锁定核心、亲临现场、亲身感受的策略，同时对传播的步骤、主题、内容及媒体的组合进行了详细的规划。

【项目评估】

本次"雷霆行动"公关传播，基本上按照当初制定的策略和规划进行，达到预计效果。

一、快速行动，获取第一手材料

2003 年 10 月 27 日，××项目组抵达沈阳，连夜与伊利东北区相关人员接洽，对事件进行全面了解。次日上午，××项目组成员先到沈阳周边农村进行实地调查，为后续记者的暗访奠定了基础；下午，××项目组人员与媒体记者分三路深入到沈阳市道义开发区、郝心台村、进步村等地的 10 余户奶农家里进行了暗访，获取了大量的第一手材料。

根据伊利东北区相关人员反馈的信息及记者的走访调查，对此前的相关说法进行了核实：

（1）核实欠款事件。欠款农户多数集中在沈阳市所属的郊区，总额大约 270 万～280 万元，为 2003 年 7 月的奶款。

（2）欠款环节。明确蒙牛合作商荆玉辉与当地奶站合作，拖欠 1 个月奶款约 270 万～280 万元。

（3）是否涉及黑社会。没有得到明确证实，但当地奶农对欠款方无能为力，伊利相关人员提供信息表明，收奶商在当地的确存在一定的"社会背景"，提醒××及记者在调查此事时注意人身安全。虽然整个运作过程存在一定的安全风险，但在××项目组的统筹安排下，调查及暗访工作圆满地完成了。

（4）事态发展。大体明确了整个事态的发展，蒙牛对此事采取拖延态度，奶农普遍观点是不管中间出了什么问题，牛奶最终是卖给了蒙牛，就是蒙牛欠了他们的奶款，损害了他们的利益。

二、策略性传播，完全达到预期效果

1. 防止预警，秘密运作

为防止蒙牛进行危机预警，本项目运作自始至终都是秘密进行的，包括前期的记者调查到稿件刊发前的过程，均对此事采取了封锁消息处理，后续文章得以顺利投放。

2. 揭露本质，广泛传播

从事后传播效果来看，前期是以蒙牛拖欠奶农奶款的事件为话题，引发对蒙牛企业的一系列质疑。同时，在传播范围上，以事发地——东北为传播核心，在东北新闻网、深圳之窗、中国营销传播网等极具影响力的网站进行广泛传播。范围覆盖全国，扩大事件影响，通过舆论对蒙牛的市场拓展、品牌塑造构成障碍。

3. 指名道姓，迎头痛击

根据记者实地调查结果，在媒体上进行直接打击，其中，《××报》以"蒙牛奶贩'蒙'走奶农 200 万元"为题、《×××报》以"蒙牛欠款何时还"为题、《××××报》以"蒙牛乳业涉嫌广告违法"为题分别进行了大篇幅报道，甚至是连续报道。区别于日常所见批评类稿件的遮遮掩掩，文章标题直击蒙牛。

4. 多方打压，多重受益

乳企原材料为非工业生产，受一定的时间、地理限制。通过该项目对蒙牛的打压，直接或间接地转移了部分奶农对蒙牛的原奶供应，从某种程度上限制了其发展。同时，有关文章在各媒体，尤其是东北各主流媒体上的广泛传播，对蒙牛的市场拓展及品牌建设起到了一定的削减作用。

另外，本项目运作文章见报后，立即引起了蒙牛的注意，并通过内蒙古区委宣传部给辽宁省委宣传部发函，要求协调辽宁媒体减少对蒙牛的不利传播，足见本项目已经打到了蒙牛的痛处。

附：伊利集团液态奶事业部沈阳"雷霆行动"公关传播剪报

北京××品牌（国际）传播机构

20××年××月××日

三、公关调查问卷

（一）概念及写法

公关调查问卷方便、经济、调查面广，备受调查者的青睐，是公关调查最常使用的方法。那么如何才能写好一篇公关调查问卷呢？

一份公关调查问卷通常包括标题、前言、问题和问卷指导四个部分。

1. 标题

一般由调查对象、内容和文种名称组成，如《云南省旅游公关调查问卷》；也可以分别省略调查对象或内容，如《行车记录仪用户公关调查问卷》。

2. 前言

一般用来说明调查的意义、目的，调查的项目、内容以及对被调查者的希望、要求等。

3. 问题

即为获取有关信息设置相关的问题。这是整个调查问卷的核心部分，它的设置举足轻重。调查问卷的问题主要有表格式和问答式两种，表格式简练清晰，多用于内容较单一的调查；而问答式形式多样，更适宜内容较为复杂的调查。

调查问句的形式分为文字问句和标度式问句：

（1）文字问句设置有封闭式、半封闭式和开放式。①封闭式。是指在提出问题的同时，列出各种答案供被调查者选择。如"您的文化程度：○初中（含初中）以下○高中（中专）○大专○本科○硕士○博士（含博士）以上"。②半封闭式。是在封闭式问句后面加上一个选择项目"其他"，以给调查者自由回答的余地。③开放式。是指问题没有提供选择的答案，让被调查者自由回答，如"您在云南旅游最满意的是什么"。

（2）标度式问句偏重于感觉、程度、度量等抽象化方面的调查，更便于调查后的归纳总结。如"您对导游讲解的评价：○满意○较满意○一般○不满意"。

4. 问卷指导

指被调查者如何回答问题或解释问卷中某些信息的含义。一般放在问句要求或选项的后面，用括号括起来，如问题"贵公司倾向于使用哪种类型的行车记录仪"的一个选择"GPS（卫星定位）"中的"（卫星定位）"就是问卷指导。

为了调动、激发被调查者做好问卷的积极性，还可以在前言或结尾处设立适当的奖励。

（二）问卷设计原则和技巧

1. 原则

如何将调查主题转化为具体的调查问句，是设计、制作调查问卷的一个难点。它的关键就在于要围绕明确的主题设计问题，从多角度切入，处理好具体与抽象、准确与模糊等各种关系。在这项工作中，我们需要把握好以下几个原则：

（1）由浅入深。问题设计要考虑到读者的接受能力和心态，不宜太难。如果被调查者对于问题感到一时无法回答清楚，很可能会选择避重就轻，甚至避而不答。

（2）化整为零。问题设计不宜过大，要精巧而易于启发读者思路。

（3）多种问句形式结合。这样就可以给被调查者以自由思考和真实、全面地回答问题的空间。

2. 技巧

下面再推荐一些拟定问卷的技巧：

（1）问卷开头用亲切的口吻询问。

（2）如果品牌尚未非常知名，尽量避免受访者知道委托和执行调查的公司名称。

（3）如果所调查的商品市场占有率非常可观时，也可透露相关内容，便于获得受访者信任并密切配合。

（4）问句要尽量客观，不要加入太多调查者的主观意见，不要暗示、诱导被调查者。

（5）问题设计具有可操作性，便于统计。

（6）避免询问难以回忆的事项。

（7）注意措辞的强度，避免不必要的情感摩擦。

掌握了以上知识，相信您的调查问卷就可以更出色地完成调查任务了。

（三）注意事项

设计调查问卷应注意：

（1）问题设计不宜过难、过大。

（2）文字问句与标度式问句方式相结合。

（3）表述准确，具有一定的限定性。

范例：

加多宝公关事件调查问卷

您好！我们是中山大学南方学院的学生，我们这次调查的目的是为了更好地了解在公众心目中加多宝集团的形象，以便于更好地对加多宝公关事件进行研究。

由于分析需要进行一些数据的收集，我们真诚地希望这次调查活动能得到您的支持，并请您抽时间帮我们完成有关情况的调查。本问卷绝不用作其他任何用途，我们也承诺将对您的填写结果保密。衷心地谢谢您对我们工作的支持！谢谢参与！

——中山大学南方学院加多宝公关事件调查人员

注：①请在每一个问题后适合您自己的情况和想法的答案号码上画上"√"，或者在_____中填上相应的内容；②若无特殊说明，每一个问题只能选择一个答案；③填写问卷时，请不要与他人商量。

1. 性别

○男

○女

2. 您的年龄

○15～25 岁

○26～40 岁

○41～55 岁

○56 岁以上

3. 您的职业类别

○国家机关、党群组织、企事业单位人员

○商业人员

○专业技术人员

○服务业人员

○农、林、牧、渔、水利业生产人员

○学生

○其他：_____

4. 您比较倾向于购买以下哪些品牌的凉茶饮料？（多选题）

□和其正

□春和堂

□霸王

□加多宝

□王老吉

□其他：_____

5. 您是通过什么渠道了解到加多宝凉茶的？（多选题）

□电视广告

□商场、超市的宣传

□店面推广中导购的介绍和免费试饮活动

□餐饮场所的菜单

□电视节目，如"中国好声音"

□其他：_____

6. 您清楚加多宝与王老吉之间的关系吗？

○两者实际上为一种饮料，加多宝＝王老吉

○双方都是独立的企业，两者之间有竞争关系

○两者是从属关系，加多宝从属于王老吉

○两者是从属关系，王老吉从属于加多宝

7. 加多宝集团和广药集团之间爆发了"王老吉"品牌争夺战，您清楚这一事件爆发的原因和结果吗？

○清楚

○不是很清楚

○完全不清楚

○没听说过这事件

8. 您知道"中国好声音"这个节目吗？

○知道，我很喜欢看这个节目

○知道，并没有多关注这个节目

○不知道，没听说过这个节目

9. "中国好声音"收视火爆，捧红了梁博、金志文等歌手，而加多宝集团

就是这个大型专业音乐评论节目的赞助商，您认为以下哪些选项最接近您的看法？（多选题）

□ "中国好声音"这个节目好，为中国有音乐梦想的人提供成名的舞台，非常棒

□ "中国好声音"不过就是众多选秀节目中的一个，没什么特别的

□ 加多宝集团愿意出资赞助该节目，可见他们有着为中国音乐才子着想的心，是个有社会责任的企业

□ 加多宝集团花重金赞助这个节目，可见他们的头脑精明，节目收视率火爆，能为其赢得知名度

□ 加多宝集团是借助这个节目挽回公众的信誉，我不认为应该把"中国好声音"的成功与否看作是该企业是否具有社会责任

□ 其他：＿＿＿＿＿＿

10. 您是不是因为"中国好声音"而更了解、更喜欢加多宝呢？

○ 是，是因为"中国好声音"让我选择了加多宝

○ 是，虽然我原来就知道加多宝，但是"中国好声音"让我更了解到加多宝是凉茶的领导者

○ 不是，我原来就知道加多宝，我也没因为这个节目而更加喜欢加多宝

○ 不是，我喝加多宝跟"中国好声音"没关系

11. 2012年9月30日"中国好声音"总决赛中，主持人口误将"加多宝中国好声音"讲成"中国加多宝好声音"，加多宝谣传其将"加多宝"讲成"王老吉"，将损失加多宝数十万，网友指责加多宝利用事件炒作，您对此看法是什么？（多选题）

□ 借助"中国好声音"的强烈收视，利用他人进行炒作的行为是不可取的

□ 加多宝这次的行为显然是害人害己

□ 这次公关做得太过分了，这种谣言将对该主持人带来怎样的不良影响

□ 强势公关固然好，实事求是才是真

□ 要合理地开展公关活动，要慎重地对待每一个事件，更不能伤害他人

□ 其他：＿＿＿＿＿＿

12. 您听说过的加多宝公关活动有哪些？（多选题）

□ "中国好声音"，圆音乐才子的梦

□ "向上吧，少年"，支持90后的优秀才子组成艺能梦之队迎战韩日美三国梦之队

□ "加多宝学子情"爱心助学，资助2000名寒门学子圆梦大学

□ "加多宝扶贫基金"，号召全民公益

□为汶川地震、玉树地震赈灾

□其他：_____

13. 饭桌上放着两罐凉茶，一是红罐王老吉，一是红罐加多宝，您更愿意选哪一罐呢？

　　○加多宝

　　○王老吉

　　○无所谓，两者都可以

　　○我不爱喝凉茶

14. 如果有机会，您愿不愿意，或者您希不希望到加多宝集团工作？

　　○会

　　○不会

　　○不清楚，看情况

四、公关调查方案

（一）公关调查方案的含义

拟定调查方案是将公关调查活动以书面的形式表现出来，是公关调查计划的具体化材料。

（二）公关调查方案的内容

通常来说，调查方案包括以下若干项内容。

1. 方案标题

一般由组织名称＋调查内容＋方案组成，如《××公司美誉度调查方案》。

2. 调查背景

调查背景是介绍此次调查活动是在什么情况下进行，包括组织的历史背景、发展过程、现状及面对的问题或任务、发展方向等。

3. 调查目的

调查目的是要说明为什么进行调查，通过调查要解决什么问题，实现什么指标。

4. 调查对象和内容

调查内容是指明确调查的具体指向，即调查什么；对象是指调查谁，包括范围的大小。

5. 调查准备工作

包括调查人员的培训、经费预算、采用的方式、采取的形式等。

6. 调查的措施和步骤

即写明怎样进行调查，指调查具体实施的方法、调查的进度安排等。

范例:

长沙友谊商店美誉度市场调研方案

一、调研背景

长沙友谊商店地处长沙市繁荣商业地段,经过多年的发展现已成为长沙知名零售企业。主要经营百货、副食、服装、针棉、家电、音像、文化等 50000 多种中高档商品。近几年来,企业获得了一系列的殊荣。为了加强企业经营管理,为企业营销决策提供客观的依据,并进一步了解长沙友谊商店之美誉度如何,需要进行此次市场调研。

二、调研目的

本次调研我们采用探索性研究和描述性研究相结合的方式,了解长沙友谊商店在消费者中的美誉度,为企业经营管理提供客观依据。

1. 了解长沙市消费者对长沙友谊商店的评价

2. 了解长沙市消费者对长沙友谊商店的态度和意见

3. 了解影响企业美誉度的因素

三、调研对象

1. 在长沙居住超过四年的消费者

2. 去过本商店购买商品的消费者

3. 在长沙工作或是上学的消费者

4. 不曾去过本店购买商品的消费者

四、调研内容

1. 消费者

(1) 了解消费者的基本喜好。

(2) 了解消费者购买商品受到哪些因素影响。

(3) 了解消费者对本商店的评价。

(4) 了解消费者去各楼层的概率比。

2. 竞争者

(1) 调查附近的主要竞争者数。

(2) 调查各竞争者的优劣势。

(3) 调查消费者对竞争者与本商店的美誉评价之差。

五、调研项目

1. 消费者对友谊商店加强美誉度的意见

2. 消费者对友谊商店的工作效益及服务态度的看法

3. 引导消费者正确的消费观

六、调研方法

本次调研主要采用问卷调研法。

设计思路：百货商场的主要消费群是有一定收入的消费者群体，所以被访者特征只做年龄限制，因为需要进行美誉度的评价，所以在选择抽样时以去过友谊商店购物的消费者为主，以减少实际访问目标群体与样本的误差。

长沙友谊商店市场调查问卷

尊敬的女士/先生：

我们采用的是街头拦截法，确定您作为我们的访问对象，非常希望得到您的支持！此次调研采用无记名方式，所获得的有关信息只供本次研究分析之用，我们承诺保守秘密并不将所获信息用作其他用途。谢谢您的支持！

为使调研顺利进行，请您关注下面的填表说明：

（1）请在您选择的答案对应的符号前画"√"，不论单选还是多选。

（2）有些题目如果没有您想选择的项目或题目注明需要您填写，请直接填上。

1. 请问您的性别？

A. 男　　　　　　　B. 女

2. 请问您的年龄？

A. 20 岁以下　　　B. 20～30 岁　　　C. 31～40 岁　　　D. 40 岁以上

3. 请问您的月收入？

A. 2000 元以下　　B. 2000～3000 元　C. 3000～5000 元　D. 5000 元以上

4. 您是否去长沙友谊商店购物？

A. 经常去　　　　　B. 偶尔去　　　　　C. 不去

5. 您认为长沙友谊商店服务态度如何？

A. 比较差　　　　　B. 一般　　　　　　C. 好　　　　　　　D. 比较好

6. 您认为长沙友谊商店的购物环境如何？

A. 较一般　　　　　B. 比较好　　　　　C. 有待改善

7. 您认为长沙友谊商店提供的商品种类是否丰富？

A. 比较丰富　　　　B. 一般　　　　　　C. 不丰富

8. 您选择购物场所主要考虑的因素有？（多选题）

A. 商品质量　　　　B. 购物环境　　　　C. 服务　　　　　　D. 价格

E. 便利性

9. 您认为长沙友谊商店的口碑如何？

A. 比较好　　　　B. 一般　　　　　C. 不好

10. 您认为长沙友谊商店在哪些方面存在不足？（多选题）

A. 商品种类　　B. 购物环境　　C. 服务　　　D. 商品质量　　E. 形象

11. 您认为长沙友谊商店所提供的服务与其他同类百货商店相比怎么样？

A. 非常好　　　　B. 比较好　　　　C. 差不多　　　D. 更逊色

12. 您认为长沙友谊商店采取什么样的促销方式更能吸引您前去购物？（多选题）

A. 打折　　　　B. 会员卡积分　　C. 赠送礼品　　D. 返现金

E. 礼金券　　　F. 现场抽奖　　　G. 其他

13. 您觉得长沙友谊商店为提升美誉度应该在哪些方面有所提高？（多选题）

A. 商品质量　　B. 品牌档次　　C. 商品种类　　D. 优质服务

E. 购物便利性

14. 您对长沙友谊商店了解吗？

A. 很了解　　　B. 一般了解　　　C. 听说过　　　D. 没有听说过

感谢您参与此次问卷调查，再次感谢您的合作！

七、调研经费预算

1. 交通费	800 元
2. 调查人员培训费	300 元
3. 公关费	1000 元
4. 访谈费	300 元
5. 问卷调查费	1000 元
6. 统计费	100 元
7. 报告费	40 元
总计	3540 元

20××年××月××日

五、公关活动企划书

（一）概念

公关活动企划书是指表达一个行动方案设计过程的一种企划书。在这个过程中，企业、组织、部门等依据其形象的现状，提出新形象的目标和要求，并据此设计公共关系活动的主题，然后通过分析其内外的人、财、物等具体条件，提出若干可行性行动方案，并对这些行动方案进行比较、择优，最后确定出最有效的行动方案。

（二）公关活动企划书写作

一份完整优秀的公关活动企划书不仅能促进公关活动顺利进行，而且能为企业、组织、部门等树立起良好的形象。公关活动企划书根据公关活动的类型不同，企业、组织、部门等与公众的沟通活动模式选择也有所不同，其写作内容的侧重点也有所区别，但书写原则应紧紧围绕设计行动的过程来制定方案，其格式步骤如下：

1. 企划导入

公关活动企划书导入部分的封面首先写明标题；其次列出企划单位名称、提出人、提出日期、撰稿单位名称、撰稿人、完成日期，注意版面的设计，应做到清晰、整洁。前言应简要地表明本企划的姿态，以引起实施人的关注；目录要写出企划书各部分的标题及对应的页码。

2. 公关活动背景

公关活动的背景是指对该公关活动企划的必要性或所处的环境背景进行的综合性、概括性描述。

3. 公关活动目的

公关活动的目的是指该公关活动所要达到的目标或要求。活动的目的设定应做到意图鲜明，并具有可行性。

4. 公关活动主题

公关活动主题是指该公关活动所围绕的中心命题或指导思想，主题的确定一要体现出该活动主题和活动目的的紧密关联；二要体现出该活动主题和活动内容的和谐；三要保持该活动主题和活动风格的统一。

5. 公关活动内容

公关活动内容是指为达到活动目的而策划的各项措施。内容项目的书写一般应简洁明了，有条理地将要点列出，不需要过于烦琐、面面俱到。

6. 公关活动设计

公关活动设计是依据活动内容、流程等进行整体的设计，并使活动的实施计划完整地呈现出来。这部分要对人、事、地、物等各项因素综合考虑，做出具体可行的实施计划并列明注意事项。

7. 公关活动单位

公关活动单位部分应写明主办单位、承办单位及协办单位的名称。

8. 公关活动场所

公关活动场所是指举办该活动的具体场地，如成都锦江市政广场（成都市锦江区旧事路 88 号）。

9. 公关活动时间

公关活动企划书应该注明活动具体的、准确的时间。如 2003 年 5 月 10 日 16：00～20：00。

10. 费用预算

完整的公关活动企划应针对该公关活动所需的各项经费做出预算，以便让相关领导做到心中有数，让实际操作者提前做好准备。

11. 综合评述

综合评述是指对该企划的预期效果进行综合性评估，效果预测应在企划书中得到体现，以便为后续工作提供参考基础。

范例：

康达药业集团成都市场路演活动企划

企划单位：康达药业集团公关部

提出人：×××

提出日期：2003 年 4 月 30 日

撰稿单位：康达药业集团公关部

撰稿人：×××

完成日期：2003 年 5 月 6 日

目录：（略）

前言

成都是康达药业集团所在地，成都市场也就是康达药业集团的战略性市场，康达药业集团的品牌竞争力在成都占有绝对优势地位，倾力打造更佳的企业形象是康达药业集团多年来不懈努力所追求的目标。

一、市场背景

2003 年 5 月 10 日，一年一度的"护士节"如期而至，今年与往年的"护士节"相比，因为突如其来、肆虐全国的"非典"给人们蒙上了忧郁和压抑的阴影，"白衣天使"抗战"非典"的第一线，浓浓的温情更为人们所体味，忘我的精神更为人们所敬仰。护卫健康已经成为人们高度关注的焦点，非常时期应该采取特别的公关策略，尤其在"护士节"这个特别的日子，康达药业集团借此时机向全体医务人员致敬、献爱心，可以引起人们的共鸣，在消费者心目中树立良好的品牌形象。

二、活动目的

(一)提高消费者对康达品牌的忠诚度

(二)进一步提升企业形象

三、路演活动主题："护士节"献爱心

护卫人民的健康是康达药业集团及每一位成都市民的美好追求。康达药业集团以"护士节"献爱心为主题通过活动呼吁广大市民护卫健康、奉献爱心,通过活动展示出康达药业集团志在与全体医务人员一道为人民大众的健康同呼吸共命运的社会责任感,以此来提升康达药业集团的社会公众形象,增强品牌与市民的情感沟通,提升品牌的美誉度。

四、路演活动内容

(一)康达药业集团有关领导讲话

(二)康达药业集团向市卫生系统捐赠"非典"药品

(三)文艺节目演出

(四)"非典"知识竞答

五、活动的原则

(1)针对性原则。活动要吸引目标顾客;要选择人流量较大、场地较宽广的地段作为路演现场。

(2)效益性原则。一方面要严格控制活动成本,除固定的演出劳务费用外,尽可能地控制好场地费;另一方面要充分发挥活动效果,在观众数量最大化的前提下,力求观众中目标顾客比例最大化。

六、路演活动设计

(一)康达药业集团有关领导讲话

公司领导代表康达药业集团对广大观众表示热烈欢迎和真挚问候,向广大消费者多年来的关心和厚爱表示衷心感谢,并表示建设现代化的成都和护卫人民的健康是康达药业集团及每一位成都市民的美好追求和神圣责任。

(二)康达药业集团向市卫生系统捐赠"非典"药品

康达人愿与医务人员一道护卫健康,风雨同舟,并肩奋斗,从而体现出康达药业集团"服务社会,关爱民生"的社会公众形象,传播了良好的品牌形象。

(三)文艺节目演出

(1)确定合作的演艺公司。康达药业集团与成都一家颇具实力的演艺公司达成战略排他性协议,即康达药业集团将来的演出均委托此公司协办,此公司在演出过程中以康达药业集团艺术团名义出现,演艺公司以最低的价格(每场10000元)为康达药业集团提供服务。

(2)节目形式以歌曲、小品、相声等为主,并根据实际情况穿插地方戏曲节目。力求一方面要突出"护士节"献爱心的主题；另一方面突出健康、时尚、活力，充分调动观众的情绪；再一方面突出互动性，请有一定演艺水平的观众同台演出。

（3）编排演出内容。演艺公司的所有演出节目均由康达药业集团选择和审定，而且对演出要进行深度评估，以保证每一个出演的节目都精彩纷呈，深受观众喜爱，通过观众对节目本身的影响力来增强品牌记忆力。

（4）主持人台词的规范。活动效果如何与主持人的主持水平至关重要，我们对主持人的台词进行了规范，既不要带有过多的商业气氛，又要恰到好处地对企业的有关情况和品牌资源进行高效传播。

（四）"非典"知识竞答

特有的互动性和参与性是消费者所喜爱的，是演出中调动观众激情的最有效手段。采取现场报名的方法，先进行分组参赛，再进行决赛。最终的十名获胜者授予"护士节"献爱心使者称号，终身享有康达药业集团提供的药品优惠。

（五）路演场地布置

为了提高宣传效果，在演出当天上午9时前搭好舞台，布置好舞台品牌宣传背景、彩虹门、气球彩带和太阳伞等现场宣传品，并标明演出时间，使过往行人关注此活动。即使他没有来观看节目，至少品牌信息已经传播给了他，使其加深了品牌印象。

（六）注意事项

（1）演艺方要确保节目的编排质量和人员的到位，现场要及时搭建好舞台，布置好场景。

（2）集团公司公关部在路演活动前，要与场地方保持密切配合，确保场地能按时使用。

（3）集团公司公关部要协调好城管等部门，保证路演活动的正常进行。

（4）市场营销部同时要保证捐赠药品和促销用药的充足供应。

七、路演活动主办单位与协办单位

主办单位：康达药业集团

协办单位：蜀成演艺公司

八、路演活动的演出地点

演出地点：成都锦江市政广场（成都市锦江区旧事路88号）

九、路演活动的演出时间

演出时间：2003年5月10日16:00~20:00

十、费用支出及效果评估（略）

六、企业形象策划书

（一）企业形象策划书的含义

企业形象策划书就是将企业经营理念和精神文化通过文案策划的形式，传送给企业周边有关系的组织或者团队，包括企业内部人员和社会大众，并使其对企业产生一致的认同感和价值。

企业形象策划是塑造企业形象、获得竞争优势的强有力手段，也是消费者认识企业、企业向社会展示风采的一座桥梁。企业要在激烈的市场竞争中长盛不衰，就必须加强企业形象企划管理，塑造好企业的个性，弘扬企业精神，使消费者对企业产生深刻的印象和认同感，从而树立良好的企业形象，以谋求更大的发展。

（二）企业形象导入的六大步骤

企业形象导入分六步，包括调研、策划、设计、定位、宣传、保持。

1. 调研

调研的内容包括企业的历史、企业的经营状况、企业的发展战略、企业法人代表及高层管理人员的经营风格、企业组织文化氛围、市场同业竞争形势、市场同类产品竞争形势、企业知名度、市场定位及产品力等问题的调查、分析与评估。

2. 策划

企业形象策划主要围绕企业形象的社会定位、市场定位与风格定位、企业形象的表现战略的选择、企业形象的计划实施方案及管理办法方案等方面进行。

3. 设计

（1）企业形象设计包含企业经营理念、精神信条、企业口号、企业座右铭、企业歌曲的设计。

（2）企业形象的基本要素设计包括企业标志、标准字、象征图形及组合方式、企业标准色等。

（3）企业投资、赞助的选项原则及媒体选择。

企业形象设计的六个应用系统包括办公室内陈设系列、办公用品系列、交通工具系列、员工制服系列、产品包装系列、广告用品系列。

4. 定位

根据设计的企业形象进行市场定位，以保证企业在公众心目中占据适当的位置来赢得顾客的厚爱。

5. 宣传

对拟定的企业形象实施计划进行整理，编订成册，召开新闻发布会，借助各种传播媒体全面宣传企业形象。有领导、有步骤地对企业内员工进行 CIS 系统培训，包括 CIS 知识启蒙教导、高层管理人员 CIS 共同研讨、部门经理集训、员工礼仪训练、企业内外环境改善计划、企业公共关系及公益活动计划研究等。

6. 保持

企业形象的确立不是一朝一夕的事，而要长期不懈地维护、发展，以保持良好形象不致中途瓦解、破坏，需要完善、健全的企业制度和组织领导机构，以保证企业持之以恒地进行自我约束、自我教育。

（三）企业形象策划与设计文案的格式

1. 调研（八个方面）

（1）企业历史（调查、整理）。

（2）企业经营现状（调查、分析）。

（3）企业发展战略（调查、建议）。

（4）企业法人代表、高层管理人员经营风格与个性（调查、评估）。

（5）企业组织文化氛围（调查、分析）。

（6）市场同业竞争形势（调查、分析）。

（7）市场同类产品竞争形势（调查、分析）。

（8）企业社会知名度、市场定位及产品力（调查、评估）。

2. 策划（六个方面）

（1）企业形象的社会定位（建议书）。

（2）企业形象的市场定位（建议书）。

（3）企业风格的定位（建议书）。

（4）企业形象的表现战略的选择（建议书）。

（5）企业形象的计划实施方案（草案）。

（6）企业经营的管理办法（草案）。

3. 设计（十个方面，包含四个基本要素，六大应用系统，80 多个细目；下文为摘略）

（1）企业精神形象设计。

①企业理念（经理思想）。

②企业精神信条。

③企业标语口号。

④企业歌曲。

（2）企业视觉形象设计。

①企业标志。

a. 画法。

b. 企业标志的意义。

c. 企业标志使用范围。

②企业标准字体。

a. 中文标准字体。

b. 英文标准字体。

c. 企业标准字体的意义。

③企业象征图形（如吉祥物）。

a. 画法。

b. 意义。

c. 用途及使用范围。

④企业标志与企业标准字组合系统。

a. 组合方式。

b. 使用范围。

⑤企业标志、企业标准字体、企业象征图形组合系统。

a. 组合方式。

b. 使用范围。

⑥企业标准色调系统。

a. 主色系统。

b. 辅助色系统。

c. 主辅色组合。

d. 标准色的意义。

e. 用途及使用范围。

（3）企业投资赞助的选项原则及媒体选择。

①选择原则。

②投资期限（长期、中期、短期）。

③投资方向（工业、高科技、学校、房地产、旅游、公益事业）。

④赞助项目（文化体育活动、公益事业、学校、道路修建）。

⑤媒体选择。

⑥联谊活动。

（4）企业对内外行为规范。

①员工训练。

a. 礼仪训练。

b. 素质训练。

c. 技术训练。

②内部机构规范。

③公关活动规范。

④外来活动规范。

（5）企业形象应用系统之一——办公用品系列。

①名片。

a. 纸质。

b. 颜色。

c. 用途。

d. 设计样式（中文式、英文式）。

②公司职员识别证。

③信纸、信封（中式、西式）。

④便笺纸。

⑤邀请函。

⑥贺卡。

⑦证书。

⑧明信片。

范例：

中国移动通信企业形象策划书

一、策划说明

近年来，伴随着移动通信与互联网的飞速发展，移动互联几乎成为一段时间以来整个通信业发展的主旋律和主要推动力。然而，过高的期望也产生了许多不切实际的幻想。在一场场轰轰烈烈的炒作之后，大量资金的先期抽出使得原本被一致看好的移动互联前景蒙上了一层疑云。在这种背景下，作为世界上最大的GSM运营商的中国移动对移动互联持什么观点、中国移动网络如何向3G演进、移动互联在中国如何发展格外引人注目。

二、公司简介（略）

三、产品分析

1. 数据业务

移动梦网：

2. 语音业务

中国移动通信集团公司除提供基本话音服务外，还提供语音信箱、移动秘书、主叫号码显示、呼叫转移、呼叫等待、呼叫限制等多种增值业务。

3. 客户服务业务

中国移动通信集团公司的企业宗旨是：追求客户满意服务。中国移动身处于服务行业，我们服务的内涵包括完善和个性化的业务提供，更强调细致、体贴和以人为本的客户服务。中国移动以客户满意为永恒的追求，以客户需求导向为其经营思想。

4. 国际漫游

作为中国最大的 GSM 运营商，中国移动通信集团公司及所属公司网络覆盖全国各地（市）。截至 2000 年底，中国移动的 GSM 网已经与 63 个国家的 116 个移动通信网开通了国际漫游业务。中国移动正向"世界一流通信企业"的目标迈进。

四、阻碍分析

（一）通信制造业存在的问题（略）

（二）通信运营业存在的问题（略）

五、市场分析

中国通信行业具有良好而广阔的发展前景，可以从两方面进行分析并做出发展预测。

1. 电信业务的开展为通信制造业拓展了空间

2. 通信制造业面临广阔的市场

六、竞争分析（略）

七、企业文化

1. 企业服务观

2. 企业形象观

3. 企业协作观

4. 客户选择

5. 企业竞争观

6. 企业危机观

7. 企业人才观

八、公关广告策略

1. 广告目标

通过广告能达到最佳的企业形象品牌，提高企业的知名度、美誉度。

2. 广告媒体的选择

媒体类别包括网站、电视台、有线电视台、广播电台、报纸、杂志、公共汽车、出租汽车、霓虹灯、电视墙、公共汽车候车亭、灯箱等其他方式。

3. 公关广告文稿——以电视广告为例

（1）产品形象：实用、美观、浪漫。

（2）广告主旨：鼓励社会大众购买中国移动通信，定能让使用者显示出非凡的风采。

（3）广告定位：高质量、高品位。

画面一：主人公拉开抽屉，手机昂然立起，嘀嘀地叫，好像是在向主人叫，主人拿起手机，放在耳边，优美地转身离去。

画面二：主人公将手机抛向空中，画面定格为手机被抛在空中。广告完毕，声音响起："一派新感觉！"

画面三：在朋友的聚会上玩的过程中，主人公的一部新款式手机响起（声音特别不一样）。朋友很奇怪，以为是什么东西在叫，主人公拿出来——原来是一部最新款式的手机。

七、赞助策划书

（一）赞助策划书的含义

赞助活动也叫捐赠或资助，是社会组织无偿提供人力、物力、财力资助某一项事业，以取得一定的形象传播效果的社会活动。赞助活动是商务公共关系专题活动中不可缺少的重要组成部分，已经越来越多地被企业所认识并加以重视，是一种超越一般广告宣传的系统化公共关系活动，它能达到少花钱而达到比广告更多的效应的目的，可谓"悄悄的广告"。赞助活动能为组织赢得政府、社区及相关公众的支持，创造组织生存和发展的良好环境。赞助策划书就是为赞助活动而事先策划的文案。

（二）赞助策划书的内容

1. 策划名称（策划主题）

2. 策划者姓名（小组名称、成员名称）

3. 策划制作时间

4. 策划目的以及策划内容的简要说明

5. 策划的经过说明

6. 策划内容的详细说明

7. 策划实施时的步骤说明以及计划书（时间、人员、费用、操作等计划表）

8. 策划的期待效果、预测效果

9. 对本策划问题症结的想法

10. 可供参考的策划案、文献、案例等

11. 第二、第三备择方案的概要（没有可省略）
12. 对策划实施应注意的点及希望事项

范例：

元旦晚会赞助策划书

[前言]

大学生雷锋连是一支非常有特色的社团，雷锋连采用部队编制体制设定框架，实行半军事化模式，始终把"做人"训练和修养作为核心课程，"做事先做人，做人要做人格完善的人"的雷锋精神贯穿始终。因此，大学生雷锋连队员成为了企业用人单位到校招聘的首选对象。此次"学生干部交流会暨元旦晚会"就是由雷锋连发起，邀请了大学生创业协会、青年志愿者协会等各大社团协办。

[活动目的及意义]

为了展现当代大学生干部积极向上、开拓进取的风采，促进学生干部之间的相互交流，同时为了答谢广大学生干部，给广大学生干部工作之余提供一个展现自我、放松自我的舞台，更加提高学生干部工作的积极性，也为增进新老学生干部间的互动与交流提供了平台。

[市场分析]（赞助本校的优势）

随着社会的发展，虽然遇到金融危机，但企业的数量仍在不断的增加。企业之间的竞争力随之上升，不知您是否发现大学生的消费处于一个什么样的状态——他（她）们的消费在今天处于中、高档次，并且大学生的消费观念紧跟时代，比较时尚。今年的学生干部交流会暨元旦晚会有着巨大的市场潜力。大学生的消费已占领大量市场，并且大学生的消费观念可能会影响到家人、亲戚的消费。作为企业领导的您是否想扩大自己的市场？2008 年长江职业学院学生干部交流会暨元旦晚会给您提供了一个平台，如果失去，就意味着给对手营造一次超越自己的机会。

1. 有利于企业增强大学生对产品、品牌的认知度和认同度

（1）本次活动推崇时尚，大学生的消费观念正在逐步形成时期，对于企业而言，此时正是对消费群体最佳的品牌质量植入期和市场培育期。

（2）企业以慈善大使的形象出现在学生面前，增强企业的亲和力和学生对产品的认同感，从而占领公众的心理市场。大学时期是大学生一生中记忆力最旺盛的时期，极易接受适合他们需求和感受的产品和品牌。

2. 有利于对大学生市场的广告效应降低成本

（1）本校占地面积较小，并且在校生约12000人，可能将近600人（由于场地有限）会参加这次活动，所以这次活动有广泛的学生基础。

（2）主行道是人流最集中的地方，我校学生市场有较大的封闭性、集中性和特殊性，传统大众传媒难以对其形成直接影响力。借助娱乐性和营销轰动性的晚会会更加吸引学生的注意力。

（3）在活动期间，我们将会综合运用彩气球、横幅、宣传单等多种广告手段，在有限的时间内加强密度，达到"广而告之"的目的。

（4）企业在有限的场地组成整齐划一的方阵，统一服装，促进广告效应。

（5）我们积累了不少的宣传经验，在学校有强大的宣传网，并且有足够的人力资源为贵公司进行宣传活动。

3. 有利于赞助商提高市场竞争力

（1）在确定赞助商时，我们将会在每个产业或产品类别中选取一家，并且只允许赞助商在场地内提供产品或服务，而不允许同类产品或服务出现在现场周围（赞助的排他性），从而提高市场竞争力。

（2）赞助"学生干部交流会暨元旦晚会"能有效地促进企业文化在本校的推广。

（3）能有效地提高员工的自豪感和归属感，从而提高企业内部的竞争力。

4. 注重长远效益

（1）在活动期间，赞助商可以通过向学生免费赠送或组织营销人员现场派送的方法，使学生在短时间内了解、熟悉产品，并享受产品，进而培养潜在客户群体。

（2）大学生是未来中国消费者的主流和最有价值的群体。

（3）大学生的消费具有强大的带动作用，不仅能引导青年消费群体，还能影响到其所在家庭的消费。

（4）在这次活动中树立品牌形象，能够吸引更多的优秀人才加盟。

5. 做市场调查

在校团委的组织带领下，赞助商可以做市场调查，以便做出最新、最具权威的决策。

6. 便捷的活动申请

赞助商在公寓内、高校内搞宣传或促销活动，但一定要经过一系列的申请，而通过与我们雷锋连合作，贵公司可以方便快捷地获校方批准，并且得到我们协会各部门的大力协作配合。

[活动介绍]

本次活动最大的特点就是脱离以往活动的单一流程，设定两个乐章，分别是

"经典乐章"和"时尚乐章"。

（1）开场序：以一个舞蹈为开场舞，活跃现场气氛；

（2）四位主持人上台致晚会开幕词，并介绍各社团的历史；

（3）领导讲话；

（4）晚会正式开始，在经典乐章和时尚乐章中各穿插一个游戏，在两个乐章衔接时加一个游戏；

（5）乐章结束后，进行"优秀学生干部"颁奖仪式；

（6）压轴：在场人员合唱"相亲相爱一家人"；

（7）伴随着"相亲相爱一家人"的歌曲，主持人登台致闭幕词（歌曲伴奏为背景音乐）。

[赞助回报]

一、特别赞助回报

赞助形式：特别赞助

赞助金额：300元

名额：2～3家

赞助权益回报：

（一）荣誉回报

（1）获得本次晚会的"特别赞助"荣誉称号，并授予证书。

（2）"特别赞助"企业可获得"湖北经大报"或校广播的特别关注。

（二）宣传回报

1. 标版广告回报

（1）在校内悬挂2个"特别赞助"企业醒目条幅，并标明对本次晚会的贺语，或展示形象宣传板2个（1米×2米）（费用由贵公司承担）。

（2）在晚会现场两侧摆放"特别赞助"企业形象宣传板2个（1米×2米）（费用由贵公司承担）。

（3）在晚会前期可为企业悬挂条幅五天。

2. 现场回报

（1）晚会荧屏出现"学生干部交流会暨元旦晚会由×××冠名赞助"字样不少于3次。

（2）在晚会的背景上标明独家赞助企业名称或logo。

3. 印刷品回报（连队纪念册）

（1）"特别赞助"企业的宣传资料以文件形式由专人分发到所有来宾手中。

（2）入场券：晚会现场观众入场券印刷企业名称及logo。

（3）工作证：晚会工作人员工作证印刷企业名称及logo。

（三）特别回报

（1）"特别赞助"领导将受到本次晚会的贵宾礼遇。

（2）"特别赞助"企业代表享受与贵宾就座的礼遇。

（3）"特别赞助"企业代表享受与本次晚会领导和嘉宾单独合影留念的礼遇。

二、联合赞助回报

赞助形式：联合赞助

赞助金额：1500元

名额：3~5家

赞助权益回报：

（一）名誉回报

（1）获得本次晚会的"联合赞助"荣誉称号，授予证书和铜牌。

（2）"联合赞助"企业可获得"湖北经大报"或广播台的关注。

（二）宣传回报

1. 标版广告回报

（1）在晚会现场悬挂1个"联合赞助"企业醒目条幅并标明对本次晚会的贺语。

（2）在晚会现场两侧摆放"联合赞助"企业形象宣传板2个（1米×2米）（费用由贵公司承担）。

2. 现场回报

（1）晚会荧屏出现"学生干部交流会暨元旦晚会由×××特别赞助"字样不少于2次。

（2）在晚会的背景上标明联合赞助企业名称或logo。

3. 印刷品回报（连队纪念册）

（1）"联合赞助"企业的宣传资料以文件的形式由专人分发到所有来宾的手中。

（2）入场券：晚会现场观众入场券印刷企业名称及logo。

（3）工作证：晚会工作人员工作证印刷企业名称及logo。

（三）特别回报

（1）"联合赞助"领导将受到本次晚会的贵宾礼遇。

（2）"联合赞助"企业代表享受与贵宾就坐的礼遇。

（3）"联合赞助"企业代表享受与本次晚会领导和嘉宾单独合影留念的礼遇。

三、专项赞助

赞助形式：专项赞助

赞助内容：礼品、发型或礼服等

名额：3~5家

赞助权益回报：

（1）入场券后面印刷赞助单位名称。

（2）在晚会现场或户外悬挂企业名称醒目条幅并标明对本次晚会的贺语。

（3）可印发传单给现场观众。

（4）单位代表可享受嘉宾座和与领导合影的礼遇。

［经费预算］

宣传展板的设计与制作：×××元

横幅：×××元

表演服装及道具租用等：×××元

入场券及邀请函：×××元

纯净水：×××元

荧光棒：×××元

人力资源费用：×××元

通信费：×××元

其他（不可预知费用）：×××元

总计：×××元

期待我们的合作！

八、展会策划书

（一）展会策划书的含义

展会策划书是指一次会展从确定展览题材、收集信息、进行展览项目立项策划一直到会展正式开幕前的预先准备阶段涉及的所有文本文案。

（二）展会策划书的内容结构

一般地，展会策划书主要包括以下内容：

（1）办展市场环境分析：包括对展会展览题材所在产业和市场的情况分析，对国家有关法律、政策的分析，对相关展会情况的分析，对展会举办地市场的分析等。

（2）提出展会的基本框架：包括展会的名称和举办地点、办展机构的组成、展品范围、办展时间、办展频率、展会规模和展会定位等。

（3）展会价格及初步预算方案。

（4）展会工作人员分工计划。

（5）展会招展计划。

（6）展会招商计划。

（7）展会宣传推广计划。

（8）展会筹备进度计划。

（9）展会服务商安排计划。

（10）展会开幕和现场管理计划。

（11）展会期间举办的相关活动计划。

（12）展会结算计划。

（三）展会策划书的写作要求

1. 展会名称

展会的名称一般包括三个方面的内容：基本部分、限定部分和行业标识，如"第93届中国出口商品交易会"，如果按上述三个内容对号入座，则基本部分是"交易会"，限定部分是"中国"和"第93届"，行业标识是"出口商品"。

2. 展会地点

策划选择展会的举办地点包括两个方面的内容：一是展会在什么地方举办，二是展会在哪个展馆举办。

策划选择展会在什么地方举办，就是要确定展会在哪个国家、哪个省或者是哪个城市举办。

策划选择展会在哪个展馆举办，就是要选择展会举办的具体地点。具体选择在哪个展馆举办展会，要结合展会的展览题材和展会定位而定。另外，在具体选择展馆时，还要综合考虑使用该展馆成本的大小如何、展期安排是否符合自己的要求以及展馆本身的设施和服务如何等因素。

3. 办展机构

办展机构是指负责展会的组织、策划、招展和招商等事宜的有关单位。办展机构可以是企业、行业协会、政府部门和新闻媒体等。

根据各单位在举办展会中的不同作用，一个展会的办展机构一般有以下几种：主办单位、承办单位、协办单位、支持单位等。

主办单位是拥有展会并对展会承担主要法律责任的办展单位。主办单位在法律上拥有展会的所有权。

承办单位是直接负责展会的策划、组织、操作与管理，并对展会承担主要财务责任的办展单位。

协办单位是协助主办或承办单位负责展会的策划、组织、操作与管理，部分地承担展会的招展、招商和宣传推广工作的办展单位。

支持单位是对展会主办或承办单位的展会策划、组织、操作与管理，或者是招展、招商和宣传推广等工作起支持作用的办展单位。

4. 办展时间

办展时间是指展会计划在什么时候举办。办展时间有三个方面的含义：一是指举办展会的具体开展日期；二是指展会的筹展和撤展日期；三是指展会对观众开放的日期。

展览时间的长短没有一个统一的标准，要视不同的展会具体而定。有些展会的展览时间可以很长，如"世博会"的展期长达几个月甚至半年；但对于绝大多数专业贸易展来说，展期一般以 3~5 天为宜。

5. 展品范围

展会的展品范围要根据展会的定位、办展机构的优劣势和其他多种因素来确定。

根据展会的定位，展品范围可以包括一个或者是几个产业，或者是一个产业中的一个或几个产品大类，例如，"博览会"和"交易会"的展品范围就很广，如"广交会"的展品范围就超过 10 万种，几乎是无所不包；而德国"法兰克福国际汽车展览会"的展品范围涉及的产业就很少，只有汽车产业一个。

6. 办展频率

办展频率是指展会是一年举办几次还是几年举办一次，或者是不定期举行。从目前展览业的实际情况看，一年举办一次的展会最多，约占全部展会数量的80%，一年举办两次和两年举办一次的展会也不少，不定期举办的展会已经是越来越少了。

办展频率的确定受展览题材所在产业的特征的制约。我们知道，几乎每个产业的产品都有一个生命周期，产品的生命周期对展会的办展频率有重大影响。

产品的投入期和成长期是企业参展的黄金时期，展会的办展频率要牢牢抓住这两个时期。

7. 展会规模

展会规模包括三个方面的含义：一是展会的展览面积是多少，二是参展单位的数量是多少，三是参观展会的观众有多少。在策划举办一个展会时，对这三个方面都要做出预测和规划。

在规划展会规模时，要充分考虑产业的特征。展会规模的大小还会受到观众数量和质量的限制。

8. 展会定位

通俗地讲，展会定位就是要清晰地告诉参展企业和观众本展会"是什么"和"有什么"，具体地说，展会定位就是办展机构根据自身的资源条件和市场竞争状况，通过建立和发展展会的差异化竞争优势，使自己举办的展会在参展企业和观众的心目中形成一个鲜明而独特的印象的过程。

展会定位要明确展会的目标参展商和观众、办展目标、展会的主题等。

9. 展会价格和展会初步预算

展会价格就是为展会的展位出租制定一个合适的价格。展会展位的价格往往包括室内展场的价格和室外展场的价格，室内展场的价格又分为空地价格和标准层位的价格。

在制定展会的价格时，一般遵循"优地优价"原则，即那些便于展示和观众流量大的展位的价格往往要高一些。展会初步预算是对举办展会所需要的各种费用和举办展会预期获得的收入进行的初步预算。

在策划举办展会时，要根据市场情况给展会确定一个合适的价格，这样对吸引目标参展商参加展会十分重要。

10. 人员分工、招展招商和宣传推广计划

人员分工计划、招展计划、招商计划和宣传推广计划是展会的具体实施计划，这四个计划在具体实施时会互相影响。

人员分工计划是对展会工作人员的工作进行统筹安排。

招展计划主要是为招揽企业参展而制定的各种策略、措施和办法。

招商计划主要是为招揽观众参观展会而制定的各种策略、措施和办法。

宣传推广计划则是为建立展会品牌和树立展会形象，并同时为展会的招展和招商服务的。

11. 展会进度计划、现场管理计划和相关活动计划

展会进度计划是在时间上对展会的招展、招商、宣传推广和展位划分等工作进行的统筹安排。它明确在展会的筹办过程中，到什么阶段就应该完成哪些工作，直到展会成功举办。展会进度计划安排得好，展会筹备的各项准备工作就能有条不紊地进行。

现场管理计划是展会开幕后对展会现场进行有效管理的各种计划安排，它一般包括展会开幕计划、展会展场管理计划、观众登记计划和撤展计划等。现场管理计划安排得好，展会现场将井然有序、秩序良好。

展会相关活动计划是对准备在展会期间同期举办的各种相关活动做出的计划安排。与展会同期举办的相关活动最常见的有技术交流会、研讨会和各种表演等，它们是展会的有益补充。

范例：

服装展会策划书

服装服饰产业是"日不落"产业，行业发展日新月异，服装文化同样是时代文化的一种最简单、最直接的表现形式，是现代潮流文化的象征。据调查，全国各地在校大学生已达 2500 万以上，他们是时尚品、电子、影像、文化、培训

等产品的强大消费者和潜在消费群体。旅游、电脑、手机、恋爱、服装可以称作大学生的五大消费，消费额超过日常吃饭和购买学习用品的花费。大学生是未来消费时尚和方向的领导者，尤其是在中高档商品的消费上。因此，开拓大学生市场并不仅是获得了目前这一个市场空间，对企业的长远发展也很有意义。

一、活动简介

展会名称：20××年湖南大学生春季服装艺术节

举办地点：长沙大学新体育馆（规模可扩大至篮球场甚至周边校园内）

办展机构：

（1）主办单位：长沙市人民政府

长沙学院（取得多方的支持和赞助）

（2）策划协办单位：长沙学院法学与公共管理系部

（3）承办单位：闪星创意会展公司（07级公共事业管理会展班）

展品范围：服装（衣服、裤子、鞋、袜等）；饰品（首饰、项链、耳环、头饰等）；挎包类

办展时间：3月6～7日（时间应在开学后一个月以内，这是学生的消费旺季，开幕式安排在周末或者特别的日子），展期两天（星期六、星期日），办展时间还应定在换季时期，那是大学生服装消费的旺季。

展会规模：小型或是中型（因为是初展，投入规模不能太大。在展会的筹备阶段进行调查，根据掌握的信息预测参展商和观众的数量）

展会性质：展与销双重性质

展会定位：本次展会的创新首先体现在展会的主题上，旨在服务和打造大学生服装文化，具有专一性和创新性。展现大学生的年轻活力，追求时尚潮流，积极向上，充满奋斗激情，同时还融入一定的艺术性。在大学校园里举行，比较亲近大学生活，有地域优势和情结优势。

招展对象：耐克、阿迪达斯、康威、李宁、安踏、特步、Lee、班尼路、增致牛仔、以纯、森马、摩高、美特斯邦威、真维斯、淑女屋、依米奴、马克华菲、伊韵儿、罗宾汉、卡帕等品牌服装。

观众：主要是湖南在校大学生、各个经销商以及社会公众。

办展目标：帮助参展企业达到预期目标，能让大学生对此展会留下深刻印象，坚持长远延续发展，使该展会成为企业与消费群体可信赖的交流交易平台。树立该展会的优质形象，打造展会品牌，让展会成为每年的固定节目。

二、调查与分析

1. 行业调查与分析

整个服装行业出现了新的形势：市场重点从欧美转到中国。金融风暴对欧美

国家打击最大，品牌企业也不能幸免，消费者的购买能力与信心也要很长时间才能恢复过来。全世界的目光也都集中到中国市场，中国将从以往一味崇洋，到冷静地看待洋品牌的价值以及优劣，中国市场将不再盲目追求洋牌子了，这也是国内品牌升值的大好机会。学生装产业因为消费群体稳定而且庞大，不失为服装企业应重点培养的效益增长点。对于服装厂家来说：①它可以帮助企业树立品牌形象，适应企业的品牌发展战略。②有利于专门开拓大学生这块市场，实现产业化生产，影响和引导企业的发展方向。同时，专门打造大学生这块市场对企业也是一种竞争手段，是一种战略分析。③通过展销可以扩大企业的产品销量。④展示服装产品，与消费群体实现交流，收集市场信息。这对大学生来说满足了大学生的消费需求，适应了大学生追求时尚的消费心理。还为大学生树立个人形象提供了一个更好的平台，可以从中寻找一种乐趣、新鲜感，引导购买行为。而且，通过该展会可以提高学校知名度，丰富校园生活，激发学校的氛围，促进学校的建设和发展。

2. 外部环境分析

后经济危机时代，服装产业复苏，各个品牌正积极寻找利益增长点。学生装产业在国内发展趋于成熟，企业完全有能力向世人展现能体现当代大学生风采的产品。

3. 内部环境分析

各大高等院校有足够的面积容纳展会的进驻举行，学校本身具有相当数量的安保人员，申请动用学校保安维持展会进行的基本秩序，以及保持学校正常秩序，扶持帮助公司工作人员开展工作，能保证展会的顺利进行。闪星创意公司的工作人员在学校系部老师的指导帮助下，提供现场服务，维持展会进行的正常秩序。

三、广告宣传推广

1. 展览标志和展览标语

2. 宣传方式

（1）在各高校发放印有展会信息的传单、招贴画。宣传推广的重点是湖南各大高校，宣传资料的制作以及宣传团队的建立有两种方案：第一，宣传团队去各大高校实地宣传，本方案实施起来工作量较大，宣传工作难度大；第二，在各大高校寻求合适的代理，这种方案的实施减少了工作量，宣传工作比较容易展开，但成本相对比较高，宣传力度不够大。宣传资料的设计制作必须展现展会主题，设计要精美，能吸引观众的眼球和好奇心，树立展会面对观众的第一印象。同时，宣传资料要写明相关信息，交代展会地点、公交换乘路线、举办时间等具体信息。

（2）高校电台广播宣传。与移动校园集团合作，在校园集团内部进行短信群发，确保展会基本信息能够提前让同学们知晓。

（3）邀请本土电视台、报社对本次展会进行相关追踪报道。

（4）宣传工作可利用同学的关系网。

四、筹备日程表

1. 装修装饰、搭建布展

3月3～4日9：00～17：00

3月5日9：00～14：00

2. 封馆检查

3月5日14：00～17：00

3. 开幕式

3月6日9：00～9：30

4. 开馆及观众参观时间

3月5日9：30～17：00

3月6日9：00～16：00

5. 撤展时间

3月7日9：00～17：00

五、展会管理计划

展会可进行分区布置，体现层次感，展位中间布置T台，这由展会公司聘请学校相关艺术学生进行帮助设计。同时在学校聘请两位优秀主持人，或者主持人直接从会展公司内部挑选。展览开幕期间，进行T台走秀活动，T台模特从学校聘请。

我们在展会期间进行现场录像，以备展会后续宣传工作，扩大影响。在校园交通方面，与学校校车进行洽商。

六、相关活动计划

（1）开幕计划，主持人邀请主办单位负责人讲话，介绍、宣传展会。

（2）T台走秀表演，旨在服务展商产品活动宣传介绍，这也是活动的重点。

（3）情歌对唱，现场礼品派送活动。

（4）进行现场录像，以及现场采访。

七、展会财务管理

展会定价必须通过市场调查之后才能确定，请求专业人员的协助。展会期间的资金流动由会展公司进行管理，主办单位和协办单位进行监督。

九、危机公关策划书

（一）危机公关策划书的含义

危机公关策划书就是企业处理危机事件的机制部门发现企业危机后，针对危机进行解决方案的策划文案。

(二) 危机公关策划书的写法

危机公关策划书写作的基本思路主要分为两个部分:一是明确问题,包括问题的提出、阐释和分析;二是解决问题,即如何紧紧围绕问题来策划,提出从根本上解决问题的有效对策。

1. 明确问题

危机一旦发生,所谓的"问题"就来了。无论是何种情况,问题往往不是危机事件发生本身。危机事件是各种信息相互交错的综合表现,它只是某种现象,并不会告诉你问题的实质是什么。问题的明确界定是人脑对来自危机事件的信息加工,面对同一事件,不同的人理解不同,发现的问题肯定也不一样。"问题"需要深刻地理解和清晰地表达。事实告诉我们,从危机事件本身到问题的明确化不是一个简单、直接、很容易的过程,而是一个复杂的、很伤脑筋的信息处理过程。另外,只有明确了问题,才能保证有的放矢地解决问题,否则,差之毫厘,谬以千里。

2. 解决问题

明确问题是为了解决问题,解决问题是公关工作的目的所在。危机公关策划的有效性表现在解决问题上。公关是为解决问题而存在的,如果公关工作不能解决组织面对的形象问题,那么公关工作就是无效的、多余的,是没有理由存在的。

危机公关策划书是为了解决问题。可是解决问题的程度是有差别的,我们应该通过解决实际问题来提高解决形象问题的力度。解决问题固然需要新颖的方式,但是,如果公关问题是由实际问题而引起的,那么新颖的方式必须围绕实际问题的解决这个中心来策划,通过解决实际问题,来解决公关形象问题。不解决实际问题,只有花样繁多的宣传活动,就是徒有其表的公关策划。这种策划充其量只有艺术性,没有科学性。

从公共关系角度解决问题的方式有两大步骤:一是信息落实,二是信息传播。所谓信息落实,就是使以信息方式存在的问题获得实际上的解决,即解决实际问题。所谓信息传播,就是将信息落实的情况向公众传达。信息落实是基础,信息传播是必要手段。如果你想更有效地解决组织面临的公关问题,必须遵循这个基本思路,步步落实,从而完善地解决问题。仅有信息传播或信息落实都是片面的,是不能彻底解决问题的。没有信息传播,社会组织难以在更大的范围里塑造形象;没有信息落实,不可能从根本上摆脱困境,达到塑造良好形象的目的。如果说信息传播是"务虚",那么信息落实就是"务实"。正如西方公关专家所言,"PR = Do Good + Tell Them"。公关人员必须懂得什么是最根本的,应该从根本处着手解决问题，因为那是最有效的。

危机公关策划书要求在问题与问题的解决方案之间建立起必然的、直接的、根本性的联系，而不是偶然的、间接的、表面的联系。必须从问题提出的信息分析入手，找到问题的实质，并在此基础上寻找解决实质问题最有效的手段和办法。

通过从根本上明确问题、解决问题，达到矫正形象、塑造形象的目的。

范例：

双汇集团的危机公关策划书

一、背景

在20××年的"3·15"晚会上，央视通报了双汇集团济源分公司购入喂食瘦肉精的猪的事件，在全国引起了轩然大波。这是继三聚氰胺后的又一特大食品安全事件，双汇公司的市场份额迅速下降，各地区的销售几乎处于停滞的状态，双汇集团在消费者心中的形象受到巨大打击，经销商流失严重，双汇遭到了前所未有的巨大损失。

二、事件分析

（1）瘦肉精的添加在中国并没有明确的规定，但是在国际上有统一的瘦肉精添加标准，这使中国的不法厂商有机可乘，相关的监管机构也无从监管。但在消费者的意识中，瘦肉精是不能添加在猪肉里的，这比国际标准要更严格。这次事件的发生，从某种程度上讲是必然的。

（2）央视的"3·15"晚会是全国最权威、传播最广泛的保护消费者利益的节目，有其独特的优越性和强大的影响力。双汇瘦肉精事件在这样的节目中曝光，已经充分说明了事件的严重性，应该引起集团内部及时、高度的重视。

（3）不排除这是竞争对手的竞争行为，竞争对手故意利用此事件在社会上引起恐慌，从而达到不可告人的目的。

（4）双汇集团以前从未遇到过这样的危机，但是社会上却已经出现了多次类似的食品安全事件，成功的危机公关对双汇集团的危机公关有一定的借鉴意义。

三、危机公关策划方案

（一）对内

1. 即刻关闭违规的济源分公司、召回不合格产品

双汇集团高层此时应亲自出面，并成立专门的事件调查小组，对整个事件进

行详细的调查，及时关闭济源分公司，对相关的涉案人员进行处理。调查小组应该从事件的源头开始调查，直到找出所有的涉案人员、召回所有的不合格产品为止，这是一个长期而痛苦的过程，但是集团公司此时务必不能徇私枉法，直到整个事件结束为止。

2. 对经销商、投资者和员工进行安抚

双汇集团应及时召开全体经销商、投资者和员工的大会，对经销商及相关人员进行安抚，尽最大的努力保住企业原有的行销渠道，强调双汇集团的固有实力，使投资者和员工消去心中的阴影，重新树立信心。

（二）对外

1. 及时通报央视及相关媒体

这次危机应该引起集团高层的高度重视，应该不遗余力地进行宣传工作。

我们建议：①双汇集团和央视建立一个调查报告通道，每天向央视及时反映最新的事件调查处理情况，利用央视的巨大宣传作用和在消费者心中的权威地位，及时为集团公司重塑在消费者心中的形象。②在如河南卫视这样可以传播到全国的电视台开设专门的节目，及时向社会通报瘦肉精事件的最新进展情况，并反复强调双汇集团致歉的诚意和做出的努力，并对消费者做出如赔偿、退货等有实际意义的承诺。

2. 和政府的相关监督部门建立合作关系

事件发生之后，公司在自己进行调查处理的同时，要及时与政府相关监督部门进行合作，主动接受政府部门的检查和处罚，并对整改意见进行认真的贯彻实施，并把政府部门的调查和处罚情况以及公司做出的努力及时通报社会和消费者。

3. 双汇集团高层对社会致歉

对于此事件，双汇集团高层应该及时召开新闻发布会，向消费者表示诚挚的歉意和整改的决心。这件事情必须由双汇高层亲自出面，在对事件的后续通报中，双汇集团应该派出专人进行系统的通报，表示企业对该事件的重视程度，也就是对消费者的重视程度。

4. 制定切实可行的措施对消费者进行赔偿

5. 用实际行动践行对消费者的承诺

企业应该找到赔偿消费者的代表性事件，并尽可能多地收集对消费者赔偿的信息，及时通报社会，表示出企业对消费者的足够重视。充分利用媒体进行宣传，永不间断地表示对消费者的重视和关心。

6. 调整广告和宣传策略

双汇集团应及时调整广告和宣传策略，重点应该深入事实、深入双汇集团内部，在承认错误的同时，强调双汇集团的固有实力、固有信誉和把消费者视为上帝的态度。要向全社会展示一个负责任、有实力的大公司形象，及时重塑自己的形象。

7. 对整个事件进行持续、不间断的调查、处理和通报，并持之以恒

四、措施

由于我们还是在校大学生，所以对公关策划没有经验，对策划的实施更毫无经验可言，这份策划案只是在理论的基础上以及在对案例的经验总结上，给出我们认为可以帮助双汇集团克服危机的公关策划梗概，具体的实施方案如下：

（一）即刻关停双汇济源分公司，致函央视

立即停产整顿是一种态度，更是对央视权威的认可和尊重，因为央视在曝光结尾有一句十分可怕的话"本台将继续追踪报道"。同时，这是一种真正对消费者负责的体现。致函央视内容应着重以下几个方面：

（1）向央视表明公司对此事件的重视，欢迎央视继续进行监督和后续报道。

（2）通报公司采取即刻停产整顿济源分公司的决定。

（3）邀请央视作为媒体监督，派记者进驻双汇总部和各分公司监督调查。

停产和发函一定要在第一时间完成，哪怕是在深夜也要马不停蹄地去做，最迟在3月16日早晨让央视"3·15"专题组的负责人见到通报函。

（二）建议零售商暂时下架封存济源分公司的产品，同时致函转载媒体

3月16日致函转载央视报道的其他主流电视台、电台、报纸、网站等。通报双汇济源分公司停产整顿的决定，同时通报双汇建议零售商下架封存济源分公司产品的决定。力争使转载的主流媒体在报道结尾有这样一句话"目前双汇集团已致函本报，宣布即刻对济源分公司停产调查"。

此举是为了安抚转载媒体，避免在无官方消息的情况下，媒体做出关于此事件对双汇不实的报道和评论。但在操作中一定要突出是"双汇济源分公司"，切不可使媒体误读为"双汇公司"或"双汇产品"，这两项应在15日夜迟至16日中午完成并不断跟进。

（三）进行瘦肉精检测并通报主流媒体

在申请农业部、卫生部尽快对双汇集团所有子公司进行全面的瘦肉精检测，并尽快出具检查报告（此举需双汇确定其他分公司无问题的情况下才可进行，否则会弄巧成拙）。在做这一切的时候要时刻通报主流媒体，特别是央视。

以上三个步骤完成后，观望一下各方媒体的动向，同时还要特别注意网络媒体，派出大量工作人员浏览各网站相关新闻及评论，浏览相关论坛的发帖、回帖，关注博客、微博各方人士的观点及评论。及时汇总这些信息到最高决策层。根据不同反应，再做出下一步行动。如果各方媒体及网络民意态度较平和，而且

是按照双汇所发官方通报进行报道的话，此次公关活动直接跳至第（七）条。如果各方媒体言辞激烈，网络上群情激愤，有不实报道和歪曲指责甚至出现恶意引导舆论的苗头时，双汇应立即按下列步骤采取行动。

（四）聘请网络公关公司，向所有主流媒体发出驻厂监督的邀请

当媒体和网络出现不实报道和恶意中伤的言论是十分可怕的事，因为这将使事件影响不可避免地扩大，谣言和失控的愤怒会掩盖所有事实。重要的是在舆论上做出引导，其他努力都是无用的甚至会授人以话柄。因此有必要聘请网络公关公司引导舆情，网络公关公司要做到以下几点：

（1）澄清事实，在论坛发帖跟帖，微博中澄清双汇只是济源分公司可能有问题，同时说明双汇已经做出的行动。

（2）反击谣言和恶意中伤，对恶意言论提出质疑：是否是竞争对手落井下石？

（3）表达作为消费者对双汇的感情，引导网民关注双汇发展史，因为历史上双汇并没有什么不光彩的事发生。表达对双汇老品牌的信任，祝福双汇渡过难关。

聘请网络公关公司的意义在于他们能很好地把握和控制舆情，而且他们对网络传播的特点有更深刻的理解。当出现恶意言论时，就要考虑是否有竞争对手在兴风作浪了。因此聘请网络公关公司是十分必要的，但进行网络公关同时要注意以下几点：

（1）聘请的一定要是资深的公关公司，最好是在危机公关中有过较好表现的。

（2）引导舆论时一定要以事实为依据，切不可过分吹捧。

（3）绝对保密。

邀请所有主流媒体驻厂监督是表明双汇的磊落，传达此次事件调查的公开、透明。

（五）召开新闻发布会，邀请消费者监督

在农业部、卫生部等机构做出初步调查结果时，立即召开新闻发布会，宣布调查结果，由万隆董事长出面，向消费者代表鞠躬道歉，为表达最大诚意，万隆董事长最好能鞠躬一分钟（此处借鉴蒙牛集团牛根生在三聚氰胺事件中的眼泪）。尽管万董事长已年过七旬，但为了他毕生为之奋斗的双汇，就再做一次牺牲，相信消费者看到这位老人的愧疚之举也会为之动容。但新闻发布会中必须突出此事件仅为总部对济源分公司监管不力，声明对济源分公司主要责任人的处理，宣布整改措施，如以后对所有收购的生猪进行瘦肉精检测等。

新闻发布会对消费者道歉后，向所有消费者发出入厂参观监督的邀请。宣布

任何消费者均可向双汇提出入厂监督检查的申请，双汇每月将随机抽取50～100名消费者进入总部和各分公司参观全部生产流程，消费者有权对任意一流程提出异议并提交相关部门检测，费用全部由双汇承担。

（六）登报致歉，沟通媒体

在新闻发布会召开当天或第二天，双汇集团在《人民日报》、《光明日报》、《新京报》等大报刊登双汇致歉信，同时刊发权威机构的检测报告，声明双汇其他公司产品没有问题，以恢复消费者信心。

将事件进展通报函发布范围扩大到各地方性主流媒体，以武汉为例发布至《武汉晨报》、《楚天都市报》、武汉在线等媒体。力求媒体公正报道，在不是济源分公司产品覆盖的地区，应登报声明产品合格，建议各零售商恢复上架销售并做较大规模的让利促销活动。

（七）发表《中国肉制品行业倡议书》

在初步平息瘦肉精事件后，双汇集团应再次召开新闻发布会，再次向消费者致歉，做出严格检查、永不再犯的承诺。在新闻发布会商发表《中国肉制品行业倡议书》，倡议全国所有肉制品企业严格自查，遵守国家标准，将消费者利益放在首位，做有良心的企业。·

此举是双汇诚恳认错的又一个表现，也是对企业龙头地位的巩固。

（八）监测舆情，正面引导

以上所有步骤完成并取得预期效果后，在一定时间内依然要时刻关注舆论动向，沟通媒体，在网络领域继续进行引导，逐步恢复消费者对肉制品的信心，重塑双汇品牌形象。

策划总结：

以上内容仅为本人对此事件处理方式的大概想法，其中的幼稚和不足恳请指正。由于只是梗概，故未列出详细操作时间表，也未撰写双汇所发新闻通报；由于对各项公关费用不甚了解，未列出费用清单。

危机公关是只有在迫不得已时才能做出的选择。企业更应重视的是平时的自我管理和监督，产品永远是企业的灵魂，只有产品过硬并把消费者时刻放在心中的企业才能万年长青。当然，在当今时代，任何企业都不能缺少危机意识，内部需要有危机处理预案和演练，否则危机来临，悔之晚矣！

十、庆典策划书

（一）庆典策划书的含义

庆典策划书是指针对庆典活动而做出的一系列专业策划文案，包括对庆典活动流程的详细安排，对庆典活动所需物料的报价。通常的庆典策划主要以开业庆典策划、周年庆典策划、婚庆策划，企业庆典策划、生日庆典策划、金婚庆典策划为主，同时也包含了一些小型的庆典活动。

（二）庆典策划书的写法

一份好的庆典策划方案往往可以左右庆典业务的成交与否，那么如何书写庆典策划方案才能体现出公司的专业水准以抓住客户的心呢？

1. 全面掌握客户的详细资料

我们说客户的资料包括以下一些内容：

（1）时间：包括年、月、日、时。根据不同的特定时间可以策划不同主题的策划案，例如，10月1日是国庆，任何性质的庆典都可借由国庆开展策划。2009年是60周年国庆，策划时则可手笔大些。"时"又可以根据上午、下午、晚上来撰写不同的策划案。

（2）环境：庆典现场的环境要明确，室内还是室外？空间多大？室内是服务场所还是办公场所？室外是沿街门面、广场还是大楼前？面积多大？这些都要考虑进去。

（3）客户资料：包括客户单位性质、大致规模等。

（4）庆典活动性质：是什么样的庆典活动很关键。周年庆还是开张？是剪彩还是晚会、酒会？是博览会还是政府部门招商？

（5）规模：除了少部分客户一点经验都没有，需要我们为他策划，大部分客户都有自己的大致预案和预算。但有的客户不会明确告诉你，需要我们通过他提供的一些信息加以估测。例如，一个房地产公司奠基剪彩，嘉宾如果仅是一般的当地政府部门参加，预计费用可能是2万元，如果碰巧有省部级领导参加，那我们要建议增加费用，要提高档次。

（6）个人喜好：主要是指客户方"拍板"人员和一把手的个人喜好。例如，客户是政府部门的外事活动，负责宣传的人员一般以气派和不出差错为第一原则；如果是私营性质的客户，经济实惠而又不失气派体面是第一原则。"老板"的出身、文化背景以及性格都是策划案好坏成败的决定性因素。

（7）图片：尽可能亲临活动现场，因为任何一种制作（写作）最好能"身临其境"才会更加详尽到位。

（8）其他：包括当地的特定风俗习惯、客户的特别要求、客户及活动的特别之处、活动的特别诉求，政治因素等。

2. 掌握庆典文案写作的几大板块

精彩的文案除了要有特色规划，还需要有强大的可操作性。

一般情况下，我们庆典策划方案的书写包括以下几个板块：

（1）前言：包括背景介绍、庆典目的以及活动时间、地点、人物等。主要的内容是以简短的文字介绍此次活动的动机，同时说明及介绍我们自身的服务特色和优势。如果我们在当地已有一定的知名度，最好能列举一些当地较知名的、耳熟能详的一些案例。例如，"特色喜庆××店凭多年为客户的实践及操作经验、与众不同的策划创意，为客户提供了满意、周到的服务。在我们成长的过程中，凭借全国数百家连锁店资源共享的成果，本着以特色专业、务实高效的经营理念，以独特的市场洞察力，成功地策划并承办了许多大型项目及礼仪庆典活动，如……"

（2）活动程序：通常大型庆典活动客户一般都有他自己大概的活动安排，我们提供的活动程序应根据他的安排将程序调整得更合理些，更有条理些，同时在程序中加上我们或多或少的一些点缀，让整个活动变得更加精彩气派。

也有某单位第一次举办庆典的情况，此时，更应该要多与客户沟通、共同探讨，了解对方想要达成的目的和创造的结果，以及他想要做的一些具体的事情，在策划活动程序时，才能达成与客户的默契。

（3）现场布置：又称气氛布置，包括内外景、前期和现时的布置等。现场布置最好能根据地形地貌、现场固有的环境巧妙利用。在文案中要简洁明了地大概说明即可，让客户感觉到位置具体但又不知所以然。例如，在正门沿门框做彩球链装饰，大厅柱子以螺旋形彩球装饰等。待客户有兴趣时，再加以情景描述。

（4）项目（创意）说明：某些产品及项目是首次面市的，大部分客户闻所未闻，则需要在文案中加以简单说明。

创意表现一：鲜花立柱剪彩仪式。采用不锈钢礼仪柱替代传统的礼仪小姐托花球的方式，每个礼仪柱上摆放精美插花，更具高雅喜庆的气氛。

创意表现二：揭幕启动仪式由嘉宾揭幕××的开业庆典仪式。

创意表现三：在工地现场布置大型充气拱门和热气球，借以营造项目热烈的开工、开盘气氛。

项目说明最重要的是将活动所需但又不熟悉的项目加以注解，将其最佳的优点和卖点告诉对方，便于让其了解并采纳。

（5）项目报价：即将此次庆典活动所需项目的价格非常明确地告知客户，以便客户心中有底。报价时要注意的是：①市面上已有的项目报价要合理。②了解客户不在乎总造价时，可以只报单价，让对方感觉金额数字较少，容易接受。③报价要注明是否包含税率、项目审批费用等。

（三）注意事项

1. 庆典活动要适时

对于每个庆典活动都有一个适时举行的问题。首先选择一个好时机，不仅可以为活动典礼增色不少，还可以增强活动的效果。例如，一个企业庆典活动一般情况下要把企业时机、市场时机结合起来考虑，从而使庆典活动与市场时机相契合。有些典礼的时间是固定的，如节日、纪念日，这些庆典通常只能提前，是不能推后。然而有些庆典则要选择时机，如开业、竣工典礼，除了必要的筹备以外，还要考虑相关的领导是否能出席，以及前后的节庆节日情况等因素。

2. 庆典活动要适度

庆典活动是一种礼仪性活动，国家有关方面专门做出明文规定，要严格控制，认真执行申报制度。同时还要有"精品"意识，典礼过多、过滥，将会在一定程度上影响庆典活动的质量和效果。所以典礼活动的规模、形式还必须和单位、项目情况大体相符合，如果一个工程不大，却弄一个特大规模的庆典，只会成为笑柄。

3. 庆典活动要隆重

其实典礼是一种热烈庄重的仪式，需要一定的隆重程度。这样不仅鼓舞人心，还可扩大影响度。在现场布置、形式选择、程序安排等环节下功夫，努力营造隆重热烈的气氛是必不可少的，并且还要力求有创意。普通化的庆典活动，将不会给人留下深刻印象，也不会取得好的效果。

4. 庆典活动要节俭

庆典活动不仅要求隆重热烈，还要简朴务实。从规模、规格上一定要严格控制，在邀请人员的级别、数目上要量力而行，不可一味追求"高，大，全"。在项目、程序上尽量从简，能省去的一些环节就得坚决省去。典礼活动也要奉行"少花钱，多办事"的原则，不可摆排场、讲阔气，铺张浪费。

范例：

楼盘奠基典礼暨售楼部开业庆典策划方案

作为营销策划的组成部分，奠基典礼和开业庆典已经引起开发商越来越密切的重视，它实际上已经构成了引导销售热潮的爆发口。一个精彩的活动策划是综合文化素质和开发商实力的全面展示，往往能收到事半功倍的效果。

一、活动构思

（1）以剪彩揭幕、奠基典礼为主线，通过售楼部剪彩揭幕、工地奠基典礼、馈赠礼品、庆祝酒会来完成活动目的。

（2）通过活动传播开始内部认购的信息，使潜在消费者获得信息。

（3）活动的间接影响使更多的潜在消费者对楼盘的开发建设和销售有一个

基本的了解，进而吸引既定的目标人群。

（4）活动的各种新闻传播让既定目标人群确认自己了解的楼盘信息，较其他方式更为客观。

二、整体气氛布置

整个会场将配合售楼部剪彩揭幕和奠基典礼的主题，以剪彩揭幕、奠基典礼的热烈喜庆和庄重气氛为基调，工地上四个气球悬挂空中作为呼应，并输出永康·锦园开始内部认购的信息。售楼部内以红、黄、蓝相间的气球链造型装点一新。主干道及售楼部、工地入口布置有永康·锦园标志的彩旗，售楼部内墙布置展板，保证做到气氛庄重热烈。

1. 售楼部布置

（1）在主干道两侧插上路旗及指示牌。

（2）悬挂永康·锦园奠基典礼暨售楼部开业庆典横幅。

内容：文字"永康·锦园奠基典礼暨售楼部开业庆典"

颜色：字（中黄色）底色（红色）

字体：圆黑色

（3）充气拱形门一个（内容、颜色、字体同（2））。

（4）门口铺红色地毯，摆花篮和鲜花盆景。

（5）售楼部内四壁挂满红、黄、蓝相间的气球。

（6）售楼部门匾罩红绸布。

2. 奠基现场（工地）布置

奠基现场四个气球悬挂空中，文字为"热烈祝贺永康·锦园奠基典礼暨售楼部开业庆典顺利举行"或"欢迎您参加永康·锦园奠基典礼暨售楼部开业庆典"。

在奠基现场放置一块青石碑，若干把扎有红绸带的铁铲。

3. 主会场区布置

（1）在主会场区的入口处设置一签到处，摆放一张铺红布的长木桌，引导嘉宾签到和控制入场秩序。

（2）会场周围设置两只大音箱和有架话筒，便于主持人和有关人员发言讲话。

（3）乐队和舞龙队位于主会场主持区一侧。

三、活动程序设置

×××庆典策划认为作为一个庆典活动，欢庆的气氛应浓烈，我们计划用一部分欢庆活动来起到调动会场情绪的作用。由舞龙活动来制造喜庆气氛，也是为以后的项目打气助兴做准备。由于它费用低、收益大、最容易制造气氛和场面。故而，以舞龙活动作为开业仪式上的一个组成部分最为合理。另外，应当由司仪主持庆典活动全过程，由司仪来穿针引线，才能使会场井然有序。

下面为×××庆典策划就具体活动程序设置：

9：00　售楼部迎宾（礼仪小姐引导嘉宾签名和派发资料）。

9：20　礼仪小姐请嘉宾、记者到主会场。

9：30　乐队奏曲和司仪亮相，宣布"永康·锦园奠基典礼暨售楼部开业庆典"开始，并向嘉宾介绍庆典活动简况，逐一介绍到场领导及嘉宾。

9：50　为尔公司胡总致辞（致辞内容主要是感谢各级领导在百忙之中抽空前来参加永康·锦园的开业仪式），并对为尔公司及本项目进行简短介绍。

10：00　市领导讲话（内容主要为祝贺词及为尔公司在赣州开发的意义）。

10：20　剪彩仪式。

10：30　揭幕仪式。

10：40　为两只龙头点睛（胡总、市领导）。

10：42　舞龙表演。

10：50　司仪请嘉宾随舞龙队的引领进入奠基现场。

11：00　燃放鞭炮，乐队乐曲再次响起（礼仪小姐为嘉宾派发铁铲）。

11：10　嘉宾手持铁铲参加奠基活动。

11：20　邀请嘉宾前往售楼部参观和稍作休息（这时售楼部应有专人为手持报纸宣传单页的市民派发礼品）。

12：00　××酒店，庆祝酒会开始（酒会可以为西式自助餐形式，气氛融洽又高雅）。

四、活动配合

（1）活动总负责——总务组：负责活动总体进展，确定嘉宾名单。

人员配置：暂定1人。

（2）现场总协调——会场组：协调现场各工序间的工作。

人员配置：暂定1人。

（3）道具准备——后勤组：负责购买活动所需材料及用品，活动结束的清理会场。

人员配置：暂定2人。

（4）对外联络——公关组：负责派送请柬，联系乐队、舞龙队、司仪、新闻媒体、酒店等。

人员配置：暂定4人。

（5）宾客接待——接待组：负责嘉宾签到处，发放资料，为嘉宾佩戴贵宾花，引导车辆停放，活动结束后，负责送客。

人员配置：暂定4人。

五、媒体配合

永康·锦园12月18日的开业仪式是楼盘的首次亮相，这次关键性的亮相将影响到今后整个楼盘的销售。所以本阶段广告宣传以塑造企业形象和建立品牌知名度为目标，从而尽快奠定永康·锦园在人们心目中的档次和形象。本阶段我们将主要采用报纸、电视、宣传单页和条幅等传播媒体和传播方式，以大量的硬性广告来宣传项目。

1. 在《××广播电视报》和《××晚报》上刊登

时间：《××广播电视报》12月15～21日的一期1/4版。

《××晚报》选择12月15日、16日、17日连续三天刊登1/4版。

文案：横排"十二月十八日"

横排黑体小字：值永康·锦园12月18日售楼部开业之际，凡持本报莅临者均有精美礼品赠送。

另：××文化建议在版面上还应把楼盘标志和广告语"永康·锦园，一生的、幸福的选择"都标注上，标志图案要显眼，广告语字体要有别于文案字体。

地址：×××××

电话：××××××××

2. 在××电视台播放广告

在××电视台一、二套节目八点黄金段广告中播放文字广告，也可选择多台播放的游字广告。

时间：12月15～17日三天。

3. 在市各主要街道悬挂条幅（12月11～17日七天）

（1）12月18日永康·锦园奠基典礼及售楼部开业庆典隆重举行。

（2）12月18日永康·锦园今日开始内部认购。

本文来自×××庆典策划，转载注明出处，找××庆典公司，首选××文化。

（3）12月18日永康·锦园将是您一生的、幸福的选择。

4. 制作宣传单页，派销售员到各繁华地段及居民区散发。

时间：12月15～17日三天

第二章 企业事务管理文案

一、公示

(一) 概念

公示是企事业单位就与公众利益直接相关的事项在一定范围内公诸于众，使其知晓并征求意见和建议所使用的文书。

(二) 特点

(1) 政治性。

(2) 公开性。

(3) 诉求性。

(4) 简明性。

(5) 广泛性。

(三) 格式及写法

公示的结构一般由标题、正文、署名与日期四部分组成。

1. 标题

公示的标题一般由发布公示单位名称、事由、文种组成，如《泉州市精神文明建设指导委员会关于精神文明建设先进集体和先进工作者候选名单的公示》。标题的另一种形式由公示事项与文种组成，如《领导干部任前公示》。

目前，对标题中文种名有两种写法，多数为"公示"，也有写"公示榜"的。鉴于"榜"早已退出公文的行列，我们认为，为规范文种名称，应一律采用"公示"这一称谓为宜。

2. 正文

公示正文大体可分为公示缘由、公示事项、公示结语三部分。

(1) 公示缘由：主要交代发布公示的原因、目的、根据、相关背景等，并提示公示事项或内容，然后用"现将……公示如下"等句式过渡。

缘由部分应力求简明扼要，迅速切入中心，叙述内容不必俱全，可视内容表达需要而定。有时也可省略此部分而直接交代公示事项。

（2）公示事项：这是公示的核心部分。应以准确、明晰、简洁的说明性文字，将需公开展示的事项内容一一交代。

（3）公示结语：结语是公示正文的重要组成部分。结语内容一般应包括：①公开展示的期限（即起止日期）；②表明征求意见与建议的意图并欢迎有关人士参与；③意见反馈的渠道与方式，包括受理单位或机构名称、联系电话、受理方式与要求等。

在具体运用中，当公示事项内容较多时，还可将结语部分提前至公示缘由之后，而将公示事项置换为全文的第三部分。

3. 署名与日期

公示一般应于正文下一行居右写明发布公示的机关单位全称或规范化简称，提行书写发布日期；若标题已含发文单位名称，也可省略署名，将发布日期标注在标题下一行，用圆括号括住。公开张贴的公示，应加盖发文机关印章。

（四）注意事项

（1）内容集中，主干突出。公示虽具公布事项广泛的特点，但就一份公示而言，内容则应一文一事，高度集中，以便公众有针对性地反馈意见，也便于发布公示单位收集问题和解答处理。行文上应突出公示事项的基本内容，其他部分应简明扼要，不宜做过多申说。

（2）态度诚恳，用语平实。应以诚恳的态度征询公众的反映，切忌居高临下、盛气凌人，否则有失公示宗旨。公示语言应平实明白，以介绍说明为主，不发议论，不做评价，不带感情倾向性，以保证公众能畅所欲言，从而使公示事项得到公平、公正、合理的处理。

如范例《2007 年第三批厦门市高新技术企业公示》的写作，首先写高新技术发展现状，然后公示 2007 年第三批拟认定高新技术企业名单。内容集中，主次分明，评言平实，很有代表性。

范例：

2007 年第三批厦门市高新技术企业公示

近年来，厦门市委、市政府坚持贯彻落实"科学技术是第一生产力"的重要思想，把发展高新技术产业摆到重要的战略地位，大力发展高新技术产业，有力地推动了经济和社会进步。高新技术产业正逐步成为厦门经济发展的主力军，高新技术企业队伍不断壮大，高新技术已经成为经济发展过程中最活跃的要素。

截至 2007 年 11 月，全市高新技术企业增至 334 家。厦门市高新技术企业认定工作坚持"积极培育，严格审查，规范管理，有序发展"的原则，常年受理、分批审批。由市科技局及时组织认定并对高新技术企业实行动态管理，对未能通过年度考核的高新技术企业撤销其资格。截至 2006 年底，共撤销 81 家企业的高新技术企业资格。

为更好地宣传厦门市高新技术企业，推动本市高新技术产业健康快速发展，现将 2007 年第三批（总第二十五批）拟认定的 23 家高新技术企业名单予以公示（排名不分先后），企业详细情况请查阅本日厦门商报 A12 – A13《高新技术企业专版》。公示时间为自公布之日起七天，公示期内如有异议请向市科技局提出。有关高新技术企业认定情况请查询厦门科技信息网并欢迎直接向我们咨询。

2007 年第三批拟认定高新技术企业名单

序号	企业名称	技术领域
1	厦门嘉鹭金属工业有限公司	新材料及应用技术
2	厦门兴盛食品有限公司	新工艺
3	厦门建霖工业有限公司	新工艺、新技术
4	厦门厦工新宇机械有限公司	先进制造技术
5	厦门春保精密钨钢制品有限公司	新材料及应用技术
6	厦门侨兴工业有限公司	新材料及应用技术
7	厦门士林电机有限公司	机电一体化
8	厦门松霖科技有限公司	新工艺、新技术
9	坤联（厦门）照相器材有限公司	电子信息
10	厦门市易洁卫浴有限公司	新工艺、新技术
11	敦吉机电有限公司	电子信息
12	厦门艾思欧标准砂有限公司	新工艺、新技术
13	厦门泓信特种纤维有限公司	新材料及应用技术
14	厦门松德电子有限公司	新材料及应用技术
15	厦门爱普生电子科技有限公司	电子信息
16	厦门绿创科技有限公司	环境保护新技术
17	厦门大一互科技有限公司	机电一体化
18	厦门市杏林永信隆塑胶包装有限公司	新工艺、新技术
19	厦门市百岗电气有限公司	新工艺、新技术
20	厦门市捷瑞静电设备有限公司	新工艺、新技术
21	厦门市华兴化工有限公司	新材料及应用技术
22	厦门思尔特机器人系统有限公司	先进制造技术
23	厦门世优科技有限公司	电子信息

二、请示

（一）概念及特征

请示是向上级请求指示、批准时使用的一种上行文种。它的使用频率较高。

请示文种的适用范围较广。凡涉及有关方针政策界限、工作中的重大问题、需要上级予以审核批准的事项（如财政支出、资产购置、人员定编、机构设置）等诸多方面的内容时，均应以"请示"行文。各单位都有自己的职权范围，对属超出职权范围的事项，即应向上级行文请示，获准后方可执行和办理。

请示文种的分类比较复杂。从不同的角度，依据不同的标准，可以将其分成不同的种类。为方便起见，我们从请示的内容、性质和功用的角度切入，将其分为两大类：一是批准性请示，即下级就某项工作或某一问题直接向上级请求指示和批准；二是批转性请示，此类请示通常是下级就某一方面的工作制定出办法或措施以后，因职权范围所限，无权要求有关单位和人员予以贯彻落实，遂向上级行文请示，要求批转给有关单位办理，这类请示被批转后，实质上即已成为上级的决定意见。

（二）写作方法

请示文种的内容结构一般由标题、正文、尾部三部分组成。各部分写法如下：

1. 标题

通常由发文机关、事由、文种三要素组成，如《××厂关于购买500台液压机的请示》。拟写请示标题，必须着力写好"事由"，要明确、简括地表述出请示的中心意向，以便上级机关准确了解和把握。

2. 正文

正文部分是请示的核心内容，它要载明以下两方面事项：

（1）请示缘由。这是请示写作的关键环节，它直接关系到请示目的能否得以顺利实现。要用简明扼要的语言将请示的原因和背景情况或者请示问题的依据、出发点及思想基础交代清楚。在写法上，一般采取叙事和说理相结合的表达方式，叙事要精练，说理要透辟，力戒繁冗累赘。这部分写得好，就为下文进一步提出请示事项做了充分铺垫，请示的目的就容易实现。

（2）请示事项。即请示的具体内容，要将请求上级给予指示、批准或批转的具体问题和事情和盘托出，请求上级做出答复。要写好请示事项，关键在于两点：其一是明确，即要直截了当，明白显露；其二是具体，即指对于请示事项的表述一定要细致入微，清晰可鉴。

要写好请示的正文，应注意两点：①要选准角度。即请示理由的切入点，它的撰写至关重要。②要注意行文的逻辑性。即指对于请示理由的陈述，必须注意其内在的必然联系。哪些内容先说，哪些内容后说，都要缜密考虑，精心措置，不可信笔挥洒。

3. 尾部

请示的结尾一般有较为固定的结语，以示对上级的尊重。通常写法是"妥否（可否，是否可行），请批示"，或是"以上如认为可行，请批转有关单位执行"。要特别注意请示的结语中绝不能出现"报告"字样，以免造成混乱，甚至延时误事，给工作带来不应有的麻烦。

（三）注意事项

（1）请示非从属报告，也不等于函。

（2）把握请示的内在逻辑。

（3）写请示要坚持一文一事。即一篇请示只能向上级请示批准一个问题，以便上级及时、专一地进行处理。请示的主送机关只能是一个，不能多头请示。

如范例《工程计划变更请示》，这篇请示写得合乎规范。一是坚持了一文一事原则，二是文字表达确切简明，将请示的中心意图清晰具体地做了阐述，便于领导全面、准确地予以了解和把握，并及时做出批复。

范例：

工程计划变更请示

×××领导：

××东路开工以来，工程进度明显加快，拆迁工作正在陆续进行，由于高压线杆、人行办公楼、公路局办公楼、康复医院办公楼等建筑物现在不能及时拆迁，导致雨水、污水管道大部分地段无法施工，为了加快工程进度，争取10月底前全面竣工，特提出设计变更，具体情况是：

一、污水管道610米变更

按照原设计从白鹤路口向西到电机厂（北侧）为ϕ500污水管道开挖；现变更为ϕ700顶管。理由：此段高压电线杆在污水管道上方，高压线电缆沟亦无法开挖。若不变更为顶管，必须等拆迁任务完工，电缆沟砌好，将高压线埋入地沟，方能开挖，势必拖延工期。

二、雨水管道960米变更

（1）会盟路口向东（南侧）至丁字口段400米，原设为ϕ500管道，变更为ϕ700顶管。变更理由：雨水管道恰好在煤气管道下方，且煤气管道已施工完毕，故此处必须变更为顶管。

（2）白鹤路向西（南侧）至电机厂路段 560 米，原设计雨水管道为 $\phi500$，现变更为 $\phi700$ 顶管。变更理由：人行办公楼、康复医院楼、公路局办公楼不能及时拆迁，加之高压线杆、通信线杆都直接影响雨水管道开挖。且高压线杆、通信线杆现在又无法迁移，必须等电缆通信线入地以后才能施工，严重影响了工期，所以建议变更。

三、费用问题

由于变更增加工程造价为 35 万元左右，最终决算以财政投资评审中心预算为准。

×× 改建工程指挥部

2013 年 ×× 月 ×× 日

三、办法

（一）概念

办法是主管部门根据上级政策或有关条例，就某项工作或活动所制定的具体做法和要求的专用文书。办法是条例的具体化表述，是用来进一步说明和补充条例的。办法的制定依据往往是上级机关的法令、决议、条例等，具体明确、切实可行是办法写作的基本要求。

（二）特点

办法的特点主要有三个方面：

（1）内容管理性。办法侧重于对有关事项、问题的落实和执行制定标准和做法。

（2）写法具体化。办法侧重于对有关内容的说明解释，对某项工作的做法、措施、步骤、程序、标准一一做出说明。内容复杂的，可分为总则、分则、附则来组织结构；内容简单的，通常用分条列述的写法。

（3）效用实践性。办法较多是某一方面具体工作的限定，涉及面较窄，不少办法属于试行阶段产物。

（三）分类

（1）管理办法。根据管理需要制定工作规范，内容比较概括。《国家行政机关公文处理办法》属于此类。

（2）实施办法。对法规性文件如法令、条例和规定等的实施，结合实际情况制定具体办法。

（四）写作方法

由标题（包括题下标示）、正文两部分构成。

（1）标题（包括题下标示）。办法的标题应由发文机关、事由和文种类别组成，也有省略发文机关的，但不多见。办法如属"试行"、"暂行"的，要在标题中标明。属会议通过或需标明发布日期的，可在标题下加括号注明。也有的是在题下标示中同时标明发文机关，但这时不能再在标题或落款中有发文机关重复出现。

（2）正文。办法的正文一般由三部分组成：即办法的制发缘由、办法的具体内容、结语或附则。制发缘由指制定办法的依据、目的；具体内容为办法正文的主体；结束语常用以说明办法的适用范围、实施日期、要求、解释权等。如范例《新进人员任用办法》，首先交代办法制发的目的，是为了规范公司新进人员；其次是具体内容，包括甄选、评估、录取、试用，是正文的主体部分；最后是实施及修改。本办法格式规范，很有代表性。

范例：

新进人员任用办法

第一条　为规范公司对新进人员管理和任用，特制定本办法。

第二条　人员的增补

各部门因工作需要，需增补人员时，以厂处为单位，提出"人员增补申请书"，依可能离职率及工作需要，临时人员由各部门拟订需要人数及工作日数呈经理核准，女性现场操作人员由各部门定期（视可能变化制定期限）拟订需要人数呈经理核准，其他人员呈总经理核准。于每月5日前将上月人员增补资料列表送总管理处总经理室转报董事长。

第三条　人员甄选主办部门经核准增补人员的甄选，大专以上学历由总管理处经营发展中心主办，高中以下学历由各公司（事业部）自办，并以公开登报招考为原则。主办部门核对报名应考人员之资格时应详加审查，对不合报考资格或有不拟调用的情况者，应立即将报名的书表寄还，并附通知委婉说明未获初审通过的原因。

第四条　甄选委员会的组成

新进人员甄选时应由主办部门筹组甄选委员会办理下列有关事项：

（1）考试日期、地点；

（2）命题标准及答案；

（3）命题、主考、监考及阅卷人员及工作分配；

（4）考试成绩评分标准及审定；

（5）其他考试有关事项的处理。

第五条　成绩评估

新进人员甄选成绩的评分标准分学科、术科、口试三项，其分值比例视甄选对象及实际需要由各甄选委员会决定，但口试成绩不得超过总成绩的40%。

第六条　录用情形填报

各甄选主办部门于考试成绩评定后，应将各应考人员成绩及录用情形填报总管理处总经理室。

第七条　录取通知

对于拟录取的人员，主办部门应通知申请部门填写"新进人员试用申请及核定表"，大专以上学历人员由总经理核准，并列表送总管理处总经理室转报董事长。高中学历以下人员（除现场女性操作人员及临时人员由经理核准外）呈总经理核准后，即通知录取人员报到。录取人员除以书面通知列为录取外，并说明有机会的依序通知前来递补。对于未录取人员除应将原书表归还外，还应附通知委婉说明未录取原因。自登报招考至通知前来报到的间隔原则上不得超过1个月。

第八条　报到应缴文件

新进人员报到时应填交人事资料卡、安全资料、保证书、体格检验表、户口簿及照片，并应缴验学历证书、退伍证及其他经历证明文件。

第九条　试用

新进人员均应先行试用40天。试用期间应由各厂处参照其专长及工作需要，分别规定见习程序及训练方式，并指定专人负责指导。

第十条　训练计划

有关新进人员的训练计划规定另行制定。

第十一条　试用期满的考核

新进人员试用期满后由各负责指导人员或主管于"新进人员试用申请及核定表"详加考核（大专以上学历人员应附实习报告），如确认其合适，则予以正式任用，如认为尚需延长试用应酌予延长，如确属不能胜任或经安全调查有不法情况者，即予辞退。

第十二条　处分规定

新进人员于试用期间应遵守本公司一切规定，如有受记过以上处分者，应即辞退。

第十三条　试用期间考勤规定

新进人员于试用期间考勤规定如下：

（1）事假达 5 天者应即予辞退；

（2）病假达 7 天者应即予辞退或延长其试用期予以补足；

（3）曾有旷职记录或迟到 3 次者应即予辞退；

（4）假依所需日数给假，其已试用期间予以保留，假满复职后予以接计。

第十四条　停止试用或辞退

经停止试用或辞退者，仅付试用期间的薪金，不另支任何费用，亦不发给任何证明。

第十五条　试用期间的待遇

试用期间薪金依人事管理规则薪级表标准核质，试用期间年资、考勤、奖惩均予并计。

第十六条　实施及修改

本办法经经营决策委员会通过后实施，修改时亦同。

四、大事记

（一）概念

大事记是用来记载本单位重要活动、重要事情的一种记事性文书。它用简述的方法连续记载本单位大事要事，使用较为广泛，机关、单位、团体、组织都可以用来记录本单位人事变动、机构调整、大型会议、重要文件的收发、重大奖惩的事项、重要的业务活动和重要的外事活动。它所记的材料是今天的现实记载，到明天就成了历史，以后可供查对。其现实功用在于帮助人们了解某一单位、某一部门的沿革发展，也有助于总结经验，不断改进工作。

（二）特点

大事记的特点是：

1. 史料性

大事记是记叙性的材料，它在一段时间一定范围内，抓住重要、重大的事情概括扼要地加以记载。这种记载虽是现时现今的事情，但到以后则成为历史，可作为存档查考，也可作为历史借鉴。就一个机关、单位、部门和某一方面的工作而言，大事记可以说是一部历史，从中可以看到这个机关单位或某一方面工作的诞生，以及发展、变迁的线索，可以探索其发展规律。

2. 编年性

大事记以时间顺序为基准，按事情发生的先后次序依次记载，这种按时序安排记载内容的特点，称之为编年性。编年性既按年代发展顺序行文，一年之中，一月之中，又各按日期的进程安排记载，逐日记录，按事排引，便于查找，便于通览。

3. 简明性

大事记对大事的记载不是铺陈直叙，徐徐道来，而是言简意赅，力求以精练、明确、简洁的文字，严谨清晰地记载大事。记事时无须进行渲染和描绘，也不必说明或议论，要求简明扼要，恰如其分地记载即可。

（三）作用

大事记是随着工作和事情的不断进展而逐项逐件记录和积累的，它展示了工作和事情进展的脉络，因此，具有十分重要的价值和作用。具体表现在：

1. 提供轮廓性的历史状况

大事记用简明的文字反映和记录某一地区或某一单位的历史发展和重要活动，系统扼要地记录一定事件的历史发展进程，为人们提供了轮廓性的历史状况。

2. 提供有价值的历史资料

大事记能提供轮廓性的历史状况，在特定条件下，具有简史的作用，人们往往不用翻查卷帙浩繁的资料，通过阅读大事记便可对概貌一览无遗，也是一种了解和掌握历史的简便易行的好方法。

3. 便于总结经验教训

大事记是一个机关单位的历史的记载，并且具有连续性和系统性，通过系统的完整的回顾，可以从中总结出一些带有规律性的东西。无论是总结经验，还是总结教训，都可为以后的工作提供极好的参考资料，以便吸取经验，避免失误，推动各项工作向前发展。

（四）分类

大事记的种类可以从不同的角度来区分。

按范围分，有国家大事记、省（市自治区）大事记、地县区乡大事记等，也可分党、政、军、企业、事业单位大事记等。从微观的角度来看，一个单位里面有若干部门或若干层次的小单位，可各有自己的大事记。

按时间分，有年度大事记、季度大事记、月份大事记。

按内容分，有综合性大事记和专题性大事记。

（五）结构及写法

大事记包括标题和正文两大部分。

1. 标题

大事记的标题一般采用直接标题法，常见的有两种写法。

综合性大事记由单位名称、时限、文种构成。如《××局二〇〇五年大事记》、《二〇〇五年国际大事记》。

专题性大事记则由单位名称、内容项目、文种构成。如《××省经济大事记》、《××市城市绿化大事记》、《××区精神文明建设大事记》。这种标题，其时间标示在标题下面，用括号括住。

2. 正文

正文大体有两种形式：一是开篇即记事；二是先写前言，后记事。

（1）前言。前言即大事记的开头部分，简要概括地写明大事记的背景、时限的指导思想。

（2）记事。其由大事时间和大事记述两部分组成。时间若是以年为记事单位，下面则按月记事，逐月记述；时间若是以月为单位，则以日为顺序，逐日逐事记述。

——大事时间

任何事情都是在一定的时间、空间里发生的，大事记时间的持续性和顺序性反映了事情发生发展的过程，对研究历史具有重要意义。因此，在每件大事记述之前，都必须写明时间。

首先，大事记要有明确的时间界限。如某年国际大事记，以该年 1 月 1 日至该年 12 月 31 日为时间界限，着重记述这一年间发生的国际大事。

其次，大事记的时间顺序应按照年、月、日依次记述。如开头写年，后边则依次按"×月"、"×日"顺序排列。对延续时间较长的事件，可分期或分为若干层次，按时间顺序记载。

大事时间要求确切。记载重要发文的大事，以文件的发文时间为大事时间；记载会议的，可分别记开、闭幕时间，也可记起讫时间；有些延续事件，可分阶段记录，也可集中一条以结束时间为大事时间；如果同一天有数件事要记，则可以用一个大事时间，分事项列出，或用"同日"标示，或用"△"标示。

——大事记述

大事记述位于时间词的后面，是大事记的主体。首先，它要求准确地记下在一定阶段里，某个单位、部门或某个专题中的一些重大的事件。这些事件是能反映本单位职能活动特点的、有新意的、带全局性的事件。其次，还要求简洁地、突出特点地记述。一般是一句话记完一件大事。大事记述要根据不同项目分别记述清楚有关内容，如记事件，要记清事件的发生、发展、结果；记会议、记活动等，要记清会议、活动的内容名称、参加人员、时间、地点等。

（六）注意事项

1. 客观真实

大事记的写作应本着实事求是的精神，尊重历史，尊重事实，维护客观事物的本来面目，真实地加以记述。记事的取材要客观真实，确凿无误，以维护大事记的可信性。同时，还要求客观地分析、评价人和事，不可随意拔高或贬低。

2. 完整全面

大事记尽管文字经济，但应有较强的概括性，无论记什么事，都要高度概括，给人以完整全面的印象。大事记不仅寻求单个事件的完整全面，还要求事件有系统性、连贯性，时间跨度大的事件也要求完整全面，连贯地记述其各个方面，有始有终，清晰完整。

大事记的工作在单位中应当作为正常化、经常性的工作，对出现的要事、大事随时记录，以免漏记或错记。一旦发现错漏，应及时补记和纠正，以保证大事记的全面性、完整性。

为做到连续不断，记事员要增强责任心，提高自觉性，尽职尽责；单位要建立定期检查制度，及时总结经验教训，及时解决具体问题。

3. 专人负责

专人负责，最好是由办公室负责秘书的人来担任。秘书人员编写大事记也只能是拟写草稿，最后还要由主管领导审核或修改后才能誊写在大事记册子上。随时记录，就像是记日记的形式，但并非天天记，而是有大事则记，没大事就不记。月底整理，如有些重大活动或重要会议，持续时间长，整理时可一次性记载，写清起止日期则可。年终编纂，就是将每月整理、誊写好的大事记编集成册。

范例：

××××管理局职工医院 2004 年大事记

1 月 25 日，局春节慰问团，在局长××的带领下，来医院对住院的 235 名病员进行了慰问，并代表局党委、管理局送了慰问信和慰问品，表彰了先进科室。

2 月 3 日，院召开了 2003 年度先进单位及个人表彰大会，表彰了先进科室十个，先进生产（工作）者 92 名。

4 月 5 日，我院被××市委、市人民政府命名为××市的《文明单位》，颁发了荣誉证书及奖金。

5 月 10 日，新加坡卫生部副部长格瑟端先生来我院参观访问。他们一行四人，在院领导的陪同下，参观了医院的病房、设备、各种特检室，了解了医院绿化情况，听取了医院在管理方面的汇报，进行了学术交流。他们对我院各项工作表示满意，并留影纪念。

5 月 12 日，我院首次做了肝叶部分切除术。手术成功，病人痊愈。

8月10日，医院团委组织了"在校学生暑假作文比赛"活动，评选了三位同学的作文为优秀文章，分别给予奖励。

8月25日，××部"首届老年病学术交流会"在我院召开，全国各矿区代表和我局代表共120人参加会议。会上交流学术论文32篇。

9月3日，医院血库建成，并投付使用。

10月8～12日，×××管理局卫生、技安工作会议在我院召开，到会代表134人，大会对我院在会务安排、生活接待、文娱活动等方面的工作很满意。会议圆满成功，达到了预期效果。

10月25日，××地区绿化工作会议代表194人来我院参观。一致认为：医院绿化面积虽小，但布局合理，院区的园林小景别致壮观。

11月28日，××市石油汽修厂送来一位因宫外孕引起大出血的休克病员，经我院医护人员抢救，病人转危为安。

12月24日，医院所属汽车队车发生重大翻车事故，78025号客车在临江路135里处翻下悬崖，当场死亡3人（其中1人是售票员），经医院抢救无效死亡2人，重伤9人（包括驾驶员），轻伤21人，客车损坏严重，损失金额（不包括伤员的医药费）61000多元。

五、介绍信

（一）概念

所谓介绍信，就是指企事业单位、人民团体派遣工作人员到有关单位接洽事项、处理公务时的一种专用书信。

介绍信大致分为一般公文纸写的书信式介绍信、铅印成文带存根的印刷介绍信、铅印成文不留存根的印刷介绍信三种类型。

（二）格式与写法

介绍信由标题、称呼、正文、结尾和落款五部分构成。

1. 标题

首行正中写"介绍信"三个字，字体要写得大些。

2. 称呼

在标题下方左侧顶格。写清楚所联系的单位或部门，然后在称呼后用冒号。

3. 正文

正文部分另起一行，空两格起写介绍信的内容。首先说明持介绍信者的姓名、职务、年龄、政治面貌，然后写明要接洽的事项以及对接洽的单位或个人的希望。

如范例《介绍信》的写作，介绍者的姓名是×××同志，事由是办理本单位域名注册。交代清楚即可。

4. 结尾

结尾要写上"此致，敬礼"等祝愿和敬意之类的话。

5. 落款

写上本单位名称以及开出介绍信的日期，并要盖上公章。

范例：

介绍信

中国互联网络信息中心：

　　兹委托×××（必须是申请表中的承办人，可以是外单位人员）办理本单位域名注册事宜。

单位盖章：（必须是申请单位）

年　　　月　　　日

六、证明信

（一）概念

证明信是机关、团体、企事业单位证明有关人员身份或某件事情的真实情况时所写的专用书信，证明信通常又简称"证明"。

（二）分类

目前，常用的证明信有三种：

第一种是作为材料，存入档案的证明信。

第二种是证明丢失证件等情况属实的证明信。

第三种是作为随身携带的证件用的证明信。

（三）写作方法

1. 标题

证明信的标题通常由以下两种方式构成：

（1）单独以文种名作为标题。一般就是在第一行中间冠以"证明信"、"证明"字样。

（2）由文种名和事由共同构成。一般也是写在第一行中间。如"关于×××同志××情况（或问题）的证明"。

2. 称呼

要在第二行顶格写上受文单位名称或受文个人的姓名称呼，然后加冒号。

有些供有关人员外出活动证明身份的证明信因没有固定的受文者,开头可以不写受文者称呼,而是在正文前用公文引导词"兹"引出正文内容。

3. 正文

正文要在称呼写完后另起一行,空两格书写。要针对对方所要求的要点写,要你证明什么问题就证明什么问题,其他无关的不写。如证明的是某人的历史问题,则应写清人名、何时、何地及所经历的事情;若要证明某一事件,则要写清参与者的姓名、身份,及其在此事件的地位、作用和事件本身的前因后果。也就是要写清人物、事件的本来面目。

正文写完后,要另起一行,顶格写上"特此证明"四个字。也可直接在正文结尾处写出。

4. 落款

落款即署名和写明成文日期。要在正文的右下方写上证明单位或个人的姓名称呼,成文日期写在署名下另起一行,然后由证明单位或证明人加盖公章或签名、盖私章,否则证明信将是无效的。

(四)注意事项

证明信要言之有据,证据确凿,不能隐瞒真相,弄虚作假。用语准确、明晰,切忌含糊。

范例:

证明信

××技校:

根据贵校和我厂的协议,贵校王××同学于 2012 年 9 月至 2012 年 12 月在我厂自动化车间实习。实习期间,王××同学服从领导安排,团结同志,勤奋好学,积极工作,胜利完成了各项任务,受到一致好评。并有一项小发明参加厂工会评比,荣获鼓励奖。特此证明。

××厂
2012 年 12 月 30 日 (公章)

七、公关简报

(一)公关简报的含义

公关简报是各种组织在公关活动中,用以反映情况、交流经验的一种简明扼要、及时迅速又带有报道性的汇报文件。简报的含义较为广泛，它近似新闻报道，但又不同于新闻报道。它是一种内部刊物，只限于组织内部传播，一般是定期出版。其内容不局限于组织内部，还登载与本组织活动有关的，来源于其他方面的文稿、摘录和改编的材料。组织的领导层和各职能部门通过公关简报这个窗口，可了解形势，交流信息。

（二）公关简报的种类

简报的种类很多，就其内容而言，大致可分为综合简报、专题简报、会议简报三类。

综合简报主要是反映日常业务中各方面的工作情况，它是一种长期编发的定期或不定期的简报。专题简报是围绕某一中心工作编发的。会议简报是反映会议进程中的各种重要情况，如大会报告、会后反映、会内外花絮等内容。后两类简报是一种阶段性的简报，一般来讲，专题工作告一段落或会议结束，简报也就停办了，其时效性非常强。

（三）公关简报的格式

公关简报的书写格式，一般包括报头、正文、报尾三个部分。

（1）报头在第一页的上方，写有简报的名称、期数序号、编制者、编写时间。综合简报内容较多，所以在报头下，还应有所载各篇文章的目录。在报头的右上方，有的还需注明保密等级。

（2）正文按各篇文章的重要性排次序。报头与正文之间用一横线隔开。

（3）报尾在简报最后一页下方，写有分发单位、分发份数，注明主送单位或个人姓名。报尾与正文之间也要用一横线隔开。

（四）注意事项

（1）精，指选材要精。要选择那些与上级的方针政策密切相关或涉及部门工作的，最能说明问题和表达观点的重要情况或典型经验上简报。有些情况虽然暂时看并不重要，但它带有某种倾向性的苗头或经验的雏形，发展下去有可能成为重大问题或重要经验，这些也应该通过简报加以反映。

（2）准，指材料要准。简报主要是供领导掌握情况，并作为领导决策和指挥的依据之一，所以材料一定要准确，真实可靠。公关人员要尽量亲自下去调查，从时间、地点、参加人员到事情发生的来龙去脉、前因后果，特别是所引用的重要数据、关键性的文字、对话，都要准确核实。另外，反映的情况一定要实事求是，切忌弄虚作假，只报喜不报忧。这样，简报反映的情况才具有价值。

（3）快，快是简报的一大特点。简报是服务于现实的，它能否发挥作用或发挥作用的大小、快慢是一个重要因素。因此，公关人员要眼明手快，善于发现问题，在问题或情况刚刚处于萌发状态时，就能及时反映在简报上，以利于领导采取相应的对策和措施。

（4）新，指内容要新。应及时反映新情况、新问题、新经验、新趋势，能给人以启发和借鉴。一般来说，领导希望从简报上能看到与组织有关的新动态，发现新问题，总结带有普遍意义的新经验，并据此做出新的决策和指示，以开拓新的工作领域，推动工作向纵深发展。

（5）简，指文字简洁、精练。简报就是要简明扼要，简报是"千字文"，一般在千字上下，最多不超过两千字。要体现这一特点，写法上要开门见山，直截了当，实实在在，不说虚话和空话。

范例：

政协××市六届×次会议

简报

（第 24 期）

大会秘书处××××年××月××日

今年政府应办几件实事

××委员说：建议市长要有相应的任期目标，要像×××那样一年办几件实事，年终总结，有哪些完成，有哪些没完成，为什么。

改"三公开一监督"为好

×××、×××委员说：报告在谈到廉政建设时，提出实行"两公开一监督"，我们认为应改为"三公开一监督"，即再增加公开市、县两级主要领导的经济收入，以便接受人民群众的监督。

不能再走大投入低效益之路

×××委员认为：××××年我市社会总产值为 180 亿元，国民收入为 74 亿元，而全市的财政收入只有 9.15 亿元，很明显，经济效益是很低的。而×××年的计划数字，基本上是按比例同步增长，经济效益无明显提高。这是我市多年来生产发展的一个关键性的问题，即大投入，低效益，致使财政拮据，入不敷出。市领导应着眼长远，从当前入手，立足于大力提高经济效益和增强生产后劲（包括政策、体制、发展规划、产业结构、环境整顿、提高管理水平、提高劳动力的素质、提高劳动生产率、大力发展科技和教育等多方面综合治理）。只有这样，才能使我市的经济进入高一层次的发展，形成良性循环。这才是提高经济效益的真正出路。

八、会议纪要

（一）概念及特征

会议纪要是适用于记载、传达会议情况和议定事项时使用的一种公文。会议纪要是对会议的目的、要求、基本精神及决定的事项加以文字归纳整理，以上传下达，统一认识，推动工作的一个正式公文文种。

会议纪要在行文关系上，可采取转发（印发）或直接发出的形式，类似通知，发给下级贯彻执行；也可以报送上级，类似会议情况报告，向上级反映；还可以发给平级，类似公函，使对方知晓，沟通情况。

会议纪要与会议决议、会议记录、会议简报、会议公报等，同属会议文件，都是会议的直接产品。但由于它们产生的方式和各自的作用不同，所以又有着一定的区别。大会决议是按照法定多数表决通过的，而会议纪要主要是由会议主持机关审定制发的；决议的内容要比纪要更具原则性，而纪要要求详尽具体。会议记录是完成纪要写作的客观原始材料之一，经过筛选、整理的会议记录才能写入纪要。会议简报主要用于反映会议动态、沟通情况，所载内容只具有参考性，不像会议纪要在兼有反映情况、沟通信息功能的同时，还具有指挥的权威性。会议公报的内容与纪要有类似之处，但公报是报道会议核心内容的，十分简要，是纪要的要点，另外会议公报仅用于党和国家的高层次会议。

会议纪要按内容可分为三类。第一类是日常办公会议纪要，主要是用来宣布各种日常办公会议决定的事项，大都是机关、团体和企事业单位领导层集体开会决定工作中的一些具体事宜后所使用的一种纪要。内容往往是决定一个或多个事项放在一份纪要里面，分别逐一表达。一般都印有固定的版头。第二类是指示型会议纪要。即对某一范围较大或重要方面的工作会议所综合整理的会议纪要。既有对党的方针、政策的具体贯彻意见，又有对这一重要工作各种思想认识的统一，还包括对工作的具体部署、要求。第三类是讨论型会议纪要。主要是对某一重大的理论、实践课题进行研讨的会议所使用的一种纪要，它具有参考性，不具有指挥性。

（二）写作方法

会议纪要的格式主要由标题、正文和结尾三大部分组成：

1. 标题

会议纪要的标题有三种形式。第一种是由单位名称、会议名称和文种三个要素构成，如《××市××公司第×次办公会议纪要》。这是例行办公会议纪要的常用标题形式。这种标题一般都在第一页上端，并印有明显的套红字头。第二种是会议名称加文种，如《××座谈会纪要》。第三种是正、副标题式，如《以十六大精神为指导，开创冬季工作新局面——××会议纪要》。

2. 正文

会议纪要的正文一般采用总分式的结构方法，就是将正文分成总述和分述两部分。如另有总结性的结尾，则是"总—分—总"的方式。具体写法及要求如下。

（1）总述部分。这是全文的前言、导语，即会议概况。一般要简要地交代会议的时间、地点、主持单位、参加人员、会议议题、会议情况、结果以及对会议的评价，然后用"现纪要如下"的固定性语句开启下文。

（2）分述部分。这是会议纪要的重点、主体，主要应写出会议讨论情况和结果。一些简单的、小型的会议纪要，可不写讨论情况，直接写出决议事项。大型的会议纪要，一般均不应省去会议讨论情况。具体写法有以下几种：①分类式。即按其内容加以归纳分类。每一类有一个小中心，以数字或小标题标明。较大型的会议多采用这种形式，如《全国农村工作会议纪要》，就采用小标题的形式，列出了"关于农业生产责任制"、"关于改善农村商品流通"、"关于农业科学技术"、"关于提高经济效益、改善生产条件"、"关于加强思想政治工作和基层组织建设"五个小标题，分别进行阐述。②发言记录式。就是按在会议上的发言顺序，将每个发言人的主要意见归纳整理出来。这种写法能如实反映出会议的讨论情况和各人的不同看法。一些讨论会、座谈会的纪要，常采用这种方法。但要注意，记录时不可不加选择地将发言人的发言全部写出，要精选能代表发言人的观点的话语。此外，每次发言人的姓名都必须写出。第一次发言的人，要注明其职务。第二次发言，职务可以省略。如《××公司思想政治教育座谈会纪要》在由总述到分述的过渡词语"现将座谈会情况纪要如下"之后，接着写道："一、××副经理传达了×××同志关于思想政治工作的讲话，分析了当前的思想状况。二、×××同志说：党的十六届三中全会后…… 三、××班党支部书记××汇报时说到…… 四、许多同志谈了当前做好思想工作，首先要……"③综合式。就是将前两种形式综合在一起使用。这种形式不仅能用综合的方法反映出会议的重点，而且能如实反映在具体问题上各人看法的异同。一般的座谈会、讨论会常用这种方法，常用"会议认为"、"会议强调指出"等词语。

（3）结尾。结尾一般要写明两方面的内容。①提出希望、号召。号召或希望有关单位和人员为实现会议的目标和任务而努力奋斗。②交代会议的有关事项。如要求对某些问题进行讨论、对什么文件进行修改或汇报某种情况等。有的会议纪要可不用结尾。内容完结，纪要自然结束。

（三）注意事项

（1）明确会议宗旨，突出中心。

（2）讲究用语，注意条理。

（3）忠实于会议精神，做好记录。

如范例《关于改革北京、太原铁路局管理体制的会议纪要》，是一篇专题会议纪要。开头部分简要介绍了会议的基本情况，主体部分在阐述有关情况和问题的基础上，分别从六个方面陈述了会议的议定事项，即铁道部提出的关于北京、太原铁路管理局体制改革的方案，条理分明，读后使人印象深刻，深得其要。从写法上来看，全文结构布局合理，层次清晰，符合会议纪要写作的规定要求。

范例：

关于改革北京、太原铁路局管理体制的会议纪要

根据中共中央书记处和国务院的指示，××同志于7月7日至7月9日召集山西省、铁道部、国家经委和北京、太原铁路局的负责同志开会，对改革北京、太原铁路局管理体制，保证山西煤炭运输问题，认真做了研究。

山西省是我国重要的煤炭基地，组织好山西煤炭的运输，对国民经济具有十分重要的意义。山西煤炭的外运，主要由北京、太原两个铁路局承担。北京铁路局每天排给太原铁路局的运输空车占太原铁路局所需空车总数的95%左右；太原铁路局运出的煤炭有2/3是在北京铁路局管辖区域卸掉，其余大部分也要经北京铁路局运转。但目前由于两个铁路局分管主要运输干线，把煤炭运输中装、运、卸、排等环节分割开来，不能集中统一指挥，影响铁路运输能力的充分发挥，与山西煤炭外运任务很不适应。与会同志认为，必须按照经济计划和运输规律，对两个铁路局的管理体制进行改革。经反复协调，一致同意铁道部提出的体制改革实施方案：

（1）建立北京铁路管理局，下设北京、太原、天津、石家庄四个铁路局，撤销铁路分局。

这样做的好处是：第一，北京铁路管理局可以统一调度指挥太原、北京两个铁路局的运输力量，形成一个整体，把煤炭运输中的装、运、卸、排各个环节紧密衔接起来，又把煤炭生产和运输紧密衔接起来，充分发挥运力效能，使运输线路畅通，从而更好地完成煤运任务。第二，有利于加强铁路基层工作，分局撤销以后，铁路局直接领导站、段，便于加强基层工作，搞好机车、车辆、线路、通信等设备的维修和技术改造，组织好职工的技术培训工作。

铁道部要立即着手制定北京铁路管理局和四个铁路局的职责范围和具体工作方案。

（2）为了搞好生产与运输的衔接，加强北京铁路管理局与山西省的联系，决定由北京铁路管理局派驻联络员，在山西省经委办公。其任务是代表铁路管理局向省里请示汇报工作，办理、转达省里交办事项，及时沟通双方的情况，协调

生产与运输的关系。

(3) 北京、太原两个铁路局在北同蒲线的分界点，定在宁武，这样便于北京铁路局全面安排大同和雁北地区统配矿与地方矿的煤炭外运。

(4) 铁路管理局、铁路局机构设置精干，太原铁路局保留原建制，干部原则上还要变动，各项工作要进一步加强。分局撤销前对干部要做好安排。临汾、大同分局撤销后，可分别设立调度分所，必要时也可分设小型办事处，协助铁路局统一安排当地的车、机、工、电、检等工作。

(5) 北京铁路管理局要切实安排好山西省地方物资的运输，要给太原铁路局保持足够的运用车。对流向固定的大宗散装物资，可采用固定车底直达循环拉运。对山西省的统配煤、经济煤、出口煤、协作煤、自拉煤等，要根据计划调节与市场调节相结合的原则，一视同仁，保证运输。

(6) 当前晋东南的煤炭绝大部分通过京广、陇海两条铁路线外运，装煤的空敞车全部靠郑州铁路局排送，因此太焦线五阳至孔庄一段线路，仍由郑州铁路局管理。铁道部要对太原线进行技术改造，提高运输能力，为加强郑州铁路局与山西省的联系，郑州铁路局要在山西省派驻联络员。改革铁路管理体制是一项复杂的工作，步子一定要稳妥。北京、太原铁路局管理体制的改革，作为全国铁路管理体制改革的试点，今年下半年要做好准备，明年初开始实行。铁道部和有关省市要密切配合，加强领导，注意研究解决出现的问题，不断总结经验，把这项工作扎扎实实地搞好。

×××××
××××年×月×日

九、会谈纪要

(一) 概念

会谈纪要是指企业按照会谈的实际情况，将会谈的主要议程、议题、涉及的问题、达成的结论及存在的分歧等加以归纳总结，整理成书面材料，经双方代表签字确认后，便成为正式的会谈纪要，它是一种记录性的文书。

(二) 写作方法

1. 标题

标题通常是会谈双方企业名称加会谈项目加“会谈纪要”，如写成“××股份有限公司和××股份有限公司关于合资建厂的会谈纪要”，由于标题太长通常要分两行写，将企业名称放在第一行、会谈项目加“会谈纪要”放在第二行。

2. 正文

正文通常包括以下内容：

（1）开头：会谈情况综述，包括会谈时间、地点、会谈双方国别、单位名称或会谈代表姓名、会谈目的、取得的主要成果或就哪些问题达成了初步协议。

（2）主体：包括双方取得一致意见的主要目标及其具体事项，双方的权利和义务以及需要进一步磋商的问题，或为了留有余地，写明"对未尽事宜，另行协商"字样，以便以后具体化或更趋完善。

如范例《×××股份有限公司和×××股份有限公司关于合资建厂的会谈纪要》的正文写作，开头介绍会谈双方的基本情况，公司名称、会谈目的、会谈宗旨；主体部分讲述双方会谈的合作事宜，共十一个方面。内容全面具体，条理分明，是商务会谈的代表范文。

3. 落款

落款通常包括以下内容：

（1）双方谈判代表签名；

（2）谈判日期。

范例：

×××股份有限公司和×××股份有限公司
关于合资建厂的会谈纪要

×××股份有限公司（以下简称甲方）与×××股份有限公司（以下简称乙方）就建立合资公司一事于20××年××月××日在×××公司本部举行洽谈，在以"真诚合作，互利互惠，共同发展"为前提的基础上，就甲方和乙方的合作事宜达成如下共识：

一、投资总额、注册资本

双方初步讨论了合资公司的投资总额及注册资本，分别为×××万元和×××万元。

二、双方出资比例、出资方式

1. 出资比例

双方初步商定按甲乙双方各占合资公司注册资本50%的出资比例建立合资公司。

2. 出资方式

甲方以土地作为出资的一部分，其余以现金作为出资，如与×××高新技术产业开发区（以下简称为开发区）商谈土地价格时，应有乙方代表同时参加。

乙方以技术转让费作为出资的一部分，其余以现金作为出资，至于技术转让费的作价，有待于将来谈判时确定。

三、公司名称

×××有限责任公司。

四、董事会及董事

董事会由双方各出×名董事组成，共×人。

甲方建议董事会设董事长和副董事长各1人，由甲、乙双方每×年轮换担任，每一个×年董事长由甲方担任，副董事长由乙方担任。为避免董事会表决时出现僵局，双方对不同重要程度的事项的决策办法在合资公司章程中确定。

五、总经理、经理层

甲方建议合资公司设总经理和副总经理各1人，第一个×年总经理由乙方提名，董事会任命，副总经理由甲方提名，董事会任命。对总经理、副总经理的提名权每×年轮换一次。

六、合资公司的员工来源

甲方认为中国有十分丰富的劳动力资源，同时甲方承诺向合资乙公司提供部分熟练工人、精通业务的技术及管理人员。

七、产品及零配件报价（略）

八、商标

双方初步商定合资公司的商标需重新设计，但原则为：

（1）有利于合资公司形象的建立；

（2）有利于强化双方现有商标在中国市场的影响力。

九、产品销售

1. 国内销售

双方认为在合资公司建立的初期，合资公司的产品由甲方现有的销售网络代理。但合资公司应逐步培养自己的销售队伍。

2. 海外销售

乙方原则上同意其海外销售网络代理销售合资公司的产品。

十、合资公司年限

根据中国合资法律、法规，双方同意合资公司首期合作为×年，逾期双方可延长。

十一、厂址（略）

×××股份有限公司	×××股份有限公司
代表：（签字）	代表：（签字）
20××年××月××日	20××年××月××日

十、公关工作计划

（一）公关工作计划的含义

计划是依据本部门的实际情况对未来一定时期内的工作活动的规划、计划和设计。公关工作计划是公关组织为了在公众中树立良好的组织形象，根据本组织公关状态和公关目标要求，对公关活动的行动方案所做的规划和书面文学形式。

公关工作计划是公共关系工作的行动指南，它以树立组织的形象为目标，通过对组织现有条件状态的分析、设计，策划出组织最佳的公关活动方案，保证整个公关活动有层次、有步骤、顺利的进行。同时为组织的公关活动提供了有力的评价依据。因此它在整个公共关系领域中处于指导地位。

（二）公关工作计划的类型

公关工作计划可以按不同划分标准来划分。

按活动所用时间角度可以划分为长远工作计划和短期工作计划，按公关活动的区域可以划分为整体计划和个别计划，按公关活动的功能分类可以分为宣传计划、交际计划、服务计划、社会公益计划、咨询计划。

（三）公关工作计划的结构

与一般工作计划相同，公关工作计划的结构由三部分组成：

1. 标题

标题又叫计划名称，主要表明制定计划的单位、期限和种类。如《××公司20周年庆典活动计划》，标题中也可以不出现单位名称，只在正文结尾处注明即可。

2. 正文

正文是计划的主体，一般包括前言、内容、措施三部分。

（1）前言。简要说明公关计划的缘由、目的和意义，介绍组织目前的状况。

（2）内容。明确写出公关活动的主要内容、项目，要做到在数量上、质量上、时间上的具体要求。

（3）措施。详细说明完成活动的具体措施、行动步骤、时间分配、人力、物力、财力等安排。

此外还要说明应注意的问题。正文部分内容较多，因此要写得层次清晰，段落分明。在写作方法上可以采取叙述性，也可以采用条文式、表格式或者综合运用各种形式。

3. 结尾

结尾的内容一般包括执行计划应注意的事项或需要说明的问题以及提出的要求等。

结尾之后是落款，注明制定计划的单位名称和日期，并加盖公章。此外与计划相关的材料可在正文后面附文、附表说明。

（四）公关工作计划的内容

公关工作计划的内容由七部分构成：

1. 计划概要

计划概要是计划的主要目标和建立事项的简短摘要，要求高度概括，用词准确，使阅读者能够迅速抓住计划的要点。同时要把计划内容的目录附在计划概要后面。

2. 当前组织的公关状态以及存在的问题分析

在调查研究的基础上，了解公众对组织的态度，找出组织在内外环境中存在的问题，为公关计划和措施方面提供主要依据。

3. 公关目标

公关目标是公关行为的主要依据和标准，它不仅能指导活动的方向，提供活动方法，而且是检验公关活动成败的标准。

4. 公关计划的行动方案

详细说明公关活动所涉及的内容、目标，以及为达到这一目标而采取的措施。

5. 制定活动经费预算

确定每项活动所需的经费预算，并为此建立起严格的规章制度，确保公关活动有雄厚的物质支持。

6. 效果评价手段

明确制定公关活动效果评估的方法和标准，如有能力可制定定性和定量的数量和质量指标。

7. 公关计划的实施控制

明确制定相应的控制程序，对计划本身或计划的实施进行必要的调整，确保公关目标的实现。

范例：

大学跳蚤市场工作计划书

一、活动背景

建设资源节约型社会，实现资源的充分利用，不仅是国家的目标更要在我们生活中付诸实际行动。在当前的环境下，资源浪费还是一个相当严重的问题，尤其表现在我们大学生的身上。他们的很多物品还有利用价值。所以这次我们提供一个平台让同学们将生活中不要但还可以利用的物品，自己不需要了，但可以拿去卖给所需的同学，实现资源的循环利用、充分利用。

二、活动的目的及意义

以这次的跳蚤市场活动宣扬一种勤俭节约的生活作风和人人平等的生活观念。这种节约之风体现了求真务实的品德，大学生要从节约入手提高自己的思想道德素质。有人认为节约只是品德上的一个闪亮点，而浪费不过是品德上的一点瑕疵。其实，节约或浪费展示了一个人品德的高下。同时，同学之间交往需要平等，高等教育需要公平，大学生要克服消费上的虚荣心和攀比心，优化校园风气。社会贫富差距是现实的，学生家境好坏是客观的，但是，高校应该是社会公平的高端平台，大学生应该是追求社会公平的先行者。所以，我们借这样的一个平台增加学生之间互利互惠的交易与交流机会，为大学生提供创业就业的模拟基地。

三、活动时间

20××年5月12日

四、活动对象

策划主办：××学院 kab 创业俱乐部

承办：××学院 kab 创业俱乐部

活动对象：××学院全体学生

五、活动口号

快乐淘宝　你我同行

六、活动地点

开水房宣传栏旁边（西区）；

食堂门口（东区）。

七、活动的具体安排

1. 报名地点

主干道上（西区）；食堂门口（东区）。

2. 报名时间

5月10～11日

3. 器材准备

（1）喷绘及报名单；

（2）桌子及帐篷；

（3）临时执照；

（4）划分摊位（1.5米一个摊位，可视情况由值班干部统一调整）。

4. 宣传

（1）海报宣传：在东区、西区、宣传栏上张贴海报，内容包括（活动时间、地点、流程及相关事项）；

（2）广播宣传：通过广播台分两段时间来宣传；

（3）网络宣传：把活动举办时间、地点、流程及相关事项公布；

（4）横幅。

5. 活动当天

开市时间：10：00～14：00

活动场分为三部分：

咨询台：处理同学投诉，买卖纠纷，以及同学纠纷。安排俱乐部干部轮流值班。

营销部：即地面各个商户的集合总称。

寄卖部：商户可寄卖于俱乐部1～2件物品，并留下联系方式与产品价格。寄卖商须自行把物品搬运至买点，待活动结束后自行前来活动地点结算。如果商品成交须缴纳5元的寄卖费。

6. 活动注意

（1）现场买卖的商品，必须是学生自己的物品且有二次利用的价值，不能是刚出厂的新商品；

（2）活动过程中必须确定每个档口都有商户在，活动期间要有干部在，避免"朝中无人"的情况；

（3）活动现场安排干部维持秩序，避免出现混乱、拥挤的场面，各个商户必须遵守现场工作人员的协调指挥；

（4）活动当天摊位必须持有活动的"临时执照"；

（5）活动所需物品是由学生自己准备，如摆摊所需要的台布、遮阳帽、纯净水等；

（6）工作人员务必佩戴好工作证，活动结束后，各个商户必须把未售出的商品收好并把场地清扫干净；

（7）参与跳蚤市场的所有商户必须遵守"kab跳蚤市场"管理规定。

八、活动预算

海报宣传：100元

横幅：160元

喷绘：100元

牌照：60元

报名单等：10元

共计：430元

kab创业俱乐部

20××年3月8日

十一、公关工作总结

（一）公关工作总结的含义

公关工作总结是对前段公关活动进行全面回顾、检查、分析、评判，从理论认识的高度概括经验教训，以明确努力方向，指导今后工作的一种事务文体。它是党政机关、企事业单位、社会团体都广泛使用的一种常用文体。

总结的写作过程，既是对自身社会实践活动的回顾过程，又是人们思想认识提高的过程。通过总结，人们可以把零散的、肤浅的感性认识上升为系统、深刻的理性认识，从而得出科学的结论，以便发扬成绩、克服缺点、吸取经验教训，使今后的工作少走弯路、多出成果。它还可以作为先进经验被上级推广开来，为其他单位所借鉴，推动实际工作的顺利开展。

（二）公关工作总结的内容

总结主要包括以下四个方面的内容：

1. 基本情况

这是对自身情况和形势背景的简略介绍。自身情况包括单位名称、工作性质、基本建制、人员数量、主要工作任务等；形势背景包括国内外形势、有关政策、指导思想等。

2. 成绩和做法

工作取得了哪些主要成绩，采取了哪些方法、措施，收到了什么效果等，这些是工作的主要内容，需要较多事实和数据。

3. 经验和教训

通过对实践过程进行认真分析，找出经验教训，发现规律性的东西，从感性认识上升到理性认识。

4. 今后打算

下一步将怎样发扬成绩、纠正错误，准备取得什么样的新成就，不必像计划那样具体，但一般不能少了这些内容。

（三）公关工作总结的特点

总结的经验主要表现在自我性、回顾性、客观性、经验性四个方面。

1. 自我性

总结是对自身社会实践进行回顾的产物，它以自身工作实践为材料，采用的是第一人称写法，其中的成绩、做法、经验、教训等，都有自指性的特征。

2. 回顾性

这一点总结与计划正好相反。计划是预想未来，对将要开展的工作进行安排。总结是回顾过去，对前一段的工作进行检验，但目的还是为了做好下一段的工作。所以总结和计划这两种文体的关系是十分密切的,一方面,计划是总结的标准和依据,另一方面,总结又是制定下一步工作计划的重要参考。

3. 客观性

总结是对前段公关活动进行全面回顾、检查的文种,这决定了总结有很强的客观性特征。它是以自身的实践活动为依据的,所列举的事例和数据都必须完全可靠,确凿无误,任何夸大、缩小、随意杜撰、歪曲事实的做法都会使总结失去应有的价值。

4. 经验性

总结还必须从理论的高度概括经验教训。凡是正确的实践活动,总会产生物质和精神两个方面的成果。作为精神成果的经验教训,从某种意义上说,比物质成果更宝贵,因为它对今后的社会实践有着重要的指导作用。这一特性要求总结必须按照实践是检验真理的唯一标准的原则,去正确地反映客观事物的本来面目,找出正反两方面的经验,得出规律性认识,这样才能达到总结的目的。

(四)注意事项

1. 要坚持实事求是原则

实事求是、一切从实际出发,这是总结写作的基本原则,但在总结写作实践中,违反这一原则的情况却屡见不鲜。有人认为"三分工作七分吹",在总结中夸大成绩,隐瞒缺点,报喜不报忧。这种弄虚作假、浮夸邀功的坏作风,对单位、对国家、对事业、对个人都没有任何益处,必须坚决制止。

2. 要注意共性、把握个性

总结很容易写得千篇一律、缺乏个性。当然,总结不是文学作品,无须刻意追求个性特色,但千部一腔的文章是不会有独到价值的,因而也是不受人欢迎的。要写出个性,总结就要有独到的发现、独到的体会、新鲜的角度、新颖的材料。

3. 要详略得当,突出重点

有人写总结总想把一切成绩都写进去,不肯舍弃所有的正面材料,结果文章写得臃肿拖沓,没有重点,不能给人留下深刻印象。总结的选材不能求全贪多、主次不分,要根据实际情况和总结的目的,把那些既能显示本单位、本地区特点,又有一定普遍性的材料作为重点选用,写得详细、具体。而一般性的材料则要略写或舍弃。

范例：

聊城大学管理学院社团联合会公共

关系协会2010～2011年工作总结

一学期的时间转眼即逝，公共关系协会全体成员一起走过，这一年有收获，也有教训，有成长，也有提高，现进行总结如下。

公关对于很多同学来说都很陌生，为增强同学们对于公关的了解，减少公共关系协会以后举办活动的阻力，公关协会特别邀请焦艳芳老师做了一次生动充满活力的"学公关，提修养"的讲座，且发表在新青年网站。通过本次讲座，同学们对于公关有了一个初步的了解，在此基础上，为考验同学们对于公关的了解，专门举办"学公关，提修养"的征文大赛。

"外塑形象，内强素质，求真务实，团结创新"是公关协会的宗旨，为树立管理学院的内部公众形象，公关协会特别举办"塑管院形象，说你我心声"的大型问卷调查活动，调查对象为全体大一学生。进行了全面的普查，耗费了大量的人力物力，历时一个多月，将管理学院的学生对于管理学院的意见与心声详细全面地反映出来，为管理学院各方面工作的开展提出了具有参考价值的意见与要求。且公关协会理事会形成的调查报告在宣传部贾其营同学、宣传部部长李雪军的帮助下发表在新青年网站和校报上。

寒假来临之际，公关协会与青年志愿者协会合作进行了大型的慰问老年人活动，分别拜访了聊城市光明医院和聊城市社会福利院，取得了良好的社会反响，受到了两家福利院的热情接待，给老年人送去了关怀与温暖。通过"老年人现状问题调查"对老年人的现状做了一个全面深刻的了解，让参加社会实践的成员都有了一分收获，有了对社会的一分了解。

为了提高公关理事会的公关素质与修养，周四晚，公关理事会步行到西校接受专门的公关礼仪培训，提高了内部凝聚力，提高了公关之家的公关素养。

以上是公关之家的收获与成长，当然也有不足与教训，现总结如下：

办事效率低下。第一期讲座的准备时间当时花了约三星期，且活动举办时与多个活动冲突，导致没有达到预期效果。且一个重大失误是没有坚持不懈地去追求得到杨继武老师的帮助与支持。调查问卷的持续时间过长，浪费人力过多，没有事先采集更多的经验与教训，在整理过程中方法过于落后。

凡事预则立不预则废。实践活动的主题确立太晚，导致手忙脚乱，且举办实践活动前没有及时做好动员活动，参加实践活动导致人员紧张。确立主题后，没有及时进行实地考察，这一环节的缺失直接影响了调查结果与社会反应。

　　内部凝聚力有待加强。根据日常观察所得，凝聚力不强是一个很严重的问题，这一方面在以后举办活动时需要特别注意。

　　公关基础知识欠缺。上学期没有对内部人员进行专门的培训，导致理事会人员的公关基础知识匮乏。

第三章　企业协约启事文案

一、备忘录

（一）概念

备忘录是记录谈判双方讨论的问题、意向和形成协定的书面文件。

（二）特点

1. 记录性

这一点从"备忘录"名称中即可看出。参加洽谈的人员为了随时检查，不致遗忘，常把洽谈中的问题以及对此问题的见解做摘要记录以备忘。目的是在必要时用以提醒自己或提示对方注意某个问题，以利于洽谈的继续进行。

2. 参与性

备忘录可以是业务洽谈时，经过初步的磋商、讨论后写下来的用以界定双方责任的文件。它记载的是双方达成的谅解与承诺，将作为今后双方交易或合作的依据和进一步洽谈时的参考。

3. 摘要性

业务磋商过程是一个漫长而复杂的过程，讨论的问题庞杂，意见繁多。双方不可能将所有讨论的问题、意见都录以备忘。录以备忘的只能是重要的、能够影响洽谈方向和合作的磋商内容，即摘要录以备忘。

（三）作用

（1）备忘录在业务中可起到沟通信息、相互联系的作用。

（2）备忘录可以成为今后双方交易或合作的依据。

（3）备忘录也可以作为进一步洽谈时的参考。

（四）内容和格式

备忘录没有统一的格式，内容也不完全统一。它可以参照公函的写作格式和会议纪要的写作格式。其中公函式格式写作灵活，没有特别的要求；会议纪要式的写作稍显严整。一般会议纪要式备忘录的格式如下：

1. 标题

一般只写文种"备忘录"即可。

2. 题款

包括发文机关名称、地址、发文日期、电报挂号、电文号码。形式像公文或信函落款。

3. 主送

包括主送单位、收文人头衔和称呼等。

4. 正文

包括事由或洽谈情况概述（时间、地点、目的、主要内容等）、谅解和承诺内容或备忘事项（要求分条列项，逐项排列）、结尾用语。

5. 签署

范例：

中国博达实业有限公司
与意大利 Y. H 股份有限公司会谈备忘录

中国博达实业有限公司（以下简称 A）与意大利 Y. H 股份有限公司（以下简称 B）的代表，于 2003 年 6 月 6 日在 A 总部就 W 型传真机的转让制造一事进行了初步协商，在平等友好的气氛下双方交换了意见，并对以下事项达成了初步共识：

（1）A 要求 B 将现行生产的 W 型传真机的生产技术以 Know How 的方式出售给 A。

（2）A 要求向 B 购买为生产 20000 台 W 型传真机所需的全部设备和材料，以便自行生产，并只向 A 提供（详见 B 提供的材料清单）（略）。

（3）A 所属的划时代电子公司按照上述生产 W 型传真机时，聘请 B 的工程技术专家 Rainer Koepke 为 A 对该型传真机的生产进行技术指导。

（4）A 确认对于上述 20000 台 W 型传真机的转让制造，双方同意其付款条件是委托中国银行开立经意大利开发银行通知的以 B 为受益人的不可撤销信用证，以美元支付。

（5）本备忘录中前四条作为一个完整的整体（但转让生产技术是可以进一步探讨的）。

（6）关于向 A 转让生产技术，B 与意大利有关部门需进行详尽讨论。在研究 A 所提出的协议书草案后，B 将向 A 发出邀请，派代表团前往意大利参观和进一步讨论 W 型传真机转让生产技术的可能性。

（7）双方都有义务对本备忘录保守秘密，A 方保证不向别国转让备忘录和协议书规定的资料。

中国博达实业有限公司　　　　　意大利 Y. H 股份有限公司
经理（签字）略　　　　　　　　经理（签字）略

2003 年 6 月 6 日

二、公关声明

（一）公关声明的含义

公关声明是企事业单位（或个人）向人们公开说明某种重要事情的应用文章。它意在说明某事，告白于大众，防止后患。一般刊登在报刊上或张贴在公共场所。

公关声明的种类较多，常见的有遗失声明、解除合同声明、委托授权声明、除名声明、表明关系声明等。

（二）公关声明的写法

公关声明的一般格式及写法是：

1. 标题

通常在"声明"二字前面标明"事由"，以表明声明的性质，如"遗失声明"。

2. 正文

写声明的内容。一般用直陈的写法，直接写清楚需要有关方面或有关人知道的事情。正文末了，一般用"特此声明"四字结尾。语言要通俗，文字要简约。

3. 落款

在正文的右下方写上发声明的机关、单位名称（或个人姓名），这叫署名。然后在署名之下写明发此声明的年月日。

范例：

声 明

针对近日有媒体报道"农民工娃娃讨薪"事件，其中提到云南××置地有限公司和新云南××置业有限责任公司为欠薪单位之一，现严正声明如下：

（1）云南××置地有限公司和新云南××置业有限责任公司非××控股集团有限公司所属企业，与××控股集团有限公司无任何股权及经营上的关联。

（2）对于任何损害××名誉的不当行为，××控股集团有限公司将依法追究该行为人的全部法律责任。

（3）××控股集团有限公司一直注重维护企业形象和品牌名誉，致力于打造"百强××，百年××"，感谢媒体及各界人士对××的关心和帮助。

特此声明

××控股集团有限公司

20××年××月××日

三、公关启事

（一）概念

启事是公开的简便文告。"启"是陈述、告诉人的意思，"事"就是事情。"启事"就是把事情陈述出来、告诉大家的意思。凡是机关团体、企事业单位，或是个人有什么事要提请公众注意，希望大家帮助的时候，就把它写成文字张贴出来或刊登在报纸杂志上，或让电视台、广播电台播出，这种公开发表的文字，都是"启事"。

（二）种类

启事的种类很多，根据事情的不同内容，可分成很多种类。常见的启事有招聘启事、招生启事、招考启事、开业启事、征文启事、寻物启事、结婚启事、贺婚启事等。

（三）写作格式

1. 标题

首行的正中写标题，要用大字醒目地写出，如"招聘启事"、"寻人启事"等；有时在"启事"之前加上"重要"等字样；有时将"启事"两字省去，只写"招聘"、"寻人"。

2. 正文

标题下一行空两格开始写正文。正文的内容一般包括目的、意义、原因、要求、特征、待遇、条件等。正文是主体，它决定了启事的效果，因此，这部分要写得具体、明白、详细，连细节也要写得清楚，不能含糊。

3. 署名

落款处要署名，署全名，如果是单位，最好盖上公章。在署名之后，要写上发启事的年月日，并附上联系地址和电话号码等，有时还要把乘车路线写明。

4. 启事的语言

首先要明确、准确，千万不能用模糊、含混、模棱两可或可能产生歧义的语言。还要简练、通俗，要让人一看就知道，就理解。

范例：

××商城招商启事

由国家技术监督局中国技术监督情报协会与北京××工贸公司联办的北京××商城，位于××繁华的商业黄金地段——×××大街43号。

××商城是全国唯一经国家工商行政管理部门批准以"××商城"注册命名，并在整个经营管理过程中贯穿"××进货，××销售，××服务"三位一体的新型商业企业。首批招商将挑选30余家生产金银珠宝、化妆品、真皮制品、羊绒制品、羊毛制品、真丝制品及烟酒食品、家用电器的企业，欢迎联络。

地址之一：×市×××街××号　　　　　　邮编：×××××

联络电话：×××××××

联络人：胡××

地址之二：××市××区××路×号

邮编：×××××　　　　　　　　　联络电话：×××××××

联络人：金××

四、招聘启事

（一）招聘启事的含义

随着我国市场经济的逐步建立与完善，经济结构日趋多元，人才流动也更为频繁，登报招聘已成为用人单位招聘人才的一种重要手段，招聘启事与人们生活的联系也就更为紧密。

招聘启事也是一种宣传广告，因此招聘启事语言及表达方式的运用，在一定程度上会影响到招聘的效果。同时，对于招聘单位来说，招聘启事发布的同时也是企业形象的展示与亮相。在这有限的文字里能否表现自身的最佳形象和招聘要求的准确、清楚与合理的表达直接影响到招聘的效果。应聘者也会从这有限的文字中做出选择。

（二）招聘启事的内容

1. 标题

招聘启事的标题主要有两种形式。一种是"事由 + 启事"，如《招聘启事》、《招聘厨师启事》、《××学院招聘教师启事》等。另一种是标语、口号式的标题，如"您想施展您的才华吗？OUR 将为您提供一个大展宏图的机会"，"加入ABB——您人生路上的正确选择"。

这两种标题，第一种形式简单、直接；第二种标题活泼，能吸引人的注意，有比较强的诱惑力。

招聘启事的开头主要是叙述招聘原因，引出招聘启事正文的出现。常见的有以下三种开头方式：

（1）引子式。这种开头方式直接干脆，三言两语。如"××公司因业务发展需要，经市人才交流中心批准，现诚聘……"

这样的开头直接引出招聘正题，简洁明快，主要是发布招聘信息，这种开头主要适合于知名度较高的企业。

（2）简介式。在启事的开头部分，先简明扼要地介绍招聘单位的情况，使应聘者看到启事之后心中有数。例如，上海××广告有限公司的一则招聘启事：

上海××广告有限公司是一家飞速发展的整合营销文化传播机构，具有多行业、多形式的媒体资源，在业界很有知名度及影响力。现因新业务发展需要，招聘高级业务精英，只要你有激情和能力，我们将提供一个让你飞翔的平台，诚邀你的加入。要求：第一，对工作投入、热情，能承受一定的工作压力和挑战；第二，有过广告业务或销售经验，充满激情，对自己有信心；第三，拥有一定客户资源者优先……

这种开头方式，比较适合于知名度不高的企业，或新开办的企业。适当地介绍情况，有助于招聘者了解情况，做出抉择。但是这种开头应简明扼要，不要写成产品广告和业务介绍，否则就偏离了招聘主题。

（3）议论或抒情式。这种开头针对应聘者的心理进行诉求和承诺，注意从深层的精神需要来吸引招聘者。例如：

如果你视工作为挑战而不仅是饭碗，视工作为学习，而且乐此不疲；知道尊重他人，也懂得善待自己；有冷静的头脑，火热的内心，坚强的毅力，喜爱一切美好的事物。现在你的伙伴在呼唤你。

××广告公司经人才交流中心批准，现诚聘下列人员……

这则启事的开头实际是一段散文化的议论，展示了招聘单位的企业精神和文化，同样也是招聘单位对招聘人才的一种要求。由于人才招聘启事的对象大多是知识阶层，或具有一技之长的劳动者，因此在启事中仅对他们有待遇、食宿方面的承诺是不够的，还得注意从深层的精神需要来吸引他们。

2. 正文

招聘启事的正文主要列出招聘的专业（或岗位）、要求、数量和待遇等。

招聘人员既可以从专业角度进行，如招聘"财会"、"电子"、"机械"、"计算机"等专业人才，也可以从工作岗位角度来说明，如招聘"销售部经理"、"印刷系统维护人员"、"公关部主任"等。

对于招聘人员的要求，既可以将标准量化，如"总经理助理2名，大学本科以上学历，从事本专业工作经验五年以上，40岁以下，责任心强，具有较强的组织能力和文字表达能力"；也可以从岗位需要、企业精神等方面着手，如"广告撰文，女性，热爱广告创意，文笔佳，头脑灵活，有冒险精神"。究竟从哪个角度撰写，应该从招聘单位的实际情况出发来考虑。一般来说，将标准量化，便于应聘者对照比较，同时可以避免接待不符合招聘条件的应聘者；而从工作岗位需要、企业精神等方面着手则能对应聘人员提出相应要求，选择面也较宽。问题是应聘者不容易把握标准，这就需要在招聘时通过其他形式加以考查。

招聘启事一般还应写明招聘单位条件、待遇，应该具体、清楚，使应聘者心中有数。

不少招聘启事还写有应聘方式。应聘方式有两种情况：一是直接面试应聘，例如：有意者请携带本人简历、学历证明、身份证与工作实绩证明等复印件和1寸免冠照1张，于×月×日到我公司人事部报名。地址：××路××号；联系电话：×××××××；联系人：×先生。

二是以书信方式报名应聘，例如：有意者将本人简历、学历证明、身份证复印件、自荐书以及1寸照片2张（请注明详细地址、联系电话），于见报后两周内寄××市××路××号×××公司收（信封上请注明"应聘"字样），邮政编码：××××××。

范例：

玛西（Macy）有限公司招聘启事

玛西有限公司是美商独资企业，现经××市人事局同意，在本市公开招聘具有本市市区常住户口，能胜任以下职位的人员各1名。

（1）电传操作员：女，20～24岁，高中毕业，打字熟练，会传真机的操作，具有英语听写的一般能力。

（2）电气产品销售服务代表：男，25～30岁，大专学历以上，专修电力传输，通晓英语读写听讲。

（3）销售代表：男，22～26岁，大学毕业，通晓英语，有销售家庭用品或办公室用品经验者优先考虑。

以上职位应聘者请即来信并附本人中英文书写的简历各一份，免冠半身近照一张及贴有邮票的回邮信封一个，寄××市××路1111号玛西有限公司管理部收，信封上请写明"应聘"字样，所有来信恕不退回，一经录用一律实行劳动合同制，享受中外合资企业待遇。

五、寻觅类启事

（一）寻觅类启事的含义

这类启事多用于单位或个人遗失物品，拾有他人遗落的物品或寻觅走失人员，要求社会协助寻求、认领或提供信息。

（二）寻觅类启事的写作

寻觅类启事的写作比较简单，主要是用陈述性的语言将事情交代清楚，语言要做到具体明确、中肯有礼貌。

这类启事的标题通常有两种格式：其一是仅用"启事"二字；其二用"事由＋启事"的格式，如"寻人启事"、"寻自行车启事"、"招领启事"等。

启事的正文因内容不同在写法上略有区别。遗失启事要说明失物的名称、数量、特征，丢失的时间、地点、酬谢条件等。招领启事一般只说明物件的大致内容，以防被人冒领。寻人启事要写清楚所寻之人的特征，包括姓名、性别、年龄、体貌、衣着、口音等。

启事的结尾要写清楚刊登、张贴启事的单位或姓名，刊登、张贴的日期，联系电话及地点。

范例：

招领启事

本人于7月1日在长城宾馆捡到天蓝色小包一个，内有钱物若干，请失者速到四楼401房间认领，或先打电话联系（电话号码：×××××××××）。

401房：韩小姐
20××年×月×日

六、公关公约

（一）公关公约的含义

公关公约是一种共同准则。它是在一定范围或行业、部门的社会成员（代表）在自觉自愿的基础上，经过充分酝酿、协商而制定出来的共同遵守的行为准则和道德规范条文。公约和守则、准则有共同之处，都是在一定范围内为工作人员或社会成员规定的简明扼要的行为规则和道德规范。但其使用范围有所不同。公约多用于公关事业方面的道德和行为规范，如《文明公约》、《乡规民约》等，而守则、准则则除了用于各行各业人们的道德和行为规范外，还常常用于具体操作规范。

公约是对法律、法规的一种有效补充形式，是通过共同遵守的行为准则，唤起人们的自律意识，这对于协调人与人之间的关系、加强人的社会整合、维护公共秩序、遵守社会公德、提高行业道德与服务质量都有着重要的作用。

（二）公关公约的特点

公关公约的主要特点是概括性、针对性、通俗性和可行性。

公关公约是某行业、某地区乃至某个民族、国家的行业准则和行为规范，多用条文形式书写，也多为结论性的语言。主要是告诉人们"应该怎样做"，而"为什么要这样做"这样一个过程却省略了。因此用词要简明概括，篇幅短小精悍，不能写得太具体、太繁杂。

公关公约必须结合具体的社会环境，结合本地区、本部门、本单位的实际情况，有针对性地拟定具体条文，不能过于空泛、笼统、无的放矢。

公关公约的对象是全体社会公众，因此撰写公关公约要尽量做到通俗易懂。语言要平实、易记、通俗易懂，尽量不用难懂的词语或专业的术语。

一种行为准则和道德规范要能为大多数公众所接受，就必须贴近广大公众的生活实际，因此可行性是公关公约的又一特点。要想可行，就要切合实际，实事求是，不能闭门造车，随意拔高，要求过高的公约往往会变成一纸空文。

（三）公关公约的写法

公关公约撰写比较简单，一般包括四个部分。

（1）标题。标题由制定单位名称+公约的性质构成，如《拥军爱民公约》、《××县文明公约》等。

（2）正文。正文包括公约的内容，通常分条列出。公约条目一定要做到简洁明确、内容清楚、上口好记，既给人美的享受，又易于传诵记忆，达到人人皆知、自我遵守的目的。

（3）署名。在正文的右下方，标明单位名称；如标题中已写，则这里可以不写。

（4）日期。写在署名下面，标明公布公约的年月日。

范例：

××县×××乡××村村规民约
（经村民大会讨论通过）

为了把我村建成物质丰富、精神文明的社会主义新农村，全体村民一致同意制定如下村规民约。

第一项　积极维护国家和集体利益，走共同富裕的道路。

第二项　努力筹措资金，积极发展村办企业。

第三项　实行计划生育，提倡晚婚晚育；尊重和保护生养女婴或不能生育的妇女，坚决反对重男轻女的封建思想。

第四项　积极开展健康、文明的文化娱乐活动，坚决反对庸俗、下流、违法的娱乐；树立文明礼貌的风尚。

第五项　反对买卖婚姻，抵制"换亲"活动；勤俭办红白大事，不请客，不送礼，不铺张浪费，不搞迷信活动。

第六项　爱护环境，保护山林，反对乱砍滥伐；不私自买卖木材。

第七项　树立尊老爱幼、婆媳互爱互助、妯娌互谦互让的风尚，反对虐待老人、不赡养老人、破坏亲邻团结的行为。

以上各条必须严格遵守。违反者，监督小组有权按性质轻重给予处理。

××乡××村全体村民

××××年×月

七、公关意向书

（一）公关意向书的含义

公关意向书是当事人双方或多方之间，就某项事务通过洽谈，具有某种合作愿望而签订的一种公关文书。它是协议与合同的前奏，是双方在达成协议、签订合同之前表达合作愿望与经济意图的一种应用文体。

在所有的公关契据类文书中，公关意向书的约束力相对来说要少一些，它具有协商性、随意性、简略性的特点。

公关意向书只是一种双方合作的初步愿望、设想的表达。在这个阶段中，当事人双方往往就某项事务提出自己的想法、要求和具体做法，并征询对方意见，试图说服对方按己方想法与要求协调行动。这些都只是在进行共同协商，对对方没有约束力。

既然只是互相表达愿望、共同协商，因此当事人双方均可按各自意图与目的充分提出意见，畅所欲言，彼此没有什么限制。在正式协议签订之前，意向书可以随时补充、修正。

意向书只是双方要求、愿望的表达，当事人双方表达的往往还只是一个基本轮廓和大致方案，因而相对于协议与合同来说，意向书比较简略，通常要补充、完善，使意思更加明朗、具体。

（二）公关意向书的格式

公关意向书的写作一般有两种格式：书信式和方案式。书信式的写作比较自由，可按书信格式写。方案式的格式包括：

（1）标题。标题写在第一行中间，用略大字体写上"意向书"三字。

（2）签订日期、地点。签订日期、地点写在低于标题一行的中间或右下角。标明"×××年×月×日于××地"即可，也可写在意向书的末尾。

（3）当事人。当事人指发生公关意向书关系的双方或多方。当事人应写单位全部名称；可以分行并列写，亦可一行连着写。如：

立公关意向书人：×××和×××

或：立公关意向书人：×××

　　　　　　　　　×××

为叙述方便，可在各方名称后面注明"以下简称×方"。

（4）正文。正文无论采用哪种形式，它的内容必须包含三个要素，即"Why"（为什么）、"What"（做什么）和"How"（怎么做）。

"Why"即简要写明签订公关意向书的目的，如"经过友好协商，双方就×××达成本意向书"。

"What"即当事人各方共同办理的事项，如"联合经营"、"合作投资创办公司"、"补偿贸易"、"委托贷款"等。

"How"即当事人各自承担的责任和义务，亦即公关意向书履行的方式、地点、期限等。一般分条款一一列出，以便互相明确。

（5）落款。公关意向书的落款写签订各方单位的名称、电话号码、电报挂号及代表人姓名并加盖公章、私章等。

范例：

关于共同建设企业文化基地的意向书

　　××大学企业文化研究所（以下简称甲方）与××省××电厂（以下简称乙方）通过友好协商，双方就在××电厂建立"电力企业文化基地"达成本意向书，内容如下：

一、双方同意共同建立"电力企业文化研究基地"。

二、甲方负责基地的理论研究与人员培训，乙方负责基地建设的基本费用。

三、甲方将提供：

1. 结合××集团企业文化的基本要求，对乙方企业文化建设进行理论总结和指导。

2. 配合乙方的厂庆二十周年活动，负责撰写、拍摄电视系列片《不平凡的二十年》。

3. 每年在基地举办两期"企业文化培训班"，为乙方培训企业文化的人才。

4. 联合乙方，共同申报企业文化、企业伦理的省部级研究课题。

四、乙方将负责提供：

1. 基地建设的必要场地与设施。

2. 每年15万元的基本研究费用。

3. 在甲方提出的企业文化与企业管理的发展方案报告的基础上，组织企业职工讨论，以便共同制定出下一步的发展方案。

4. 其他的合作与支持。

五、双方一致同意在双方认为合适的时候举行下一次会晤。

六、本意向书一式两份，具有同等效力，双方各执一份。

甲方：　　　　　　　　　　　　乙方：
××大学企业文化研究所　　　　××省××电厂
×××（签章）　　　　　　　　×××（签章）
2013年5月　　　　　　　　　　2013年5月

八、公关合同书

（一）公关合同书的含义

公关合同是公关契据类文书的一种，是单位与单位、个人与个人之间，为实现自己目的，经当事人双方（或多方）确定、变更、终止民事权利义务关系意思表示一致的一种法律行为。有了合同，人们在交往中就有了依据，就能互相监督、互相牵制，有利于人们经济活动的开展和彼此利益的保证。

（二）公关合同书写作的原则

随着我国市场经济的日益发展，公关合同作为合法手段保护当事人双方合法利益的文书越来越广泛地深入社会生活的各个领域，在人们的经济活动与社会交往中起着越来越重要的作用。但是，订立公关合同必须遵循一些基本原则，否则有可能变成无效合同，甚至是违法合同，非但得不到法律保护，有些甚至要追究其法律责任。

首先，公关合同的内容必须合法，必须遵守国家法律、计划和国家政策，否则所签订的合同就是无效合同。

其次，公关合同的主体必须具有合法资格，订立合同的双方或多方当事人都要具有法人资格。如果是法人代表代签合同，则应看其是否持有法人的委托书或者是否超越了代理权限。不具备法人资格的社会组织和没有依法取得营业执照的非法人经济组织签订的合同，未经核准登记领取营业执照以个体工商户名义签订的合同，均视为无效合同。

再次，公关合同的签订要坚持平等互利和等价有偿。因为公关合同是两个或两个以上当事人的法律行为，单个人的法律行为不能成为公关合同。当事人双方在法律上是平等的，不应以损害对方利益为目的，而要坚持互惠互利。

最后，公关合同的条款要可行。在合法的前提下，如果双方订立的合同条款超出了各自的履约能力，这样的合同仍然是一纸空文。因此在签订合同时，要认真审查双方的经济实力，以免出现不必要的麻烦。

（三）公关合同书的格式

主要有条款式和表格式两种。条款式是把双方协商一致的内容分成若干条，写入合同。表格式是将合同涉及的主要内容制成表格，然后逐项填入表中。

条款式与表格式虽有所不同，但其写法均有共同的固定格式，一般由标题、正文、署名、日期四个部分组成。

标题即合同的名称，要明确写明是什么性质的合同。如《供应合同》、《建筑工程承包合同》、《购销合同》、《租赁合同》等。

正文先写明立合同人，写明立合同者的单位名称、代表人姓名。为了行文方便，规定某方为"甲方"，另一方为"乙方"，第三方为"丙方"。在合同中不能用"我方"、"你方"、"他方"这样的简称，以免引起混乱。

正文开头写订立合同的依据和目的，一般写"为了……经双方共同协商，特订立本合同，以资共同遵守"。

正文的主体是当事人协议的主要条款，写明各方所承担的义务和应享受的权利，互相为对方做何事，共同做何事，做到什么程序，何时完成及违约责任等。

正文的结尾一般要写明本合同一式几份，由谁保管，注明合同的附件、合同的有效期限。如有附件，应注明名称、件数和页数，附在合同后面。有的合同还为此专列"附则"一项。

最后在正文右下方写明签订合同各单位的名称、代表姓名，并加盖公章、私章（或签名）。如有主管部门鉴证或工商行政管理部门、司法机关公证的，也应签署和盖章。在署名下方写明签订合同的日期。

（四）公关合同书的内容

即签订合同的各方达成协议的各项条款。因其种类繁多，内容自然不尽相同。但不管哪一种合同，都必须具备以下六项基本内容。

（1）标的。即当事人各方要求达到的共同目的。标的不明确，当事人各方的权利、义务、责任便无法确定，合同也无法履行。特别是经济合同，其标的更要有明确的标准。如货物的名称、品种、型号、牌号、规格、数额、单价、总价都要具体写明。劳务合同和工程合同也要写明此工程名称、数量、包工形式、工程价款等。

（2）数量和质量。数量规定要具体、准确。质量包括内在素质和外观形态，要严格按照国家法定标准，或依据具体情况明确双方协议的具体标准。

（3）价款或者酬金。价款和酬金具体体现了合同双方的权利是否平等，因而也是一般合同的必要条款。签订合同要考虑到双方利益，因此合同价款与酬金必须合理。

（4）履行的期限、地点和方式。合同对履行的期限、地点都要有明确规定。交付方式则更要写清楚，是一次交付，还是分期；是自提货物，还是由对方代办托运；是铁路、公路运输，还是水运、联运。

（5）包装和验收方法。合同要明确规定对产品货物采取怎样的包装方法，包装物如何回收；验收的地点、方式、标准都要有明确规定。为了保护当事人的合法利益，防止假冒伪劣产品的供应，一般规定在接受物资后允许需方在一定的期限内向供方提出质量不符合要求的异议，过期不提出的，则认为对质量无异议。

（6）违约责任。这是对不履行合同规定的一种制裁措施。违背合同规定者，要按规定支付违约与赔偿金额。因此有必要事先在合同中予以写明。

（五）注意事项

（1）公关合同的文字要简洁，不要弄得文字枝蔓、烦琐纷杂，这样易生歧义，易出漏洞。

（2）条款要明了。公关合同的撰写要据事直书，不发空论，也就是抓住内容，用平实的文字写得具体、切实、明了。如果条款订得不具体、切实、明了，就容易让对方钻空子。

（3）语言要准确。公关合同的撰写要做到含义肯定、不涉游移，即反映事实要全面真实，用词造句要求准确无误，不允许有歧义，甚至标点符号的用法都必须仔细推敲，做到无懈可击，否则就会蒙受不必要的损失。

（4）文字要严密。公关合同的撰写要做到列事举物无遗漏，无论内容还是细节都不要疏漏。其目的是防止因文字不严密可能产生的分歧，致使合同不能顺利完成而影响双方工作。如"及时交货"、"及时付款"之类的语句就不要使用，因为并没有说明时间、地点和方式。

范例：

营销公关活动合同

甲　方：××市××集团有限公司　　　乙　方：深圳市××有限公司

地　址：广东省××市××镇广福大道　　地　址：深圳市××区宝安南

（丽城×××）　　　　　　　　　　　路××号（××花园）三楼

电话：0760 - ×××　　　　　　　　　电　话：0755 - 2××

传真：0760 - ×××　　　　　　　　　传　真：0755 - 2××

代表：　　　　　　　　　　　　　　　代　表：

××市××集团有限公司（以下简称甲方）和深圳市××有限公司（以下简称乙方）本着平等互利、相互尊重的原则，经双方友好协商，现就"丽城×××"制作项目合作的相关事宜达成以下条款：

一、合作原则

甲乙双方在合作中，必须严格遵守《中华人民共和国合同法》及相关的政策法规。

二、合同内容概要

1. 时间

2012 年 10 月 1 日。

2. 地点

××市××镇丽城×××新销售中心。

3. 内容

（1）活动内容：楼盘开盘剪彩仪式、全天演艺节目。

（2）乙方负责为甲方提供活动中甲方所要求的项目制作、演艺安排（详见附件）。

4. 合同总额

（含税）¥：××××元，大写：×××元整。

5. 合同期限

双方责任履行结束为止。

三、甲乙双方的权利和义务

1. 甲方权利与义务

（1）甲方须向乙方提供与合同内容相关的各种必需数据，以确保乙方准确地掌握有关信息和进行相关业务，并应对上述数据的合法性、真实性、准确性负责。

（2）甲方应委派专人负责对接工作。

（3）甲方应按照本合同规定及时付款，以保证项目的正常进行。

2. 乙方权利与义务

（1）乙方应尽职尽责为甲方服务，按时、按质、按量完成，并为甲方数据保密。

（2）乙方应按双方协商确定的时间顺利完成合同内容。

（3）对于乙方工作过程中所需甲方配合的事宜，乙方应及时通知甲方。

（4）若甲方未能按合同规定的时间付讫相关款项乙方保留暂停相关工作的权利，乙方不承担由此产生的任何责任。

（5）乙方必须于 2012 年 9 月 30 日将现场布置完毕，因现场布置的延迟而造成甲方的损失，甲方有权终止合同并要求乙方退还预付款，以及按照合同总金额的双倍支付违约金。

（6）乙方保证活动表演的人员、内容严格按照合同附件（活动方案）执行，若有人员缺岗或表演内容与附件内容不一致，甲方有权扣除该项目的相关费用；情况严重的，甲方有权终止合同，并要求乙方退还预付款，以及按照合同总金额的双倍支付违约金。

四、付款方式：

（1）双方签订正式合同时甲方即向乙方支付合同总金额 50% 的预付款，计￥：×××元，大写：×××元整。

（2）按照合同要求开展活动结束后 10 个工作日内甲方向乙方支付合同总额余款 50%，计￥：×××元，大写：××××元整。

（3）到期未付清合同款项，由乙方每日按合同总额的 1% 向甲方收取滞纳金。

（4）甲方采用转账支票的方式支付合同款项。乙方在收款时应按照甲方财务要求提供合法、有效的发票。

五、保密协议

因甲方提供相关资料，乙方在此基础上的创作知识产权应归甲方所有。

乙方在本次合作过程中为甲方提供的活动方案等一切相关资料，未经甲方书面同意，不得用于其他项目。如有违反，甲方将保留追究乙方法律责任的权利。

六、合同的订立、履行、变更、效力、解释及争议的解决均由××市人民法院管辖。因本协议引起的一切争议,双方首先应通过友好协商方式解决,如协议不成,任何一方均可向××市有管辖权的人民法院提起诉讼。发生任何争议以及就任何争议进行诉讼时,无损双方在此合同书内的任何权利。

七、本合同一式两份,双方各执一份,此合同自签字盖章之时起生效。

八、本合同的附件为本合同的有效部分,同本合同具有同等的法律效力。

甲方:××市××集团有限公司　　　　乙方:深圳市××有限公司
(盖章)　　　　　　　　　　　　　　(盖章)
甲方代表签字:　　　　　　　　　　　乙方代表签字:
日期:　　年　　月　　日　　　　　　日期:　　年　　月　　日

九、公关协议书

(一) 公关协议书的含义

公关协议书是当事人双方(或多方)就有关经济问题或其他活动与事务的某些要点和原则达成一致意见而订立的一种文书。

公关协议书是公关意向书的延续,也有些教材和书籍将公关协议书划至公关合同。公关协议书与公关合同虽然没有本质区别,在确定组织与组织之间的权利和义务方面要求基本一致,但两者还是有一些区别的。两者的强调重点不一样,公关合同常用于生产、购销、工程等方面的合作,公关协议书则常用于开展某项活动或科学研究等方面的合作。公关协议书中的项目也往往比公关合同多。在内容上,公关合同的条款要求制定得全面、细致、具体,公关协议书的条款则可以制定得原则一些。有的协议书,如我国与外资合营企业的公关协议书中,往往伴有技术转让、产品销售、贷款、聘请外国技术管理人员等方面的内容。有的协议书只是把正式缔约前双方(或多方)当事人达成的某些一致意见以书面形式固定下来,为签订正式合同做准备。

公关协议书一经签订,便与合同一样具有法律效力,各方当事人都必须依法遵守,执行协议;如有更改,须经各方当事人共同协商后才能执行。

(二) 公关协议书的内容

公关协议书也由标题、正文、署名、日期四个部分组成。

标题主要写明协议的内容和文种,如《关于××研究成果产权问题的协议书》、《协作协议书》、《×××与××××关于共同建立合同企业文化基地的协议书》等。

正文先要写明主约单位，即写明订立协议的当事人单位名称和代表姓名，单位要写全称；接着在协议开头写明订协议的目的和商谈的简要经过。

正文的主体部分是当事人各方协议的主要条款，一般包括三个方面的内容：一是协议各方各自的任务、标的；二是协议各方各自应承担的责任；三是对违约责任的追究。

正文的结尾写明协议书的有效期限、份数等。

在正文下方署上签订协议各方单位的名称和代表姓名，并加盖公章、私章（也可以用签名替代）；有的还可以写明电话号码、电报挂号、银行账号等，以便联系和结算。

在署名的右下方，写上签订协议的日期，应写全年月日。

范例：

协议书

××科协议字（2010）第 1 号

为了确保夏播小麦试验项目的圆满完成，经双方充分研究协商，制定如下协议：

甲方：××县科技局

乙方：（承担项目单位）农技站

一、夏播小麦试验项目，由甲乙双方共同研究确定，并列入县科技局计划项目。

二、甲方对本项目负责资助经费××元，以及经过协商需要甲方解决的其他具体问题。

三、本项目进行中，甲方可以检查项目的进行情况和经费支出情况，有权对项目的进行提出建议和意见，乙方应予以重视。

四、甲方对本项目的经费资助，乙方只能用于本项目的费用支出，不得挪作他用。

五、乙方负责将夏播小麦试验项目的具体实施方案及对本项目的资助经费写成书面材料，与甲方共同商定后生效。

六、乙方负责实施本项目具体实施方案中所规定的内容，如资料的提供、技术指导等，并明确由专人负责。

七、本项目结束后，乙方应及时向甲方写出项目的总结材料和支出经费的详细情况报告各一份。

八、本项目邀请××县农业局检查监督协议的执行，如有一方违反协议，将根据情节予以批评，或协助甲方追回资助经费等。

九、本协议一式三份。从甲方、乙方和监督单位盖章之日至本项目完成之时有效。以上三方各执协议一份。

本协议盖章后，各方都必须承担协议中各自的义务。

甲方：＿＿＿＿＿＿＿盖章

乙方：＿＿＿＿＿＿＿盖章

监督单位：＿＿＿＿＿＿＿盖章

××××年×月×日

第四章　企业演讲致辞文案

一、欢迎词

（一）欢迎词的含义

欢迎词是由东道主出面对宾客的到来表示欢迎的讲话文稿。

（二）欢迎词的特点

1. 欢愉性

中国有句古话是"有朋自远方来，不亦乐乎"，所以致欢迎词应当有一种愉快的心情，言词用语务必富有激情和表现出致辞人的真诚。只有这样才可给客人一种"宾至如归"的感觉，为下一步各种活动的圆满举行打下好的基础。

2. 口语性

欢迎词本意是现场当面向宾客口头表达的，所以口语化是欢迎词文字上的必然要求，在遣词用语上要运用生活化的语言，既简洁又富有生活的情趣。口语化会拉近主人同来宾的亲切关系。

（三）欢迎词的要求

1. 看对象说话

欢迎词多用于对外交往。在各社会组织的对外交往中，所迎接的宾客可能是多方面的，如上级领导、检查团、考察团等。来访目的不同，欢迎的情由也应不同。欢迎词要有针对性，看对象说话，表达不同的情谊。

2. 看场合说话

欢迎的场合、仪式也是多种多样的，有隆重的欢迎大会、酒会、宴会、记者招待会；有一般的座谈会、展销会、订货会等。欢迎词要看场合说话，该严肃则严肃，该轻松则轻松。

3. 热情而不失分寸

欢迎应出于真心实意，热情、谦逊、有礼。语言亲切，饱含真情，注意分寸，不亢不卑。

4. 关于称呼

由于是用于对外（本组织以外的宾客）交往，欢迎词的称呼比开幕词、闭幕词更具有感情色彩，更需热情有礼。为表示尊重，要称呼全名。在姓名前面或后面加上职衔或"先生"、"女士"、"亲爱的"、"尊敬的"、"敬爱的"等敬语表示亲切。

（四）欢迎词的格式

欢迎词的结构由标题、称呼、开头、正文、结语、署名六部分构成。

1. 标题

（1）欢迎场合或对象加文种构成，如《在校庆75周年纪念会上的欢迎词》。

（2）用文种"欢迎词"作为标题。

2. 称呼

称呼对象提行首格加冒号。面对宾客，宜用亲切的尊称，如"亲爱的朋友"、"尊敬的领导"等。

3. 开头

用一句话表示欢迎的意思。

4. 正文

说明欢迎的情由，可叙述彼此的交往、情谊，说明交往的意义。对初次来访者，可多介绍本组织的情况。

5. 结语

用敬语表示祝愿。

6. 署名

用于讲话的欢迎词无须署名。若需刊载，则应在题目下面或文末署名。

范例：

欢迎董事长亲临指导

尊敬的×××董事长，尊敬的贵宾们：

×××董事长与我们合资建厂已经两年，今天亲临我厂对生产技术、经营管理进行指导，我们表示热烈的欢迎。

两年来我们感到高兴的是，我们双方合资建厂、生产、经营管理中的友好关系一直稳步向前发展。

我应当满意地指出，我们的友好关系能顺利发展，与我们双方严格遵守合同和协议、相互尊重和平等协商是分不开的，是我们双方共同努力的结果。

我相信，这次×××董事长亲临我厂进行指导，能进一步加深我们双方的相互了解和信任，更能进一步增进我们双方友好合作关系的发展，使我厂更加兴旺发达。

最后，让我们以热烈的掌声向×××董事长表示欢迎！

二、欢送词

（一）欢送词的含义

欢送词是在欢送宾客的仪式、集会和宴会上对宾客即将离去表示热诚欢送而使用的一种礼仪公文。

与欢迎词一样，欢送词也系礼节性社交活动的讲话稿，二者在写作结构、语言风格等诸多方面均很相似，只是在内容上一个为"迎"，一个为"送"，而且常常与祝酒词互用。

（二）欢送词的结构及写法

欢送词的结构大体上由如下几部分组成：

1. 标题

一般应由致辞场合、致辞人和文种三个要素组成，如《在欢送日本松下集团考察团宴会上××××总经理的欢送词》；也可以省略致辞人姓名，只以场合和文种为题；还可以直接以"欢送词"作为标题，以示显豁、鲜明。

2. 称谓

即对被欢送宾客的称呼，一定要写得礼貌得体。用语要确切、亲和，一般应在称呼之前冠以如"尊敬的"、"亲爱的"之类的修饰语，并在其后加上被欢送宾客的头衔，也可加"先生"、"女士"、"夫人"之类的称谓。

3. 正文

这部分是欢送词写作的主体，应根据实际情况表达不同的内容。其写法与欢迎词大体相同。一般应在写明对宾客的离去表示热诚欢送之意以后，追叙宾客访问期间的活动情况及收获，对其访问的成果进行概括和总结，然后表示需要进一步加强交往与合作的意愿，并以饱蘸深情的笔墨再次对宾客的离去表示热烈欢送。

4. 结尾

在正文的右下侧，由致辞的机关、致辞人署名，并署上日期，也可在标题之中载明。

（三）注意事项

写好欢送词要注意以下几个方面：

1. 要有真情实感

与欢迎词一样，撰写欢送词，也要根据宾客的实际情况和特定的场合，以诚恳热情、情真意切作为第一要义，充分体现出对宾客的尊重之情和友好合作之意。即便在交往过程中存在一些分歧或者不愉快之处，也应落落大方、彬彬有礼，这样，不仅能够赢得对方的好感，而且还会为今后的合作提供可能。

2. 要简练明快

要以简明扼要的语言充分表达出对宾客的欢送之意，使之感到亲切自然，力戒过多使用那些没有实际意义的虚言浮词，以免冲淡欢送的友好和谐的氛围。

3. 要短些再短些

由于欢送词适用于送别的特定场合，因而其在篇幅上应力求简短，切忌长篇大论，空洞乏味。

范例：

欢送词

尊敬的××博士，尊敬的朋友们、同志们：

××博士结束了在我校为期三年的执教生活，近日就要回国了。今天我们备此薄餐，为××博士送行。

三年来，××博士以出众的才智和辛勤的工作，赢得了全校师生的信赖与尊敬。他所做的几次学术报告开阔了我们的视野，推动了学校的教学改革。对此，请允许我代表全体师生对××博士再次表示感谢！

在三年的教学工作和日常交往中，××博士与师生诚挚交流，以友相待，结下了深厚的友谊，我们为此而感到高兴。

中国有句古话"海内存知己，天涯若比邻"，千山万水无阻于我们友谊的发展，隔不断彼此之间的联系。我们期望××博士以后再回来做客、讲学。

××博士即将踏上回程之际，请带上我们全体师生的深情厚谊，也请给我们留下宝贵的意见和建议。

×××

2002 年×月×日

三、答谢词

（一）答谢词的含义

答谢词（讲话稿）是指在特定的公共礼仪场合，主人致欢迎词或欢送词后，客人所发表的对主人的热情接待和关照表示谢意，领导者也用于对嘉宾为本地区、本单位所做的工作表示感谢。答谢词还指客人在举行必要的答谢活动中所发表的感谢主人盛情款待的讲话。

（二）答谢词的一般格式

答谢词的写作重点在于表达出对主人的热情好客的真挚感谢之情。答谢词的规范格式由标题、称呼、正文组成。

（1）标题。标题的写法一般表述为《在××仪式上的答谢词》或《××答谢词》。

（2）称呼。称呼要求写在开头顶格处。要写出相应的姓名称呼，如"女士们，先生们"、"同志们"、"朋友们"等。

（3）正文。答谢词的正文一般由开头、中段和结尾三部分构成：①开头。开头通常应说明此时在举行什么答谢仪式，发言人以什么身份代表哪些人向对方表示答谢。②中段。答谢词的主体，先是用具体的事例对主人所做的一切安排给予高度评价，对主人的盛情款待表示衷心的感谢，对访问取得的收获给予充分肯定。然后，谈自己的感想和心情。例如，颂扬主人的成绩和贡献，阐述访问成功的意义，讲述对主人的美好印象等。③结尾。答谢词的结尾主要是再次表示感谢，并对双方关系的进一步发展表示诚挚的祝愿。

（三）答谢词的几种常见格式

1. 学校校长答谢词

校长答谢词的重点在于表达出对主人的热情好客的真挚感谢之情，或者表达对嘉宾的工作的感谢。校长答谢词的规范格式由标题、称呼、正文组成。

（1）标题。标题的写法一般表述为《在××仪式上的答谢词》或《××校长的答谢词》。

（2）称呼。称呼要求写在开头顶格处。要写出相应的姓名称呼，如"女士们，先生们"、"朋友们"等。

（3）正文。校长答谢词的正文一般由开头、中段和结尾三部分构成：①开头。开头通常应说明此时在举行什么答谢仪式，校长是代表哪些人向对方表示答谢的。②中段。校长答谢词的主体，先是用具体的事例给予对方工作高度评价，或对主人的盛情款待表示衷心的感谢，对访问取得的收获给予充分肯定。然后，谈自己的感想和心情。例如，颂扬对方的成绩和贡献，阐述访问、援助成功的意义，讲述对对方的美好印象等。③结尾。校长答谢词的结尾主要是再次表示感谢，并对双方关系的进一步发展表示诚挚的祝愿。

2. 企业领导答谢词

企业领导答谢词的写作重点在于表达出企业领导对主人的热情好客的真挚感谢之情。企业领导答谢词的规范格式由标题、称呼、正文组成。

（1）标题。标题的写法一般表述为《在××仪式上的答谢词》或《××答谢词》。

（2）称呼。称呼要求写在开头顶格处。要写出相应的姓名称呼，如"女士们，先生们"、"朋友们"等。

（3）正文。企业领导答谢词的正文一般由开头、中段和结尾三部分构成：①开头。开头通常应说明此时在举行什么答谢仪式，企业领导是代表哪些人向对方表示答谢的。②中段。答谢词的主体，先是用具体的事例对对方所做的工作给予高度评价，或者对主人的盛情款待表示衷心的感谢，对访问取得的收获给予充分肯定。然后，谈自己的感想和心情。例如，颂扬主人的成绩和贡献，阐述访问成功的意义，讲述对主人的美好印象等。③结尾。答谢词的结尾主要是再次表示感谢，并对双方关系的进一步发展表示诚挚的祝愿。

3. 行政领导答谢词

行政领导答谢词的写作重点在于表达出行政领导对对方所做的工作，或对东道主的热情好客的真挚感谢之情。行政领导答谢词的规范格式由标题、称呼、正文组成。

（1）标题。标题的写法一般表述为《在××仪式上的答谢词》或《××答谢词》。

（2）称呼。称呼要求写在开头顶格处。要写出相应的姓名称呼，如"同志们"、"朋友们"等。

（3）正文。行政领导答谢词的正文一般由开头、中段和结尾三部分构成：①开头。开头通常应说明此时在举行什么答谢仪式，行政领导是代表哪些人向对方表示答谢的。②中段。答谢词的主体，先是用具体的事例对对方所做的工作给予高度评价，或者对东道主的盛情款待表示衷心的感谢，对访问取得的收获给予充分肯定。然后，谈自己的感想和心情。例如，颂扬东道主的成绩和贡献，阐述访问成功的意义，讲述对东道主的美好印象等。③结尾。答谢词的结尾，主要是再次表示感谢，并对双方关系的进一步发展表示诚挚的祝愿。

4. 研讨会主办方答谢词

研讨会主办方答谢词的写作重点在于表达出研讨会主办方对与会者所做的工作的真挚感谢之情。研讨会主办方领导答谢词的规范格式由标题、称呼、正文组成。

（1）标题。标题的写法一般表述为《在××研讨会闭幕式上的答谢词》或《××答谢词》。

（2）称呼。称呼要求写在开头顶格处。要写出相应的姓名称呼，如"尊敬的各位领导"、"各位来宾"、"女士们，先生们"、"同志们"、"朋友们"等。

（3）正文。研讨会主办方答谢词的正文一般由开头、中段和结尾三部分构成：①开头。开头通常应说明此时在举行什么答谢仪式，研讨会主办方是代表哪些人向与会者表示答谢的。②中段。研讨会主办方答谢词的主体，先是用具体的事例对与会者所做的工作给予高度评价，对会议取得的成效给予充分肯定。然后，发出号召或谈自己的感想和心情。③结尾。研讨会主办方答谢词的结尾主要是再次表达出对与会者的感谢，并发出诚挚的祝愿。

5. 答谢捐赠讲话稿

答谢捐赠讲话稿的写作重点在于表达出接受捐赠者对对方所做出捐赠行为的真挚感谢之情。答谢捐赠讲话稿的规范格式由标题、称呼、正文组成。

（1）标题。标题的写法一般表述为《在××捐赠仪式上的讲话》或《接受××捐赠的答谢词》。

（2）称呼。称呼要求写在开头顶格处。要写出相应的姓名称呼，如"各位来宾"、"同志们"、"朋友们"等。

（3）正文。答谢捐赠讲话稿的正文一般由开头、中段和结尾三部分构成：①开头。开头通常应说明此时在举行什么答谢仪式，接受捐赠方的领导是代表哪些人向对方表示答谢的。②中段。答谢捐赠讲话稿的主体，先是阐述相关活动的重要意义，并对对方所做出的捐赠行为给予高度评价。然后，谈自己的感想和心情或发出号召等。③结尾。答谢捐赠讲话稿的结尾主要是再次对捐赠方表示感谢。

范例：

在接受救灾粮仪式上的答谢词

今天，我们怀着无比感激、无比振奋的心情，在这里迎接给我们县师生捐赠救灾粮的亲人。

今年7月以来，我国遭受了百年未遇的大旱灾。七、八、九三个月，艳阳连天，滴雨不下，池塘干涸，溪河断流，田地龟裂，禾苗枯死，真是赤地千里！虽经我们奋力抗灾，但自然灾害的肆虐使10多万人饮水困难，30多万亩田颗粒无收。我们县的中小学生有1万多名因受灾而辍学，还有几万名靠同学、教师、亲属的接济度日。然而，党和政府没有忘记我们，兄弟县市的乡亲没有忘记我们。省市领导多次亲临，视察灾情，组织救援，市县国家干部职工争相解囊，捐粮捐钱。今天，我们又接到了你们无私捐助的大批救灾粮食。"一方有难，八方支援"，团结互助，无私奉献，只有在今天优越的社会主义制度下，只有在我们伟大的社会主义中国才能办到！

　　谢谢你们，远方的亲人。我们全县中小学生、全县人民，一定会从你们的援助中吸取力量，奋发图强，重建家园；努力学习，奋勇攀登，以崭新的成绩，来报答党和人民的关怀，报答你们的深情厚谊！

×××

××××年×月×日

四、祝酒词

　　（一）祝酒词的含义

　　祝酒词是在重要宴会开宴前，领导人向在场的人员所发表的表示诚挚敬祝的讲话。祝酒词一般篇幅简短，语言口语化，态度诚恳、热情。

　　（二）祝酒词的一般格式

　　祝酒词的规范格式由标题、称呼、正文组成。

　　1. 标题

　　标题的写法一般表述为《在××招待会上的祝酒词》或《祝酒词》。

　　2. 称呼

　　称呼要求写在开头顶格处。祝酒词要写出相应的姓名称呼，如"女士们，先生们"、"朋友们"等。

　　3. 正文

　　祝酒词的正文内容主要包括致辞人（或代表谁）在什么情况下，向出席者表示欢迎、感谢和问候；谈成绩、作用、意义；展望未来，联系面临的任务、使命。在结尾常用"请允许我，为谁、为什么而干杯"的表述。祝酒词要求言简意赅，短小精练。

　　（三）祝酒词的几种常见格式

　　1. 洽谈会祝酒词

　　洽谈会祝酒词是在洽谈会招待宴会上，领导人向与会代表发表的祝酒词。洽谈会祝酒词的规范格式由标题、称呼、正文组成。

　　（1）标题。标题的写法一般表述为《在××洽谈会招待晚宴上的祝酒词》或《×××洽谈会祝酒词》。

　　（2）称呼。称呼要求写在开头顶格处。祝酒词要写出相应的姓名称呼，如"女士们，先生们"、"朋友们"等。

　　（3）正文。洽谈会祝酒词的正文内容主要包括致辞人（或代表谁）在什么情况下，向出席洽谈会的人员表示欢迎、感谢和问候；谈本单位、地区所取得的成就、洽谈会的作用与意义；展望未来，联系面临的任务、使命。在结尾常用"请允许我，为谁、为什么而干杯"的表述。洽谈会祝酒词要求结合洽谈会的内容展开，语言精练。

2. 中秋酒会祝酒词

中秋酒会祝酒词是在中秋酒会上，领导人向出席酒会的代表发表的祝酒词。中秋酒会祝酒词的规范格式由标题、称呼、正文组成。

（1）标题。标题的写法一般表述为《在××中秋酒会上的祝酒词》或《中秋酒会祝酒词》。

（2）称呼。称呼要求写在开头顶格处。祝酒词要写出相应的姓名称呼，如"女士们，先生们"、"朋友们"等。

（3）正文。中秋酒会祝酒词的正文内容主要包括领导人在中秋酒会上，向出席的人员表示欢迎、感谢和对中秋节日的问候；并谈出席中秋酒会的人员为本地区、本单位工作所发挥的作用；展望美好的未来。在结尾常用"请允许我，为谁、为什么而干杯"的表述。中秋酒会祝酒词要求结合中秋节的内容展开，语言精练，有文采、有感染力。

3. 校庆晚宴祝酒词

校庆晚宴祝酒词是领导人在某学校校庆周年晚宴上，向出席校庆的人员、校友发表的祝酒词。校庆晚宴祝酒词的规范格式由标题、称呼、正文组成。

（1）标题。标题的写法一般表述为《在××校庆晚宴上的祝酒词》或《校庆晚宴祝酒词》。

（2）称呼。称呼要求写在开头顶格处。祝酒词要写出相应的姓名称呼，如"同志们"、"校友们"等。

（3）正文。校庆晚宴祝酒词的正文内容主要包括领导人在校庆晚宴上，向出席的人员表示欢迎、感谢；回顾、总结学校所走过的历程和取得的成就，并谈校友为本校所发挥的作用；展望学校美好的未来，谈学校未来的发展蓝图。在结尾常用"请允许我，为谁、为什么而干杯"的表述。校庆晚宴祝酒词要求结合校庆的内容展开，有文采，有感染力，以情动人。

4. 新春茶话会祝酒词

新春茶话会祝酒词是领导人在新春茶话会上，向出席的人员发表的祝酒词。新春茶话会祝酒词的规范格式由标题、称呼、正文组成。

（1）标题。标题的写法一般表述为《在××新春茶话会上的祝酒词》或《新春茶话会祝酒词》。

（2）称呼。称呼要求写在开头顶格处。祝酒词要写出相应的姓名称呼，如

"同志们"、"朋友们"等。

（3）正文。新春茶话会祝酒词的正文内容主要包括领导人在新春茶话会上，向出席的人员表示慰问和对节日的问候、祝福；回顾、总结本地区、本单位在过去的一年所取得的成绩；展望新年，谈未来的发展蓝图。在结尾常用"请允许我，为谁、为什么而干杯"的表述。新春茶话会祝酒词要求结合新春的内容展开，有文采，语言简练生动，热情洋溢。

5. 欢迎凯旋祝酒词

欢迎凯旋祝酒词是领导人在欢迎某代表团或工作人员凯旋而发表的祝酒词。欢迎凯旋祝酒词的规范格式由标题、称呼、正文组成。

（1）标题。标题的写法一般表述为《欢迎××体育代表团凯旋的祝酒词》或《在欢迎××凯旋招待会上的祝酒词》。

（2）称呼。称呼要求写在开头顶格处。祝酒词要写出相应的姓名称呼，如"同志们"、"朋友们"等。

（3）正文。欢迎凯旋祝酒词的正文内容主要包括领导人在欢迎凯旋宴会上，向凯旋人员表示祝贺、慰问和感谢；回顾、总结凯旋人员所取得的成绩；展望未来，对凯旋人员提出殷切的希望。在结尾常用"请允许我，为谁、为什么而干杯"的表述。欢迎凯旋祝酒词要求结合凯旋的内容展开，有文采，热情洋溢，态度诚挚。

范例：

祝酒词

尊敬的××总经理、尊敬的××实业公司代表团的代表们：

今天，我很荣幸地代表××省××进出口公司为以张总经理为首的中国香港××实业公司代表团接风。

各位来宾，随着中国内地经济的逐步好转和投资环境的日益改善，中国香港××实业公司在内地的投资活动也日趋活跃。仅今年第一、第二季度，在内地签订的投资额就达2亿美元。张总经理为中国香港和内地经贸关系的进一步拓展所做出的贡献功不可没，令人景仰。

今天张总经理率团来江苏考察，并准备签订《"八五"期间投资意向书》。我相信，在互利互惠原则指引下，在多年来亲密合作的基础上，以张总经理为首的代表团一定会不虚此行，满载而归的。

我很高兴今天能与老朋友张总经理在六朝古都重叙友情，我还很高兴地结识了代表团的各位新朋友。此刻，窗外大雪飞舞，而室内却春意盎然，这象征着我们内地与中国香港的经贸合作关系面临一个百花争艳的春天。

为此，我提议：

为张总经理的身体健康，

为代表团各位代表们的身体健康，

为我们互为最大贸易伙伴地位的进一步巩固，

为我们双方在更为广阔领域里的合作，

干杯！

五、开幕词

（一）开幕词的含义

开幕词是会议讲话的一种，是党政机关、社会团体、企事业单位的领导人在会议开幕时所做的讲话，旨在阐明会议的指导思想、宗旨、重要意义，向与会者提出开好会议的中心任务和要求。它以简洁、明快、热情的语言阐明大会宗旨、性质、目的、任务、议程、要求等，对会议起着重要的指导作用。

（二）开幕词的格式与要求

开幕词由首部、正文和结束语三部分组成，各部分的项目内容与写作要求如下：

1. 首部

（1）标题。一般由事由和文种构成，如《中国共产党第十二次全国人民代表大会开幕词》；有的标题由致辞人、事由和文种构成，其形式是《×××同志在×××会上的开幕词》；有的采用复式标题，主标题揭示会议的宗旨、中心内容，副标题与前两种标题的构成形式相同，如《我们的文学应该站在世界的前列——中国作家协会第四次会员代表大会开幕词》；也有的只写文种，如《开幕词》。

（2）时间。在标题之下，用括号注明会议开幕的年月日。

（3）称谓。一般根据会议的性质及与会者的身份确定称谓，如"同志们"、"各位代表，各位来宾"、"运动员"等。

2. 正文

（1）开头部分。一般开门见山地宣布会议开幕。也可以对会议的规模及与会者的身份等做简要介绍，如"参加这次大会的代表有×××人，其中有来自……"并对会议的召开及对与会人员表示祝贺。需要说明的是，开头部分即使只有一句话，也要单独列为一个自然段，将其与主体部分分开。

（2）主体部分。主体部分是开幕词的核心部分，通常包括三项内容：①阐明会议的意义，通过对以往工作情况的概括总结，和对当前形势的分析，说明会议是在什么形势下，为了解决什么问题和达到什么目的召开的；②阐明会议的指导思想，提出大会任务，说明会议主要议程和安排；③为保证会议顺利举行，向与会者提出会议的要求。

（3）结尾部分。提出会议任务、要求和希望。

3. 结束语

开幕词的结束语要简短、有力，并要有号召性和鼓动性。在写法上常以呼告语领起一段，如"预祝大会圆满成功"等。

范例：

开幕词

尊敬的各位来宾、朋友、女士们、先生们：

在秋天这个收获的季节，在中国美丽的南海之滨，我们迎来了××市国际高新技术成果交易会，迎来了世界各地的新老朋友。

在此，我代表××政府，向前来参加盛会的海内外嘉宾表示热烈的欢迎！向所有关心和支持"高交会"的朋友们表示衷心的感谢！

高新技术是先进生产力的集中体现和主要标志，是推动人类社会发展进步的强大动力。知识的不断创新和科技的突飞猛进，不仅极大地推动了全球经济的发展，并越来越深刻地改变和丰富了人们的生活。

中国的科技发展离不开世界，世界科技的进步也需要中国。中国正以全方位开放的积极姿态，投身于全球化浪潮之中。作为国际高科技领域的一支重要力量，中国将以其丰富的科技和知识资源，更加广泛和深入地开展国际高新技术领域的交流与合作，努力为世界科技发展和人类进步事业做出更大的贡献。

中国国际高新技术成果交易会是中国高新技术领域对外开放的一项重要举措。"高交会"集中地展示了一大批我国最新的高新技术成果，展示了国际知名的高科技公司的先进产品和技术，广泛传播世界高科技发展的前沿理念，有效地推动了科技成果向现实生产力的转化，"高交会"已成为中国与世界在高新技术领域的开放窗口和交流舞台。

女士们、先生们，我深信，本届交易盛会一定会给与会的朋友们带来收获。最后我预祝，××市"高交会"取得更加丰硕的成果。

××

××××年×月×日

六、闭幕词

（一）闭幕词的含义

闭幕词是在庄重、严肃的重要会议行将结束时由有关领导人向大会所做的结束性讲话的文稿。它要对开幕词中提出的会议任务完成得如何有个明确的回答。好的闭幕词不仅能表达出会议的组织、领导者对大会成果的正确总结和评价，而且能起到鼓舞与会人员的斗志、增强他们完成大会提出的战斗任务的信心的作用。闭幕词也是会议的重要文件之一。

（二）闭幕词的结构与写法

1. 标题

闭幕词标题的写法与开幕词类似，一般是在"闭幕词"三字之前冠以会议名称。也可以在闭幕词发表时把标题写成《×××同志在××××会议上的闭幕词》。

2. 正文

（1）开头部分。抬头第一行写称呼。在称呼之后，另起一行，用简短的文字说明会议在什么情况下圆满结束或"胜利闭幕"。有的还在开头部分先概括地对会议做一总的评价。

（2）中间部分。着重写两项内容：①总结会议取得的重要成果和会议讨论通过的重要事项。如这项内容较多，则可分段写，语言要简洁明了，条理要清晰。②向与会人员提出如何贯彻会议决议、精神的需求。语言要简洁明快，有号召力、鼓动性。

（3）结尾部分。一般用一句话郑重宣布大会胜利闭幕。也有的用对与会者的希望和祝愿的话来结束。

（三）注意事项

（1）要写好闭幕词，撰写者除了要掌握闭幕词的结构、写法之外，动笔前也要熟悉会议的全面情况、掌握会议的主要精神、搜集会议的文字材料，以便为写作打好基础。

（2）闭幕词的篇幅不宜过长，语言要简洁。

范例：

职工篮球赛闭幕词

×××

同志们：

为期三天的卫生系统第二届职工篮球赛在紧张、友好的气氛中胜利闭幕了。我代表卫生局党委，代表比赛组委会向所有的参赛单位和运动员表示热烈的祝贺！同时，向积极承办这次比赛的市中医药学校，向提供室内比赛场馆的×××，向与会的裁判员和工作人员表示衷心的感谢！

本届职工篮球赛组委会在场馆的准备、裁判的组织、比赛秩序的编排、成绩的记录和公布等方面做了扎实细致的工作，给球队的比赛创造了一个良好的比赛环境。本届职工篮球赛得到了市体育局、省信息技术学院、市职业技术学院、××区交通局、××局的大力支持，他们派出最优秀的专家、裁判员来指导我们的比赛，并按最新的篮球规则裁判了×××场球赛，把正派、公正、严谨的工作作风带进了每一个赛场。裁判员判罚确保了公正准确，没有发生重大误判、错判和偏袒一方的现象，得到了各参赛单位和队员的一致好评。各参赛单位上至领导、下到职工对球赛的重视程度是空前的，各单位积极组织队员训练，认真组织每一场比赛，争相展示单位职工健康的体魄和积极向上的精神风貌。我们为荣获前6名的代表队喝彩，为×××、×××、×××和×××每一个队员认真、诚实的表现叫好，为3个女队"友谊第一，比赛第二"的精神感动。总体来看，这次比赛办得热烈、俭朴、圆满，非常成功，在卫生体育运动史上留下了精彩的一页。它对于促进全民健身运动，推进卫生系统的精神文明建设，提高卫生工作者的身体素质将起到较大的促进作用。

强壮的体魄和健康的心理是现代社会文明程度的标志之一，也是我们建设小康社会的三大目标之一。我们要重视体育运动，要懂得增强自身的身体素质是事关我们事业成败的大事。希望各单位要以此为契机，深刻理解和认真贯彻落实江泽民关于"全民健身，利国利民，功在当代，利在千秋"的重要指示精神，进一步增强全民健身意识，带头抓好《全民健身计划纲要》的实施，因地制宜地组织开展各项体育健身活动，通过活动达到凝聚人心、鼓舞士气、陶冶情操、锻炼身体的目的，不断提高广大医务工作者的身体素质，为××的两个文明建设，为保障全市人民的身体健康尽职尽责。

最后，我再一次向参加第二届职工篮球比赛的各代表队和全体运动员、裁判员、工作人员表示衷心的感谢！

谢谢大家！

七、颁奖词

（一）颁奖词的含义

颁奖词是颁奖大会或颁奖仪式上，会议主席或主持人、主要颁奖人向获奖者表示祝贺、赞誉、评价的演讲文稿。

颁奖词有时可以与祝词互用，即有的颁奖词内容单纯、篇幅短小，只表示祝贺之意，往往也称为祝词。

颁奖词具有应对性，一般来说，颁奖人或主持人致颁奖词后，获奖者或获奖者代表即上台致答谢词。

（二）颁奖词的特点

1. 情感性

饱含情感，真挚赞美人物的事迹与精神，以达到以情感人的艺术效果。

2. 深刻性

对人物事迹的评价，必须体现一定的深度，触及人物的精神内核，将人物的壮举提升到一定的思想高度。

3. 简洁性

颁奖词非常精练简洁。为适应电视节目的播出时间要求，寥寥数句即见人物的神韵与风采。

4. 系列性

在颁奖典礼上，授奖对象一般不是单个的，因此，这类文稿的写作往往是一个系列。尽管主题相同，但是具体人物对象的事迹不同。这就要求写作时必须做到因人定论、因事定调，有针对性地表达出每个人的个性特点。

（三）颁奖词的写法

1. 大笔写意，点明人物的事迹

写意是国画的一种画法，用笔不求工细，注重神态的表现和抒发作者的情趣。在这里，引申为一种叙事方法，是指从大处着眼，抓住人物最主要的令人钦敬的事迹，简要概述，如同画写意画，力求用最简洁的笔墨，勾勒出丰满的笔下之物。因此，颁奖词不要求详尽地交代人物事迹的来龙去脉或是细枝末节。在新闻传媒非常发达的时代，人物事迹点到为止，人们自然心领神会。

2. 纵深开掘，彰显人物的精神

对人物精神的赞美是颁奖词写作的重点，也是难点。通过人物的事迹，引出对人物精神的评价。因此，在颁奖词中，要体现出人物的闪光心灵、人格魅力，或是人物的坚强意志、思想品质等。要体现一定的哲理意味。

3. 综合表达，事、理、情有机融合

颁奖词的表达方式主要是叙述、议论、抒情，这三种表达方式要求综合运用。将人物事迹、精神以及对人物的赞美之情有机融合在一起，做到水乳交融、自然成趣。

4. 言简意丰，自然流畅音韵美

颁奖词一般很简短。这就要求语言高度浓缩，言简意赅。这样的语言往往意蕴丰富，具有生动、形象的特点。同时还要求语言自然流畅，音韵铿锵悦耳，富有音乐美。

范例：

颁奖词
——陈健（37 年坚守诺言）

一个生者对死者的承诺，只是良心的自我约束，但是他却为此坚守 37 年，放弃了梦想、幸福和骨肉亲情。淡去火红的时代背景，他身上有古典意识的风范，无论在哪个年代，坚守承诺始终是支撑人性的基石，对人如此，对一个民族更是如此。

事迹：1969 年 8 月 15 日，20 岁的上海知青金训华为抢救国家财产英勇献身。来到黑龙江逊克插队的近 5000 名上海知青陆续返城了，只留下了一位默默的守墓人——当年跟金训华一同跳入洪水中的陈健。

陈健不是不想回上海，也不是没有机会。一次生命的交换，让他内心留下了永远的歉疚："有金训华的牺牲才有我今天的活着。金训华留在了逊克这片土地上，我一个活着的人为什么不可以陪伴他呢？"

30 多年里，无论刮风下雪，陈健每年都要到金训华墓地祭扫。他信守着当年战友下葬时自己心底默默许下的一个诺言：一辈子留在此地，陪伴这位长眠于黑土地、再也不能还乡的战友。

八、会议报告

（一）会议报告的含义

会议报告是在重要会议和群众集会上，主要领导人或相关代表人物发表的指导性讲话。它是一种书面文字材料，又是会议文件的重要组成部分和贯彻会议精神的依据，还是供查阅的历史资料。它包括政治报告、工作报告、动员报告、总结报告、典型发言、开幕词、闭幕词等。会议报告具有宣传、鼓动、教育作用。这些作用是通过报告人的报告和听众的接受来实现的。

会议报告是代表整个组织或单位回顾总结工作、分析研究形势、部署任务时使用的文件，有的会议报告需要提请大会审议批准。

会议报告根据其性质和内容，又有"筹备工作报告"和"届时工作报告"等区分，但"筹备工作报告"多是报告大型会议的组织和准备情况，不是对全局工作的总结和部署，不能与"会议报告"相提并论。

（二）会议报告的特点

1. 理论性和逻辑性

会议报告是以领导或领导代表的身份站在决策集团角度上所发表的讲话。它在广泛深入调研、充分占有材料的基础上，纵览全局、找准焦点，围绕实际工作中出现的问题，尤其是那些迫切需要解决的，带有普遍性的，人民群众最关心、最直接、最现实的利益问题进行透彻分析、细致研究，从而抓住问题的关键，对症下药，达到推动各项工作健康发展的目的。所以，在分析研究中，它必须依据有关方针政策，结合实际地对所提建议、对策、问题等进行认真研究、反复推敲，从理论和实际的结合上把握哪些是最有价值、最需要解决的问题，它充分考虑所提意见的针对性、正确性、合理性、可靠性，使意见和措施能真正有助于解决实际问题。因而，会议报告既注重事实分析，又必须从理论的高度上进行归纳概括，进而指导实践，有较强的理论性和逻辑性。

2. 双向性和交流性

会议报告依据讲话稿直面听众公开发表讲话，具有直接性、当众性、范围广、影响大的特点，在领导活动中具有特殊的地位和作用。正是由于这种面对面的宣讲传播形式，主体和客体之间在时间、空间上的结合比较紧密，"报告"的成功与否不决定于形式，即过程的结束很大程度取决于主体对客体的"磁性"交流强度，即吸引力的大小。这种报告的吸引力既决定于报告的文采或领导的演讲口才，又决定于听众是否接受。而且更关键的还取决于报告内容是否为受众认可，是否反映了实际情况。所以，会议报告实际上是一种在时间、空间上获得统一的、由报告主体和受众客体双向结合的交流形式。

3. 切实性和针对性

会议报告的核心是对实际问题的分析和解决。它一般要总结成绩经验、说明现状和存在问题、部署工作、规划未来等。它要求在分析的基础上提出解决问题的意见或对策，具有很强的针对性，应在实际工作中行得通、推得开，能够保证得以贯彻执行。部署任务和要求，内容要切实具体、易于操作。尤其在当前的市场经济条件下，领导需要更多的时间来进行重大决策，制定具体操作方案，若没有调查、没有研究、没有分析，讲一些不着边际的空话，报告内容与群众切身利益无关，听不到所讲的要领，就没有人愿意听这样的报告，那么，报告也就形同一纸空文。

4. 集中性和灵活性

集中性指会议报告应该紧紧围绕会议的主题。有些材料虽然很好，但是只要是脱离会议宗旨，与会无关，就应该坚决删除。灵活性指形式上无固定的格式和要求。领导的讲话，内容可长可短，可以全面论述，也可以就其中一点发表自己的看法。

5. 通俗性和清晰性

指语言要适合听众的水平，容易为听众理解和接受。因为会议报告主要靠口头语言来传达，报告声过即逝，具有"一次性"的特点，听众不能像看文章那样，看不懂再翻过来看一遍，而必须当场听清听懂。

（三）会议报告的写法

会议报告的结构通常由标题、题下签署、正文三部分构成：

1. 标题

通常由会议名称与文种类别组成，有的则直接写工作范围加上文种类别（报告），如"政府工作报告"。也可以用概括报告主要内容的词句作为标题，或者用概括报告主要内容或号召性词句作为正标题，另用一个由会议名称与文种类别组成的副标题与之配合。

2. 题下签署

标题下要标明报告时间和报告人姓名，但这只表示报告人是报告的法定作者。

3. 正文

一般包括三部分内容：开头、主体和结尾。开头之前要顶格写称呼，开头要简要地说明会议的性质、任务、意义或者缘由等。主体部分通常要先总结前段工作，包括成绩与存在的问题；其次根据党和政府的总任务或者是上级的要求，分析形势，提出今后的方针与任务；最后提出完成任务所应采取的措施、办法等。结尾部分一般为强调意义、表明决心、发出号召等。如果属于提请会议审议的报告，要以"以上报告，请各位代表（或委员）审议"之类的话作为结语。

由于会议报告的容量较大，正文的写作一般分成若干小标题或子目来写，使之条理清楚。

会议报告的写作要求是：中心思想明确，重点突出，论点和论据要有机统一，力求内容充实，切忌空洞。

范例：

以中国气象事业发展战略研究成果为指导

统一思想、认清形势、抢抓机遇、狠抓落实
——2005年全市气象工作会议报告

天津市气象局党组书记、局长　王宗信

同志们：

这次全市气象工作会议是在天津市全面建设小康社会，贯彻落实科学发展观，加快实施"三步走"第二步战略目标的关键时期，全党开展保持共产党员先进性教育，中国气象事业发展战略研究取得重要成果的形势下召开的。会议的主要任务是深入贯彻全国气象局长会议和市委八届七次全会精神，全面落实中国气象事业发展战略研究成果，总结2004年工作，部署2005年重点任务。下面我代表天津市气象局做工作报告，请同志们审议。

一、2004年工作的回顾

2004年是天津气象事业各项工作全面推进、取得新突破的一年。在中国气象局和天津市委、市政府的正确领导下，全市气象干部职工，深入贯彻落实中共十六大和十六届三中、四中全会精神，学习和落实中国气象事业发展战略研究成果，坚持把发展作为第一要务，围绕天津"三步走"战略和五大战略举措积极开展工作，扎实苦干，在气象服务、拓展领域、人才队伍和科研体系建设、依法行政、精神文明建设和基层党建、党风廉政建设、自我发展能力等各个方面取得新的成绩，为快发展奠定了有力基础。

（一）业务和服务水平有了新的提高，重大灾害性天气预报取得突破。

（二）以中国气象事业发展战略研究成果为指导，实施"三大战略"取得了明显进展。

（三）气象业务现代化水平有了新的提升。

（四）依法行政工作取得新进展。

（五）以改革为动力，科技服务领域得到新的拓展。

（六）精神文明创建和党风廉政建设取得新进展。

二、认真学习，深刻领会，全面落实中国气象事业发展战略研究成果

（一）要正确把握中国气象事业发展战略研究成果，深刻认识中国气象事业发展战略研究成果的重要意义，增强做好天津气象工作的时代感和责任感。

（二）大力加强《中国气象事业发展战略研究》成果的学习宣传工作。

（三）科学把握气象事业发展的战略思想，用"三个气象"的理念总揽天津气象工作，全面落实中国气象事业发展战略研究成果。

（四）以气象事业发展战略研究成果为指导，明确发展思路，做好我局"十一五"规划的编制工作。

三、2005年全市气象工作总体要求和主要任务

（一）努力提高天气预报和短期气候预测水平和能力，全力以赴做好气象服务工作。

（二）以实施"三大战略"为核心，促进天津气象事业的快速协调发展。

（三）继续推进气象现代化建设，努力提高现代化建设综合效益。

（四）深化改革，扩大合作与交流，继续加强气象法制建设。

（五）以气象科技为依托，积极拓展气象科技服务领域。

（六）抓好保持党员先进性教育活动，加强党风廉政建设和反腐败工作，维护部门稳定。

九、公关主持词

（一）主持词的含义

主持词是主持人在各种重要的集会、仪式和盛大典礼上进行主持活动过程中所使用的一种文稿。

在当今越来越多、越来越复杂的社会活动中，为了确保活动的质量，主持人需要准备合乎规范的主持词，以使活动朝着预定的计划运行。有了主持词，主持人就可以从容不迫地进行他的主持工作，使各项议程有条不紊；同时，对于一些重要或者大型活动而言，事先准备好主持词，还能够体现出一种庄重严肃的气氛。正因如此，主持词在当今的社会实践中被人们广泛运用。

（二）主持词的写法

1. 标题

可用主持词、议程或仪式程序等。

2. 正文

首先，介绍参加会议的出席人员情况，介绍的顺序在一般情况下是先上级后下级，先介绍来宾，后介绍当地参加活动的主要领导人。在一些特殊情况下，参加活动的人员虽然职务不太高，但他（她）是当年事件的主要参与者，也应先予介绍。

其次，在参加活动的人员介绍之后，主持者以东道主的身份对上级机关的关怀、对来宾的支持表示敬意。

最后，全面介绍整个活动的主要程序。

3. 撰写主持词注意的事项

（1）主持词是在整个活动程序中穿插进行的，起一个穿针引线的作用。

（2）会议程序是预先研究好了的。如果遇有特殊情况需要调整时，主持词要做相应的变动。

（3）主持词在实施过程中，文字表述要和当时的现场活动紧密结合。必要的时候，在不违背原意的情况下，可以增加或减少某些内容。

（三）一般主持词

1. 内容

（1）会议开始时讲话的内容。①宣布会议开始，并简要介绍会议的背景及有关情况，会议的议题、宗旨、要求，会议的开法及开会的程序，出席会议的人数等。②向与会者讲明召开这次会议的目的、会议的主要任务、重点要解决的问题以及会议的议题等。

（2）会议结束时讲话的内容。①简要地总结会议的基本情况和主要收获，归纳、分析和概括会议精神的特点和实质。②展望未来，提出下一步贯彻会议精神的希望、要求和打算。③布置和说明会议结束后的一些具体事宜。④宣布散会。

2. 要求

（1）会议开始时的讲话要求。①讲话的内容要开门见山、直接点题，中心突出、条理清晰，提纲挈领、简明扼要。②讲话的形式要因会制宜，灵活掌握。③语言要表达准确，语调和表情要与会议气氛协调一致。

（2）会议结束时的讲话要求。①开门见山、直接点题，篇幅短小、简明扼要，全面客观、重点突出、条理清晰。②讲话的语言要精练、概括准确，语调和表情要与会议气氛协调一致。

范例：

全省民主评议行风电视电话会议主持词
×××

同志们：

现在开会。

今天的全省民主评议行风总结表彰暨动员大会是经省委、省政府决定召开的。会议的主要任务是对去年的民主评议行风工作进行总结交流，对今年的这项工作进行动员部署。参加今天会议的有省、市、县三级党委，人大、政府、政协和纪检委、纠风办以及各部门的主要领导。中纪委副书记、监察部部长、国务院纠风办副主任李至伦同志和国纠办副主任胡玉敏同志在百忙之中亲临会议指导，李至伦同志还要做重要讲话，充分体现了对河北工作的关心和支持，对此我们表示热烈的欢迎和衷心的感谢。

今天的会议议程有五项：一是省委常委、省委秘书长王学军同志宣读《省委、省政府关于表彰 2002 年度民主评议行风优秀单位和先进单位的决定》；二是省国税局、财政厅、电力公司做大会发言；三是省委副书记、省纪委书记张毅同志对民主评议行风工作进行总结部署；四是中纪委副书记、监察部部长、国务院纠风办副主任李至伦同志讲话；五是省委书记、省人大主任白克明同志讲话。

现在进行大会第一项，请王学军同志宣读《省委、省政府关于表彰 2002 年度民主评议行风优秀单位和先进单位的决定》。

下面进行大会第二项，省国税局、财政厅和电力公司做大会发言。先请省国税局局长邰更顺同志发言。

请省财政厅厅长齐守印同志发言。

请省电力公司党组书记王颖杰同志发言。

下面进行大会第三项，请张毅同志对民主评议行风工作进行总结部署。

下面进行大会第四项，请李至伦同志讲话，大家欢迎。

下面进行大会第五项，请白克明同志讲话。

同志们，刚才学军同志宣读了表彰决定，省直三个部门做了发言，张毅同志进行了总结部署，至伦部长和克明同志都做了重要讲话。特别是至伦部长的讲话，充分肯定了我省 2002 年民主评议行风工作，全面深刻地阐述了深入开展民主评议行风工作的重要性，并且对搞好这项工作提出了具体要求，具有很强的指导性和操作性，各级各部门一定要认真学习、深刻领会、全面抓好落实。下面，我就如何贯彻落实这次会议精神、深入扎实地开展民主评议行风工作，强调四个问题：

第一，一定要不断提高思想认识。开展民主评议行风活动，就是要组织和动员各参评部门正确履行职能，简化办事程序，提高服务水平，积极主动地为企业和群众办实事、办好事，为经济建设服务，促进生产力的发展，代表和维护广大群众的根本利益；就是要组织和动员各界群众评议政府和行业作风，把对党风、政风、行风的知情权、监督权和裁判权交给群众，把评判的尺子交给群众，让群众对政府的工作评头论足，让部门和行业、企业倾听人民群众的呼声，凡是群众不满意的地方都要整改，凡是侵害人民群众利益的问题都要纠正。因此，开展民主评议行风活动是实践"三个代表"重要思想、落实中共十六大精神和省委第六届三次全会精神、推进党风廉政建设的重要举措。各级各部门要在民主评议行风的实践中不断深化认识，真正把搞好民主评议行风工作变为自觉行动。

第二，一定要紧扣评议主题。"树立行业新风，优化发展环境"是民主评议行风的主题。民主评议行风的效果如何，关键是看各参评部门为经济建设、为人民群众办了哪些实实在在的事。各参评部门在民主评议行风工作中，一定要紧扣主题，着眼效果，把主要精力放在如何为企业和群众办实事上。要结合本部门的工作职能，认真查找问题，认真倾听广大群众呼声，认真研究如何为企业的发展创造宽松的环境，为人民群众的生产生活提供优质的服务，拿出切实的措施和可行的办法，让企业和群众真正得到实惠，为优化我省的发展环境做出自己的贡献，从而赢得社会的认可。

　　第三，一定要重视抓好行业队伍建设。在民主评议行风工作中，建设一支高素质的行业队伍对于搞好行风建设至关重要。因此，各参评部门要把行业队伍建设作为评议活动的一个重要的基础性工作始终紧紧抓在手上。要加强思想教育和业务学习，不断提高干部职工的政治素质和业务能力；要严肃纪律，敢抓真管，对群众反应强烈、影响较大的问题严肃查处，不能手软；要建立适应本行业特点的规章制度，形成一套有效的管理机制，规范干部职工的行为，增强干部职工恪守职责、爱岗敬业的主动性和自觉性。从而，使整个行业队伍建设得到加强，塑造良好的行业整体形象。

　　第四，一定要下大力抓好落实。目标已经明确，任务已经确定，关键在于抓好落实。各级党委和政府要高度重视，切实把民主评议行风列入重要议事日程，完善相应的工作机制，主要领导要及时给予指导，分管领导要具体抓。各参评部门要把这项工作列为一把手工程，纳入目标管理，制定切实可行的工作方案。省直部门要对系统负责，研究系统存在的突出问题及产生的原因，采取相应的整改措施。各级纠风办要认真做好组织指导和监督检查工作，不断完善评议制度，制定科学、规范、严密的评议方法。同时，认真总结 2002 年民主评议行风工作，推广先进经验的同时，注意解决存在的问题，确保全省民主评议行风工作健康扎实地开展，取得实实在在的效果，为开创我省改革和建设新局面做出贡献。

　　会议到此结束。

　　（四）几种常见主持词

　　1. 常见的主持会议讲话的类型

　　（1）事先确定程序的会议讲话。事先确定程序的会议主持讲话随意性相对较小，也比较简单，讲话者按事先由专人负责拟定的讲话稿来宣读就可以了。

　　（2）解决问题的会议讲话。领导在主持解决问题会议时，要注意以下几点：①注意会议中容易发生的扯皮现象。②掌握会议议题和进程。③强调解决问题的重要性，并防止讨论离题。④注意调动与会者的积极性和创造性，鼓励大家思考，发表不同意见，征求对问题的解决方法、措施和意见。⑤注意会议结论概括的准确性，强调和明确解决问题的措施方法及责任要求。

　　（3）座谈会、研究会上的讲话。领导在主持座谈会、研究会上讲话时，要把握以下要求：①要努力创造自由讨论的气氛，充分发扬民主，鼓励和欢迎大家畅所欲言，不摆领导架子。②善于控制会议进程，把握会议时间，对与会者发言要有时间限制，力求简练、明快，发言过长注意及时提醒。③善于引导大家的议论点，把大家的思路和话题引向会议所要解决的中心问题，在吸取和采纳正确的意见和建议的基础上，讲出自己的观点，解释不同的意见。④善于调动与会人员的情绪，在大家发言过程或结束时可巧妙地插话、提问，要进行诱导，促使所有与会者对会议产生兴趣。主持语言要生动、自然、幽默。

（4）办公、协调工作会议的讲话。办公、协调工作会议讲话的内容要清晰透彻、全面准确。在主持会议讲话过程中，注意驾驭和掌握会议，保证讨论议题集中、专一；注意把重点放在执行落实工作上，凡事要议而有决，明确具体；注意充分发扬民主，鼓励和欢迎大家畅所欲言，集思广益，进行科学决策。

（5）报告、讲座的讲话。领导在主持这类讲话时，要全面了解报告人的情况，对其评价要恰当，介绍其情况、评价其报告时既不能太过简单，也不能无限拔高；提出的要求要紧紧扣住主题，围绕报告内容语言要精练、简明；语气要热烈、真诚，态度要诚恳、真挚。

2. 主持大型会议和文体活动讲话的内容与要求

（1）主持大型会议和文体活动讲话的内容。领导干部主持大型文体活动的讲话内容随意性相对较小，也比较简单。首先介绍参加活动的领导和来宾，其次对上级机关的关怀、对来宾的支持表示敬意，最后按事先确定下来的大会和活动的程序一项一项地连续全面介绍主持时，要做到从容不迫、有条不紊。

（2）主持大型会议和文体活动讲话的要求。主持讲话开始时，要介绍领导和来宾。主持讲话在实施过程中，文字表述要与当时的现场活动紧密结合，要简明扼要。如果遇到特殊情况时，要注意临时应变，不失时机地拾遗补缺。有时为了使活动显得更活跃，可适当增加一些开场白、连接词，但开场白要精彩、先声夺人，使观众耳目一新；连接词要用得恰如其分，使观众未了解下个程序或欣赏节目之前，先领会了其概要和主题。结束语要讲究，能将会议或活动推向高潮，最后一次去拨动听众的心弦。

3. 主持几种常见会议主持词的写作范例

——主持事先确定程序会议的主持词

范例：

中国共产党××县×××镇第×次代表大会选举主持词

×××

各位代表：

中国共产党××县×××镇第×次代表大会召开全体会议。

出席本次大会的上级领导有：（名单略）。对他们的光临指导，我们表示热烈的欢迎和衷心的感谢！

大会应到代表×××名，因病、因事请假××名，实到会×××名，超过全体代表的五分之四，可以开会。

按照大会的议程，本次大会的任务是：选举××县×××镇第×届党委委员和纪委委员。

一、通过大会《选举办法》（略）

二、通过大会总监票人和监票人名单（略）

三、上级领导宣读批复（略）

四、介绍党委和纪委委员候选人（略）

五、各代表团预选会议主持词

各位代表：

根据大会日程安排和选举办法的规定，今天分代表团预选中国共产党×××第××届委员会委员和中国共产党×××纪律检查委员会委员。（可简略介绍候选人酝酿确定情况和监票人、计票人产生情况）

请计票人清点到会人数。（等报告人数后，公布到会代表人数）

现在开始预选。

请监票人当众检查票箱（稍停），加封落锁。

请计票人分发选票。（稍停，公布分发选票情况。简要介绍如何区分选票，并请选举人核对）

有重样的没有？有多发或少发的没有？如果有，请举手。

（稍停宣读选票上填写选票的说明）

现在请代表填写选票。

（提醒代表检查选票，宣布投票方法、程序）

现在请监票人投票。

请代表依次投票。（投票完毕）

请监票人和计票人将投票箱送交大会总计票室。

今天的预选到此结束。

六、大会进行正式选举（略）

让我们用热烈的掌声对当选的委员表示祝贺！

——主持办公、协调工作会议的主持词

范例：

在新产品设计座谈会上的主持词

同志们，现在我们开会，今天我们将讨论设计 A 型产品的问题。上次会议我们决定应该设计这种新产品。现在我们进一步研究如何贯彻这一决定，我考虑先讨论以下几个问题：①设计小组的人员问题；②谁来担任小组的负责人；③经费问题；④小组完成任务的期限问题。

不知在座的各位对这四个议题是否还有补充？（略等一会）这样吧，我们先按这个议程讨论，到最后再补充。各位同志，为了提高会议效率，我们应限定一下讨论范围。超出这个议题以外的问题，如新产品设计出来的推销问题今天不讨论。

（大家一致同意）

好吧，同志们，我们首先讨论设计小组的人员问题。谁先发言？（环视全场）老王，你是设计负责人，你能谈谈看法吗？

——主持解决问题会议的主持词

范例：

某市领导在研究解决社会治安工作问题
会议上的主持讲话

（一）

各位同志：

这次常委会的主要议题是讨论如何进一步贯彻落实全国、全省社会治安工作会议精神，研究解决我市开展"严打"集中整治社会治安工作问题，对进一步加强我市社会治安综合治理工作进行部署。会议时间为半天。主要内容有：①请大家讨论发言，就如何贯彻落实全省社会治安工作会议精神，加强我市社会治安工作提意见、献良策。②研究解决我市开展"严打"集中整治社会治安工作的问题。③修改完善《关于××市开展"严打"整治社会治安工作方案》（草案）。

下面请同志们讨论发言。

（二）

今天的会议开得很好，大家畅所欲言，气氛活跃，富有成效。会上先后有10位同志发言。在发言中，大家充分肯定了近年来我市社会治安综合治理工作取得的巨大成绩，同时分析了当前我市社会治安工作的现状和存在的问题，并就如何进一步加强与改进社会治安工作、解决开展"严打"集中整治社会治安工作的一些问题和完善《关于××市开展社会治安综合治理工作方案》（草案）进行了热烈讨论，提出了许多很好的意见和建议。这些意见和建议反映了社情民意，体现了大家的智慧和对社会治安工作的关心。这些意见和建议的针对性和操作性很强，符合上级精神，也符合我市实际。希望会后有关部门要认真研究，把它吸收到《方案》中去，不断完善《方案》。

大家认为，《方案》提出的"严打"集中整治斗争的重点和工作目标、工作步骤和时间安排、工作措施和要求都是切实可行的。开展"严打"整治斗争，加强社会治安工作是全党、全社会的共同责任。各部门、单位也要结合自己实际，组织和发动群众积极参与，开展群防群治，加强社会治安综合治理基层基础工作，健全和完善打防控一体化的社会治安长效工作机制。

十、公关演讲词

（一）概念

演讲词是演讲者在会议、群众集会等公开场合发表个人的观点、主张，带有宣传性和鼓动性的文稿。它的论点鲜明，同时借助演讲者的神态、形态达到宣传鼓动的目的，具有较强的感染力。

（二）结构与写法

演讲词的种类很多，不同场合、不同类型的演讲词有不同的写法，但其基本结构都是由首部和正文两部分构成。

1. 首部

首部包括标题和称谓两部分。

（1）标题。一般采用"在×××会议上的演讲"的形式；也可以采用复式标题，主标题说明演讲主要内容，副标题为"在×××会议上的演讲"。

（2）称谓。在正文前顶格书写。常见的称谓有"同志们"、"朋友们"、"女士们，先生们"等。

2. 正文

一般由开头、主体和结束语三部分组成。

（1）开头。演讲词的开头在全篇占据着重要地位，好的开头能够吸引听众的注意力，从而提起听的兴趣。开头的写法很多，可以开门见山，直奔主题，如 1941 年李卜克内西《在德国国会上反对军事拨款的声明》中开头就说"我投票反对这项提案，理由如下"；还可以提出问题，引导听众思考，如《用知识开拓美好的未来》的开头"年轻的朋友们，如果在你的面前，同时有金钱、爱情、名誉、知识，你准备选择哪一样呢"；还可以从问候和感谢语开始，如 2004 年胡锦涛在罗马尼亚议会《巩固传统友谊，扩大互利合作》的开头"很高兴有机会来到罗马尼亚议会宫，同各位朋友见面。这是我第三次访问罗马尼亚。罗马尼亚的发展成就，罗马尼亚人民的热情好客，给我留下了难忘的印象。我代表中国政府和中国人民，向你们，并通过你们，向友好的罗马尼亚人民致以诚挚的问候和良好的祝愿"。开头要及时切入主题，要符合当时的场景。

（2）主体。是演讲词的主要部分，在这一部分要紧紧围绕中心议题，展开具体深刻的分析论述，层层深入，逐步感染调动听众的情绪，从而感动说服听众。主体的结构可以采取并列式，围绕中心，从几个方面阐述观点，还可以采取递进式，层层深入、步步推进地安排结构。

（3）结束语。可以归纳全篇，加深印象，也可以提出希望和号召，使听众受到感染和鼓舞。

范例：

忠诚企业演讲稿

有一种品德，不论在何时何地，它都会受到人们的赞美。

有一种品德，它不仅是我们立身的基础，事实上也是任何一个组织战斗力的保证。

这种品德，它的名字就叫做"忠诚"。

忠诚可以让平凡变成神圣，可以使生命永远不朽，反之如果背信弃义、心怀鬼胎，则必然不会有什么好下场，甚至要背上千古骂名，被永远地钉在历史的耻辱柱上。

对于我们来说，忠诚就意味着责任，意味着对公司利益的负责。有一本小书，名叫《每人只错一点点》，讲述了一个发人深省的真实故事。巴西远洋公司"环大西洋"号海轮是条性能先进的船，但在一次海难中沉没了，21 名船员全部遇难。

当救援船到达出事地点时，有人从中发现了一张纸条，上面记载着 21 名船员的留言：每个人都犯了一点错误，每个人都没有很好的负责，最终酿成船毁人亡的悲剧，这就是大家在死亡临近时做出的结论。

每个人都要对自己的工作负责啊，这就是忠诚的直接体现。

试想，如果我们的产品配方错了一点点，我们的市场销售输给对手一点点，我们的生产节奏又慢了那么一点点，我们的管理水平又落后人家那么一点点，那么，我们的企业可能离关门倒闭也就只差那么一点点啦！

对于我们来说，忠诚既是一种境界，更是一种行动。不要只认为员工的忠诚对企业来说非常重要，其实，员工对企业的忠诚受益的并不仅是企业，最大的受益者就是员工自己。因为，一种职业的责任感和对事业的忠诚一旦养成，就会让你成为一个值得别人信赖的人，一个可以被委以重任的人。

让我们行动吧，同志们！为了××企业，为了大家，也为你自己，忠诚，从现在开始行动！

第五章　个人讲话公关文案

一、竞聘讲话稿

（一）竞聘讲话的意义

竞聘（选拔）讲话是指竞聘（选拔）者为了实现竞争上岗，在特定的时间和场合，面对特殊的听众，就自我竞聘（选拔）条件、竞争优势、未来的施政目标和构想等内容所发表的公开讲话（演说），属于演讲形式。随着企业人事制度的改革，企业干部竞聘上岗、竞聘（公开选拔）领导职务制度正在全面推广，竞聘上岗或公开选拔面试时的讲话越来越重要。好的讲话，可以更好地展示自己、推销自己，让听众了解自己，从而获得更多的支持者，以实现自己的理想。从某种意义上说，竞聘讲话（演说）是企业领导获得成功的一个重要桥梁。

（二）竞聘讲话的特点

目标的明确性，也就是为了竞选成功；内容的竞争性，即展示自己最具竞争性的内容；演讲的技巧性，即掌握讲话的语言表达、仪表气质等要求；语言的质朴性，即以真实的才能、诚恳的态度来表现自己；风格的独特性，即显示个性化特征。

（三）竞聘讲话的内容

竞聘讲话的内容根据个人的实际，以及岗位的设置和组织的要求、特点的不同而有所不同，但有一些基本的内容却是一般竞聘都应该具备的。其一般格式包括标题、称呼、开头、主体和结尾五部分。

1. 标题

一是直接点题，如《我的竞选演说》。二是正副双标题，主标题说明演讲的主题，副标题说明岗位的特征。三是用假设方法拟标题，如《假如我是信息科长》。

2. 称呼

主要是对竞聘单位领导或主聘官的称呼。称呼语之后可说上一两句问候语，如"尊敬的各位领导，各位评委，各位同事：大家好！"或"同志们，你们好！"

等，以示尊重评委和听众，不宜用"女士们，先生们"的称呼。

3. 开头

用简洁、谦虚的语言抓住听众、评委的注意力，博得他们的好感。形式多样，有表达诚挚的谢意，如"首先感谢领导给我提供了这样一个展示自己的机会"；有表述参加竞聘（选择）的心情，如"能参加今天的竞争我很荣幸"；有较谦和的语气，如"大家早就熟悉了我，但是我想让大家更好地认识我"；有幽默的自我介绍等。

4. 主体

主要有：①介绍自己竞聘（选拔）的基本情况，包括自身的自然情况，如姓名、籍贯、年龄和学历、政治面貌、毕业学校、所学专业（学历、职称）等，也包括与竞聘领导位置相关的工作经历、资历等。②解释竞聘缘由，讲明为什么竞聘（选拔）。理由可以是多方面的，如通过竞聘展示自己、锻炼自己、提高自己。③述说竞聘条件，阐述个人的优势，包括德、能、勤、绩、廉五个方面，即政治素质、业务能力、工作态度、主要政绩和政治清廉，甚至性格、兴趣、专业技能、特长、身体情况等。④简要介绍自身的不足之处。有艺术地表述自身的弱势，承认不足，有时会收到意想不到的效果。⑤讲述自己对竞聘（选拔）职位的认识，讲明自己竞聘（选拔）的愿望。⑥提出自己任职后的工作设想和方案。包括任职后所要解决的具体问题，实现的具体目标，以及实现这些目标的具体计划和措施，完不成任务目标所应承担的责任等。

5. 结尾

做出小结，强调主题，向听众表示感谢；表示如果竞争成功，表明干好工作的决心和信心，如果不成功，表达能官能民的态度；请求有关部门考虑自己的愿望和要求。

（四）竞聘讲话的要求

一要充满自信。要充分大胆地展示自己的才华和能力，表明自己已经具备担当该职务的条件和能力。但也不能过分自信，自视太高。二要内容充实，以翔实、全面、具体的事实说明自己，需要注意的是，要突出重点，在繁杂的事实中选出那些与岗位关系密切的内容做比较详细的说明，不能面面俱到、信口开河。要对自己竞争的职位有一个完整清晰的认识，全面了解职位特征和胜任这一职位所应具备的素质，不要对一些鸡毛蒜皮的小事翻来覆去地解释，对所应从事的工作，抓不住重点，自己说不明白，听众也搞不清楚。三要实事求是，做到务实、准确、具体、可信、开拓，既不妄自菲薄，谦虚过度，自我贬抑，也不能狂妄自大，目空一切，豪言空谈，说大话、假话、过头话，为了竞聘（选拔）成功而吹牛撒谎、开"空头支票"。过分谦虚的表白，不仅不能反映自己真实的能力、水平和气魄，也不利于听者对你做出正确的评价。过高估计自己的能力，也容易引起听众的反感。如阐述自身条件时要客观实在，不可锋芒毕露，大吹大擂；对自己的评价要含而不露，引而不发。四要突出优势，要在了解对手的情况下，突出自己的强项，如学历上、年龄上、业务精通上等，把自己的长处和优势充分地表现出来。五要把握特点，也就是要把握竞聘岗位的业务特点和工作特点，有针对性地展示自己的长处和优势，陈述自己的认识和看法。六要真实质朴，感情真挚，做到自然、感人、动情，不能用夸张和虚浮的态度来粉饰自己，也不能用华丽的辞藻和极富鼓动性的语言来表达内容，更不能为了抬高自己而贬低对手。七要精练简洁，通俗易懂，表明观点时要明确具体，清楚明晰，语言通顺、简练、明了，忌杂乱无章、吐词不清、含混模糊、吞吞吐吐、艰涩冗长。同时，演讲者的穿着要以庄重、朴素、大方为宜，忌服饰华丽、求新求异。

范例：

×××竞聘乡长演讲

各位代表、同志们：

首先，让我衷心地感谢上级党委给我这次竞选乡长的机会，并且衷心地感谢各位代表和同志们对我的支持和信任。

我 1988 年大学毕业，分配到县第一中学教书；1990 年调到本乡任秘书；1992 年任乡办公室主任；1994 年任副乡长，并主管农业工作。我认为我有担任乡长职务的能力，因为我具有如下优势：

（1）熟悉本乡情况。我从 1990 年 3 月调到本乡任秘书，至今已有 9 年之久。在这 9 年里，我跑遍了全乡的山山水水，认识了相当多的乡亲，乡亲们大部分都认识我。可以说，我对全乡的情况了如指掌，这就为以后当乡长奠定了有力的基础。因为要搞好乡镇工作，必须依靠群众，掌握各种情况。如果不熟悉情况，要想在短期内做好工作，是相当困难的。

（2）具有较强的组织能力和协调能力。我已担任副乡长 5 年。在这 5 年的时间里，我在乡党委的领导下，在乡亲们的大力支持下，先后组织村民完成了 160 里公路的修建任务，新建 3 处水利设施，并兴办了 10 个乡镇企业。在组织和领导这些工作的过程中，我充分地展示了自己的工作能力。同时，也显示了自己较强的组织能力和协调能力。不但得到了领导的充分肯定，同时也获得了群众的赞扬。

（3）具有较高的政策水平和法律水平。我国已步入了法制社会，国家要依法治国，省要依法治省，县要依法治县，乡要依法治乡。要依法治乡，必须具有较高的政策水平和法律水平。由于我在繁忙的工作之余注意学习党的方针政策和法律，因此，对党的方针政策比较了解，而且善于运用，同时自己又自学了大学法律课程，具有一定的法律知识。这就为担任乡长职务、依法治乡创造了条件。

如果我能被选为乡长，那么我的指导思想是以农业为中心，以企业为先导，重视科技教育，整顿社会治安，统筹兼顾，全面发展。3年后工农业总产值达到5000万元，平均每人年收入2500元。

为实现目标，我有如下几点打算：

第一，坚持四个依靠，共同做好工作。

首先，要依靠县委和乡党委的领导。任何时候都不能离开党的领导。因此，我一定在党的方针路线的指引下，围绕经济建设这个中心，根据我乡的具体情况，大胆地、创造性地开展工作。其次，要依靠乡政府领导班子和各部门。我一定紧紧依靠乡政府领导和各职能部门，充分发挥他们的积极作用，使大家做到心往一处想、力往一处使，互相配合，做好工作。再次，要依靠村民委员会和村党支部。村党支部是农村的基层组织，如果不依靠他们，工作方案就无法得到实施。最后，要依靠群众。任何事情脱离了群众，都将一事无成。因此，我要紧紧地依靠群众，让群众出主意、想办法。同时努力要把从群众中形成的正确思想，变为群众的自觉行动。

总之，只要我坚持做到了以上四个依靠，那么就能互相配合，共同做好乡里的各项工作。

第二，坚持四个不搞，扎实开展工作。

以往，往往是"一个乡长一套锣，一个师公一道法"，使乡里的工作互不衔接，导致劳民伤财。我上任后，一是坚决不搞"一个师公一道法"，按照原来乡长所定的发展规划继续做下去，做到"新官"理"旧事"。二是坚决不搞"新官上任三把火"。因为新官上任三把火，求胜心切，很可能烧"野"火，甚至烧掉老百姓的利益。三是坚决不搞花架子，主张踏踏实实的工作，做到一步一个脚印。四是坚决不搞"一朝天子一朝臣"。选拔任用干部按照人尽其才、才尽其用的原则，不计较个人利益，以事业为重。为了党的利益，哪怕是对自己有成见的人才也要大胆任用。

总之，如果我能当选乡长，一定坚持做到这"四个不搞"，只有坚持了这"四个不搞"，才会扎扎实实地开展工作，才会真正地做出成绩，才会真正地给老百姓带来实惠。

第三，坚持四个加强，振兴乡村事业。

首先，我一定要加强对"三个代表"重要思想的学习，牢记党的宗旨，全心全意地为乡里4万多村民服务。其次，加强调查研究，搞好决策。公务员最重要、最基本的任务就是决策。而要使决策符合客观实际,就必须加强调查研究。因此,我每年要用1/2的时间深入各个自然村调查研究,掌握第一手材料,做到情况明、底子清、决策准。再次,要加强干部队伍建设。干部是做好工作的重要因素,要建设一套思想过硬、纪律过硬、工作过硬的乡村干部队伍,使他们成为贯彻、执行党和政府政策的中坚力量。最后,加强典型的培养。榜样的力量是无穷的。培养典型,这既是工作方法问题,也是工作作风问题。因此,如果我能上任,一定要培养一批具有说服力的典型,从而推动全乡的工作。

我想,只要我们坚持了"四个加强",我们乡里的事业就一定会兴旺,就一定大有希望。

第四,坚持三个不做,树立良好风尚。

如果我能担任乡长,首先,坚决不做贪官。共产党的官是人民的"公仆"。"公仆"就意味着奉献,意味着吃苦耐劳,意味着在必要的时候要勇于牺牲自己的利益甚至生命。因此,决不能贪图享受,也不能贪图便宜,更不能索贿受贿,贪污国家财产。因此,我一定要做到"放开手脚做事,夹着尾巴做人",当人民真正的"公仆"。其次,不做昏官。昏官即糊涂官,糊涂官没有是非曲直,没有正气。我一定坚持讲正气,为民做主,伸张正义。同时,坚决打击歪风邪气。最后,不做冗官。如果我任乡长,一定励精图治,树立吃大苦、耐大劳的精神,把全部精力贡献给乡村的事业。我想,如果我坚持这"三个不做",那么就会有一身正气,就会树立一种良好的风气。

我讲得出,就一定会做到。诚然,这就要看各位代表和同志们会不会给我这个机会。

谢谢大家!

二、就职讲话稿

(一)概念

就职讲话是公务员通过表述就职后如何履行所担负的职责,向"选择者"做出承诺的讲话方式。很多人都知道美国的当选总统要发表就职讲话,而实际上,就职讲话的应用范围是很广的。只要你担任了某一项"公职",不管这项"公职"的职务是什么,也不管你有没有准备,大家总是希望你能"讲几句"。这"讲几句"就含有就职讲话的意味了。近几年,新当选的政府"首长",在人民代表大会或常务委员会上做"就职讲话"的越来越多。"就职讲话"日益成为政务活动的一个重要内容,成为公务员写作的一个不可缺少的部分。

(二)特点

就职讲话作为讲话的一种方式,与其他类型的讲话比较,有自己的特点,最基本的有以下几个方面：

1. 政治性

不同于学术讲话、公关讲话等形式的讲话，就职讲话所表述的思想观点必须与党的既定基本路线、基本纲领和方针政策相一致，所提出的办法和措施必须符合国家的总体发展战略。不能发表与党的方针政策相违背的思想观点和"说法"，否则就要犯政治性的错误。

2. 表态性

"选择者"选择了你，委你重任，你应该有个"态度"，应该有所"表示"，应感谢"选择者"对你的信任，准备如何履行你所担负的岗位职责，至少要说一说在主观方面准备如何。这是就职讲话者首先要表达的意思。

3. 施政性

"施政"是形象的说法，就是提出履行岗位职责的办法和措施。

（三）内容

就职讲话可以讲以下几个方面的内容：

（1）表达感谢的心情。

（2）讲述自己的经历。

（3）分析面临的形势。

（4）提出工作的目标，以及实现目标的思路、办法和措施。

（5）肯定前人的努力。

（6）表达信心和祈望。

如范例《就职讲话》的内容，作者首先对组织表示感谢；其次指出如果能够继续担任民政局局长一职，将如何把工作做好，具体来说有四点；最后是总结，有信心把工作做好。

（四）写作要求

就职讲话是公务员面对"选择者"的讲话，是沟通公务员与"选择者"的一次很好的机会。对一个公务员来说，并不是所有的"选择者"都已经了解了你。一旦你"当选"了，目光就集中在你的身上了。你的每一句话，你的眼神，你说话的语调，都会在"选择者"心中留下深刻的印象。而这些印象必将影响到"选择者"对你的进一步的了解和评价，以及对你今后工作的支持和配合的态度。因此，就职讲话，要么不讲，要讲就要讲好。从语言方面来说，要重视以下几个方面：

1. 个性化语言

就职讲话的语言要个性化。每个人的气质不同，因此说话的方式是不一样的。

2. 陈述性语言

在就职讲话中，主要是就职者向"选择者"讲述如何履行岗位职责，讲自己要干什么事，而不是议论别人干了什么事，也不是分析可以干哪些事，因此要用陈述性的语言。陈述性的语言通俗平易、口语化，词语容易上口，而且也好听，讲话的效果好。

3. 包容性语言

虽然你就职任"长"，但工作还是要靠大家共同努力才能做好。因此，就职讲话要体现出一种"包容性"和团结精神，要叙述共同认可的事情，"回避"那些有不同的认识和有争议的事情。任何一项选择都是在比较中进行的，没有最好只有更好，要达到百分之百的一致是不可能的。就职讲话的"包容性"就是要求讲话者要考虑各个方面的接受能力，"循"同"避"异，寻求团结共事的合力。

4. 创新性语言

观点表述的创新是就职讲话生命力的源泉。掌握创新思维的方法，提出新颖而富有吸引力的观点，可以体现出就职讲话者的水平和实力。观点是讲话的灵魂，"喜新厌旧"也是听众的普遍心理，讲话者要重视观点表述的创新。创新虽不是一件容易的事情，但只要掌握一些创新思维的方法，就能在就职讲话实践中提出新颖而富有吸引力的观点。

范例：

就职讲话

×××

县人大主任、副主任、各位委员：

首先感谢组织对我的信任和关心，如果我能够继续担任民政局局长一职，我要自觉接受县人大常委会的监督，坚持在县委、县政府的领导下，切实履行民政局局长职责，按照一手抓业务工作、一手抓队伍建设的要求，为我县经济建设和社会稳定做贡献。具体来说，本人将努力做到：

一、努力当好班长，抓好领导班子建设，为民政业务发展和民政队伍建设提供组织和领导保证。本人将进一步加强民政业务和政治理论学习，特别是要认真学习好、贯彻好邓小平理论和"三个代表"重要思想，确保自己的素质过硬、作风过硬，以自己的勤政、廉政的工作形象带动和影响班子成员，增强班子的凝聚力、号召力和战斗力。

二、自觉增强政治责任感，切实抓好民政业务工作。认真贯彻落实上级民政部门的工作安排。在 2004 年，一要抓好 2004 年农村低保扩展工作，推进低保信息化建设；二要抓紧做好县经常性社会捐助接收中心和乡（镇）、社区捐助接收站点的设立工作；三要做好当前抗旱救灾和灾情统计上报工作；四要做好县殡仪馆的配套设施建设和公墓的环境绿化工作；五要认真做好村级换届选举的扫尾和村主任培训工作；六要做好 2004 年 1 月 1 日起国内公民婚姻登记实行全县集中登记的准备和实施工作；七要认真做好 2004 年度退役士兵接收安置工作；八要抓好乡镇整合后的社区工作，确保民政工作再上新台阶。

三、加强党风廉政建设和机关效能建设，廉洁自律，勤政廉政，严格依法行政，为民政对象服务，切实转变工作作风，树立民政队伍的良好形象。

四、自觉接受人大常委会的监督，切实加强与人大常委会、人大代表的沟通联络，主动向人大汇报请示工作，自觉接受人大常委会、人大代表和人民群众的监督。

总之，有县委、县人大、县政府的关心、监督与支持，本人有决心、有信心履行好职责，做出自己应有的贡献。

三、述职讲话稿

（一）述职讲话的意义

述职报告讲话是指企业主管向上级领导和所属部门的职工陈述自己在一个阶段内履行职责情况的报告讲话。

（二）述职讲话的种类

从不同角度可分为不同种类，有个人述职报告、领导班子集体述职报告；有临时述职报告、年度述职报告、任期述职报告；有专题述职报告、综合述职报告和单项工作述职报告；有口述述职报告和书面述职报告。述职报告与一般的报告和总结有相似之处，但也有区别。述职报告的制作主体只限于担任一定领导职务的干部，侧重陈述自己根据任职的职责在其中做的工作情况，其内容有比较严格的规定性，主要是从任职以来或某一阶段本人的德、能、勤、绩、廉等方面来述职。

述职报告的主要特点是：自述性、自评性、规定性、报告性。自述性就是报告人自己述说自己在一定时期内履行职责的情况。自评性就是报告人依据岗位规范和职责目标，对自己任期内的德、能、勤、绩、廉等方面的情况做自我评估、自我鉴定、自我定性。规定性就是内容不是随意的，而必须以自己在一定时段和岗位的职责、目标履行情况作为讲话内容。报告性就是报告人明白自己的"身份"，放下官架子，以被考核，要接受评议、监督的人民公仆的身份，履行职责做报告。

（三）述职讲话的内容结构

述职报告没有固定的写作模式，根据不同类型和主旨，可灵活安排结构。一般由标题、称呼、正文、落款等部分组成。

1. 标题

常见的写法有三种：①文种式标题，只写《述职报告》；②公文式标题，姓名＋时限＋事由＋文种名称，如《××公司营销经理江××关于2009年任职情况的报告》；③文章式标题，用正题，或正、副题配合，如《××公司销售工作实现"三个突破"——××公司销售主管李××的述职报告》。

2. 称谓

如"各位代表"、"各位委员"、"各位同志"，或"各位领导、同志们"。称谓应单行顶格写，其后用冒号。

3. 正文

这是述职讲话的基本部分，由开头、主体、结尾三部分组成。

（1）开头。又叫引语，这部分要回答"我"应该干什么的问题，一般包括以下几方面内容：①交代任职的基本情况，包括说明自己的职务，何时任何职，变动情况及背景；②岗位职责和考核期内的目标任务情况及个人认识；③对自己任职期间的工作情况、主要业绩、存在问题做出整体概括和评价，确定述职范围和基调。

（2）主体。是述职报告的中心内容，要回答"我"是怎么做和"我"做得怎样以及今后怎么做的问题。主要是在回顾自己任现职以来或某一阶段全面工作情况的基础上，从德、能、勤、绩、廉五个方面进行总结，写实绩、做法、经验、体会或教训、问题。

述职报告的内容需按一定的条理来表述，其结构有四种形式。一是综合式，按德、勤、能、绩、廉五个方面来展开。二是并列式，把自己任期内做过的工作按职权范围和管辖的工作内容加以分类，逐条叙述。三是递进式，即把某个阶段的整体工作按指导思想、成绩和经验、问题和教训几部分来表达。如"工作回顾—成绩收效—经验体会—问题教训—改进措施"。四是顺序式，即把自己的全部工作按任职时间顺序分成几个阶段，在每一个阶段中做了什么工作，以反映自己在任职以来的全部工作业绩。不论哪种形式，其内容模式一般为"我"的职责—履职行为和效果—职能素质评价—今后履职方向—归纳总结—请求审查。

（3）结尾。要回答"我"是否称职的问题。主要内容是将述职报告的内容做归纳总结，针对存在的问题，简单谈一下今后努力的决心、改进工作的措施和表达态度、愿望等，或提出希望，请求同志们审查、评议、批评、帮助等。用"以上报告，请审阅"、"以上报告，请审查"、"特此报告，请审查"、"以上报告，请领导、同志们批评指正"等作为结尾。这些习惯用语既显示了对听众的尊重，又在一定意义上表示自己做好工作的愿望，是必不可少的。

4. 落款

最后要写上述职人姓名、单位名称和述职日期或成文日期。署名可放在标题之下，也可以放文尾。另外，述职报告如有附件，要写明件数、名称。

（四）述职讲话的要求

一要高度重视，实绩充分。述职讲话是对述职者最好、最切实际的考查检验，表达时既要系统完整，又要突出重点，强调任职能力，证明自己履行职责能力的强弱。实绩要充分反映，即讲出自身在岗位上为国家和人民办了什么实事，结果怎么样，有哪些贡献，还有哪些不足，包括工作效率、完成任务的指标、取得的效益等。二要职责分明，突出个性。职责要明确清楚，注意突出自身特有的工作情况，紧紧围绕自己履行的职责、工作目标、完成工作任务等情况来写，切忌与他人重复。要有个人特色，突出个性，突出自己独有的气质，独有的风格，独有的贡献，让人能分辨出自己在具体工作中所起的作用，切忌千篇一律、人人适用，形成"千人一面"。三要详略得当，抓住重点。陈述要详略得当，重点要突出有新意，提炼主题，不要生怕遗漏，面面俱到，结果主次难分，形成"流水账"。四要实事求是，公正准确。成绩要实事求是，符合实际；经验要有血有肉，有理有据；问题要抓住要害，直截了当。一是一，二是二，做到讲成绩不夸张，对问题不回避，成绩讲够，问题说透，切忌把成绩和问题夸大或缩小，不可故意炫耀、争功推过。五是简练朴实，态度诚恳。语言要朴实无华，数字要准确，措辞要得当，判断要准确，态度要认真、严肃、诚恳，切忌傲慢、盛气凌人、夸夸其谈、浮华夸饰。

范例：

20××年领导干部述职报告
×××

各位领导：

我于1977年1月参加工作，2006年11月任×××自治县公安局党委书记、局长。根据中共×××自治县委组织部《关于乡科级领导干部公开述职述廉评议实施方案》（县组通［2008］53号）文件要求，现将我任职以来履行工作职责和廉洁自律情况向各位领导、同志们报告如下，请予评议，并提出批评意见。

一、履行职务情况

我在任职期间认真做了以下四个方面的工作。

（1）务实工作，全力保持×××社会治安稳定。

（2）抓好"三基"建设，打牢基层基础。

（3）竭力做好公安部门窗口服务工作，努力提升人民群众的满意率。

（4）注重队伍建设，坚持从严治警、从优待警。

二、廉洁自律情况

我是一名从普通民警成长起来的公安局长，深感责任重大，在工作上倍加勤奋。在生活上廉洁自律，随时随地严格要求并时时告诫自己，公安局长的权力是党和人民给的，是法律赋予的。决不能利用手中的权力为自己及亲友谋取任何私利，这是我做人做事的一个基本原则。在工作中我没有利用职权和职务上的影响谋取不正当利益，私自从事营利活动，假公济私，借选拔任用干部之机谋取私利，利用职权和职务上的影响为亲友及身边工作人员谋取利益，没有违规配备小汽车和违规操办酒席、借机敛收钱财等现象发生。

我的报告完毕，谢谢大家！

四、离职讲话稿

（一）离职讲话的意义

离职讲话是指企业领导干部工作调动或者任职届满、离退休时，离开一个单位、一个集体时叙述情谊、表示告别而发表的讲话。主要是回顾自己的工作经历、成就和与同志们的友谊，并对同志们提出希望。好的离职讲话传达的不仅是离情别绪，更应是对人生的赞美，唤起对新生活的憧憬。离职讲话讲好了，对于激励继任者和原单位同志承前启后、继往开来、创造新的成绩都起着积极的作用。

（二）离职讲话的内容

（1）称呼。对听众的称呼要用尊称，一般在姓名前面加头衔或表示亲切的词语，如"尊敬的"、"敬爱的"、"亲爱的"等，一般用全称，不用简称、代称，更不能用小名或绰号。

（2）主体。①开头。阐明自己即将离任（调动）的心情，或说明自己离职的原因，感谢大家对自己的信任和支持。②交代一下有关离职（调动）的背景情况，说明离职（调动）的原因；回顾自己的任职经历，回顾与同事相处的时光，抒发感情，表达出对原单位、原工作的眷恋之情和对同事们的依依不舍之情。③对自己工作成绩进行概括性总结，肯定成绩，总结经验，成绩归功于大家，表达出对同志们以往支持的感激之情。④对自己履行职责出现的失误进行反省，吸取教训，失误归咎自己，同时表示歉意，并对同志们的理解表达感激之情。⑤对自己原任职岗位的工作提出一些意见和建议，表达出对同事们的祝福之情。

（3）结尾。表示自己再接再厉做好今后工作的决心，表达出对未来事业的向往，或安度晚年的希望，同时表达自己对原任职单位的深切希望和美好祝愿，向大家再次表示感谢。

（三）离职讲话的要求

总结成绩要实事求是，切忌评功摆好；回顾失误要敢于承担，切忌文过饰非；表示谢意要诚挚，切忌知恩不谢；提出希望要热切，切忌缄口默言；语言表达真切，切忌虚情假意；注意临场联想，得体发挥。

范例：

在桂林市一届人大五次会议上的讲演
桂林市委书记×××
（20××年2月23日）

各位代表、同志们：

刚才，市一届人大五次会议接受了我辞去市长职务的请求，并对我任职期间的工作给予了充分肯定和高度评价。在此，我谨向各位代表表示衷心的感谢！我不再担任市长职务，这是工作的需要，也是组织和同志们对我的关心和爱护。

1998年10月，根据国务院批复，原桂林地市合并，组建新的桂林市，至今已有三年零四个月了。蓦然回首，往事历历在目。此时此刻，此情此景，我心潮澎湃，感慨万千。几年来，全市人民团结拼搏，艰苦奋斗，取得了经济社会的可喜发展，一个充满生机和活力的桂林初步展现在世人面前。我作为市长，对全市人民共同努力取得的成绩和进步，深感欣慰和自豪。同时，也觉得为桂林人民所做的贡献还太少，还有很多很多事情需要做。桂林几年来的发展来之不易，全市人民克服了种种困难，付出了艰辛的劳动，我要对上上下下、方方面面给予市政府和我本人的关心、支持和帮助，表示诚挚的谢意。

一要感谢自治区党委、自治区人民政府为桂林的发展指明了方向。（略）

二要感谢市委的正确领导，市人大、市政协的监督帮助，市政府班子的精诚团结。（略）

三要感谢全市人民的理解、支持和团结奋斗。（略）

四要感谢各级干部的辛勤劳动和无私奉献。（略）

五要感谢普通市民和海内外游客朋友。（略）

此时此刻，站在这里，我还想到了我的前任市委书记、前任市长们，我要真诚地感谢他们。我相信大家不会忘记他们。历史不能割断，我们今天发展的基础是历史发展的积累。历任市长、专员为我做出了表率，我的工作是以他们的历史贡献为基础的。在此，请允许我提议：让我们向桂林历史上历届市长、历届专员在不同历史发展阶段所做的贡献表示感谢和敬意！桂林几年来的发展，既是物质文明建设的推进，也是精神文明建设的进步。经济发展、城市环境改善的过程是全市上下克服困难、团结奋斗的过程，又是大家加深理解、增强凝聚力的过程。经济发展和城市面貌改观，既使广大市民得到实惠，同时也增强了他们的自豪感，加深了他们爱祖国、爱桂林的情感。我们清醒地看到，我们今天的成绩只是初步的，与兄弟城市相比尚有很大差距，离建设现代化国际旅游名城的目标还有很长的路要走。但是，我们的市民为我市今天的每一步发展而自豪，生活、工作、学习在桂林这片热土上的人们为桂林的发展欢欣鼓舞，连出租汽车司机、导游和离退休老人都在用不同的方式自觉地、生动地宣传桂林的进步，他们对我们这座城市的自豪感溢于言表，令人感动。

几年来，每当我们在工作中遇到困难和压力时，只要想到桂林人民求发展、盼兴旺的热切期望，想到他们对我们取得的每一点微小的进步而由衷高兴，并给予我们褒奖和鼓励时，我们就力量倍增，意志更坚。

同志们，回顾几年来的工作，既有与大家共同奋斗取得的成绩和喜悦，也有因自身能力和水平限制及其他因素导致的错误、缺点、不足和遗憾。我将在新的岗位上尽力弥补，同时把这些当做人生的一种财富，认真加以总结，不断提高自己。

自治区党委决定，×××同志作为新市长人选，我完全拥护。这是自治区党委对桂林发展全局的考虑，也是从广西全局考虑桂林的发展。×××同志综合素质高，工作经历和经验丰富，工作能力强，有强烈的事业心和责任感。由×××同志接任市长职务，政府班子一定能够继往开来，与时俱进，保持并发展桂林改革开放和现代化建设的良好势头。

自治区第八次党代会确定了"富民兴桂新跨越"战略，市委一届七次全会提出了实施这一战略的《若干意见》，全市经济工作会议及本次大会明确了今年的任务和措施。让我们在自治区党委、自治区人民政府和市委的领导下，同心同德，埋头苦干，任劳任怨，为进一步加快桂林发展做出应有的贡献！

谨向全市人民和各位代表致以崇高的敬礼！

谢谢！

五、传达性讲话稿

（一）传达性讲话稿的含义

传达性讲话是对企业总经理讲话、上级单位的精神所做的发言。传达性讲话主要是由讲话人按照上级要求及时、准确地传达给下级，让下级学习、贯彻会议精神，用以指导工作开展，达到提高工作认识、提高效率的目的。

（二）传达性讲话稿的写法

传达性讲话稿首先要交代会议召开的时间、地点、参与人员、会议议程、主要内容、领导发言、讨论情况，以及做出的重大决定、工作部署等，尤其是一些领导的发言，提出的要求是传达的重点。其次是重点介绍领导讲话的精神，会议做出的与本单位、本部门有关的决定，规定性文件和总结性讲话，这是讲话的重点。再次是谈谈参加会议学习的心得体会，提出来与听众共勉，也可以顺便提出一些要求，或做好上级交代工作的具体安排。最后是再次强调会议的重要性，统一思想、统一认识，要求大家讨论，谈谈自己的看法。传达性讲话一定要注意把握会议精神实质，吃透会议意图，传达讲话时注意准确性，即实事求是、客观公正地传达；还要注意全面性，即对会议的重要讲话、重要决定不增加、不遗漏地传达。

范例：

传达性讲话稿

同志们：

党委书记、经理焦玉锁同志代表部领导班子，在 7 月 19 日的总承包二部管理大会暨年中工作会上所做的工作报告中，全面分析了我部面临的内外形势和管理工作现状，深刻剖析了影响和制约企业发展的问题及原因，提出了解决问题、励精图治、加快发展、做实做强的管理对策和积极措施，既令人警醒，又催人奋进。我们只有全员统一思想，落实各项措施，确保全年目标不变、指标不减，才能使总承包二部摆脱被动局面，走出困境，加快发展，做实做强。

一、必须全员统一思想，从旧传统观念中解放出来

首先要明确企业的发展目标；其次要坚定做实做强总承包二部的信心；最后要进一步解放思想更新观念。

二、必须加强领导班子建设，提高驾驭市场和企业的能力

目前总承包二部正处于生存与发展的关键时期，做实做强总承包二部的历史

使命落在了我们两级领导班子和每个领导干部身上。

（1）领导干部要有高度的政治责任感和历史使命感；要增强大局意识和执行能力，坚决做到下级服从上级，局部服从全局，确保政令畅通；要廉洁勤政，遵纪守法，认真开展"阳光工程"和效能监察，自觉接受党组织和职工群众的监督，防范违规、违纪、违法问题的发生；要发扬求真务实的工作作风，以身作则，真抓实干，营造一心一意谋发展的良好氛围，团结带领职工把总承包二部的发展目标和发展措施落到实处，见到实效。

（2）通过加强领导干部理论学习，组织培训、参观，开展调查研究等多种方式来提高领导干部管理和驾驭企业的能力，提高领导干部的综合素质。同时要加大对领导班子和领导干部的监督考核力度，坚持党组织考察、党风廉政建设工作检查制度，坚持领导干部述职、述廉、述学制度，坚持群众测评和民主评议制度，坚持实施行政责任追究。对于群众测评和民主评议不合格的，必须坚持能者上、庸者下。俗话说："火车跑得快，全靠车头带。"要使我们总承包二部能够闯过难关，还要靠我们两级领导班子和全体领导干部带头励精图治，艰苦奋斗。同时也希望能够相信我们两级领导班子和全体领导干部能够不辱使命，不辜负全体职工的殷切希望。

三、必须创新管理、规范管理，落实全面责任制，发挥各系统、各单位的积极性和创造性

（1）为了实现做实做强的目标，解决目前存在的问题，要在项目管理体制和管理机制上大胆创新，以适应企业发展的需要，进一步规范管理、规避风险、调动各项目部及其管理人员的积极性，提高项目部的竞争力。

（2）在系统建设上要大胆创新。

（3）实行全面责任制，全面落实《阶段性任务责任书》。

四、必须深化党建、思想政治工作，充分调动广大员工的积极性和创造性

（1）我们各基层党组织要围绕企业改革发展和经营生产，围绕贯彻落实管理大会精神，解决目前存在的问题和困难，充分发挥党组织的政治核心作用、战斗堡垒作用，落实加强领导班子建设的各项措施和党建工作长效机制。

（2）全体党员在总承包二部发展的关键时刻，要牢记党员标准，实践入党誓言，充分发挥先锋模范作用，在本职岗位尽职尽责，做到精细管理，无违规、无事故、无浪费，创精品、保安全、增效益，为群众做出榜样。

（3）全体职工要振奋精神，和衷共济。

同志们，从现在到年底还有五个月，我们的任务非常艰巨，时间非常紧迫，我们必须振奋精神，同心同德，以贯彻管理大会精神为动力，以落实全面责任制为保障，扎扎实实地抓好各项工作，圆满完成集团下达的各项工作任务和经济技

术指标，确保全年目标不变、指标不减。相信通过我们全体职工的共同努力，总承包二部一定会有美好的明天。

六、表态性讲话稿

（一）表态性讲话稿的含义

表态性讲话稿是指在某一事件、某一重大问题上表明自己的立场、观点和看法的发言，也有是对做好某项工作所做的承诺，如任职前的表态性讲话。它的作用在于表明讲话者的态度，也表明他在某个问题上的思想认识程度，表明对做好某项工作的决心、态度和信心。

（二）表态性讲话稿的写法

表态性讲话稿根据不同的场合有不同的内容要求，在大是大非问题的表态上，如在一些比较重要的大会上的表态，反映的是讲话者的立场，这种表态一定要与党中央、上级指示精神保持一致，做到立场坚定。对某项工作的表态，主要是谈谈对这项工作的认识，如这项工作的重要性、重大意义，对当前工作存在的问题发表自己的看法，以及提出自己对解决这些问题的想法。在任职的表态发言中，主要是介绍自己的情况，介绍自己以后工作的主要设想、思路、将采取的措施等。

范例：

公司表态发言讲话稿

尊敬的各位领导、同事：

大家好！

××油田公司于2008年1月1日进行中国石油人力资源管理系统试运行以来，在本集团公司人事部华东区项目组的大力支持和帮助下，及时调整了相关业务流程，充分发挥了系统的效能。系统下一步的推广应用工作是集团公司人力资源业务发展的需要，将成为加强内部控制的有效手段，将能进一步提高人力资源管理水平。

在下一步系统推广应用过程中，××油田公司会根据集团公司人事部的安排，统一思想、提高认识，积极配合项目组完成系统推广建设工作：

一、充分认识推广人力资源管理系统的重要意义

我们会充分认识到推进人力资源管理系统是集团公司信息化建设的重要组成部分，是作为建设综合性国际能源公司的重要举措，是统一和优化业务流程，实

现高效管理和优化控制的有效手段,对集团公司有效可持续发展具有重要意义。

二、健全组织体系,精心组织、周密计划,加强对推广实施工作的组织领导

××油田公司要专门成立人力资源管理系统推广应用管理小组,由公司主要领导亲自负责,分管领导主抓,根据××油田公司实际制定切实可行的推广应用方案,并强化落实工作,确保各项工作落到实处。此外还要制定系统推广工作考核与奖励办法,加强对本单位推广应用情况的考核,充分调动××油田公司全体相关员工对系统推广应用工作的积极性、主动性和创造性。

三、要树立主人翁意识

把人力资源管理系统建设和应用作为××油田公司分内的事情,在确定业务需求、梳理业务流程、整理核准数据、组织业务人员培训和系统上线应用等方面充分发挥主观能动性。

四、要加强公司内部信息技术队伍建设,提高系统的运行维护能力

要结合系统推广建设需要,立足于××油田公司内部资源,加强本单位信息技术服务队伍建设,提高专业化水平,增强解决关键技术问题的能力,努力尽早具备独立承担系统应用支持和运行维护的实力,确保系统的正常运行。

请各位领导放心,××油田公司各相关部门一定会通力合作,抓好进度,提高质量,确保人力资源管理系统在××油田公司顺利推广,不断提高××油田公司信息化发展水平,为集团公司人力资源管理系统推广应用工作做出自己应有的贡献。

七、表彰先进讲话稿

(一)表彰先进讲话稿的含义

先进事迹报告会讲话稿是企业领导干部在先进事迹报告会上所使用的讲话稿。这种讲话稿对于树立、宣传先进典型,动员广大职工向先进模范人物学习具有重要的作用。

(二)表彰先进讲话稿的写法

先进事迹报告会讲话稿的写作格式如下:

1. 标题

先进事迹报告会讲话稿的标题主要有两种:一是以《在×××同志先进事迹报告会上的讲话》为标题;二是以《在××召开的×××同志先进事迹报告会上的讲话》为标题。

2. 称呼

先进事迹报告会讲话稿的称呼一般根据听众的情况来确定,如可用常用的"同志们"这种称呼。

3. 开头

先进事迹报告会讲话稿的开头主要介绍报告会的概况与成效。

4. 正文

先进事迹报告会讲话稿的正文，主要有三部分内容：一是简要地介绍先进人物的先进事迹；二是对先进人物做出总体评价并提出学习先进人物的要求；三是发出号召，激励大家把学习先进人物所发出的热情与干劲投入到自己本职工作中去，为企业做出新的贡献。

范例：

企业年终总结表彰大会先进工段工段长发言稿

各位领导、各位同事：

大家晚上好！在新春佳节即将来临之际，首先祝大家新春快乐！今天我们大家欢聚一堂，召开全厂2006年总结表彰大会，这是一个总结会，也是2007年工作的动员会、誓师会，回顾过去一年的工作，成绩与经验令人感慨，催人奋进，我们全体员工齐心协力、团结奋斗，以务实苦干的精神、不怕困难的意志创造出骄人的成绩。

今天我代表先进集体发言，有许多感慨，也分外激动。我们缝制一工段被评为2006年度的先进工段，首先要感谢各位领导对我们工段的关怀和爱护，还要感谢全工段员工的默默支持，在这里我要向大家道一声：谢谢你们！

我希望在以后的工作中，我们工段在企业的领导下，在全体员工的支持下，继续发扬团结务实的作风，创造出更好的成绩。

八、即席发言讲话稿

（一）即席发言讲话的意义

即席讲话是指在没有充分准备、没有现成稿子的情况下，由他人提议或自认为有必要而当众临场发表的讲话。其最大特点是随想随说。讲话的话题、内容，使用的材料和语言，都是讲话人临时所想的，想讲什么就讲什么，想到哪些就讲哪些。由于没有准备和稿子，主题、时间和场合的不确定性，使即席讲话的难度比一般讲话要大。这是对企业领导综合素质的考验。因此，如果企业领导即席讲话生动精彩，引人入胜，打动人心，体现出领导者的思维应变能力和口语表达水平，显示出其才华和风采，无疑会给听众留下难以忘却的印象，树立良好的领导形象，提高在职工中的威信，有效地促进各项工作的开展。否则，讲话者的名声会受到影响，甚至是很严重的影响。

（二）即席发言讲话的步骤内容

第一步，迅速确定一个话题。话题内容的选择，主要有与会议主题有密切关系的、自己熟悉的、能吸引和打动听众的、有独到之处的、符合语言环境的话题。

第二步，迅速打好讲话稿。开头怎么开，讲什么；主体部分讲几个观点；结尾怎么结，讲什么，将内容高度浓缩，用关键词列出来，进行要点提示。开头有故事型、幽默型、引用型、悬念型、开门见山型和阐明背景型等多种形式。无论何种形式，都要抓住带根本性、倾向性和普遍性的问题，来抓住听众心理。主体内容要根据现场的情况来确定，如会议讨论时的发言，可从以下几个方面展开：一是会议很重要；二是会议有几个特点；三是会议的精神实质；四是如何抓好会议落实等。

第三步，迅速抓取讲话材料。材料是讲话的基础，有了材料才有话可说，观点才有寄托，讲起来才能"得心应口"。这要求企业领导平时注意知识积累外，还要特别注意眼前的人和事。

（三）即席发言讲话的种类和内容

1. 应邀性即席讲话

一是讲谦逊的话，即对主人说些感谢、赞扬的话；二是讲与众有益的话，即能够使听众获得知识上的启迪、情绪上的感染的话题；三是讲听众感兴趣的话。

2. 参观考察性即席讲话

可以对被参观考察单位的经验、好的工作方法、科学的管理等加以阐发和赞扬；可以对主人的热情好客和周到的接待进行道谢；可以对改进和加强自己的工作谈体会等。

3. 说明解释性即席讲话

通常是在问题被人误解、曲解，听众不甚明白时，要求做必要说明的讲话和发言。其内容既可以指出和纠正他人的问题，也可以披露事实的真相，以达到澄清事实的目的，还可以为自己和他人做适当的辩解。

4. 集会性即席讲话

这需要根据会议的类型和接受对象来确定不同的主题。如纪念性集会，要对所纪念的人或事加以追述，指出纪念的价值和意义、继承和发扬的决心等。

（四）即席发言讲话的要求

（1）话题的选择要预做准备。领导干部无论出席什么会议，参加什么活动，都有随时讲话的机会，应该处处留心，全神贯注，了解会议情况，听取会议讲话或发言，要想着如果让自己即席讲话，自己准备讲些什么。

（2）材料与观点要有机统一，注意选择那些能够反映观点、支持观点、论证观点的材料，这样讲话的说服力才强，不能不加鉴别，有用无用，顺嘴就说。

（3）语言要简洁朴实，深入浅出。要讲真话、实话、心里话，不说大话、套话、假话；要讲通俗易懂的话，不要单纯求奇、求新而卖弄辞藻；还要讲生动、具体、形象的话，不能颠来倒去总用那几个词，死板地说教。

（4）有话则长，无话则短。受场合、事件、内容、时间的限制，即席讲话不允许讲话者做长篇大论，做到内容简洁、言简意赅。这要求讲话者要紧紧抓住和围绕会议主题选择材料，要言不烦。

（5）注意安排讲话时间。事先没有准备的会议即席发言，最好不要抢第一名，因为思考时间少，听众情绪尚未稳定，往往难获得好的效果。也不要落到最后一个，会议临近结束时的发言，听众思想分散，不易取得好效果。比较恰当的是会议中段发言。

范例：

文艺创作座谈会上的即席发言稿

尊敬的局长等在座的各位领导和朋友：

今天，很荣幸参加我市林业局主办的"绿色巴中·天然氧吧"文艺创作座谈会。这里，我先做个说明，参加这一座谈会是我主动向市林业局领导提出来的，其目的在于通过集思广益的座谈和学习来汲取知识营养，拓展我对"绿色巴中·天然氧吧"摄影创作的思路。同时，我想借这个难得的学习机会与领导和朋友们进行三点交流：

一是文化引领巴中林业发展的着力点新颖。应该讲，长期以来，以文化的形式搭建平台，唱响经济商贸大戏已成为人们的共鸣。但是，近几年来就我们行政机关利用这种形式总结推动工作却并不多，而市林业局紧紧抓住我市大交通形成后，从巴中林业纵深发展需要出发，采用长时间（组织工作达七八个月）、多领域（作协、书协、摄协、美协）、广泛性（专业的、业余的、基层相结合）并重的文化手段引领林业事业发展，其着力点尤为新颖。首先，新就新在"绿色巴中·天然氧吧"主题鲜明。因为巴中天然林资源达到54.5%，森林覆盖面名列全省第二，占到全国平均水平的2.5倍以上，在人们更加重视环保与健康的今天，这一绿色指标是人们无比向往的，因此，有理由从文化的高度总结提炼和推介巴中的绿色资源。其次，新就新在光大机关文化内涵。记得一个多月前，我在此参加林业部门座谈会，被其主要领导的书法作品所感染，曾有过刚才谢秘书长、杨台长同样的感受，市林业局是创建机关文化的楷模，所以说以文艺的形式光大林业事业无疑是机关文化的有力深化和提升。最后，新就新在"以文促林"。今天巴中文学界的朋友会聚一起，探讨我市林业事业健康发展，以文学艺术的眼光和认识，以文学艺术的观点和手法来回顾林业所走过的历程并展望未来，这是林业事业科学发展的有机载体，必将推动和促进我市林业事业更好更快发展。前天，我看到《巴中日报》一版刊登了一个信息，就是我市森林防火方面的工作经验在全省得到推广，令人欣慰与鼓舞。这里我讲几个大家熟悉的小故事。前不久，在华东沿海五市游览，对苏州著名的枫桥有了进一步的了解，枫桥为什么出名，乃自唐代诗人张继那首《枫桥夜泊》："月落乌啼霜满天，江枫渔火对愁眠。姑苏城外寒山寺，夜半钟声到客船。"如今，日本人、韩国人尤在冬日来此，聆听夜半来自寺里 108 响钟声。还有南宋诗人林升的《题临安邸》："山外青山楼外楼，西湖歌舞几时休？暖风熏得游人醉，直把杭州作汴州。"历代骚人墨客无不倾情赞誉杭州，留下许多传世佳作。什么最能流传，自然是文艺作品最具生命力了，千年的故事得以流传都是文化人的功劳。又如光雾山景区的"十八月潭"原先叫猪狗槽，"天然画廊"这些都是文化人后来给起的名，由此注入了更深的人文内涵。因此，我想我们巴中本土作家们定会有热爱家乡、赞美绿色的佳作问世。佳作的问世，就是推动林业事业的发展，就是服务于经济社会发展，就是加快巴中发展。这就是我对文化引领巴中林业事业发展的第一认识。

二是巴中林业的辉煌历尽艰辛与奋进。一方山水养育一方人。从地理上讲，这方沃土气候适宜，雨量充沛，林业物种丰富达 600 多种。但是由于 20 世纪五六十年代过度采伐，天然林资源遭到极大破坏。就连我们儿时的印象也记忆犹新，我们家住恩阳镇农村，那时开荒种地，家中祖先留下的一片山林成了所谓的梯田，每到大雨时，泥土流失非常严重，冬天都要帮大人起沙坑，有的山上更是光秃秃的，树还未长大，就砍了烧柴。记得有个星期天，老师带我们去山头上开挖了"农业学大寨"几个房间大的字，方圆数里都看得见。而今，经过 30 多年的培育管理，特别是退耕还林以来，我市林业发展更是跃上了一个新台阶，林业资源由 20 世纪不足 30% 上升到今天的 54.5%，随之而来的是生态的改善、气候的优良和观赏风光的问世。如果说无限风光在险峰，那巴中恰如其分了，我们的林业风光无限好，红叶无限好，放眼望去，满目青山，只是交通不便，犹如大山中的西施年复一年的未嫁罢了。但是，我们这方净土，随着时代的发展，特别是大交通的形成，林业为巴中经济社会所做的贡献和所处的地位将更加明显，正如领导所言："绿色是我们巴中最大的话语权。"因此，广大林业工作者将任重道远，"管理与发展"仍是林业工作的重中之重。这就是我要表达的对林业的过去和今天辉煌的感受。

三是林业工作者劳苦功高感人至深。今天的林业成就，来自于科学的机制和严格的管理，来自于广大林业工作者的不懈追求和无私奉献。身居大山的护林人，白天与山为伴，夜晚与星空为伍，甚至于共寝。有的爷爷是护林人，儿子接班，老婆来了，子孙又加入护林队伍，三代人的林业情结这是什么精神，是无语的大山精神，这是护林人的秉性。然而，他们的收入并不高，有的还是自收自支人员。为了林业事业有的从外地来，抛家舍亲，奉献知识和力量。大家所熟悉的市林业调查队王静队长就是其中的楷模之一，她作为引进人才，来巴中工作了××年，踏遍巴中的山山水水。扎实的业务知识，务实的工作作风，事迹感人至深，赢得了一个又一个荣誉，她也被我们人事部门聘为常年人事工作监督员。因此，我感受到，文艺作品要拓展"绿色巴中·天然氧吧"这个主题，积极讴歌林业人的丰功伟绩，实现内容的多样化，全方位丰富主题思想内涵。同时，我们也认识到作为为广大干部职工服务的人事部门，我们既有责任搞好本职服务工作，也有义务为他们纪实造像，热忱颂扬林业战线上先进的人和事，使之成为公务员学习的楷模！

九、新闻发布会讲话稿

（一）新闻发布会上讲话的意义

新闻发布会简称发布会，有时亦称记者招待会。它是一种主动传播各类有关的信息，谋求新闻界对某一社会组织或某一活动、事件进行客观而公正的报道的有效沟通方式。新闻发布会讲话就是企业领导就某一活动、某一工作、某一政策、某一事件需要通过新闻发布会向社会发布通报，以介绍情况、解释政策、表明态度等。

（二）新闻发布会上讲话的内容

一般由开头、正文、结尾三部分组成。开头简要介绍新闻发布会主题内容，对参加的新闻记者表示欢迎。正文主要是叙述某一活动、某一工作的开展情况，取得的进展和成效，强调将要举行活动和开展工作的意义，详细介绍将要举行活动和开展工作的具体安排，向相关单位、新闻单位或全社会提出配合工作的希望和要求。结尾则再次感谢记者的到来，表示有什么问题和建议，请大家提出来，尽量给予解答。

（三）新闻发布会上讲话的要求

与答记者问讲话和通报情况讲话的要求相似。做好新闻发布会的讲话，一定要做好充分的材料准备，包括发言提纲、问答提纲、宣传提纲和辅助材料，如图表、照片、实物、模型、沙盘、录音、录像、影片、幻灯、光碟等。要事先了解当前社会特别是新闻界对新闻发布内容的反应；事先设计好可能遇到的问题，做好相关内容准备；答问及时准确，落落大方，使人觉得你胸有成竹；语言要幽默风趣，简洁明快，显示才能，有自己的个性风格。

范例：

在新闻发布会上的讲话稿

国家发展和改革委员会、国家工商行政管理总局和广东省人民政府初步决定于今年 10 月在广州市联合举办首届中国中小企业博览会。今天上午，三家主办单位在京联合召开了新闻发布会，国家发改委王春正副主任代表大会组委会通报了中博会的基本情况。现在三家又在这里联合召开首届中博会的动员会，充分说明了对举办首届中博会的高度重视。下面，请允许我代表大会组委会向各地中小企业管理部门、工商行政管理部门和广东省各有关部门同志们的热情支持表示衷心的感谢。借此机会，我就办好首届中博会讲几点意见。

一、举办中国中小企业博览会意义重大

改革开放以来，我国中小企业迅速发展，在推动经济、提供就业、繁荣市场、促进创新等方面都发挥着重大作用，创造了国内生产总值的 55.6％，利税的 46.2％，城镇就业的 75％和专利技术的 65％。截至 2003 年底，我国具有法人资格的中小企业已超过 360 万家，个体工商户 2790 万家，中小企业已成为推动国民经济和社会发展的重要力量。但由于各种因素，中小企业在吸引人才、筹集资金、开发技术、获取信息及开拓市场等方面处于劣势，严重阻碍了大多数中小企业的更快发展。

促进中小企业发展是各国政府的政策目标之一，《中小企业促进法》的颁布实施是中小企业发展史上的里程碑。《中小企业促进法》确定了国家对中小企业实行积极扶持、加强引导、完善服务、依法规范、保障权益的指导方针，要求从资金支持、创业扶持、技术创新、市场开拓、社会服务等方面为中小企业创立和发展创造有利的环境。各级中小企业管理部门要切实贯彻中小企业法，坚持依法行政，进一步转变观念，统一思想，充分认识新阶段、新形势下加强中小企业开拓国内外市场的重要意义，把政府工作尽快转到引导、规范、监督和服务上来，鼓励和支持中小企业开拓国内外市场。举办中小企业博览会反映了广大中小企业的共同愿望，是贯彻落实《中小企业促进法》的具体行动。

中小企业贴近市场、贴近用户，长期活跃在市场竞争最激烈的领域，与市场有着本质的联系，是繁荣市场、满足需求、搞活流通的主力。中博会将为中小企业搭建一个很好的平台：一是增加企业间沟通与合作的机会。采购商、供应商和生产商之间形成的产业链能够实现信息互通和资源共享。二是强化社会服务功能。博览会将众多的优势企业和知名品牌汇聚起来，既弘扬了各行业的先进产品和技术，也对社会服务提出了需求。三是找到市场与产业的最佳结合点。企业需要并掌握更多的客户，客户也需要面对更多的厂商，博览会正是为双方合作经营提供了最佳契机，其核心作用就是为企业开辟市场，这个作用发挥好了，会展的生命力就会越来越强。

二、举办中国中小企业博览会的时机已经成熟

据联合国统计，全世界每年的大型会展不少于 15 万个，其中定期举行的大型展览会与博览会多达 4000 余个。展览会、博览会的成功举办为促进世界的经济、科技发展和人民友好往来起到了重要作用。展览业的发展主要依赖于市场和产业两大要素，有人认为，会展经济是产业发展的晴雨表，成熟的会展是相关产业发展的助推器，而我国是有世界上最广大和最富有潜力的市场，同时又是门类齐全的产业大国。改革开放以来的高速发展，为我国展览业的发展创造了物质基础。展览会作为促进商品流通、开拓国际国内市场及拉动相关产业发展的重要手段，一直得到我国政府的高度重视，现已培育出一大批具有中国特色的大型展览会，如广州"广交会"，深圳"高交会"，上海"上交会"、"工博会"，北京"科博会"，天津"天交会"及西安"东西部洽谈会"等。与上述展会不同，中博会是以中小企业为主体，专为中小企业举办的。期望通过政府的引导和扶持，加之中介服务机构的帮助，使广大中小企业能够拥有一个展示产品、树立品牌、拓展市场、加强交流的舞台，形成与大企业公平竞争、优胜劣汰、共同发展的良好环境。

广东省是我国改革开放的前沿，毗邻中国港澳，区域优势明显。广东省委、省政府长期以来一直非常重视中小企业发展，先后出台了多项鼓励政策，使中小企业户数和注册资本总额均居全国之首。同时，广东省也具备成功举办大型博览会的经验。自 1957 年以来，该省已成功举办了 95 届中国出口商品交易会（即广交会），为中博会的成功举办奠定了坚实的基础。最近，广东省人民政府积极倡议，国家发改委和国家工商行政管理总局全力支持，决定共同主办首届中国中小企业博览会。为落实内地与中国香港、中国澳门建立更紧密经贸关系的安排，中博会还将邀请中国香港、中国澳门有关部门与中国中小企业国际合作协会、中国个体劳动者协会一起作为展会的协办单位。

三、首届中博会要办出特色、办出水平

本着全心全意为中小企业服务的思想和鼓励、促进中小企业蓬勃发展的精神，经过认真调研和分析，大会组委会确定本次博览会的主题是"小中见大，博

览天下"。

在参展项目和产品方面，充分体现了中小企业的特性和产业结构特点，重点展示工艺品、纺织服装、家居用品、五金家电、食品饮料五大类别"小"商品，鼓励中小企业在中博会这一"大市场，大舞台"上充分展示实力，宣传自我，跨出国门，走向世界。

在产业结构调整和产品拓展方面，中博会开辟了技术创新展区和中小企业服务业展区。技术创新展区充分展示中小企业在信息通信、新型材料、新型能源、生物医药、先进制造、环境保护和资源综合利用以及农产品加工七个领域的新技术、新产品，引导中小企业从粗放型、劳动密集型向技术型、资金密集型发展，与世界现代技术同步发展。中小企业服务业展区将组织融资担保及相关金融服务、企业文化及培训、物业管理技术及产品、物流技术及产品参展，为广大中小企业提供银企对话平台和创业辅导机会。

在中博会举办的同时，我们还将分别举办"中小企业发展高峰论坛"、"中小企业名特优新产品信息发布会"、"科技成果推介转让、技术交流、招商引资交流会"、"中小企业融资洽谈会"、"跨国零售集团和联合国采购机构采购说明会"等活动。通过这一系列的互动交流为众多中小企业提供"产学研"联合的场所，创造一个"展示精品，打造品牌"的发展良机。在中博会举办期间，还将为广大中小企业分别举办中小企业相关法律知识、产业政策、环境保护、市场开拓、质量管理等免费培训。这在大型展览会中尚属首次，体现政府不仅注重市场培育，同时关注对中小企业素质的提高，体现新形势下以人为本的管理理念，旨在提高中小企业从业人员的整体素质，提高中小企业的市场竞争力和可持续发展能力。

本次中博会拥有4万平方米展区，设标准展位2070个，这在国内同类展览会中已属较大规模。然而，面对我国成百上千万的中小企业而言，这样的面积还难以满足需求。为了让不能到会的中小企业也能拥有参展的机遇，同时为使到场的中小企业拥有全天候、可持续的展示舞台，中博会还将把所有参会展品及相关活动同时在"中国中小企业信息网"上在线展示，以便全方位扩大影响。

四、办好首届中博会的几点要求

同志们，今天距首届中博会召开正好还有100天，为全力办好首届中国中小企业博览会，我谨代表中博会组委会向大家提几点要求：

（1）要把中博会作为为中小企业服务的一项重要工作抓紧抓好。中博会是落实《中小企业促进法》和中共十六届三中全会精神，构建中小企业合作平台，创办有影响的中小企业品牌博览会，进一步推动中小企业发展的重要工作。因此，各地中小企业管理部门要高度重视，精心组织，抓紧抓好。办好中博会，必须牢固树立以服务为宗旨的思想观念，以最广大中小企业的利益为出发点和落脚点，扶小、扶弱、帮困，多做一些雪中送炭的事情，创造平等的市场环境。中博会要办成一个为中小企业诚心诚意办实事、尽心竭力解难事、坚持不懈做好事的盛会。要积极适应市场经济要求，切实转变政府职能，形成面向各种所有制企业服务的体制和机制，做到心里装着中小企业，凡事想着中小企业，工作依靠中小企业，一切为了中小企业。前一阶段，广东省政府、省中小企业局和发改委中小企业司为会议召开做了大量的工作，国家工商行政管理总局也做了系统内的动员工作，为服务于中小企业开了好头。

（2）注重诚信，开拓创新，求真务实。展览是最时尚最直观的活动，创新是展览的灵魂。要在众多的展会中脱颖而出、办出特色、办出水平，一靠诚信，二靠创新，三靠务实，四靠实力。诚信就是说到办到。既然中博会是为中小企业服务而举办的，办会单位就要树立服务意识、奉献意识，不以盈利为目的，要给中小企业真正带来实惠。诚信是中小企业立足生存之本，也是办会的根基。创新就是要立意新、内容新、有亮点，要积极推荐技术含量高、市场潜力大、行业带动强的单位和展品参展。务实就是要体现中小企业的特点，展览、公共关系、会展营运服务等要满足中小企业的要求，要真正为中小企业带来商机，合力打造中小企业交流交易的大舞台。实力就是作为首届中国中小企业博览会，选择参展企业一定要具有较强的实力，真正是优秀中小企业的精品荟萃，开好头，起好步，把中小企业博览会办出特色，创出品牌，真正把中博会办成永久性的、在国内外均有较大影响的盛会。通过这一盛会为中小企业由小变大、由弱变强、由国内走向世界搭助一个很好的平台。

（3）加强协作，形成合力，共同办好首届中博会。各级中小企业管理部门和工商行政管理部门要明确职责、加强沟通、通力合作。要发挥集体的聪明才智，调动每一个同志的积极性和创造性，同时充分调动和发挥中介服务机构的作用，促进中小企业服务体系的建立和完善。要及时发现筹展工作中的问题，了解中小企业的需求，最大限度地满足中小企业的愿望，努力办好首届中博会。

（4）加强宣传，舆论先行。展会本身就是一种宣传。希望中小企业和工商管理两大系统充分利用各种宣传媒体，加大宣传力度，让广大中小企业和服务机构能够尽早了解、积极参与、利用平台、共谋发展。

各位代表、同志们，营造环境、加强交流、提高素质、增加商机，这是我们主办首届中博会的初衷。中博会的最大特色就是要让广大中小企业能够进馆参展，让成千上万的中小企业通过交流获得商机。通过交流，互相学习、互相提高，让我们携起手来，扎实工作、开拓创新，齐心协力办好首届中小企业博览会，进一步优化中小企业的发展环境，开创中小企业工作的新局面。

预祝首届中国中小企业博览会圆满成功。

第六章　企业公关广告文案

一、商业广告

（一）商业广告的概念和种类

商业广告是企业为了推销商品、推广服务、提倡一种观念，在付费的基础上通过传播媒介向确定的对象进行信息传播活动而形成的文书材料。

（二）商业广告的特点

商业广告具有以下特点：

（1）内容的真实性。真实性是广告的生命，广告宣传应遵循实事求是的原则，符合客观事实。广告所反映的应当是真实事实，不夸大，不缩小，不能采用文学虚构、夸张来代替事实。广告中所宣传推广的东西要有科学依据，尤其是像药品、食品、饮料、补品等商品的广告更是如此。优秀的商业广告是一件可供欣赏的艺术品，但它与文学、绘画等艺术品不同的地方就在于它的真实性。

（2）对象的针对性。不同的商品有不同的消费群体，不同的消费群体有不同的消费心理、消费习惯和消费行为。在拟定广告词时就应针对不同的对象，有的放矢地设计和表达广告内容。只有制作针对性很强的广告，才能吸引公众的注意，最终实现广告的目的。

（3）功能的时效性。功能的时效性是指广告功能作用只在一定时期内有效，过了这一时期或某一时间，其功能便自然失效，现代社会产品更新更快，消费者的消费水平也在不断变化，这使得广告时效的周期在不断缩短。作为广告制作者必须考虑到这种变化，注重时效性。

（4）表达的艺术性。一份广告要想给公众留下深刻的印象，仅依靠科学客观的阐述或描述是不够的，而是要巧妙地调动和运用各种艺术手法，准确、贴切而又生动形象地揭示广告的主题，体现广告的创意，表达广告的内容。

（5）文面的简洁性。广告写作要力求文字简短，言简意赅，精练隽永，回味深长。简短一是使消费者易读易记；二是可以节省广告版面或播放时间，从而降低广告费用。

（三）格式与写作方式

1. 格式

商业广告的种类繁多，其格式也是各种各样，有的图文并茂，简洁明了（如街上挂图广告）；有的生动活泼，集艺术性、趣味性于一身（如电视广告）；有的长短不一，短的只有几个字，长的亦有千字以上，其格式难以统一。总的来说，商业广告是集文学、图画、艺术等内容于一体的广告，没有固定的格式。而文字广告尽管内容不同，归纳起来，其基本格式如下：

（1）标题。商业广告的标题随广告文体的变化而变化。主要有直接标明制定广告单位和广告内容的标题，也有的直接以广告内容为标题。

（2）正文。正文是对广告标题的介绍。如简介体广告突出对商品的性能、质量、服务、价格方面的简介；说明体广告突出产品的性能、结构、形态、规格、使用、保管等方面的说明；论说体广告主要是介绍商品的性能，提出论点，用众多的事实、数据、道理，论证商品的特点、功效、作用等，得出该商品确实可行的结论；证明体广告主要是介绍产品情况，列举典型事例，如声誉、鉴定、专家评价、用户反映来证明产品的优良……文体不同其正文内容也不同。

（3）结尾。商业广告结尾形式不一，总的来说，经济性的广告结尾要写明单位名称、地址、电报、电挂、电传、电话、邮政编码、联系人姓名。有的广告为了方便消费者，还标明行车图，以提出以忠告形式作为结尾。

2. 制作方法

制作广告也称广告设计，艺术体广告要聘请专业制作单位设计。广告内容有的可以自己设计，也有的向社会公众征集。广告内容是一项专业性很强的业务，如设计不合理，内容不合法，不仅误导消费者，或给其他厂商利益带来损害，而且还会砸自己牌子，使企业失去信誉。所以在广告制作过程中，要严肃认真、精心设计、精心制作，既符合产品的特征，又符合消费者的心理，起到宣传、推广的作用。

（四）注意事项

制作广告应注意如下事项：

（1）依法制定。依法制定就是指制作广告要遵循我国颁布的广告法律、法规规定。既不要制定盲目夸大、误导消费者、侵犯其他厂商权利的广告，又不要使广告内容失真，欺骗消费者，失去制作广告的真正目的。

（2）要注重对广告词的设计，符合短、快、广的特征，达到加深印象、易于接受的效果。

二、招商招工广告

（一）招商广告

1. 招商广告的含义

招商广告是某些厂矿、企事业单位因资金或技术力量不足，需要引进客商投资或提供技术力量所写的一种引资、引技的实用文书。

招商启事是介绍本地区或企业集团基础设施状况，以优惠政策吸引资金或开发商的一种应用文体。随着社会主义市场经济的逐步发展和完善，用招商启事寻求合作伙伴的将越来越多。

2. 招商广告的格式与写法

招商启事通常由标题、正文、落款三部分组成。

（1）标题。招商启事的标题有很多种，一般有以下几种形式：①由文种名单独组成，如"招商启事"、"招商纳贤"。②由文种和招商地区或单位名称共同构成，如"×××集团招商广告"。③其他。有的招商启事直接用"寻求合作"、"诚寻合作"或"急寻合作伙伴"作为标题。

（2）正文。招商启事的正文通常由以下内容组成：①招商地区或单位的基本情况。该部分要重点介绍招商方的地理位置、面积大小、基本设施等情况。②所招商的对象和范围。该部分要将招商的具体要求，如地理方面、技术、资金等写清楚。对未来合作的内容也要一并写出。③具体的招商方式，可给予的优惠政策等。

（3）落款。落款要具体列出招商单位的名称、详细的通信地址和邮政编码、电话、传真、电报挂号、联系人等。

范例：

全资转让　租赁经营　合作经营　合资经营

　　××省农业机械（集团）股份有限公司××焊管厂，地处××市×××区，占地面积 19.5 亩，标准厂房 3000 多平方米，综合用房 1000 多平方米，工厂基础设施齐备，有 1000kVA 变压器一台，首钢产 76 型机组一台套，电镀设备两台套，高 24 米水塔一座，交通、通信方便，生活便利。

厂长：×× 　　手机：×××××××××××

公司地址：××市××路×号

电话：×××××××××

（二）招工广告

1. 招工广告的含义

招工广告是工厂、公司等企业招收新工人所使用的一种实用文书。

2. 招工广告的写作要求

招工广告的写作要求分三部分：第一部分为标题；第二部分为正文；第三部分为署名和日期。

范例：

招工广告

经省计委、省劳动厅批准，××矿务局、省煤矿基建公司等单位在我市招收 800 名工人。

招收的工人全部到井下第一线采掘，工种 10 年不变。

招收来源：凡我市城镇待业青年，身体健康，热爱采掘工作，年龄在 18~28 周岁的男青年均可报名。

报名办法：我市城镇待业青年凭毕业证、身份证（或户口簿）报名，报名时交 1 寸近期免冠照片两张。

报名者可报两个志愿，即要选两个单位。

招收办法：经审查、体检合格的人员，按照先报先招的原则和所报志愿进行录取。

报名地点：市区青年持证到所在地镇劳动服务保障公司劳动科报名。

报名时间：××××年××月××日~××月××日。

在招收中严禁不正之风和弄虚作假，试用期三个月，不符合招收条件的给予清退。

招收单位及名额：

××矿务局×××名

省煤矿基建公司×××名

×××市劳动局

××××年××月××日

三、广播报纸广告

（一）广播广告

1. 概念

广播广告的形式是由人的语音、音乐和音响三个因素构成的，归结为一点就是通过声音的传播，诉诸于人的听觉。因此创作广播广告之前应该先了解广播广告的一般规格，即广播电台预先设置的不同长短的广告播放时间的类型。一般分为 5 秒、15 秒、30 秒，超出 30 秒或 1 分钟的广告很少见。所以广播广告的文案篇幅就受到一定的限制，这样对文案的要求也就更高了。

2. 语言写作

（1）文案语言要偏重直白或对白式的口语化处理，使受众倾听时能够直接理解文案的内容，并必须避免因应用同音异义词而产生歧义。

（2）尽可能地让语言构成一定的语境和意境，即营造个体的语言环境和可供受众产生想象的背景空间。

（3）利用人物对话时应尽量通过语言内容和语气的自然表达，尽力体现出广告中主体人物的具体角色，使人物的形象和身份的清晰有助于广告诉求的生动性和感召性。

（4）不宜对商品的结构和形态做过多的具体表述，而应把重点放在对商品或服务的性质、功能及使用的感受宣传上，避免在对视觉感受的表述中力不从心，弄巧成拙。常用的广播广告形式有直白式、对白式、故事式、歌曲式、快板式和曲艺相声式。只要你掌握了这些技巧，不愁不产生绝妙的广告。

范例：

飞利浦广播广告文案

音乐起（荷兰风格的乐曲）

男童："爷爷，你怎么了？"

老人：（从沉思中惊醒，感慨地）"哦，这是爷爷当年在荷兰留学的时候最喜欢听的曲子，那时候，我用的是荷兰飞利浦音响，它伴随我度过了多少个思乡之夜啊！"

女儿："爸爸，您说的荷兰飞利浦音响已经在北京安家落产了，咱们现在听的就是北京飞利浦音响。"

音乐起

男声：北京飞利浦，唤起您温馨的回忆。

（二）报纸广告

1. 概念及特点

报纸是大家所熟悉的宣传媒介。而设计新颖的广告必然会引起读者的关注。在报纸上刊登广告有着自身的特点。

（1）广泛性。报纸种类很多，发行面广、阅读者多。所以报纸上既可刊登生产资料类的广告，也可刊登生活资料类的广告；既可刊登医药滋补类广告，也可刊登文化艺术类广告等。可用黑白广告，也可套红和彩印，内容形式是很丰富的。

（2）快速性。报纸的印刷和销售速度非常快。第一天的设计稿第二天就能见报，并且不管是寒冬酷暑，还是刮风下雨都能送到读者手中，所以能适合于时间性强的新产品广告和快件广告，如展销、展览、劳务、庆祝、航运、通知等。

（3）连续性。正因为报纸每日发行，具有连续性，广告利用这一点，可发挥重复性和渐变性，从而吸引读者加深印象。①采用在不同时间内重复刊登的方法，在读者的脑海里，不断加深印象，引导购买。②采用同一版式，宣传商品的优越性，但每次的侧重点有所不同，使读者深感贴切。如太阳神广告针对全家人的健康、儿童的健康、胃病患者的健康，设计出"太阳神，吸收好，自然更健康"的大标题和固定的构图，而在副标题和广告摄影上根据不同的对象设计不同的内容。③同一内容的广告采用不断完善的形象与读者见面，既能调动其好奇心，又会不断加深印象。在杭州第二中药厂"宁心宝"的广告宣传中，第一天推出一个"心"字，第二天添上药名和厂名，第三天才完整地出现全部形象。

（4）经济性。由于报纸本身的新闻报道、学术研究、文化生活、市场信息具有吸引力，给广告引来了读者，所以报纸广告要在文字的海洋中形成个性，让读者的目光多停留一会儿，从中得到信息和美感。表现方法可根据情况采用图形和文字。而运用黑白构成的设计，无疑会相对方便且经济。根据报纸广告的特点，发挥广告艺术的表现性，做到针对性强、形象突出和有利于仔细欣赏和阅读。①针对性。报纸具有广泛性和快速性的特点，因此广告要针对具体的情况利用时间、不同类型的报纸并结合不同的报纸内容，将信息传递出去。如商品广告，一般应放在生产和销售的旺季之前，而不是冬天做凉鞋、裙子广告，夏天做裘衣、羽绒被宣传，应把眼前乃至当天就要发生的事刊登出来。对于专业性强的信息，也应选择有关专业性的报纸，而减少不必要的浪费。在选定的报纸中，要结合报纸的具体版面，巧妙地和报纸内容结合在一起、如国际航班广告利用国际版专栏。②突出性。选择报纸头版的"报眼"、刊登在读者关心的栏目边，都会引起读者的关注。另外，利用定位设计的原理，强调主体形象的商标、标志、标题、图形的面积对比和明度对比，运用大的标题，或以色块衬托、线条烘托，甚至可采用套红的手法加强。主体图形的生动形象、模特儿与读者交流的目光、画面大面积的空白、线条的区分，都会与版面上的其他文章和广告形成对比，以争得自己的形象。

2. 报纸广告要求

报纸广告表现也注重其艺术性。由于报纸广告面积小，在设计中更要注意文字的精练，每次广告宜宣传一个中心，造成比较强的视觉冲击力。除此而外，纸张的质量相对而言欠佳，为了保证印刷质量，宜采用网点比较粗的方法，取得黑白分明的效果。对于层次丰富细腻的摄影照片，可通过复印机多次复印，以减少中间的灰色层次。对于彩色印刷，为了让色彩在灰色纸上达到较佳的效果，须提高色彩纯度、增加鲜明度，达到鲜艳夺目的效果。对于连续刊登的广告，要注意连贯性，充分发挥报纸广告的特点。

范例：

楼盘报纸广告

市中心花园洋房，完美呈现。

真情回馈　献礼滁州

市中心的花园洋房，只能用稀缺来形容！

欧式风情建筑，纯多层园林社区，一切都弥漫着浪漫的经典。

倚窗远眺，远山琅琊郁郁葱葱，近水南湖秀丽优美；迎着晨曦闻书声，待到夜幕数繁华……与繁华相隔一街之遥。进，则尽享时尚尘世；退，则尽享归园之意。进退之间，从容不迫，任您自由掌握。

维也纳春天，都市生活也有乡村一样闲云野鹤的心情。

给您的，不仅仅是房子，还有一种生活。

四、租赁转让广告

（一）租赁广告

1. 租赁广告的含义

租赁广告是企事业单位或个人关于出租物品所使用的常用文体。

2. 租赁广告的写作要求

租赁广告的写作要求分三部分：第一部分为标题；第二部分为正文；第三部分为署名和日期。要写明出租物件名称、规格、数量、联系地点及联系方式。

范例：

出租库房启事

我单位有100平方米和200平方米库房各一间，准备长期出租。该库房有通风设备，适合存放日用百货、土杂产品及药材干果等。坐落在××路东端，交通方便。附设电话一部。有意租赁者，请速来人或来函、来电联系。

　　联系人：×××

　　电话：×××××××

　　邮政编码：××××××

×××设备厂

20××年××月××日

　　（二）转让广告

　　1. 转让广告的含义

　　转让广告是指有关厂矿、企业、科技单位将自己的固定资产、物品、科研成果转让给别的单位或个人所写的一种传播信息的实用文书。这类广告无固定格式，主要是把转让资产、物品、技术情况介绍清楚，提出转让办法，让需要者觉得有利可图，前来洽谈，从而达到转让的目的。

　　2. 转让广告的写法

　　转让广告通常由标题、正文、落款三部分组成。

　　（1）标题。转让广告的标题由文种单独组成，如"转让广告"；也可在文种前面加单位名称，如"××公司转让广告"。

　　（2）正文。①转让的产品名称。②产品的优势及相关特点介绍。

　　（3）尾部。附上联系人及电话等相关信息。

范例：

发、发、发　　找华达技术转让

　　1. 酒糟制复合甘油。利用酒精和化合物制取而成，含量达95%以上，无毒无味，可广泛代替纯甘油。设备费1.5万元，流动资金可大可小，转让费5万元，去人建厂，每县市只转让一家。

　　2. 新型复合宝丽板。采用锯末与化工原料混制经特殊处理加工而成。在光泽、防潮、防火上均优于木质宝丽板。1.22米×2.44米×3毫米复合宝丽板，每张成本23元，售价55元，设备费1000元，厂房30～50平方米，5人日产40张，月利3万元，转让费8000元，现场培训。

　　另有：多彩立体静电植绒等多种实用技术，植绒机器常年提供。对军人、教育界、贫困地区，持证明优惠。欢迎各界朋友前来洽谈。

　　欢迎各界有新技术、新产品的朋友前来公司联合开发。

· 164 ·

联系地址：××市商场×楼科技市场××号

联系人：××

电话：×××××××

邮编：××××××

五、产权转让广告

（一）产权转让广告的含义

产权是以财产所有权为基础的，由所有制实现形式所决定的，受国家法律保护的，反映不同利益主体对某一财产的占有、支配和收益的权利、义务和责任。产权转让广告是寻找他人以特定方式转移财产所有权的公开文书。

（二）产权转让广告的写作要求

产权转让广告要注意以下几点：

（1）资产的原始产权，也称为资产的所有权，是指受法律确认和保护的经济利益主体对财产的排他性的归属关系，包括所有者依法对自己的财产享有占有、使用、收益、处分的权利。

（2）法人产权即法人财产权，其中包括经营权，是指法人企业对资产所有者授予其经营的资产享有占有、使用、收益与处分的权利，是由法人制度的建立而产生的一种权利。

（3）产权还指股权和债权，即在实行法人制度后，由于企业拥有对资产的法人所有权，原始产权转变为股权或债权，或称终权所有权。这时原始出资者能利用股东的各项权利对法人企业产生影响，但不能直接干预企业的经营活动。

范例：

产权转让

××省××化学工业公司位于××市西南，地处长江黄金水道和321国道交汇处。

该公司建于××××年，按现代生产企业规划设计建成，占地面积3900平方米，是国家、省定点农药生产企业，获得国家农业部《农药登记证》和××省化工厅《产品标准号》、《生产许可证》。主要产品有粉锈宁、多效稻瘟灵原药及制剂，年生产原药440吨，市场前景好。但由于企业管理不善，负债过高，现已破产，破产资产1260万元。产权转让方式：①拍卖；②合股重组生产。欢迎有意者实地考察、面议。

联系截止时间：××××年××月××日

联系地址：××省××县经济体制改革委员会

联系电话：×××××××××

传真：×××××××××

联系人：×××

六、艺术节广告

（一）艺术节广告的含义

艺术节是某学校、某厂矿、某人民团体、某地区、某个国家为了检阅和交流艺术成果、繁荣艺术创作而确定的节日。为了吸引人们踊跃参加这些节日活动而写出的广告称之为艺术节广告。这种广告可登报、广播、张贴，也可打在电视上或用信函发出。

（二）艺术节广告的写作要求

主要写明批准机关、主办单位、联办单位、协助单位、开幕地点、时间、参演单位、节目名称、演出地点、演出时间、售票地点、票价、联系电话等。

范例：

经中华人民共和国文化部批准

××省文学艺术界联合会主办

××年中国××国际民间艺术节

观亚欧美歌舞精华　赏东西方民俗风情

开幕时间：××××年××月××日19:30

参演国家和单位：

奥地利民间艺术团	比利时民间艺术团
德国民间舞蹈团	希腊民间舞蹈团
以色列民间艺术团	印度尼西亚民间艺术团
朝鲜民间艺术团	墨西哥民间艺术团
尼泊尔民间艺术团	俄罗斯民间艺术团
美国民间舞蹈团	中国上海民间艺术团
中国云南民间艺术团	中国四川民间艺术团
中国贵州民间艺术团	

演出城市：成都　都江堰　江油　内江　资阳　泸州

联合主办单位：

×××科学院

×××国际大都会

×××股份有限公司

××市对外文化交流中心

××××实业集团公司·酒城宾馆

协办单位：

××航空发展总公司成都钢铁厂

×××酒厂·全新销售公司

×××××有限公司

××××保险公司××办事处为艺术节提供人身保险。

演出时间：××××年××月××日晚在省体育馆举行开幕式演出，××日晚在省体育馆进行交流演出，××月××日～××日晚在锦城艺术馆进行交流演出。

售票地点：锦城艺术馆、锦江剧场、××省演出公司（团体票）

××月××日起预售各场坐票，团体票从优。

联系人：×××

电话：××××××××

七、产品介绍广告

（一）产品介绍广告的含义

产品介绍广告是指通过文字、画面、声音、影视形象等，把一种产品的性能、特点、使用方法等向人们进行宣传介绍，让人们了解这种产品而经常运用的一种广告文体。

（二）产品介绍广告的写作要求

产品介绍广告没有固定格式，但必须实事求是，毫不夸张地宣传本企业的产品，"取信于民"，这是所有企业最好的、最富有说服力的广告。

范例:

体积小　重量轻　省动力　效益高
为您提供小型冰淇淋机

××市大华机器厂最近研制出新产品 BGL－5 型小型冰淇淋机,适用于厂矿、机关、学校、宾馆、饭店、食品冷饮店、个体户、专业户。

该机采用进口压缩机组,性能可靠,动力小,有 220V 照明电源即可使用。采用风冷式,不用冷却水,体积小,重量轻,整机 35 公斤,移动方便,操作简单,每小时能生产冰淇淋 5 公斤,经济效益高,每台售价 1800 元。

并为您提供 YLR－1.5T 汽水、啤酒、小香槟饮料全套设备,投资少,见效快。三个月可收回全部投资。

产品实行三包,保修半年,代办托运,并免费提供配方,欢迎用户选购。

厂址:××省××市龙门路 38 号

电话:×××××××××

八、征集投资广告

(一) 征集投资广告的含义

征集投资广告是指企事业单位为了征集投资,通过报纸、杂志、广播电视、招贴橱窗等媒介进行宣传,以引起投资者兴趣的实用文体。

(二) 征集投资广告的写作要求

(1) 语言必须准确简明,不能模棱两可。

(2) 征集投资广告必须写明征集投资的目的、地点、条件等内容。

范例:

××市××区吸收省内外社会资金开发井字街筹建
盛京风味食品街及商业大楼启事

为繁荣经济、搞活市场、发展第三产业,经市区政府决定,在井字街内正阳大街二段西侧南至西华里,北至大舞台,由正阳大街二段庆丰里,向西延长 200 米处,筹建盛京风味食品街和商业大楼,建筑面积 2 万~3 万平方米。

东侧商场三层,中部五层,一至三层设各种风味饮食店、餐厅、酒家、游艺厅等，四、五层设展销厅，西侧九层，占地面积约12000平方米。

这项工程实行统一管理、统一规划、统一动迁、统一施工的办法，该地位于井字街内繁华地区，欢迎有投资能力的省内单位和个体经营者踊跃投资，有关具体事项来人来函洽谈均可。

联系人：×××

电话：××××××××

××市××区第三产业办公室

××市××区商业网点规划建设办公室

××区商业网点开发公司

20××年××月××日

九、办会公关广告

（一）图书交易会广告

1. 图书交易会广告的含义

图书交易会广告一般是指出版主管部门或一家、多家出版社为图书交易会而写的宣传文书。

2. 图书交易会广告的写作要求

图书交易会广告写作要求文字简练，内容丰富。标题可用正副标题和内容提示，并要写明主办单位或联办、协办单位，交易时间、地点，交易的各类图书，参加交易会的出版社。还要写明交易会办公地点、邮政编码、电话号码、联系人等。

范例：

现货看样交易　　社店共求实效

减少中间环节　　产销直接见面

第九届首都社科图书交易会即将开幕

××美术图书交易会同时举行

中国出版××××委员会主办

××××出版社协办

时间：××××年××月××日～××日（××月××日全天报到）

交易会地点：×××××

为了推动图书发行体制改革，适应社会主义市场经济形势，搞活图书流通，

·169·

繁荣出版事业，特组织全国300多家出版社，举办第九届首都图书交易会，届时展出最近出版图书4万种，包括马列主义经典著作、哲学、社会科学、政治经济、文学艺术、文化教育、生活用书、各类工具书、少儿和幼儿读物、××××年年鉴等。其中重点品种有500种，邀请全国500家书店代表前来看样订货，并在交易会现场开辟精品图书展，展出精品图书1000种，供书店代表参观。为了便于书店和读者购书，在××月××日至××日由×××出版社零售部分新书，欢迎选购。参加交易会的出版社有：

人民、北京、天津人民、河北人民、山西人民、辽宁人民、黑龙江人民、上海人民、江苏人民、浙江人民、安徽人民、福建人民、江西人民、山东人民等××个出版社。

交易会办公室：××省××市××街××号

邮编：××××××

电话：××××××××

联系人：×××

（二）展销、订货会广告

1. 展销、订货会广告的含义

展销、订货会广告是指商品生产厂家的商业部门、行政机关出面，推销厂家的产品，在某地某日举办一个会议写出的传播信息的实用文书。这种广告有的用海报，有的用公告、通告形式写出。无论用哪种形式，都是要达到传递信息、广泛宣传，让有关人员了解并到会购买或订货的目的。

2. 展销、订货会广告的写法

展销、订货会广告通常由标题、正文、尾部三部分组成。

（1）标题。展销、订货会广告的标题由文种单独组成，如"展销广告"。也可在文种前面加单位名称，如"××公司展销广告"。

（2）正文。包括：①展销、订货会的产品名称；②产品的优势及相关特点介绍。

（3）尾部。附上展销、订货会时间及地点。

范例：

展销广告

×××人民市场×××风衣公司联合举办×××牌风衣展销

纯毛男式风衣120～130元

女式毛呢风衣 62～70 元

涤弹风衣 51～54 元

×××牌风衣系列优质产品，具有质地优良、做工精细、款式新颖等特点。展销期间品种齐全，欢迎惠顾。

展销日期：2006 年××月××日～××月××日

展销地点：×××人民市场二楼

十、科技文化用品销售广告

（一）科技文化用品销售广告的含义

科技文化用品销售广告指科技文化生产部门或销售部门为了推销自己的产品而写的一种介绍产品的实用文书。

这种广告有的张贴，有的登报、广播，有的录制电视播映。不管采取什么形式，都要达到宣传产品、传播信息的目的。

（二）科技文化用品销售广告的写作要求

除按不同广告采用不同结构外，还应熟悉产品、懂得科技，才能把这种广告写好。

范例：

文化用品销售广告

我厂为推销者提供如下文化用品：中小学生作文本、英语练习本、16 开通行作业本、文具盒、各类水笔、毛笔、圆珠笔、台历、蓝墨水、碳素墨水、打字纸、各种日记本等。

上述产品，质量优良，装帧美观，价钱合理，颇受国内用户好评。欢迎来人、来电、来函订货。

本厂地址：××省××市××街××号

电话号码：×××××××××

邮政编码：××××××

×××文化用品厂

十一、广告计划书

（一）概念

广告计划是对整个广告活动所做的规划，包括广告目标以及为实现广告目标而采取的方法和步骤。广告计划按时间来分，可分为长期、中期及短期计划。广告计划按广告媒体来分，可分为媒体组合计划和单一媒体计划。广告计划包括广告调查、广告任务、广告策略、广告预算和广告工作活动计划等。

（二）写作方法与结构

1. 前言

详细说明广告计划的任务和目标，并阐述广告主要的营销战略。

2. 市场（前景）分析

3. 广告目标

4. 广告时间

5. 广告的目标市场

6. 广告的诉求对象

7. 广告的诉求重点

8. 广告表现

9. 广告发布计划

10. 其他活动计划

11. 广告费用预算

要根据广告策略的内容，详细列出媒体选用情况及所需费用、每次刊播的价格，最好能制成表格，列出调研、设计、制作等费用，也有人将这部分内容列入广告预算书中专门介绍。

12. 广告效果预测

主要说明经广告主认可，按照广告计划实施广告活动预计可达到的目标。这一目标应该和前言部分规定的目标任务相呼应。

（三）注意事项

写广告计划书一般要求简短，避免冗长，要简要、概述、分类，删除一切多余的文字，尽量避免再三再四地重复相同概念，力求简练、易读、易懂。

范例：

NIKE 广告计划书

NIKE 是希腊女神的名字，其商标象征着希腊女神翅膀的 SWOOSH（羽毛），代表着"速度＋动感"。NIKE 公司自成立至今，不断探索、创新，以其雄厚的实力领先于同类品牌，在很大程度上占据着世界运动品牌市场。公司于 1999 年推出了专为从事专项运动的顶级专业运动员而设计的最具创新性的 Alpha 系列产品，五个圆点标志着"调查，探索，创新，验证，竞争"五大步骤。作为世界著名品牌，NIKE 仍在不断努力着，除其精湛的制鞋技术以外，NIKE 更在媒体宣传上做到胜人一筹，不惜重金请来了从事不同运动的世界顶级运动员作为其品牌代言人，如迈克尔·乔丹（篮球）、罗纳尔多（足球）、迈克尔·约翰逊（田径）等，其中更为 Micheal·Jordan 推出了其单独品牌"AIR JORDAN"。目前，NIKE 几乎已经成为家喻户晓、人人喜爱的运动品牌，但 NIKE 仍会不断探索、不断出新，成为世界的第一品牌。

一、企业公司的概况（略）

二、产品分析

（1）品牌类型。NIKE 生产服装、鞋、包和各种体育用品，这里将着重介绍"NIKE"的运动鞋。NIKE 公司拥有较高的制鞋技术，鞋面采用真皮、人造鞣皮和人造织物作为材料，能够提供支持性、保护性、透气性，并确保脚放置于正确的位置。外底采用碳素橡胶、硬质橡胶、耐磨橡胶、天然橡胶、环保橡胶、充气橡胶和黏性橡胶作为材料，提供摩擦力及耐磨性，是外部冲击的第一道防线。中底能够提供缓震性、稳定性和弯曲性，是鞋子中最为重要的部分。

（2）主要目标是为运动员创造一流的鞋，占领整个世界的运动界市场。

（3）口号为"JUST　DO　IT"。

三、市场分析

（一）目标市场（略）

（二）竞争对手调查

目前，世界上有许多运动品牌，其中有相当一部分有着雄厚的实力。因此，运动鞋市场的竞争是十分激烈的。

四、消费者分析

（一）消费者总体态势

NIKE 是消费者选择的第一品牌。ADIDAS 的市场占有率是 27.7%，REBOOK 的市场占有率是 20.5%，CONVERSE 的市场占有率是 13.6%，其他品牌相对比较少。

（二）消费者购买因素

首先是为了运动的需要，其次是为了跟随时尚和满足自己对世界知名品牌的追求，再次就是看中"NIKE"品牌的品质优良、设计经典。最后，大牌明星作为代言人也起了不少的作用。

五、广告策略

（一）广告目标策划

通过各种媒体进行对 NIKE 的宣传和报道，以及各种活动的开展，在一年内将市场占有率提高10%～15%，使NIKE依然保持在世界运动市场上的领先地位。

（二）消费市场策略

1. 看准市场，大力着手于广大运动员和青少年

随着现代运动的发展，运动员对自己的运动装备的要求是越来越高，各体育部门对加强运动员的实力也越来越重视。NIKE作为世界第一运动品牌，运动员是其第一大市场，因此要大力向广大运动员推广。同时，青少年也是一个很大的市场，他们不少为了追求时尚和品牌，不惜重金来买NIKE。我们要抓住这个心态，把品牌打得更响，把款式做得更新。

2. 使产品价位更加清晰化

产品价格是人们购买时最先考虑的问题，因此应该首先把价位调整好。对于不同的消费层次应该有不同的价位供其选择，让产品更加群众化。

3. 保持良好的品牌形象

NIKE在广大消费者心中的印象都是很好的。除了精湛的设计和良好的质量外，还有不错的售后服务，这几点都是消费者比较重视的。建议企业在保持良好的品牌形象的同时，压缩成本，降低价位，增加竞争力度。

4. 因地制宜地采取营销策略

虽然NIKE公司在中国代理只有三家（北京、上海、广东），但是在各个大中型城市都有其专卖店。我们要充分利用各地区的人力和资源，把它们全联系起来，多开展与消费者的联谊活动，开展和运动潮流有关的活动，让大家都爱运动。可以适当开展展销活动，并通过有奖销售、赠送礼品、发放宣传品等手段来吸引顾客，从而增加销量，让中下等消费水平的顾客也能感受到NIKE的关爱。

六、广告设计

（一）平面招贴和特大霓虹灯广告

（1）平面招贴选用NIKE平时一贯的风格——简单、朴素、时尚。招贴选用白底黑字，增加对比度，突出表现NIKE标志，再加上简单的线条作为装饰，增加时代感和运动的速度感，使观赏者过目不忘。

（2）特大霓虹灯广告安放在旅游区和中心广场最醒目的地方。画面采用生动幽默的动画来体现NIKE精神，详细介绍NIKE鞋的各种强大功能，让人觉得物有所值。

（二）网络广告和宣传册

（1）现在是网络的天下，上网的人越来越多，而网络交易是现在交易市场的潮流。因此，在全国各大网页上都刊登"NIKE"的广告，对广告进行链接，以便读者方便在网上直接购买。

（2）在各专卖店增加对各种鞋的宣传册，详细直观地对鞋进行介绍，让消费者更进一步地去了解NIKE。

（三）CM 广告

广告主题：NIKE——JUST　DO　IT

广告时间：25 秒

广告构思：主要以富于速度感和冲击力的画面来衬托主题

镜头一：（训练馆）Micheal Jordan 手拿篮球，仰望前方近 10 米高的巨型篮球架。（音乐：安静的训练馆传来一声 Jordan 的叹息）

镜头二：Jordan 运球、起跑、加速（镜头换至脚下）。（音乐：运球声和脚步声逐渐急促）

镜头三：Jordan 起跳，借那双 AIR JORDAN 提供的超强弹力，他征服了那座 10 米高的篮筐，篮球应声入筐，Jordan 双手抓着篮筐，不敢着陆（镜头特写其面部表情）。（音乐：篮球入筐巨响和由于篮球落地的轻响，还有 Jordan 由于离地很高胆怯不敢着陆而发出的叹息）

镜头四：镜头随着 Jordan 的目光往下移，最后落到篮球鞋上，给篮球鞋一个特写。（旁白：JUST DO IT，并伴有字幕和产品形象以及 NIKE 标志）

七、广告实施计划

（一）时间

2002 年 6 月 1 日~2003 年 1 月 1 日。

（二）媒体组合

充分利用报刊、杂志、电视和网络以及街头广告等宣传媒体。以电视（CM）为主，网络、报刊、杂志为辅，街头广告次之。

（三）选用媒介

报纸：《体坛周刊》、《人民日报》

理由：上述报纸属权威性，发行量大。

杂志：《当代体育》、《体育画报》、《NBA 时空》

主要安排封二、封三（专业杂志尽量争取封面封底）。

电视台：中央一台、中央三台、中央五台等收视率高且覆盖面广的电视台；CF 广告主要安排在《新闻联播》、《体育新闻》、《同一首歌》等焦点节目前后的黄金时间播出。

网站：雅虎中国、搜狐、新浪、网易等浏览率较高的大网站（电子广告尽量争取做在网站的首页）

八、广告费用预算（略）

十二、广告宣传活动策划方案

（一）概念

广告宣传活动策划方案是企业在某一时期进行某项具体广告宣传活动时对活动的内容及实施步骤等整体规划的书面材料。商务人员要做好一个广告宣传活动策划，需要整合各方面的资源，尽量做到花小钱办大事，并做到心中有数，防患于未然。

（二）写作方法与结构

1. 客户名称

2. 承办单位

3. 活动时间、地点、目标

4. 公众对象

5. 广告定位

6. 广告效果分析

7. 经费预算

范例：

某品牌整合即广告宣传策划方案（节选）

一、营销调整

1. 2003 年 8 月展会发布了新的营销政策。

2. 为了探索新的营销模式，2004 年公司在广东片区设立直营店。

3. 改变以前的一座城市只有一个专卖经销商的模式，变为每种系列产品在同一城市给不同的经销商经营，既扩大了公司品牌对消费者的影响力，有利于在消费群体中建立品牌，又有利于公司减少对单个经销商的依赖。

4. 公司采取"大富豪（富之岛）百城让利大酬宾"促销活动和"元旦促销活动"，设立直营部对恶性库存进行处理，但效果不是很明显，建议公司下一步应下定决心对那些产品进行甩卖。或在展会期间，公司把那些产品在公司或工厂摆出，现场进行拍卖。

5. 为了推广沙发系列，公司于 2004 年 2 月成立了营销三部，专门负责沙发系列的推广与销售。

6. 在家具销售淡季，每年在固定时期设立一个促销活动周，联合各地经销商定期在各地专卖店中进行促销活动。

7. 外部整合。

二、媒体宣传

2004 年广告大体计划：

本次广告宣传将全方位地对公司品牌进行宣传，着重于在消费群体中对公司品牌的建立。形式包括电视广告、铁路广告、杂志广告、区域广告、地方性广告（与经销商合作）。

电视广告：拍摄一个经典的广告宣传片（10～15 秒），7 月后在中央电视台持续播出。计划播出月份为 8、9、10、11、12 月五个月，一个月的费用估计为 30 万元，即总费用为 150 万元。

铁路广告：在全国比较好的长途路线上的火车墙壁上进行平面广告宣传。计划挑出 5～6 条路线，从"五·一"劳动节前开始做。每列火车一年的费用为 7 万元，即费用为 40 万元左右。

杂志广告：航空杂志和公司自办的《富之岛》杂志，费用为 50 万元左右。

区域广告：计划在北京、上海、广州（或深圳）三地进行区域广告，包括当地电视台、电台、报纸杂志和户外广告，费用暂估为 80 万元。

地方性的广告：与经销商联合，根据各地实际情况分别进行，费用暂估为 50 万元。

以上广告费用总计 370 万元左右，约占公司年度销售额的 5%。

具体操作过程如下：

◆广告前期的市场调研

2004 年 2～8 月对广告市场进行必要的调研。

主要内容有：

1. 公司品牌的市场调研

2. 广告媒体调研

3. 广告诉求方向调研

4. 公司品牌总体形象设计调研

5. 广告预算

◆广告制作、投放期

1. 广告宣传的总体策略

2. 广告片和平面宣传广告的总体创意

3. 广告片和平面宣传广告的制作

4. 2004 年 6～12 月进行投放

5. 广告投放中期（10 月左右），公司对广告中期效果进行评估，并给予即时更正

◆广告结束后

1. 广告结束后对广告效果的评估

2. 广告投放结束后三个月对广告效果的第二次评估

3. 本次广告活动的总结备案，为公司以后长期的广告策略积累经验

三、广告创意策划方案

电视广告的效果很大部分来自广告本身的创意，因此在本次广告计划中，广告创意十分重要。

◆电视广告创意

●东方"禅"意篇

创意来源：利用现代都市人对繁华的不满，充分体现出大富豪核心产品——白桦的东方禅意。

诉求目的：

（一）产品诉求：向观众介绍白桦产品

（二）品牌诉求：向观众介绍品牌

广告场景：

在一家大富豪家具装饰的卧室里（周围环境体现出宁静、安详、和谐，体现出"禅"的写意），一个年轻的女郎盘腿端坐在富之岛的床上（床在卧室中央）冥思（禅的背影字横穿过画面）。最后镜头出现大富豪的CI。

背景音："富之岛"家具。

自我点评：充分体现出了白桦的东方禅意和大富豪家具的简洁，即美的概念，引起观众内心的响应。缺点：在广告泛滥的时代，没有太多的亮点引起观众的注意。

●战争—和平篇

创意来源：利用现代人对战争的关注、对和平的渴望来宣传品牌。

诉求目的：品牌诉求

广告场景：

利用以巴冲突的镜头，突出战争民不聊生，家园受到破坏。在街头冲突中，两军对垒时，一对有着富之岛家具的标志车在中间穿过且停下，冲突双方先茫然（前段黑白片拍摄），而后明白过来似的，都欢天喜地地排队领家具重建家园（特写：一对冲突双方的人员高兴地在一起的局部特写）。出现背景音：富之岛家具让人珍惜家国。

自我点评：广告有一定的故事情节，较易引起关注，容易给观众留下记忆。缺点：不能很好地反映出富之岛家具的特色。

●婚姻篇

创意来源：绝大部分人结婚时都要买家具（结婚即"家"的感觉），利用此广告把"富之岛"家具跟婚姻扯上关系。

诉求目的：品牌诉求

广告场景：

（一）一片黑暗中，男声："你到底爱不爱我？"

沉寂片刻！又问："你到底爱不爱我？"

沉寂！男声紧张的声调："你到底爱不爱我？"

亮灯（床头灯），一张床上躺着一对夫妻，丈夫在熟睡，妻子醒来，听到丈夫的梦话，一脸幸福的样子。

熟睡中的丈夫翻身，嘴中又喃喃道："你到底爱不爱我？富之岛。"

"啊！"女音高叫。

"富之岛"家具让男人更爱家（天外来音）及 CI，穿插出妻子"哼！"的一声，脸部表情：委屈吃醋。

（二）（镜头）小女孩搭积木，搭出房子，指着说："这是我的家。"

终于，有了自己的家，（镜头）结婚时夫妻进新家的镜头，才发现家原来就是：富之岛（题外音）。（镜头）富之岛字样及 CI。

●家、春、秋篇

创意来源：家具首先给人"家"的感觉。本案就利用家的感觉做广告，利用一家三口对"家"的感受演绎"富之岛"。

诉求目的：品牌诉求

广告场景：

（一）父亲篇：一个男人在下班的路上，说："作为一个现代都市人，压力很大，每天下班后我都渴望回到自己的家，因为家里有了它（想象一家人在摆放富之岛家具的房子里的和谐镜头），它让我爱家。"

（二）母亲篇：一位妇女在从厨房端菜到餐厅，说："同事们都羡慕我是个幸福的女人，因为我有了富之岛家具。"

（三）儿子（5~6岁）篇：我爱爸爸，我爱妈妈，我爱富之岛！

最后一家三口在沙发和睦的镜头。

出现富之岛 CI 及"富之岛"家具字样。

●"芝麻开门"篇

创意来源："芝麻开门"让你想到了什么？首先在我们的脑中出现的是财富。所以在中国人的潜意识中芝麻开门等于财富。再加上"芝麻开门"这个典故在中国家喻户晓，广告较易接受。

诉求目的：品牌诉求，富之岛就是财富的象征。

广告场景：

在十三大盗的宝藏洞前，阿里巴巴和他的驴子在门口看着大门，阿里巴巴一脸的兴奋，说（清嗓）："芝麻开门。"大门打开，里面是富之岛的家具。阿里巴巴很是兴奋，他的驴子也受感染似的"喔，喔"地叫（可全为动画或驴子为动画制作，开门动画可参见"传奇"的大门开门镜头）。

◆平面广告创意

●寻找篇

创意来源：利用大众的猎奇心，来宣传品牌。

诉求目的：品牌诉求

策划过程：此平面广告适合在北京、上海、广州等特大城市室外做，如路牌、公交车站台、公交车身等。分为两个部分：悬念篇和答案篇。时间安排：悬念篇在9月展示，持续三个月；答案篇在三个月后的同一地方展出。

创意：悬念篇

背景：一幅中国地图（占篇幅的80%），一个大的问号

主题：悬赏寻找"富之岛"知情者

联系方式：E-mail：××，发短信至：××。公司CI在角落出现。

◆奥运广告

奥运广告是在资金足够的情况下或与前面的广告错开进行。

◆事件广告

事件广告是企业应用突发事件或企业故意制造事件，以便引起媒体的跟踪炒作，从而达到宣传的目的。事件广告更具有轰动性、真实性、可信性，更容易树立企业形象，给消费者留下深刻印象，更容易让消费者相信事件广告的真实性。其缺点是素材比较难制造，且过程难控制，结果难预测，其就像把"双面刃"，往往很容易伤害到自己。

◆雅典奥运事件广告

2004年1月7日初稿

2004年4月23日第四次稿备注：

1. 公司现状指的是2003年8月时的现状。

2. 其主要原因有四点：公司新的定价政策、新产品自身优势、新的营销政策、统一装修和统一摆场配货。

3. 公司产品在哈尔滨2003年的销售受经销商控制。

4. 其模式可以采用"大富豪（富之岛）百城让利大酬宾"促销活动策划方案，将"大富豪（富之岛）百城让利大酬宾"类似的促销活动作为长期的促销计划。

5. 本次广告费用暂为年度销售额的×%，通过本次广告将计算出今后每年的广告预算公式。

6. 详情请参见附录。

第七章　企业商务公关文案

一、商务消息

（一）概念及特点

商务消息是以叙述为主要表现手法，反映新近发生的重要商业事务的简短新闻报道。商务消息是商务新闻文体中使用量最大的一种基本体裁，它和商务通讯在某种意义上可以被视为"软广告"。

商务消息具有这样几个特点：

（1）真。以事实说话，通过新鲜、具体的事实来表现主题。

（2）新。一般是新近发生的，同时也要求在内容上求新。

（3）活。写作生动活泼、引人入胜，内容上要抓住最精彩的事实，形式上要用最精彩的语言。

（4）短。篇幅大多简短，行文讲究简洁、精练，以利于快捷传播。

（5）快。讲究传播速度的及时。

（二）结构

1. 标题

以明确的语言概括全文的内容，开篇明旨，点明思想意义，要求准确、鲜明、生动。

2. 导语

要求用最简洁的文字概括最新鲜、最重要的商务事实或全文的主题，以引起读者的注意，留下深刻的印象。语言要求凝练、醒目。常见的导语写法有直叙式、描写式、引语式、提问式、评论式和对比式等。

3. 主体

用充实、典型的材料，印证导语中的提示，或回答导语中提出的问题，对导语中已披露的新闻要素做进一步的解释、补充和扩展。主体的结构安排可以依照时间顺序或逻辑顺序；选取的材料必须客观真实，具有说服力，要求观点鲜明、内容充实、层次分明，一定要具备"何时，何地，何人，何事，何故"这五要素。

4. 背景

即商务消息涉及的有关历史、环境与客观条件的材料，简明的消息可以不要背景。

5. 结尾

一般篇幅较长的商务消息都有结尾，常见的结尾方式有小结式、展望式、号召式等。

商务消息越来越多地出现在各种媒体上，可以根据新闻写作本身允许的多样性进行写作。

范例：

"靓妆"化妆品系列
让您换一层年轻的皮肤

不知您是否注意到，最近的化妆品市场新杀出一匹"黑马"，它就是"靓妆"化妆品。

由广州莫薇化妆品有限公司研制成功的第二代化妆品——"靓妆"活细胞化妆品系列，是高科技生物技术与传统化妆品相结合的产物。在国内是首创，在国际上也是名列前茅。这种化妆品的最大特点是突破了第一代的局限，变被动的预防为主动的参与。

"靓妆"化妆品不仅具有加速皮肤和黏膜创伤的愈合、消炎止痛、防止溃疡的功能，而且能抑制粉刺、老年色斑的增长。

"靓妆"活细胞化妆品系列共有近20个品种：活细胞超级抗皱霜、活细胞丝素膏和蜜、活细胞增白霜、活细胞丝素洗面奶、活细胞丝素洗发精及护发素、沐浴剂、香水等。价格仅为进口同类商品的1/5。

您在本市友谊商场、惠普商厦等各大商店均可以购买到"靓妆"化妆品。

二、商务通讯

（一）概念

商务通讯是一种细致、形象地报道商务活动中人物、事件的一种商务写作体裁。它通常要比商务消息更为详细。

（二）结构

商务通讯的结构组成大致与商务消息类似，也可以根据内容的需要，采取灵活的布局。

1. 标题

要求与商务消息相同，多使用副标题。

2. 正文

商务通讯的材料要翔实具体，可以以事务发展的先后顺序为主线，也可以采取纵横兼备的线索，精心剪裁，写作中要特别突出精彩的细节。

3. 结尾

结尾可以提出号召，引起读者共鸣；也可以给读者留有回味的余地；或者以精辟的议论结尾，深化主题。

写作商务通讯，可以综合运用叙述、描写、抒情、议论等多种手法，使通讯更具文采。

（三）注意事项

撰写商务通讯时需要注意：

（1）商务通讯比商务消息更为详细；

（2）商务通讯的写作应突出精彩细节。

范例：

"卧龙"何以腾飞
——××部××厂成功之探秘

××年代建在××省伏牛山深处的××部××厂，今天神奇般屹立在××市的卧龙岗下，成为我国印刷感光器材生产的基地、××省利税百强企业。在社会主义市场经济的大潮中，他们越战越强的秘诀是什么呢？

企业要有一种精神

我们在这个厂采访时，干部职工介绍了他们如何适应市场需求调整产品结构；如何狠抓产品质量促进销售；如何狠抓科技进步……但更令人振奋的是职工们高昂的精神面貌和他们经常提到的企业精神——艰苦奋斗，团结进取。

企业精神从何而来

××厂的成功与职工们的精神面貌有重要关系，他们的企业精神又是从何而来的呢？

××厂的多数职工都有一段在艰苦环境下创业的历史，他们对工厂有很深的感情，这是很重要的一条。但从干部职工的谈话中可以看出，他们十分信赖自己的企业领导，对他们充满信心，这也是一条重要原因。

在从计划经济走向市场经济的转化中，企业领导人正确的决策是十分重要的，厂长×××对行业状况、发展、竞争对手的情况都很了解，因而有很强的市场驾驭能力。××厂的产品转向、技术改造、狠抓质量、开拓市场都渗透着他的领导班子的心血。一个能带领职工沿着正确的航向在市场经济的大潮中拼搏的厂长，自然会得到群众的信赖。当职工看到企业的美好前景及个人生活不断得到改善时，谁还会不努力工作呢？

三、商业计划书

（一）概念

商业计划书是一份全方位描述企业发展的文件，是企业经营者素质的体现，是企业拥有良好融资能力、实现跨越式发展的重要条件之一。一份完备的商业计划书，不仅是企业能否成功融资的关键因素，同时也是企业发展的核心管理工具。

商业计划书是企业或项目单位为了达到招商融资和其他发展目标的目的，在经过对项目调研、分析以及搜集整理有关资料的基础上，根据一定的格式和内容的具体要求，向读者（投资商及其他相关人员）全面展示企业或项目目前状况及未来发展潜力的书面材料。

无论是要把新的技术转变成新的产品，把新的设想发展成新的事业，还是把现有的企业进行一番改造又有新的发展，都离不开资金。在商品经济的社会，资金是一切企业生存和发展的命脉。当前银行对向企业贷款的态度日益谨慎，很多企业普遍感到申请资金已经成为日益困难的事情。特别是新企业和准备创立的企业更是感到一金难求。如何为企业找到所需要的资金是企业生存的关键所在。我们引用金融投资领域中常讲的一句话："寻找资金没有窍门，唯有好的想法、好的技术、好的管理、好的市场。"

（二）商业计划书的内容

1. 计划摘要

计划摘要列在商业计划书的最前面，它是浓缩了的商业计划书的精华。计划摘要涵盖了计划的要点，以求一目了然，以便读者能在最短的时间内评审计划并做出判断。

计划摘要一般要包括以下内容：公司介绍；主要产品和业务范围；市场概貌；营销策略；销售计划；生产管理计划；管理者及其组织；财务计划；资金需求状况等。

在介绍企业时，首先，要说明创办新企业的思路，新思想的形成过程以及企业的目标和发展战略。其次，要交代企业现状、过去的背景和企业的经营范围。在这一部分中，要对企业以往的情况做客观的评述，不回避失误。中肯的分析往往更能赢得信任，从而使人容易认同企业的商业计划书。最后，还要介绍一下创业者自己的背景、经历、经验和特长等。企业家的素质对企业的成绩往往起关键性的作用。在这里，企业家应尽量突出自己的优点并表示自己强烈的进取精神，以给投资者留下一个好印象。

在计划摘要中，企业还必须要回答下列问题：①企业所处的行业，企业经营的性质和范围；②企业主要产品的内容；③企业的市场在哪里，谁是企业的顾客，他们有哪些需求；④企业的合伙人、投资人是谁；⑤企业的竞争对手是谁，竞争对手对企业的发展有何影响。

摘要要尽量简明、生动，特别要详细说明自身企业的不同之处以及企业获取成功的市场因素。如果企业家了解他所做的事情，摘要仅需两页纸就足够了。如果企业家不了解自己正在做什么，摘要就可能要写20页纸以上。

2. 产品（服务）介绍

在进行投资项目评估时，投资人最关心的问题之一就是风险企业的产品、技术或服务能否以及在多大程度上解决现实生活中的问题，或者风险企业的产品（服务）能否帮助顾客节约开支、增加收入。因此，产品介绍是商业计划书中必不可少的一项内容。通常，产品介绍应包括以下内容：产品的概念、性能及特性；主要产品介绍；产品的市场竞争力；产品的研究和开发过程；发展新产品的计划和成本分析；产品的市场前景预测；产品的品牌和专利。

在产品（服务）介绍部分，企业家要对产品（服务）做出详细的说明，说明要准确，也要通俗易懂，使不是专业人员的投资者也能明白。产品介绍都要附上产品原型、照片或其他介绍。一般地，产品介绍必须要回答以下问题：①顾客希望企业的产品能解决什么问题，顾客能从企业的产品中获得什么好处；②企业的产品与竞争对手的产品相比有哪些优缺点，顾客为什么会选择本企业的产品；③企业为自己的产品采取了何种保护措施，企业拥有哪些专利、许可证，或与已申请专利的厂家达成了哪些协议；④为什么企业的产品定价可以使企业产生足够的利润，为什么用户会大批量地购买企业的产品；⑤企业采用何种方式去改进产品的质量、性能，企业对发展新产品有哪些计划等。

产品（服务）介绍的内容比较具体，因而写起来相对容易。虽然夸赞自己的产品是推销所必需的，但应该注意，企业所做的每一项承诺都要努力去兑现。要牢记，企业家和投资家所建立的是一种长期合作的伙伴关系。空口许诺，只能得意于一时。如果企业不能兑现承诺，不能偿还债务，企业的信誉必然要受到极大的损害。

3. 人员及组织结构

有了产品之后，创业者第二步要做的就是结成一支有战斗力的管理队伍。企业管理的好坏，直接决定了企业经营风险的大小。而高素质的管理人员和良好的组织结构则是管理好企业的重要保证。因此，风险投资家会特别注重对管理队伍的评估。

企业的管理人员应该是互补型的，而且要具有团队精神。一个企业必须要具备负责产品设计与开发、市场营销、生产作业管理、企业理财等方面的专门人才。在商业计划书中，必须要对主要管理人员加以阐明，介绍他们所具有的能力，他们在本企业中的职务和责任，他们过去的详细经历及背景。此外，在这部分商业计划书中，还应对公司结构做简要介绍，包括：公司的组织机构图；各部门的功能与责任；各部门的负责人及主要成员；公司的报酬体系；公司的股东名单及其认股权、比例和特权；公司的董事会成员；各位董事的背景资料。

4. 市场预测

当企业要开发一种新产品或向新的市场扩展时，首先，就要进行市场预测。如果预测的结果并不乐观，或者预测的可信度让人怀疑，那么投资者就要承担更大的风险，这对多数风险投资家来说都是不可接受的。市场预测首先要对需求进行预测：市场是否存在对这种产品的需求；需求程度是否可以给企业带来所期望的利益；新的市场规模有多大；需求发展的未来趋向及其状态如何；影响需求都有哪些因素。其次，市场预测还要包括对市场竞争的情况——企业所面对的竞争格局进行分析：市场中主要的竞争对手有哪些；是否存在有利于本企业产品的市场空当；本企业预计的市场占有率是多少；本企业进入市场会引起竞争者怎样的反应，这些反应对企业会有什么影响等。

在商业计划书中，市场预测应包括以下内容：市场现状综述；竞争厂商概览；目标顾客和目标市场；本企业产品的市场地位；市场特征等。风险企业对市场的预测应建立在严密、科学的市场调查基础上。风险企业所面对的市场，本来就有更加变幻不定的、难以捉摸的特点。因此，风险企业应尽量扩大收集信息的范围，重视对环境的预测和采用科学的预测手段和方法。创业者应牢记的是，市场预测不是凭空想象出来的，对市场错误的认识是企业经营失败的最主要原因之一。

5. 营销策略

营销是企业经营中最富挑战性的环节，影响营销策略的主要因素有：①消费者的特点；②产品的特性；③企业自身的状况；④市场环境方面的因素。最终影响营销策略的则是营销成本和营销效益因素，在商业计划书中，营销策略应包括以下内容：①市场机构和营销渠道的选择；②营销队伍和管理；③促销计划和广告策略；④价格决策。对创业企业来说，由于产品和企业的知名度低，很难进入其他企业已经稳定的销售渠道中去。因此，企业不得不暂时采取高成本低效益的营销战略，如上门推销，大打商品广告，给批发商和零售商让利，或交给任何愿意经销的企业销售。对发展企业来说，它一方面可以利用原来的销售渠道，另一方面也可以开发新的销售渠道以适应企业的发展。

6. 制造计划

商业计划书中的生产制造计划应包括产品制造和技术设备现状、新产品投产计划、技术提升和设备更新的要求、质量控制和质量改进计划。

在寻求资金的过程中，为了增大企业在投资前的评估价值，创业者应尽量使生产制造计划更加详细、可靠。一般地，生产制造计划应回答以下问题：企业生产制造所需的厂房、设备情况如何；怎样保证新产品在进入规模生产时的稳定性和可靠性；设备的引进和安装情况如何，谁是供应商；生产线的设计与产品组装是怎样的；供货者的前置期和资源的需求量；生产周期标准的制定以及生产作业计划的编制；物料需求计划及其保证措施；质量控制的方法是怎样的；相关的其他问题。

7. 财务规划

财务规划需要花费较多的精力来做具体分析，其中就包括现金流量表、资产负债表以及损益表的制备。流动资金是企业的生命线，因此企业在初创或扩张时，对流动资金需要有预先周详的计划和进行过程中的严格控制；损益表反映的是企业的盈利状况，它是企业在一段时间运作后的经营结果；资产负债表则反映在某一时刻的企业状况，投资者可以用资产负债表中的数据得到的比率指标来衡量企业的经营状况，以及可能的投资回报率。

财务规划一般要包括以下内容：商业计划书的条件假设；预计的资产负债表；预计的损益表；现金收支分析；资金的来源和使用。

可以这样说，一份商业计划书概括地提出了在筹资过程中创业者需要做的事情，而财务规划则是对商业计划书的支持和说明。因此，一份好的财务规划对评估风险企业所需的资金数量，提高风险企业取得资金的可能性是十分关键的。如果财务规划准备的不好，会给投资者以企业管理人员缺乏经验的印象，降低风险企业的评估价值，同时也会增加企业的经营风险，那么如何制定好财务规划呢？这首先要取决于风险企业的远景规划——是为一个新市场创造一个新产品，还是进入一个财务信息较多的已有市场。

着眼于一项新技术或创新产品的创业企业不可能参考现有市场的数据、价格和营销方式。因此，它要自己预测所进入市场的成长速度和可能获得的纯利，并把它的设想、管理队伍和财务模型推销给投资者。而准备进入一个已有市场的风险企业则可以很容易地说明整个市场的规模和改进方式。风险企业可以在获得目标市场的信息的基础上，对企业头一年的销售规模进行规划。

企业的财务规划应保证和商业计划书的假设相一致。事实上，财务规划和企业的生产计划、人力资源计划、营销计划等都是密不可分的。要完成财务规划，必须要明确下列问题：①产品在每一个期间的发出量有多大；②什么时候开始产品线扩张；③每件产品的生产费用是多少；④每件产品的定价是多少；⑤使用什么分销渠道，所预期的成本和利润是多少；⑥需要雇用哪几种类型的人；⑦雇用何时开始，工资预算是多少等。

范例：

深圳××ERP数据系统商业计划书

一、项目介绍

（一）系统介绍

ERP系统是用于生产企业作业计划与调度监控的计算机集成管理系统，该系统尤其适用于单件小批生产模式的企业。在由市场需求决定企业生产方式的今天，以多品种、小批量的生产方式生产的产品占世界总产量的70%。ERP系统以制定最佳作业计划为目的，可根据保证交货期或设备负荷率均衡等14项既定优化目标，实现生产过程自动、优化排序和监控，从而保证车间的生产运作过程达到最佳状态。（其他略）

（二）系统核心内容（略）

二、行业背景

（一）欧美企业管理软件（MRPⅡ和ERP）（略）

（二）MRPⅡ在中国的应用现状和教训（略）

（三）其他国产管理软件（略）

（四）研究进展（略）

（五）本系统在同类软件中的地位（略）

三、市场分析与营销

（一）需求情况（略）

（二）市场预测（略）

（三）营销方式（略）

四、项目实施计划

（一）公司的组织结构

ERP的推广工作有必要通过组建专门的专业技术公司来进行。公司的高层负责人至少2人，分别负责市场营销计划和产品技术支持；公司中层负责人先设2人，作为具体项目负责人。随着业务开展的扩大，逐渐增加项目负责人。营销人员先招4人，视业务发展再行增加。

（二）投资预算（略）

五、后续发展计划

（一）产品的进一步开发

1. 在 ERP 系统的基础上开发通用性产品

当前 ERP 系统仅面向制造业，但在其先进的程序设计思想基础上，我们准备开发新的应用软件领域，即面对不同行业的、通用性的"规划和调度控制系统"类软件。这类软件可广泛应用于建筑业、物流中心、百货商场（尤其适用于连锁店分销）、货物配载等。

我国建筑业的物料管理、施工进度、动态监控与修正方面仍大量依赖人工作业，效率低，耕作量大，精确度低，造成物料采购、进仓、发料上的浪费和资金积压；因主客观因素变动造成施工进度调整，无法保证工期。使用 ERP 系统将大大提高耕作效率，杜绝浪费，在最短时间内随时修正进度计划，对提高我国建筑业的管理水平将起到极大的促进作用。

随着互联网应用的深入发展，物流配送系统已成为电子商务发展的瓶颈。只有建立全国性和大区域性的物流配送中心，才能发挥电子商务的优势，而物流配送中心所要求的高强度运算任务，是目前国内自主开发的软件难以承担的。美国知名企业的现成电子商务解决方案，也不适应国内交通、搬运、仓储、分送体系的需要，最重要的是价格超出国内的承受能力。将××略做改型，将完全适合国内物流配送中心的需要，价格上具有独占性的竞争力。

2. 集成为有东方特色的企业资源规划软件

以 ERP 为核心，我们可以很容易地集成进销存、账务处理、固定资产管理、现金流量管理、信息系统模块，发展成为中国独有的企业资源规划系统，依靠低成本占领 ERP 的低端市场。

（二）配套服务计划

鉴于在国产财务软件基础上开发的管理软件存在生产管理与控制方面的缺陷，公司也可考虑与其他厂家联盟，与财务软件捆绑销售，实现国产管理软件的配套升级，从而取得更高的附加值。

深圳××科技有限公司
20××年×月×日

四、商务接待方案

（一）商务接待方案的含义

商务接待方案也称接待工作方案，是指在生产厂家代表、客商或上级主管部门代表到来之前，企业的有关部门准备怎样做好接待工作，并事先拟出接待的安排日程、活动内容、参加者、次数、规格等的书面材料，呈报单位主管领导，经审批同意后，即按安排进行的一种计划类的文书。

（二）商务接待方案的格式与写法

1. 标题

标题通常包括以下三种写法：

（1）接待××代表团前来洽谈业务的方案；

（2）××代表团前来洽谈业务的接待方案；

（3）对××代表团前来洽谈业务的接待方案。

2. 正文

正文通常包括以下内容：

（1）说明是应我方邀请，还是来访者的要求；

（2）来访者的职务、人数、负责人，访问时间、目的、对象、任务等；

（3）接待工作的原则及具体接待安排；

（4）结束语，一般以"以上安排妥否，请批示"之类的句子作为结束语。

3. 附件

附件要求说明接待人员及客人名单。

4. 落款

落款通常包括以下内容：

（1）编制接待方案书的部门名称；

（2）编制接待方案书的日期。

范例：

×××酒业公司总经理前来洽谈业务的接待方案

应我公司的热情邀请，×××酒业公司总经理××等3人，将于本月6日到达我公司进行业务洽谈，时间暂定为3天。

该公司是我国西南地区的酒类生产大型企业，产品在国内外市场上一直供不应求。该公司与我公司已有多年的业务联系，系供应我×××酒的唯一厂家，对我公司业务往来积极，态度友好，每年均与我公司有成交实绩。

对他们此次前来洽谈业务，我方拟本着友好、热情、多做工作的精神予以接待，望洽谈卓有成效。具体安排如下：

（1）客人抵离沪时，由有关业务人员迎送。

（2）由我公司总经理、副总经理会见并宴请两次。

（3）由我方总经理负责与其洽谈。

（4）客人在沪期间适当安排参观游览、文化娱乐活动。

（5）客人在沪费用由我公司承担。

以上意见妥否，请公司领导小组指示。

附件：×××酒业公司客人名单

　　　本公司接待人员名单

上海××百货公司公关部

20××年××月××日

五、商务谈判方案

（一）商务谈判方案的含义

商务谈判方案是指对外贸易中的一方在与对方达成某种交易前，对所谈的项目、交易条件、谈判的方式、方法、步骤等可能出现的问题，做出相应的应变措施的一种计划类的文书。

（二）商务谈判方案的格式与写法

1. 标题

标题通常包括以下三种写法：

（1）内容＋文种；

（2）由谈判双方、谈判内容、文种组成；

（3）由介词"与"和谈判对手、谈判内容、文种组成，如"与M国N商社洽谈T商品的谈判方案"。

2. 正文

正文通常包括以下内容：

（1）主送机关，即负责审批的单位全称；

（2）开头；

（3）主体，写清谈判目的和谈判程序。

3. 落款

落款通常包括以下内容：

（1）编制方案书的企业名称；

（2）编制方案书的日期。

范例：

关于引进 K 公司矿用汽车的谈判方案

一、五年前我公司曾经经手 K 公司的矿用汽车，经试用后性能良好，为适应我矿山技术改造的需要，打算通过谈判再次引进 K 公司矿用汽车及有关部件的生产技术。K 公司代表于 4 月 3 日应邀来京洽谈。

二、具体内容

（一）谈判主题

以适当价格谈成 29 台矿用汽车及有关部件生产的技术引进。

（二）目标设定

1. 技术要求

（1）矿用汽车车架运行 15000 小时不准开裂。

（2）在气温为 40℃条件下，矿用汽车发动机停止运转 8 小时以上，在接入 220V 的电源后，发动机能在 30 分钟内启动。

（3）矿用汽车的出动率在 85% 以上。

2. 试用期考核指标

（1）一台矿用汽车试用 10 个月（包括一个严寒的冬天）。

（2）出动率达 85% 以上。

（3）车辆运行 375 小时，3125 公里。

（4）车辆运行达 312500 立方米。

3. 技术转让内容和技术转让深度

（1）利用购蹭台车为筹码，K 公司无偿（不作价）地转让车架、厢斗、举升缸、转向缸、总装调试等技术。

（2）技术文件包括图纸、工艺卡片、技术标准、零件目录手册、专用工具、专用工装、维修手册等。

4. 价格

（1）20××年购买 K 公司矿用汽车，每台 FOB 单价为 23 万美元；今天如果仍能以每台 23 万美元成交，那么定为价格下限。

（2）5 年时间按国际市场价格浮动 10% 计算，今年成交的可能性价格为 25 万美元，此价格为上限。

小组成员在心理上要做好充分准备，争取价格下限成交，不急于求成。与此同时，在非常困难的情况下，也要坚持不能超过上限达成协议。

（三）谈判程序

第一阶段：就车架、厢斗、举升缸、总装调试等技术附件展开洽谈。

第二阶段：商定合同条文。

第三阶段：价格洽谈。

（四）日程安排（进度）

4月5日上午9：00～12：00

下午3：00～6：00

为第一阶段；

4月6日上午9：00～12：00

为第二阶段；

4月8日19：00～21：00

为第三阶段。

（五）谈判地点

第一、二阶段的谈判安排在公司十二楼洽谈室；

第三阶段的谈判安排在××饭店二楼咖啡厅。

（六）谈判小组分工

主谈：张××为我谈判小组总代表，为主谈判。

副主谈：李××为主谈判提供建议，或见机而谈。

翻译：叶××随时为主谈、副主谈担任翻译，还要留心对方的反应情况。

成员A：负责谈判记录的技术方面的条款。

成员B：负责分析动向、意图，负责财务及法律方面的条款。

矿用汽车引进小组

20××年××月××日

六、商务谈判纪要

（一）商务谈判纪要的含义

商务谈判纪要是指企业按照谈判的实际情况，将谈判的主要议程、议题、涉及的问题、达成的结论及存在的分歧等加以归纳总结，整理成书面材料，经双方代表签字确认后，便成为正式的商务谈判纪要，它是一种记录性的文书。

（二）商务谈判纪要的格式与写法

1. 标题

标题通常是谈判双方企业名称加谈判项目加"会谈纪要"，例如，写成"××

股份有限公司和××股份有限公司关于合资建厂的会谈纪要",由于标题太长通常要分两行写,将企业名称放在第一行、谈判项目加"会谈纪要"放在第二行。

2. 正文

正文通常包括以下内容:

(1) 开头。谈判情况综述,包括谈判时间、地点、谈判双方国别、单位名称或谈判代表姓名、谈判目的、取得的主要成果或就哪些问题达成了初步协议。

(2) 主体。包括双方取得一致意见的主要目标及其具体事项,双方的权利和义务需要进一步磋商的问题,或为了留有余地,写明"对未尽事宜,另行协商"字样,以便以后具体化或更趋完善。

3. 落款

落款通常包括以下内容:

(1) 双方谈判代表签名;

(2) 谈判日期。

范例:

×××股份有限公司和×××股份有限公司
关于合资建厂的会谈纪要

×××股份有限公司(以下简称甲方)与×××股份有限公司(以下简称乙方)就建立合资公司一事于20××年××月××日在×××公司本部举行洽谈,在以"真诚合作,互利互惠,共同发展"为前提的基础上,就甲方和乙方的合作事宜达成如下共识:

一、投资总额、注册资本

双方初步讨论了合资公司的投资总额及注册资本,分别为×××万元和×××万元。

二、双方出资比例、出资方式

1. 出资比例

双方初步商定按甲乙双方各占合资公司注册资本的50%的出资比例建立合资公司。

2. 出资方式

甲方以土地作为出资的一部分,其余以现金作为出资,如与×××高新技术产业开发区(以下简称为开发区)商谈土地价格时,应有乙方代表同时参加。

乙方以技术转让费作为出资的一部分,其余以现金作为出资,至于技术转让费的作价，有待于将来谈判时确定。

三、公司名称

×××有限责任公司。

四、董事会及董事

董事会由双方各出×名董事组成，共×人。

甲方建议董事会设董事长和副董事长各1人，由甲、乙双方每×年轮换担任，每一个×年董事长由甲方担任，副董事长由乙方担任。为避免董事会表决时出现僵局，双方对不同重要程度的事项的决策办法在合资公司章程中确定。

五、总经理、经理层

甲方建议合资公司设总经理和副总经理各1人，第一个×年总经理由乙方提名，董事会任命，副总经理由甲方提名，董事会任命。对总经理、副总经理的提名权每×年轮换一次。

六、合资公司的员工来源

甲方认为中国有十分丰富的劳动力资源，同时甲方承诺向合资乙公司提供部分熟练工人、精通业务的技术及管理人员。

七、产品及零配件报价（略）

八、商标

双方初步商定合资公司的商标需重新设计，但原则为：

（1）有利于合资公司形象的建立；

（2）有利于强化双方现有商标在中国市场的影响力。

九、产品销售

1. 国内销售

双方认为在合资公司建立的初期，合资公司的产品由甲方现有的销售网络代理。但合资公司应逐步培养自己的销售队伍。

2. 海外销售

乙方原则上同意其海外销售网络代理销售合资公司的产品。

十、合资公司年限

根据中国合资法律、法规，双方同意合资公司首期合作为×年，逾期双方可协商延长。

十一、厂址（略）

×××股份有限公司代表：   ×××股份有限公司代表：

（签字）   （签字）

20××年××月××日   20××年××月××日

七、商务谈判备忘录

（一）谈判备忘录的含义

商务谈判备忘录是用于业务磋商过程中或谈判过程中的一种揭示或记事性文书。它是指在业务谈判时，经过初步讨论后，记载双方的谅解和承诺，以作为进一步洽谈时参考的一种记事性文书。

（二）谈判备忘录的格式及写法

1. 标题

标题通常是固定的，如写成"备忘录"或"×××谈判备忘录"。

2. 正文

正文通常包括以下内容：

（1）谈判双方的情况包括双方国别、单位、名称、谈判代表姓名、会谈时间点、会谈项目；

（2）事项即双方通过谈判，各自做出的承诺。

3. 落款

落款通常包括以下内容：

（1）谈判双方企业名称；

（2）谈判双方代表人签字；

（3）备忘录的制定日期。

范例：

备忘录

中国××公司××分公司（简称甲方）与×国××公司（简称乙方）的代表于20××年××月××日在中国××市就兴办合资项目进行了初步的洽谈，双方相互交换了意见，达到了谅解，双方的承诺如下：

一、依据双方的交谈，乙方同意就合资经营××项目进行投资，投资金额大约×××万美元。投资方式待进一步磋商。甲方所用于投资的厂房、场地、机器设备的作价原则和办法，亦待进一步协商。

二、关于利润的分配原则，乙方认为自己的投入既有资金，又有技术，应该占60%～70%，甲方则认为应该按投资比例分配，没有取得一致意见。但乙方代表表示，利润分配比例愿意考虑甲方的意见，另定时间进行协商确定。

三、合资项目生产的××产品，乙方承诺在国际市场上销售产量的45%，甲方希望乙方提高销售额，达到70%，其余的在中国国内市场上销售。

四、工厂的规模、合营年限以及其他有关事项均没有详细地加以讨论，双方都认为待第二项事情向各自的上级汇报确定后，其他问题都好办。

五、这次洽谈虽未能解决主要问题，但双方都表达了合作的愿望。期望在今后的两个月内再行接触，以便进一步商洽合作事宜，具体时间待双方磋商后再定。

中国××公司××分公司　　　　　　　　　　×国××股份有限公司

代表×××（签章）　　　　　　　　　　　　代表×××（签章）

日期　　　　　　　　　　　　　　　　　　20××年××月××日

八、业务洽谈纪要

（一）业务洽谈纪要的含义

业务洽谈纪要是按照业务洽谈的实际情况，将洽谈的主要议程、议题、涉及的问题、达成的结论及存在的分歧等加以归纳总结，整理而成的书面材料。

（二）业务洽谈纪要的写法

1. 标题

买卖双方单位名称＋文种。

2. 正文

（1）前言。主要介绍甲乙双方简况及业务洽谈的缘由。

（2）主体。这是纪要的核心部分，须将洽谈的主要议程、议题、涉及的问题、达成的结论、存在的分歧以及双方提出的要求等加以归纳总结。

3. 结尾

写上甲乙双方的单位全称，盖章或签字认可，并写上日期及洽谈地点。

范例：

××贸易公司与××制造厂的购销业务洽谈纪要

××贸易公司（以下简称甲方）同××制造厂（以下简称乙方）就××产品的购销问题事宜，在上一次电话商谈的基础上进一步交换了意见，并达成以下结论：

（具体内容略）

甲方：　　　　　　　　　　　　　　　　　乙方：

××贸易公司　　　　　　　　　　　　　　××制造厂

（签章）　　　　　　　　　　　　　　　　　　　（签章）

　　　　　　　　　　　××××年××月××日　广州

九、专题活动策划

（一）概念

就企业而言，专题活动主要是指对外接待、参观、举办展览、庆典、记者招待会、竞赛、赞助等大型活动。而专题策划就是对上述这些活动所制定的行动计划。

（二）基本步骤

1. 选定主题

主题是对活动内容的高度概括，是整个策划的灵魂。要为广大公众接受，就必须首先选好主题。

2. 确定日期

日期的选择一般较为灵活（固定的纪念日除外），但策划人员首先要将日期和时间确定下来，以便做具体的时间安排，并将其列入组织计划中去。

3. 选择地点

策划人员在选择活动地点时必须考虑公众分布情况、活动性质、活动经费以及可行性等因素。

4. 通知参加者具体日程安排

（1）设计日程计划表，明确起止日期。只有明确起止时间，计划才算完整，在日期栏中明确每一天的活动项目。

（2）公众宣传日程。除节目内容和日期的安排外，许多公司同时也进行公众宣传方面的日程安排。

5. 费用预算

无论举办什么活动，都要考虑成本问题。策划人应计划如何用有限的资金支付各项费用；估计可能发生的各种支出，以呈报上级批准。一切可能的费用都应估计到。

6. 利用媒介扩大专题活动的影响力

专题活动虽然自身就是一种媒介，但为了进一步扩大活动的知名度和影响力，发挥专题活动的辐射功能，还需要借助各种大众传播工具，使之配合专题本身，创造专题活动的最大效益。

范例:

"让消费者满意"专题活动

[策划目标]

××××年,××集团公司在江苏服装市场上取得了骄人的业绩,××衬衫国内销售额为8000万元,其中省内销售额高达4000万元。××××年初,××集团把目光投放到邻近的浙江市场,决定主攻浙江市场,以杭州为突破口,以此带动周边中小城市市场,使××衬衫在浙江的销售额突破2000万元。

为此,我们策划了"让消费者满意"杭州系列公关活动。目的是扩大"××"品牌知名度并树立良好的品牌形象。

[背景分析]

通过对浙江服装市场的调查,我们认为:根据××衬衫的品质、价格及消费对象,浙江市场应以浙南市场为主,兼顾浙北市场,尤其应以杭州及邻近城市的消费市场为主攻目标。

××衬衫的主要销售对象是18岁以上的男性,购买对象则包括中青年妇女。

[行动方案]

公关活动的目的除了使目标群体直接受益外,更主要的是争取传媒尽可能广泛的报道,以使更多的人了解企业或品牌。我们选择了3月15日国际消费者权益日,推出"让消费者满意"系列公关活动。具体内容包括:

(1) 公司派技术人员,分赴杭州四大主要商场,为消费者"量体裁衣"。

(2) 公司总经理在杭州最大的百货商场举行坐堂服务,征集消费者对××衬衫的意见。

(3) 给3月15日出生的杭州市所有消费者发放"幸运消费者生日礼物",并赠送幸运卡及××衬衫产品质量跟踪卡。

第一项内容的思路是体现对消费者的"个别关怀";第二项内容是传达公司真切关怀消费者权益的心意;第三项内容是为了增加这次活动的趣味性,并给大范围的消费者带来实惠,激发他们对于品牌的亲近感。

为了使××企业形象和商标品牌在杭州深入人心,××集团还在广告和公关活动中投入了大量资金。

[具体的广告和公关活动](略)

[效果评估]

××集团这一系列构思巧妙、贴近消费者的活动,很快引起当地众多传媒的关注。在杭州几大商场,××衬衫的日销量急剧上升。据统计,×月"××"

衬衫在杭州的销售额已比上年同期增长四成。

十、公共事务宣传企划案

（一）撰写用途说明

公共事务（Public Relations，PR）已受到大家的重视，尤其是集团企业、大公司、大型企业等，均设有公共事务部（室）或对外关系部门等。其以专责专人方式做好对媒体、对消费者、对政府部门良好的公共关系。本案的用途在于：

（1）提供一个完整的年度公共关系企划，以合理的预算投入，建立各领域人员对本公司或本集团的良好印象与口碑。避免被消费大众认为富不仁或财大气粗的不好财团形象。

（2）良好的公共事务，就间接功能而言，还可以对公司长远营运发展带来良性效果。

（二）撰写资料来源

（1）本案主办部门大致以公司的公共事务部门、行销企划部门及会员经营处为主要撰写单位。

（2）若有委外公关公司办理，则该公司也会提出整个年度的 PR 计划案。

（3）另外公司的管理部门等也要提供支援。

（三）撰写应用到的理论名词

（1）公共关系（PR）；

（2）新闻稿（News Letter）；

（3）记者专访答复稿；

（4）公益活动（Welfare Activity）；

（5）企业公民形象（Corporate Citizen）；

（6）电视媒体（TV Media）；

（7）报纸媒体（NP Media）；

（8）广播媒体（RD Media）；

（9）杂志媒体（MG Media）；

（10）网站媒体（Web Site Media）；

（11）手机行动媒体（Mobile Media）；

（12）全球性媒体（International Media）。

范例:

公共关系（PR）企划案

本案系某大型银行信用卡部门年度"公共关系（PR）企划案"报告。

一、上年度公共关系活动检讨报告

（一）上年度投入的公共关系活动项目检讨

（二）上年度投入成本与效益分析

二、今年度公共关系活动计划报告

（一）与平面媒体记者公共关系的计划内容

（二）与电子媒体记者公共关系的计划内容

（三）与政府相关部门公共关系的计划内容

（四）与消费者团体公共关系的计划内容

（五）与社会大众公共关系的计划内容

（六）与公益团体公共关系的计划内容

（七）与内部员工公共关系的计划内容

（八）与卡友公共关系的计划内容

（九）与委外业务行销公司公共关系的计划内容

三、今年度公共关系总预算分项预算与分季预算

四、今年度公共关系活动的预计达成总目标与成本效益说明

十一、公司业务推广书

（一）公司业务推广书的含义

公司业务推广书是指公司向外推广其业务的书面材料。

（二）公司业务推广书的要求

无具体格式要求，但为了吸引客户，应简单明了地向客户介绍公司的业务业绩和水平，突出重点即可。

范例:

深圳市××实业有限公司室内（外）射箭场工程介绍

近年来，随着文化物质生活水平的不断丰富和提高以及"全民健身计划"

的蓬勃发展，室内（外）射箭运动作为一种素有高雅美称而全新的娱乐方式，在我国各地迅速崛起。在娱乐方式匮乏的今天，室内（外）射箭运动已成为娱乐业的新宠，群众性的射箭热潮方兴未艾，各省市要求投资开设射箭场馆的热情高涨，发展前景广阔，潜力巨大。

本公司是一家集科技开发、经销时尚娱乐休闲体育器材的专业公司；公司拥有一批高素质及专业技术的开发队伍和工程队伍，同时还聘请了国家射箭队和深圳射箭队的教练担任本公司的常年顾问。公司利用自身的优势和强大的技术力量，成功开发了全国唯一自动化室内射箭系统，受到体育界、娱乐界等方面人士的高度关注和认可。

本公司还代理韩国、法国、美国、日本名牌专业射箭器材及配件。

我公司集设计、建造、维修服务、管理于一身，可适应和满足用户的各种不同需要。几年来，我公司在各地承接的射箭馆工程已达 60 多个，其代表工程有：深圳市××室外射箭馆（6 条道）、深圳市××自动化室内射箭馆（7 条道）、深圳市规模最大的自动化室内射箭馆——××射箭俱乐部（23 条道）、深圳市××室外射箭馆（12 条道）、天津××室内射箭俱乐部（50 条道）、昆明××射箭俱乐部（18 条道）、上海××射箭俱乐部（17 条道），以及湖南、浙江、河北等射箭馆。

我们愿与各地客户精诚合作，我们将以一流的管理、一流的品质、一流的服务赢得您的信任和满意！

深圳市××实业有限公司

200×年×月×日

第八章 企业招投标公关文案

一、标书

（一）概念

标书是投标者发出投标申请书，经招标单位资格审查，准予参加投标后，按招标的要求向招标单位交送的文案。

（二）格式

标书通常由三部分构成：

（1）标书封面。包括招标单位名称、投标工程名称和负责人姓名以及标书投送时间。

（2）表头。表头包括标题、投标企业和其法人代表的双重签署及撰写时间等。

（3）正表。要求按招标文件明确各有关事项。

范例：

标书封面

（招标单位名称）：

现送上×××工程项目投标书正本一份，请审核。

投标单位： （章）

负责人：（职务） （章）

投标日期： 年 月 日

标　书

投标企业：　　　　　　　　（盖章）
投标企业负责人：　　　　　（盖章）　　　　年　月　日

投标工程	工程名称		建筑面积	
	建筑地点		结构类别	
	工程内容		设计图号	
标价	总造价			
	直接费			
	施工管理费			
	独立费			
	其他			
	材料差价			
开、竣工日期	开工	年　月　日	竣工	年　月　日
工程质量达到标准				
工程质量保证措施				
主要材料				
钢材				
木材				
水泥				
玻璃				
沥青				
说明				

二、招标公告

（一）概念

招标公告也称招标启事或招标通告，是将招标单位、招标项目、招标时间、招标步骤以及招标联系方法等通过媒体告诉广大公众，从而吸引更多的投标者。

（二）基本内容

招标公告通常由以下几部分构成：

（1）标题。标题由招标单位、招标事由和文种三部分组成，也可由招标单位和文种两部分组成，同时也可由招标单位直接组成。

（2）正文。正文的开头要写明招标的目的、招标的依据和招标的项目名称。正文的主体要详细说明招标的具体内容及有关事项。

（3）结尾。结尾要写清承办招标事项的具体单位。

范例：

××公司进口小麦竞价销售公告

时间：2001 年 2 月 20 日　　　　地点：××粮食交易市场

时间：2001 年 3 月 20 日　　　　地点：××粮油批发交易市场

为了丰富市场供应，××公司委托××粮食交易市场和××粮油批发交易市场分别于 2001 年 2 月 20 日、3 月 20 日举行中央储备进口小麦竞价销售。本次竞价销售的中央储备小麦品种为 1996 年进口的加拿大、美国和澳大利亚小麦。具有粮食经营资格的经营加工企业均可报名参加竞买，如需查询竞价销售的储存库点、品种、数量等情况，请与有关粮食批发交易市场联系。

各单位参加竞价交易的办法：

××粮食交易市场报名时间为 2001 年 1 月 25 日至 2 月 16 日，报到时间为 2 月 18 日和 19 日。交易代表 19 日看样、熟悉交易规则，20 日进行竞价交易。报到地点：××区××路 12 号（××大酒店）××粮食交易市场。

××粮油批发交易市场报名时间为 2001 年 3 月 5 日至 3 月 16 日，报到时间为 3 月 18 日和 19 日。交易代表 19 日看样、熟悉交易规则，20 日进行竞价交易。报到地点：××市××区××路×号××粮油批发交易市场。

交易代表报到时须携带"交易授权书"（略）和企业营业执照（复印件），并预缴交易资格保证金 10 万元和交易手续费 1 万元（竞价交易开市前资金必须到账），食宿费用自理。

大　　连	天　　津
报名电话：（0411）×××××××	报名电话：（022）×××××××
传　　真：（0411）×××××××	传　　真：（022）×××××××
账户名称：×××粮食交易市场	账户名称：××粮油批发交易市场
开户行：××××银行	开户行：××××银行
账号：××××××××××	账　　号：××××××××××
查询网址：www.cndnce.com	查询网址：www.tjlyxx.com.cn

·205·

交易授权书

兹授权＿＿＿＿＿＿为我单位的交易代表，全权代表我单位参加××粮食交易市场/××粮油批发交易市场组织的交易活动。

特此授权。

单位名称：（盖章）

法定代表签字：

年　月　日

三、招标文件

（一）概念

招标文件也就是招标书，招标文件是招标单位为了达到招标目的，对外公布的有明确招标内容和具体要求的说明性文书。通常来说，招标文件必须具备规范性、明确性、竞争性和具体性的特点。

（二）基本内容

招标文件通常由以下几部分组成：

（1）标题。招标文件的标题通常由招标单位全称、招标事由和文种三部分组成。

（2）受文单位。受文单位要写清招标单位的全称。

（3）正文。正文要写明招标项目的技术要求、对投标人资格审查的标准、投标报价和评标标准等要求。

（4）附件。

（5）落款。

范例：

招标文件

经××省计委计字［××××］××号文批准，×××公司拟兴建综合楼、住宅楼、仓库工程，建设前期工作已经完成。为了加快建设速度、确保工作质量、提高经济效益，经报请××省建委招标办审查批准，本工程决定采取邀请招标形式，在××单位主持下，择优聘请施工单位。

一、工程概况：××单位，××市××街综合楼、住宅楼、仓库工程，由××省勘测设计院设计，总面积为9809平方米，其中仓库3层，建筑面积2208平方米；

综合楼6层，建筑面积4218平方米；住宅楼7层，建筑面积3383平方米。平面组合形式详见总平面示意图，本工程仓库为桩基、框架结构，跨度12米，中间无柱；电梯间为钢筋混凝土墙板；综合楼为混凝土筏式基础，框架结构，底间有汽车库、门厅，6层有大会议室；住宅楼为混凝土筏式基础，底层框架，有商店，2层以上为砖混结构，门厅、会议室有一定建筑装修要求。详见设计施工图。

建设地点：××市××街。

二、工程内容：按照××设计院84785号施工图，本招标工程内容包括仓库、综合楼、住宅楼等单项工程的土建、水电安装、装饰建筑设施。另有基础土方运出，数量为1900立方米，运距7公里，施工楼所列货梯、电话总机和场外水电均由发包单位自理。仓库打桩工程已由发包单位与××公司经办，桩基技术资料在土建开工前由发包单位组织××公司向中标单位交底。

场内道路、围墙、大门等附属工程待设计出图后，再与中标单位另行签订承包合同。

三、工程承包及结算方式：本工程采取包工包料的承发包制，中标后另行签订发包合同，合同副本送有关部门备查。按中标价，一次包死。对于建设过程中发生的设计变更，根据增减数量按实调整。在合同履行期内，如遇国家统一调整预算定额和材料价格时，承包单位按文件规定及时交发包单位签认后，双方按规定执行。

四、材料供应：工程用料为钢材、木材、水泥及沥青、玻璃、油毡、马赛克，根据施工图预算所需数量，由发包单位分期分批供应实物，承包单位在本市指定地点自行组织提运、保管、使用。发包单位供应材料，承包方应保证专材专用，如遇材料规格品种不齐全，请承包方协助调剂。其他建筑材料由承包单位自行组织。发包单位供应材料在承包单位提运后按××地区建筑安装材料预算价格向承包单位结算。

五、工程价款：本工程材料预付款和工程进度款拨贷办法均按××省现行规定执行。

六、工程质量：本工程应严格按照我国现行施工验收规范和质量评定标准检查验收，若因施工过失发生质量事故，其返工损失由承包单位负责。

七、工期：本工程分别从基础土方开挖之日起，按日历天计算，综合楼和住宅楼工期不得超过10个月，仓库工期不超过1年，整个基础部分需在雨季之前完成。因发包单位供应材料、设计变更影响正常施工的，经双方确认后工期应予以延长。

八、奖惩：本工程有关工期和质量奖惩问题由承发包双方协商后签入经济合同中。

九、接本邀请书后请速来领取招标文件。

　　　　　　　　　　　　　　×××单位（盖章）

　　　　　　　　　　　　　　××××年××月××日

四、招标邀请通知书

（一）概念

招标邀请通知书是由招标单位邀请讲信誉、有实力、有经验的单位和个人参加某项工程或生产经营的投标所用的文案。

（二）基本内容

招标邀请通知书通常由以下几部分组成：

（1）标题。标题只需写文种即可。

（2）称谓。

（3）正文。正文要说明招标的依据及招标的具体事项。

（4）附件。

（5）落款。

范例：

招标邀请通知书

×××（单位名称）：

×× 工程是我省××××年重点计划安排的项目，经请示×××同意采用招标的办法进行发包。

你单位多年来从事××工程建设，施工任务完成得很好，对此，我们表示赞赏。

随函邮寄"×××工程施工招标书"一份。如同意，望于××××年××月××日到××月××日光临××招待所×楼×号房间领取"投标文件"，并请按规定日期参加工程投标。

招标单位：××省××厅××处招标办

地址：××省××市××路××号

联系人：×××

电话：×××××××××

邮编：××××××

××省××厅××处招标办

××××年××月××日

五、招标技术质量要求书

（一）概念

招标技术质量要求书是就招标项目提出详细、明确的技术质量要求的技术性文案，是中标后签订合同的重要依据，也是验收时的重要依据。因此，招标技术质量要求书通常要由专业人员来撰写。

（二）基本内容

招标技术质量要求书通常由标题、正文和落款三部分组成：

（1）标题。标题可由事由和文种组成。

（2）正文。正文撰写时的专业术语要准确、规范，引用的相关材料不能有误差，并要注明文件出处。

（3）落款。由招标办事机构签署，并写明制文时间。

范例：

招标技术质量要求书

根据此次招标"在关键零部件的质量与成本的问题上，以提高质量为主"的总要求，对招标的零部件的技术质量具体要求按下列标准执行。

一、技术质量的依据：

（一）中华人民共和国国家标准 GB3563—3593—83《自行车标准》。

中华人民共和国轻工部部颁标准 QB68—93—73《自行车标准》。

（二）与本次招标的零部件有关的本厂企业标准。

二、考虑到××牌自行车的电镀件的质量较差，在群众中有一些反映，根据产品质量和性能的要求，解决电镀件原则上按照轻工部部颁标准 QB72—73《自行车电镀》执行，并做如下几点具体要求：

（一）镀铬件分三级要求。

一级件：车圈、车把身、左右闸把、曲柄、铃盖等。

二级件：链轮、前后花盘、涨闸身、抱闸盒、前后闸叉、钳形闸、左右闸叉、叉肩罩、灯架、锁母、把心丝杆、衣架、辐条、单支架等。

三级件：保险叉腿、脚蹬内外板、前后闸拉管接头、前后闸拉管、前叉上下碗、鞍管及脚蹬内外板、脚蹬管等。

（二）镀锌件分二级。

一级件：对于原部标规定的一级镀锌件按三级镀铬处理。

二级件：原则上不做变动。

（三）其他需要电镀的零件，其级别按产品图中规定执行。

三、热处理的零部件按照轻工部部颁标准 QB73—73《自行车热处理》的规定执行，其主要要求有：

（一）轴档、轴碗硬度≥HRA79°。

（二）A 型轴辊硬度≥HRA70°。

（三）B 型轴辊硬度≥HRA78°。

（四）前叉上下挡硬度≥HRA75°。

（五）脚蹬左右轴挡碗硬度≥HRA75°。

（六）链条销轴硬度≥HRA72°。

（七）链条衬圈硬度≥HRA62°。

（八）链条滚子硬度≥HRA67°。

（九）飞轮外滚、千斤硬度≥HRA75°。

（十）飞轮平挡、丝挡硬度≥HRA68°。

（十一）所有以上零件的耐磨性、韧性的指标均按 QB73—73《自行车热处理的规定》执行。

（十二）其他必须热处理的零件按产品图纸要求生产。

四、氧化处理的零部件按照轻工部部颁标准 QB75—73《自行车氧化处理的规定》执行，主要氧化零件有轴、挡、碗、防尘盖、飞轮外套、手挡、丝挡、链条外片等。关于质量指标，仍按上述部标执行。

五、考虑到自行车的强度和性能直接影响到用户的人身安全，有必要特别提出招标的所有零部件必须符合中华人民共和国国家标准 GB3565—83《自行车安全要求》。

六、所有招标零部件的质量测试，除标准件或通用指标（如热处理硬度）外，仍按中华人民共和国国家标准 GB3567—83《自行车零部件主要技术条件试验方法》进行测试，测试指标按产品图纸规定执行。

七、其他技术条件要求按产品图纸规定执行。

八、检测单位：本厂鉴定室、××厂鉴定室（委托）、市质检站（委托）、一机部材保所（委托）。

××厂招标办

××××年×月×日

六、投标申请书

（一）概念

投标申请书是投标人根据招标项目及相关要求，对投标项目技术、质量等进行详细说明的技术性文案。

（二）基本内容

投标申请书通常由以下几部分组成：

（1）标题。标题可由事由和文种组成。

（2）正文。正文要表明投标的意愿和投标相关保证事项。

（3）落款。由招标办事机构签署，并写明制文时间。

（4）附件。

范例：

投标申请书

××市招标投标管理办公室：

我单位根据现有施工能力，决定参加××项目工程投标，我方保证达到招标文件的有关要求，遵守其各项规定。

特此申请。

附：《投标企业简介》

投标单位：××建筑安装工程公司（章）

负责人：×××（章）

××××年××月××日

七、招股说明书

（一）招股说明书的含义及作用

招股说明书也叫入股说明书或招股章程。它是股份有限公司对本公司股票及股票发行方面的有关事宜进行详细说明和介绍的书面材料。

招股说明书在社会经济生活中起着重要的作用。随着商品经济的不断发展，股票成为收集闲散资金并使之成为经济建设投资的重要手段。这对整个国民经济的发展将有重大的意义。特别是目前国有企业正逐步向股份制企业过渡，这是经济发展的必然趋势，是深入改革的重要标志。股份制企业可以改变以往由国家大包大揽、企业领导不负责任、工人也缺乏主人公责任感的局面。可以调动领导和工人两方面的积极性，使企业的经营管理趋于完善，有效地参与竞争，这样可促进整个国民经济的高速发展。招股说明书在股份制中起重要作用，它能对发行股票的公司企业的状况做较详细的介绍和说明，也对发行的股票类别、面值、数额等做详细的解释，这些都是股票购买人急需了解后才能做出决定的必要条件。写好招股说明书是股票发行必不可少的工作。

（二）招股说明书的写作

由于股票发行的范围不同，招股说明书的写法也有差别。招股说明书一般分为两种：一种是在本公司内部发行的股票，这种招股说明书叫内部招股说明书；另一种是面向社会发行的股票，这种招股说明书为社会招股说明书。

1. 内部招股说明书的结构环节

（1）标题。由公司名称和招股说明书两部分组成，如《××省汽车工业股份有限公司招股说明书》。也有的简写为《招股说明书》。

（2）正文。由于股票发行限定公司内部人员，而公司内部人员对本公司的各方面情况比较了解，所以内部招股说明书的写作就比较简单。它一般包括以下几方面的内容：①编制招股说明书的目的。介绍目的是为了让投资者了解本公司发行股票的有关情况以吸引投资者入股。②股票发行总额、股票种类、股票面值。③股份组成比例。④股票发行范围及入股限额。⑤发行方法、发行机关及时限。⑥收益分配。⑦股票的转让。⑧认为有必要向投资者说明的其他事宜。

（3）落款。写明股份公司的全称（标题中已有股份公司全称的可省略）及日期。

2. 社会招股说明书的结构环节

社会招股说明书的结构也由标题、正文、落款三个部分组成。其中正文部分的内容比较详细，这是因为社会招股说明书的对象是广大社会公众，而广大社会公众对公司又缺乏了解。要想取得更多的认购者，就必须在招股说明书中做出必要的、详尽的介绍，让公众对该公司有充分的了解，以消除认购者的疑虑，产生认购股票的极大欲望。

正文一般要有以下内容：

（1）概况部分。包括公司的简史、现在经营的业务及业务范围、主要产品、生产能力、市场销售情况、注册资产、主要资产、人员素质构成、技术力量、社会情况等。

（2）发售新股票部分（如是新成立的股份公司就是股票发行情况）。包括：①股票发行总额、股票种类、股票面值。②股份组成比例。③股票发行范围及入股限额。④发行方法、发行机关及时限。⑤收益分配。⑥股票的转让。

（3）前景展望部分。这是对公司经营活动及经济效益的基本估计。包括：①市场预测。②新产品及新的经营项目开发计划。③生产经营发展规划。④主要经济指标的测算。

（4）其他部分。招股说明书认为有必要向投资者说明的其他事宜及有关的附件。

（三）注意事项

（1）写作招股说明书是一件政策性很强的工作，在写作时，要掌握和了解国家有关的政策，按政策办事。所写招股说明书的条款，一定要符合政策规定，不允许任何违反法规的情况发生。特别是招股说明直接关系到经济利益的分配，更要防止为牟取暴利而违反政策的现象发生。

（2）招股说明书中所涉及的各项内容要真实准确、确凿可靠。写作时要本着实事求是的原则，如实地向投资者说明有关的情况，不能为了获取资金而弄虚作假，欺骗公众。对一些还没有把握的内容，一定要调查测算清楚后再写入条款。对此不能含糊。

（3）招股说明书是面向社会公众发布的一种应用文体，阅读者的文化层次会有很大的差距。因此在写作时，语言要平实准确、通俗易懂。特别是一些专用术语的使用更应精确，以免造成歧义。甚至在写作时，要求具有规范性，遵循一定的格式，这样更易准确地传递信息。

范例：

××电装自动化控制设备厂股票发行简章

经××公司经理批准，××电装公司组建的××电装自动化控制设备厂是经济体制改革、金融体制改革的新尝试，它以"股本"形式筹集资金、经营生产、自负盈亏，具有法人资格，经中国人民银行××市分行批准，暂先在自控厂（含电装公司，下同）内部发行自控厂股票。

第一条　股票名称为"××电装自动化控制设备厂股票"。

第二条　股票种类：普通股、优先股、财产股。

（1）××公司所认购公股为普通股。本厂视股票市场情况，可适当调整公股和私股比例，减少公股份额。

（2）优先股：内部职工认购的股票为优先股，有优先分配股利和剩余财产的权利，采用累积优先股形式，如本年度未能保红时，用下年度红利支付。

（3）财产股票：自控厂以股票形式的联营、合营、合资等单位向个人收购各类资产（含有形资产和无形资产），此类股票称为财产股票。财产股票的股息及红利比例按协议另定。

第三条　经政府有关部门批准，自控厂股份总额为100万元，前期先发行50万元，股票面值200元，共5000股，编号发行。

第四条　自控厂股票经中国人民银行××市分行批准，自行发行。股票发行日期届时公告。股票的股息、股利等事宜按"自控厂章程"有关规定由自控厂财务部执行。

（1）股红的分配时间、额度、每股净利额均须自控厂董事会决定宣布。

（2）在股票"过户截止日"之前办理退股手续者，视作放弃红利，不再分配股红。

（3）自控厂董事会可根据发展需要，将净收益中应用于股红分配基金的一部分或全部作为股红分配发放，但不得侵犯股东权益。

八、招标申请书

（一）招标申请书的含义

招标申请书是由招标单位填报上级主管部门中投标处和招标处联合审批的一种文案。

（二）招标申请书的写法

招标申请书通常由以下几部分组成：

（1）标题。标题由事由和文种两部分组成。

（2）受文单位。受文单位要写清招标单位的全称。

（3）正文。正文要写明招标的具体要求。

（4）附件。

（5）落款。

范例：

招标申请书

_____系统各单位、机关各部门：

为了搞活企业，根据中共中央《关于经济体制改革的决定》精神，决定_____厂实行租赁经营，特通告如下：

一、租赁期限定为_____年，即从_____年_____月起至_____年

_____月底止。

二、租赁方式，可以个人承租，也可以合伙承租或集体承租。

三、租赁企业在_____系统实行公开招标。投标人必须符合下列条件：

1. _____系统的正式职工（包括离退休职工）；

2. 具有一定的文化水平、管理知识和经营能力；

3. 要有一定的家庭财产和两名以上有一定财产和正当职业的本市居民作为保证人（合伙、集体租赁可不要保证人）。

四、凡愿参加投标者，请于_____年_____月_____日至_____月_____日至_____处申请投标，并领取标书。七日内提出投标方案。_____月_____日进行公开答辩，确定中标人。

五、_____公司招标办公室为投标者免费提供咨询服务。

地点：_____

咨询服务时间：_____年_____月_____日至_____日

上午：9：00 ~ 11：00

下午：13：00 ~ 17：00

联系电话：_____

联系人：_____

_____年_____月_____日

九、招标书

（一）招标书的含义

招标书是现代企业引入的一种竞争机制。招标书通常分为公开招标、书面通知招标和议标。招标书具有明确性、竞争性和具体性的特点。

（二）招标书的内容及写法

招标书通常由以下几部分构成：

1. 招标公告

招标公告由标题、正文和落款三部分组成。

（1）标题。由招标单位名称及文种构成。

（2）正文。正文由前言、主体和结尾组成。前言要写明招标单位的基本情况和招标目的。

（3）落款。落款要写明指定招标公告的日期。

2. 内部招标文件

内部招标文件主要包括招标章程、投标企业须知、技术质量要求、购销合同四种。内部招标文件由标题和正文两部分组成。

（1）标题。标题分为完全性标题、不完全性标题、广告性标题和只写文种名称。

（2）正文。主要说明招标宗旨，介绍招标的法律依据，招标、投标、开标的要求，以及招标、投标双方应遵守的原则等。

3. 科技项目招标书

科技项目由两部分组成，即招标广告和招标任务书。

4. 工程项目招标书

需要写明招标号、建设单位名称及联系人、工程项目建设地点、工程内容建筑面积、质量要求、建设工期、招标截止日期。

范例：

建筑安装工程招标书

为了提高建筑安装工程的建设速度，提高经济效益，经_____（建设主管部门）批准，_____（建设单位）对_____建筑安装工程的全部工程（或单位工程、专业工程）进行招标（公开招标建设单位在地区或全国性报纸上刊登招标广告，邀请招标，由建设单位向有能力承担该项工程的若干施工单位发出招标书，指定招标由建设项目主管部门或提请基本建设部门向本地区所属的几个施工企业发出指令性招标书）。

一、招标工程的准备条件

本工程的以下招标条件已经具备：

1. 本工程已列入国家（或部、委，或省、市、自治区）年度计划。

2. 已有经国家批准的设计单位出的施工图和概算。

3. 建设用地已经征用，障碍物全部拆迁；现场施工的水、电、路和通信条件已经落实。

4. 资金、材料、设备分配计划和协作配套条件均已分别落实，能够保证供应，能使拟建工程在预定的建设工期内连续施工。

5. 已有当地建设主管部门颁发的建筑许可证。

6. 本工程的标底已报建设主管部门和建设银行复核。

二、工程内容、范围、工程量、工期、地质勘察单位和工程设计单位_____。

三、工程可供使用的场地、水、电、道路等情况_____。

四、工程质量等级，技术要求，对工程材料和投标单位的特殊要求，工程验收标准：_____。

五、工程供料方式和主要材料价格，工程价款结算办法：_____。

六、组织投标单位进行工程现场勘察，说明和招标文件交底的时间、地点：_____。

七、报名，投标日期，招标文件发送方式：

报名日期：_____年_____月_____日；

投标期限：_____年_____月_____日起至_____年_____月_____日止。

招标文件发送方式：

_____

八、开标、评标时间及方式，中标依据和通知：

开标时间：_____年_____月_____日（发出招标文件至开标日期，一般不得超过两个月）。

评标结束时间：_____年_____月_____日（从开标之日起至评标结束，一般不得超过一个月）。

开标、评标方式：建设单位邀请建设主管部门、建设银行和公证处（或工商行政管理部门）参加公开开标，审查证书，采取集体评议方式进行评标、定标工作。

中标依据及通知：本工程评定中标单位的依据是工程质量优良、工期适当、标价合理、社会信誉好，最低标价的投报单位不一定中标。所有投标企业的标价不高于标底时，如属标底计算错误，应按实际以调整；如标底无误，通过评标剔除不合理的部分，确定合理标价和中标企业。评定结束后五日内，招标单位通过邮寄（或专人送达）方式将中标通知书送发给中标单位，并在一个月（最多不超过两个月）内与中标单位签订建筑安装工程承包合同。

九、其他：

_____

招标方承诺，本招标书一经发出，不得改变招标文件内容，否则将赔偿由此给投标单位造成的损失。投标单位按照招标文件的要求，自费参加投标准备工作和投标，投标书（即标函）应按规定的格式填写，字迹必须清楚，必须加盖单位和代表人的印鉴。投标书必须密封，不得逾期寄达。投标书一经发出，不得以任何理由要求收回或更改。

在招标过程中发生争议，如双方自行协商不成，由负责招标管理工作的部门调解仲裁，对仲裁不服，可诉诸法院。

建设单位（即招标单位）：_____

地址：_____

联系人：_____

电话：_____

_____年_____月_____日

十、招标章程

（一）招标章程的含义

招标章程是招标文书的一种重要文件形式，通常由招标方起草，用来说明招标中的各种规定和细节，从而确立双方的权利和义务关系。

（二）招标章程的写法

招标章程通常由标题、正文和签署三部分组成：

1. 标题

标题一般由招标单位、招标事由和文种三部分组成。

2. 正文

招标章程通常分为宗旨、招标管理、招标、投标、开标、中标、合同和其他事项。

3. 签署

招标章程由办事机构签署，并写明制文时间。

范例：

××自行车厂外购、外协件招标章程

一、宗旨

为了加强企业经营管理，提高产品质量，降低成本，对××牌"26寸"自行车外购、外协件采取公开招标，特制定本招标章程。

二、招标管理

1. 由招标单位有关负责人组成领导小组，成立招标办公室，指派专人办理具体工作。

2. 严格执行招标的规定程序和保密原则，尊重投标单位的合法权益，投标箱在公证员监督下密封，投标信函一律投入密封箱内保存，待开标时开封。

三、招标

1. 在国内公开招标，采用登报或广告形式，也可用书面形式通知对口单位前来洽谈。

2. 招标单位必须向投标单位提供下列资料：

（1）招标项目的产品名称、规格、质量、数量及交货期；

（2）产品图纸及技术文件；

（3）招标文件及规定格式的招标表格。

四、投标

1. 投标条件：凡具有法人资格和具有招标项目的生产能力者（包括材料、设备及相适应的技术条件），均可投标。

2. 投标方法：投标单位按照招标要求，向招标单位购买招标文件及技术资料，填写招标文件（附件一：投标企业资格表；附件二：投标价格表；附三：投标商业条件表；附件四：单位技术资料等）。代表人署名后，加盖公章密封，面交或挂号邮寄本厂招标办公室。

3. 投标函件必须书写清楚并在规定期限内投送，超过截止日期的投标无效。

五、开标

1. 开标时间：在投标截止日期后7～15天内进行。

2. 开标方式：在招标单位邀请的公证机关公证员、法律顾问、企业主管单位领导，以及自愿参加的投标单位代表的见证下开标。

3. 开标程序：招标单位负责人主持开标，由公证员按公证程序进行监督。

（1）查验投标箱密封。

（2）开箱。

（3）清点投标件数。

（4）拆封、编号。

（5）按招标项目、名称、价格公开唱标，分类登记。

（6）评选小组评议，投标单位代表不得参加，由公证员听取评议。以质量优良、价格优惠为主，考虑运费和其他条件，评选1～5户为预选中标单位。

（7）单位负责人公布开标结果，宣布预选中标名单。

（8）公证员宣读公证书，发表公证意见，对预选中标予以确认。

六、中标

1. 经评定为预选中标者，均为预选中标户。由招标单位发给预选中标通知书，约定日期、地点协商谈判，应邀代表携带单位委托书如期前往协商。预选中标单位如在通知的期限内无承诺反应，即视为弃权。

2. 与预选中标户协商谈判后，经依次逐一验证、协商比较、综合分析，以质量、价格、交货期、运输条件最佳者为最后中标单位，发给中标通知书，提出要约。

3. 对未中标单位，招标单位不另发通知，但可接受落标单位查询。

七、合同

招标单位在选定中标单位后，发给中标单位签约函件，中标单位必须按签订合同的法定手续，如期前来协商，依照《合同法》的规定，签订经济合同，互相信守，违约者必须承担经济、法律责任。

签订经济合同的双方或一方要求公证机关公证的，应申请公证。

八、其他

本章程如有与国家政策法令相抵触者，以政策法令为准，本章程未尽事宜，在执行中可补充修正。

××自行车厂招标办公室
××××年×月×日

十一、中标通知书

（一）中标通知书的含义
中标通知书是招标企业用来通知投标企业的文案。
（二）中标通知书的写法
中标通知书通常由以下几部分组成：
（1）标题。标题可由事由和文种组成。
（2）正文。正文要写明中标的依据和主导思想。
（3）落款。写明招标单位的名称和招标日期。
（4）附件。

范例：

中标通知书

尊敬的李先生：

谢谢您参加投标，争取整修我们那8幢公寓的机会。我们对您所提议的价格以及贵公司的工程品质印象深刻，而客户的热诚评价更是让贵公司脱颖而出。

因此，我们决定将这份整修工程的合同交由贵公司负责。正如我们先前所说的，贵公司必须在8月20日开始动工，在10月1日完成必要的工程。我们的目标是要在 10 月 30 日前完成所有的整修工程。

随信附上一张面额 2500 美元的支票。依据我们的合同规定，您将先后在外墙与内墙工程完成后收到剩余的 4000 美元与 1.5 万美元的工程款。

我们期待在接下来的几周内与您合作愉快。

向您致此诚挚问候。

随函附件：支票

××公司

××××年×月×日

十二、投标书

（一）投标书的含义

投标书是指投标单位按照招标书的条件和要求，向招标单位提交报价并填具标单的文案。它要求密封后邮寄或派专人送到招标单位，故又称标函。它是投标单位在充分领会招标文件，并进行现场实地考察和调查的基础上所编制的投标文案，是对招标公告所提出要求的响应和承诺，并同时提出具体的标价及有关事项来竞争中标。

（二）投标书的特点

（1）竞争的公开性。目前，随着我国的市场经济发展的日趋成熟，经济活动中的招投标竞争也逐步规范起来，以促进正当、合法的竞争，因而大都实行公开竞标，以体现公开、公平、公正的原则。

（2）制作的规范性。投标书的制作既要遵守国家对招投标工作的有关规定和具体办法，又要执行国家颁布的技术规范和质量标准，不能随心所欲，任意制作。

（3）承诺的可行性。对投标书承诺的各项条件（包括项目标价、规格、数量、质量及进度要求等），承诺单位务必保证其可行性，一旦中标，必须严格履行承诺，绝不能反悔。

（4）时间的限定性。招投标活动一般都有严格的时间限定，必须在限期内将投标书递交招标单位，过期将视作自动放弃。同时，对投标项目的进度要求也有严格的时间限定。

（三）投标书的作用

招标书与投标书是当今社会兴建工程或者进行大宗商品交易时广泛采用的一种公开竞争方式，是一种现代贸易活动。通过招标与投标的方式实现贸易成交，有利于打破垄断行为，进行正当、合法的竞争，这对于促进企业的改革、发展与管理，保证企业管理人员的廉洁自律，增强企业的活力，降低企业经营成本，提高经营效益，无疑都具有非常重要的意义。随着商业银行竞争的加剧，目前不少大型客户在选择银行金融产品与服务时，也频繁采用这种方式。这对改进商业银行服务，促进商业银行的创新、规范商业银行的竞争、降低优质客户的金融成本等都具有明显的积极作用。

（四）投标书的结构

一份完整的投标书应当包括如下几个部分：

（1）标题。投标书标题一般由项目名称和文种组成，如《××省省属大专院校助学贷款投标书》。有时为了简略起见，标题也可只写《投标书》或《投标单》等。

（2）致送单位。即投标书的致送对象，系指招标单位或者招标办公室，要写其全称或者规范化简称，以示郑重。

（3）引言。这部分是投标书的导语，要用较为概括的语句，简要明确地交代出投标的目的或依据，如"根据已收到的贵公司招标编号为 ARBUO—ZB00号的项目招标文件，遵照国家有关招标投标管理办法的规定，我行经研究上述工程招标文件的投标须知、合同条件、技术规范、项目期限和其他有关文件后，我方决定参加投标"。上例引言中将投标的依据表达得很明确，令人一目了然。

（4）正文。这部分是投标书写作的重点，必须着力写好。要紧紧围绕招标文件的具体要求进行表述，充分展示出本银行的实力和竞争能力，从而取得竞标成功。切忌主次不分，抑或过多地自我介绍，那样反而令人反感。就通常而言，投标书的内容应主要载明竞标项目的价格（标价）、保证和条件等，要注意写得明确、具体、完整。其中项目的价格（标价）部分应首先将有关招标的金融产品与服务内容、质量和数量等交代清楚，然后写明完成招标项目的产品与服务内容、质量、数量、标价及优惠等。保证和条件是指要载明保证完成的期限、组织保障、服务承诺等，要写得明确具体，以便令招标单位通盘考虑，认真权衡，予以采纳。

在具体写法上，可以采取表格形式，也可采取分条列项的形式，将有关内容依次陈述清楚即可。要注意所用数据必须完整，所提目标必须确凿可信，所提措施必须切实可行。

（5）结尾。投标书的结尾部分应当写明投标单位的名称、地址、邮编、联系人姓名和电话以及电子邮箱等，并署上日期，加盖公章。

范例:

投标书

一、投标书封面

投标书

建设项目名称:

投标单位:

投标单位全权代表:

投标单位:

(公章)

年月日

二、正文

致:＿＿＿＿＿＿＿＿

根据贵方为＿＿＿＿＿项目招标采购货物及服务的投标邀请＿＿＿＿＿（招标编号），签字代表＿＿＿＿（全名、职务）经正式授权并代表投标人＿＿＿＿（投标方名称、地址）提交下述文件正本一份和副本一式＿＿＿＿份。

(1) 开标一览表。

(2) 投标价格表。

(3) 货物简要说明一览表。

(4) 按投标须知第×、×条要求提供的全部文件。

(5) 资格证明文件。

(6) 投标保证金，金额为人民币＿＿＿＿元。

据此函，签字代表宣布同意如下:

1. 所附投标报价表中规定的应提供和交付的货物投标总价为人民币＿＿＿元。

2. 投标人将按招标文件的规定履行合同责任和义务。

3. 投标人已详细审查全部招标文件，包括修改文件（如需要修改）以及全部参考资料和有关附件。我们完全理解并同意放弃对这方面有不明及误解的权利。

4. 其投标自开标日期有效期为＿＿＿＿个日历日。

5. 如果在规定的开标日期后，投标人在投标有效期内撤回投标，其投标保证金将被贵方没收。

6. 投标人同意提供按照贵方可能要求的与其投标有关的一切数据或资料，完全理解不一定要接受最低价格的投标或收到的任何投标。

7. 与本投标有关的一切正式往来通信请寄：

地址：_____邮编：_____电话：_____传真：_____投标人代表姓名、职务：_____投标人名称（公章）：_____日期：_____年_____月_____日

全权代表签字：

三、开标大会唱标报告格式

开标大会唱标报告

投标单位全称				
序号	投标设备名称	数量	投标价（万元）	交货期
交货地点		备注		

投标单位：

法人授权代表：

（公章）

（签章）

年　月　日

说明：唱标报告在开标大会上当众宣读，务必填写清楚，准确无误。

四、投标设备数量价格表格式

投标设备数量价格表

招标文件编号：

单位：万元

序号	设备名称	设备价			其他费用				投标价（设备总价与其他费用总金额之和）
		数量（台）	单价	总价	运输费	调试费	品备件费	总金额	
投标单位：　（盖章）　　法人授权代表：　（签字）									

五、企业法人营业执照影印件

企业法人营业执照影印件（略）。

实行许可证制度的，还须提供生产许可证影印件。

六、投标企业资格报告

须知：

（1）投标人投标时，应填写和提交规定的格式1、格式2，以及提供其他有关资料。

（2）对所附表格中要求的资料和询问应做出肯定的回答。

（3）资格文件的签字人应保证他所做的声明以及回答一切问题的真实性和准确性。

（4）投标人提供的资格文件将由投标人和买方使用，并据此进行评价和判断，确定投标人的资格和能力。

（5）招标人对投标人提交的文件将予以保密，但不退还。

（6）全部文件应以中文书写，正本1份，副本＿＿＿＿＿＿＿份，按投标人须知第×条封装。

资格声明：

（招标机构）＿＿＿＿＿＿＿＿＿：

为响应贵方＿＿＿＿＿年＿＿＿＿月＿＿＿＿日第＿＿＿＿号招标邀请，下述签字人愿意参加投标，提供货物需求一览表中规定的＿＿＿＿＿（货物品目号和名称），提交下述文件并证明全部说明是真实的和正确的。

（1）由（制造厂商）提供的（货物品目号和名称）参加投标。授权书1份正本，1份副本。签字人代表该制造厂家并受其约束。

（2）制造厂家的资格声明，有1份正本，＿＿＿＿＿＿份副本。

（3）下述签字人在证书中证明本资格文件中的内容是真实的和正确的，同时附上我方银行（银行名称）出具的资信证明。

制造厂家：授权签署本资格文件人：

名称：＿＿＿＿＿＿签字：＿＿＿＿＿＿

地址：＿＿＿＿＿＿打印的姓名：＿＿＿＿＿＿

电话：＿＿＿＿＿＿职务：＿＿＿＿＿＿

传真：＿＿＿＿＿＿电话：＿＿＿＿＿＿

邮编：＿＿＿＿＿＿

制造厂家资格声明：

1. 名称及概况。

（1）制造厂家名称：＿＿＿＿＿＿

（2）总部地址：＿＿＿＿＿＿

传真/电话：＿＿＿＿＿＿

（3）成立日期或注册日期：＿＿＿＿＿＿

（4）实收资产：＿＿＿＿＿＿

（5）近期资产负债表（到＿＿＿＿＿＿年＿＿＿＿＿月＿＿＿＿＿日止）

a. 固定资产：＿＿＿＿＿＿＿＿＿＿＿＿＿＿＿＿＿＿＿

b. 流动资金：＿＿＿＿＿＿＿＿＿＿＿＿＿＿＿＿＿＿＿

c. 长期负债：＿＿＿＿＿＿＿＿＿＿＿＿＿＿＿＿＿＿＿

d. 短期负债：＿＿＿＿＿＿＿＿＿＿＿＿＿＿＿＿＿＿＿

e. 净值：＿＿＿＿＿＿＿＿＿＿＿＿＿＿＿＿＿＿＿＿＿

（6）主要负责人姓名：＿＿＿＿＿＿＿＿＿＿＿＿＿＿＿＿＿＿＿

2. 相关情况。

（1）关于制造投标货物的设施及其他情况：

工厂名称地址：＿＿＿＿＿＿＿＿＿＿＿＿＿＿＿＿＿

年生产力：＿＿＿＿＿＿＿＿＿＿＿＿＿＿＿＿＿＿＿

职工人数/其中工厂技术人员数：＿＿＿＿＿＿＿＿＿＿＿＿＿＿＿＿＿

（2）制造厂家不生产而需从其他制造厂家购买的主要零部件：

制造厂家名称和地址：_____

3. 制造厂家生产投标货物的经历（包括项目业主、额定能力、初始商业运行日期等）：_____

4. 近三年该货物在国内外主要用户的名称和地址：

名称地址：_____

销售项目：_____

（1）出口销售。

（2）国内销售。

5. 近三年的年营业额：

年份_____出口_____国内_____总额_____

6. 易损件供应商的名称和地址：_____

部件名称_____供应商_____

7. 有关开户银行的名称和地址：_____

8. 制造厂家所属的集团公司（如果有的话）：_____

9. 其他情况：

兹证明上述声明是真实、正确的，并提供了全部能提供的材料和数据，我们同意遵照贵方要求出示有关证明文件。

制造厂家名称：_____

授权代表签字：_____授权代表职务：_____

电话/传真：_____

日期：　　年　　月　　日

七、投标设备报告

投标设备报告：

1. 投标设备型号、规格、技术参数和说明。

2. 投标设备的质量标准、检测标准、测试手段。

3. 对投标设备的设计、制造、安装、测试等方面采取技术和组织措施。

4. 交货地点、交货时间、交货方式、交货进度及运输条件。

5. 技术服务。

6. 备品备件提供情况。

7. 投标单位认为有必要说明的问题。

八、投标设备偏差表

投标设备偏差表：

序号	设备名称	型号及规格	数量	招标设备要求数据	投标设备实际数据

招标文件编号：

说明：如投标设备的规格、性能、技术参数与招标设备的要求不完全一致时，请填此表。如全部满足要求时，可不交此表。

九、法人代表授权书

法人代表授权书（招标机构）＿＿＿＿＿＿＿＿：

现委派＿＿＿＿＿参加贵方组织的＿＿＿＿＿＿＿＿招标活动，全权代表我单位处理招标的有关事宜。

附授权代表情况：

姓名：＿＿＿＿＿年龄：＿＿＿＿＿性别：＿＿＿＿

身份证号：＿＿＿＿＿职务：＿＿＿＿＿邮编：＿＿＿＿通信地址：＿＿＿＿

电话：＿＿＿＿电挂：＿＿＿＿

单位名称：（公章）

法人代表：（签章）

本授权书有效期：＿＿＿年＿＿＿月＿＿＿日至＿＿＿年＿＿＿月＿＿＿日

十、履约保证金保函

履约保证金保函（中标后开具）

开证日期：＿＿＿＿＿

致：＿＿＿＿＿

＿＿＿＿＿＿＿＿＿号合同履约保证金

本保函作为贵方与＿＿＿＿＿（以下简称买方）于＿＿＿＿＿年＿＿＿月＿＿＿日就＿＿＿＿＿项目（以下简称项目）项下提供＿＿＿＿货物（以下简称货物）签订的＿＿＿＿号合同的履约保证金。＿＿＿＿银行（以下简称银行）无条件、不可撤销地具结保证本行、其继承人和受让人无追索地向贵方以_____（货币名称）支付总额不超过_____（货币数量），即相当于合同价格的_____％。

并约定如下：

1. 卖方未能忠实地履行所有合同文件的规定和双方此后一致同意修改、补充和变动，包括更换或修补卖方认为有缺陷的货物（以下简称违约），只要贵方确定，无论卖方有任何反对，本行将凭贵方的书面违约通知，立即按贵方提出的不超过上述累计总额和该通知中规定的方式付给贵方。

2. 本保证金项下的任何支付应为免税和净值，无论任何人以何种理由提出扣减现有和未来的税费、关税、费用或扣款，均不能从本保证金中扣除。

3. 本保证函的规定构成本行无条件的、不可撤销的直接义务。

4. 本保证函在本合同规定的质量保证期期满前完全有效。

谨启

出证行名称：_____

签字：_____（姓名、职务）

公章：

十三、评标报告

（一）概念

评标报告是指由招标单位邀请或聘请的专家学者组成的招标评议小组或会议对投标单位的投标书进行综合的可行性研究后，本着择优、经济的原则选取最适合的投标单位，由此而向招标单位呈送的选择分析报告。

评标报告属于保密文件，不可随意泄露，所以该文案在整个招投标过程中对最后的招标结果起到决定性的作用。

（二）格式及内容

评标报告的格式有很多种，既有文字表述形式，也有表格式。一般而言，评标报告包括如下内容：

（1）招标单位；

（2）招标项目要求；

（3）招标过程时间标准；

（4）标底说明；

（5）投标企业状况；

（6）评价及中标理由分析；

（7）招标单位署名。

范例:

××工程评标报告（密件）

填报日期＿＿＿＿＿＿＿＿＿编号＿＿＿＿＿＿＿＿

招标单位名称	建设项目名称	招标单位申报造价（元）	招标方式		按工期定额需要工期天数	

招标申请时间	标底送审时间	招标会议时间	开标会议时间	决标会议时间	中标通知时间	办理手续时间

					标 底				
工程项目	建筑面积（m²）	价格（元）	层/高度(m)	结构类型	工期（天）	三材用量			材料价差处理方式	
						木材	钢材	水泥	政策调价	议价价差

中标单位名称	性质/等级	中标价格（元）	中标质量	中标工期	三材用量			效益		
					木材	钢材	水泥	比标底%	比工期定额%	比标底工期%

				投标企业情况				
单位名称	性质/等级	报价（元）	投标工期（天）	投标质量	三材报量		
					木材总量	钢材总量	水泥总量

评标情况及中标理由	

招标单位（盖章）　　　　　　　法人代表（盖章）

上级主管部门（盖章）　　　　　招标办（盖章）

第九章　企业信函公关文案

一、表扬信

（一）表扬信的含义

表扬信是用来表彰好人好事、先进思想、先进事迹的一种书信。表扬信可以以单位的名义写，也可以以个人的名义写。

（二）表扬信的格式与写法

（1）标题。正中写"表扬信"三个字。

（2）称谓。写被表扬的单位、个人的称呼。如果是写给个人的，应在姓名之后加上"同志"、"先生"等字样，后边加冒号，顶格写。

（3）正文。另起一行，空两格写表扬的内容，交代表扬的缘由。重点叙述人物事迹的发生、发展、结果及其意义。叙述要清楚，要突出最本质的方面。事实本身就具有很大的说服力，因此，要让事实说话，少讲空道理。

（4）结尾。如果是写给被表扬者的所在单位或领导者的，可提出建议："在×××中加以表扬"，"×××同志的优秀品德值得大家学习，建议予以表扬"等。如果是直接写给本人的，则要适当谈些"深受感动"、"值得我学习"等方面的内容。

（5）最后要写上表示祝愿的话，如"此致敬礼"、"祝好"、"谨表谢意"、"向你学习"等。但"此致"、"祝"、"谨表"、"向你"等字写在末尾，其余的字，要另起一行，顶格写。

（6）署名。单位名称或个人姓名。如果以个人名义写的表扬信，应在后边详细写明发信人的地址，签上自己的姓名，并在下方注明年月日。

（三）注意事项

（1）在表扬信中，要充分地反映出对方的可贵品质、动人事迹，做到见人、见事、见精神。不能以空泛的大道理代替突出的动人事迹。

（2）在表扬和赞颂时，要恰如其分，实事求是，不要以偏概全。哪件事好，便表扬哪件事，既不夸大，也不缩小。

（3）表扬信的语气要热情恳切，情尽文畅。文字要朴素，篇幅要短小。

范例：

给某工厂负责人的表扬信

××厂负责同志：

3月24日晚上七时许，我们饭庄结束了营业，灶间的余火已快熄灭，从业人员都以为余火将尽，便相继离去。然而八时许，饭庄的灶间火红一片，邻家饭店——××冷面店的工人杨成业见状急忙赶来，见大门已经锁牢，而火苗仍然呼呼地往上蹿。正当他想破窗而入的时候，正在××冷面店吃饭的贵厂青年工人王安和赵广智跑了出来，用凳子击破门窗，急步跑进屋内。他俩一看是难以扑灭的油火，便招呼人们，往里面递饭庄对面的砂子。人们用盆、桶各种器具把砂子递过去，仅十几分钟，一场可能酿成大灾难的火就被扑灭了。等他俩出来时，衣服、手、脸，一块黑一块红的。人们由衷地称赞说："全亏你俩啦！"他俩笑笑说："是大家的力量啊！"说完就忙着回冷面店付饭钱了。

事后饭庄的同志们问他俩的单位和姓名，他俩怎么也不肯说，直到人们围住他俩不放时，他们才说出单位和姓名。

王安和赵广智二位青年热爱国家财产、临危不惧、公而忘私的精神为我们树立了良好的榜样，我们除向二位同志学习以外，并书写这封信，请贵厂领导予以表彰。

此致
敬礼！

××饭庄全体职工
××××年××月××日

二、批评信

（一）批评信的含义

批评信是人们对单位、集体或个人的某些做法、行为不满意，或对某事物加以剖析评论，并评定其不足时所写的一种书信。

批评信批评的方式很多，有印象批评、鉴赏批评、比较批评、解释批评等。印象批评是因某一事物或某些现象引起感情上的不快、不满，认为该事物不合常理，不合乎一定的规范，甚至不合党纪国法等，而提出批评性的意见；鉴赏批评即通过对艺术品的鉴赏而提出评定性意见；比较批评即通过比较两种以上的事物的优劣，或分辨其异同而提出的评定性意见；解释批评是对某事物加以说明后，提出自己的评定性意见。

（二）批评信的写法

1. 标题

可直接写上"批评信"或不用标题。

2. 称谓

顶格写单位名称或个人姓名，有时写给报刊编辑部或编辑人员。

3. 正文

着重写批评的具体事实、批评的对象，并分析其危害，提出对被批评者的处理意见及要求等内容。

4. 结尾

在正文下面写"此致，敬礼"来结束全文。

5. 署名及日期

写明单位或个人姓名，隔行写年月日。以单位名义发出的批评信要加盖单位印章。

（三）注意事项

写批评信要实事求是、与人为善，切忌无事生非，甚至诬陷他人。

范例：

批评信

乐游旅行社经理：

　　我太太和我于本月 23 日回到了洛杉矶的家中。对于这次由贵社安排的为时两周的欧洲之游，我们全家深刻地感到有必要写信给您，以此表达我们对此次安排的失望和不满。

　　贵社的旅游宣传小册子上说，本次的欧洲之行，我们将住在幽雅、舒适的四星级宾馆，宾馆仅离海边沙滩一里之远；品尝美味丰盛的西班牙牛排和有悠久历史的法国葡萄酒；豪华、典雅的环境，周到、一流的服务如同置身于 17 世纪的欧洲宫廷中。

　　可是实际情况是什么呢？我们虽然住在一家四星级宾馆，却距海滩数里之遥，根本不像宣传册上所说的"隔窗可见一望无际的蔚蓝色的大海和银白色的沙滩"，每次都必须开车一小时左右方可到达。我们住的房间窗户正对着一个汽车站，进站、出站的汽车接连不断，汽车的汽鸣声令人无法安静地休息。我们每日的食物则是牛肉汉堡和沙丁鱼子酱，法国葡萄酒的价格更是贵得出奇。宾馆的服务员们既不会说英语，也听不懂英语，我们根本无法与他们沟通，更别说周到、一流的服务和享受 17 世纪贵族般的生活了。

最糟糕的是最后一天的轮渡安排，原定于上午 10 时轮船准时到达，但我们一直等到下午 5 时，仍未见到轮船，一天的等待令我们筋疲力尽、游兴尽失。

现在这次痛苦的旅游终于结束了。我太太和我对贵社的旅游安排深感失望，我想今后我们再也不会参加乐游旅行社安排的任何"浪漫"之游了。

此致

敬礼！

失望的游客

20××年××月××日

三、求职信

（一）概念

求职信（又称自荐信、应聘信）是个人向有关用人单位申请某种职位的一种自我介绍书信，主要内容是介绍自己的基本情况和工作能力，以求得用人单位的了解。这是毕业生踏入社会、寻求工作的第一块敲门砖，也是求职者与用人单位的第一次"接触"。如何让你的才能、潜力在有限的空间里闪耀出夺目的光彩，在瞬间吸引住用人单位挑剔的眼光，这封求职信极其关键。

自荐信的重点在于"荐"，在构思上一定要围绕"为何荐"、"凭何荐"、"怎么荐"的思路安排，其格式一般分为标题、称呼、正文、附件和落款五部分。

（二）结构与写法

1. 标题

一般用"求职信"、"自荐信"、"应聘信"字样作为标题，还可以把它单独作为封面。标题是自荐信的标志和称谓，要求醒目、简洁、庄重。用较大字体在用纸上方标注"求职信"或"自荐信"三个字，显得大方、美观。

2. 称呼

这是对主送单位或收件人的呼语。如用人单位明确，可直接写上单位名称，前面可用"尊敬的"加以修饰，后以领导职务或统称"领导"落笔，如单位不明确，则用统称"尊敬的贵单位（公司或学校）领导"领起，最好不要直接冠以最高领导职务，这样容易引起第一读者的反感，反而难达目的。

3. 正文

正文是自荐信的核心，开语应表示向对方的问候致意。主体部分一般包括简介、自荐目的、条件展示、愿望决心和结语五项内容。

简介是自我概要的说明，包括自荐人姓名、性别、民族、年龄、籍贯、政治面貌、文化程度、校系专业、家庭住址、任职情况等要素，要针对自荐目的做简单说明，无须冗长烦琐。

自荐目的要写清信息来源、求职意向、承担工作目标等项目，要写得明确具体，但要把握分寸、简明扼要，既不能要求过高又不能模棱两可，给人以自负或自卑的不良印象。

条件展示是自荐信的关键内容，主要应写清自己的才能和特长。

愿望决心部分要表示加盟对方组织的热切愿望，展望单位的美好前景，期望得到认可和接纳，要自然恳切，不卑不亢。

结语一般在正文之后按书信格式写上祝语或"此致，敬礼"、"恭候佳音"之类的语句。

4. 附件

自荐信的文末附上自己的所有证明资料，包括个人简历、毕业证书及有关证件的复印件并注明份数，还要附上自己的联系地址、电话等，以备用人单位能及时通知到你。

5. 落款

落款处要写上"自荐人×××"的字样，并标注规范体公元纪年和月日。随文说明回函的联系方式、邮政编码、地址、信箱号、电话号码及呼机号等。打印复制件署名处则要留下空白，由求职人亲自签名，以示郑重和敬意。

（三）注意事项

1. 实事求是

把自己的学历、资历、专长如实介绍给对方，不弄虚作假，不夸大其词。

2. 投其所好

尽可能根据用人单位的要求介绍自己，这是在已知职位的条件下，针对对方的需求，有选择地突出自己的专长。

3. 言简意明

自荐信不仅反映自己的写作水平，同时会给对方以精明练达的好印象，所以应当直截了当，避免冗长累赘。如文笔好，则可适当以情动人。

4. 书写工整

自荐信毕竟是有求于人，须给对方留下美好的第一印象。常说字如其人，如词不达意或字体潦草，极可能求职受挫，白白错过良机。如用机器打字，在落款签名时，最好用手写签名，以示对对方的尊重。

各人的才能不同，自荐信长短因人而异，善于文字表达者可长些，不善于者可短些。但不论长短，只要能以事实或真情打动用人单位录用你，那么，你的目的也就达到了。

范例：

求职信

尊敬的领导：

我叫张×，湖南人，是重庆大学机械工程学院汽车工程专业2008届本科毕业生。在即将圆满完成四年大学学业之际，我怀着诚挚的心意和十足的信心向贵单位提出求职申请。请给我一次机会。

对汽车事业的热爱使我走入了重庆大学这所对汽车行业有着重大贡献的名校，因为我相信在这所教育部直属、"211工程"的全国重点大学里，我会受到良好的教育，为实现我的梦想打下坚实的基础。三年多过去了，事实证明我不但学到了过硬的专业知识，而且思想上和身心上更是有了质的飞跃和提升。现在，我同样相信，选择贵单位作为我人生的另一起点是经得住时间的考验的。

在过去的一千多个日日夜夜里，在老师的辛勤指导和自己的刻苦努力下，我熟练掌握了高等数学、大学英语、大学物理、画法几何及机械制图、电子电工技术等基础课，机械原理、机械设计、机械工程测试技术、互换性与技术测量灯光专业基础课程以及汽车构造、内燃机构造、汽车可靠性设计、内燃机专业英语、内燃机动力学、汽车空气动力学等专业课程，学习成绩优良。除此之外，对计算机这门工具学科我也投入了较多的精力，刚进校时我连开机都不会，可是现在我能熟练地应用DOS操作系统和Windows操作系统，精通AutoCAD制图、FOXPRO，还掌握C语言编程及Word2000、WPS2000等办公软件。因此，我不仅可以从事汽车设计工作，也可以胜任与汽车有关的机电行业的管理及科研工作。

一分耕耘，一分收获。我相信付出总有回报，回顾过去三年多的大学时光，我没有愧对自己。我在大学三年期间共获得四次学校乙等综合奖学金，并获得"院先进个人"、"优秀青年志愿者"、"优秀毕业生"称号。请您相信我，在未来的工作岗位上，我会以踏实苦干为立足之本，以努力创新为动力之源，干出成绩。我绝不会让您失望，再次恳请您给我一次机会。

诚盼佳音！

恭祝贵单位事业发达！

此致

敬礼！

张×

2008年××月××日

四、举报信

（一）举报信的含义

举报信是向司法机关或其他有关国家机关和组织检举揭发违纪、违法和犯罪行为的书信。

举报信从举报者的角度大体可分为三类：一是个人写的；二是以机关、团体或组织的名义写的；三是联名写的。在某些特殊情况下，有的不写真实姓名，有的写成匿名信。

举报信应用的范围很广，对违反党和国家的路线方针、法律、法规、组织纪律等行为，都可进行举报。通过举报信，领导机关可以及时了解党风党纪、社会生活中存在的问题，倾听到群众的呼声，为查处违纪、违法案件提供线索，为加强党风廉政建设提供依据。

（二）举报信的写法

1. 标题

可直接标明检举揭发的主要问题，如《×××吃回扣贪污工程款》、《公款跳舞成为一种新的不正之风》等，也可不写标题。

2. 称谓

顶格写明××单位、组织或负责人，称谓后边加冒号。

3. 正文

着重写举报的具体事实。正文的开头要空两格。如果内容多，就应分段写，写完一件事，再写另一件事，使之清楚明白。举报的内容应实实在在，如姓名、时间、地点、情节、手段等，如系经济方面的问题，应写明金额、实物等。应简明扼要、集中地反映问题。

4. 结尾

写"此致，敬礼"，结束全文。

5. 署名及日期

写明单位或个人姓名及年月日。

（三）注意事项

写举报信应集中反映问题，举报要实事求是，语言应简明、准确。切忌夸大事实。

范例：

举报信

×××负责同志：

今向你检举揭发王××贪污受贿的有关事实：

1. 今年春节，他帮助县酒厂联系购买高粱450吨，收受了该厂送的两床纯毛毯（价值3000多元）和现金7500元。

2. 去年3月，王××将其妹××（×××乡村办教师）安排到县经协办工作；今年7月，又授意县委组织部把××提为经协办副主任。

3. 今年5月，王××为其母祝寿，大摆筵席，并接受县物资局、乡镇企业局、轻工局等十几个单位送的现金达20000余元。

此致

敬礼！

举报人：蒋××

2009年××月××日

五、慰问信

（一）慰问信的含义

慰问信是以单位或个人名义向某一集体或个人表示关怀和问候的信件。它多在节日或遇有重大事件或特殊情况时使用。慰问信可寄给本人及本人所在的单位，也可以登报或广播。

（二）慰问信的适用范围

慰问信适用范围较广，主要有以下三种情况。

（1）表彰慰问。如慰问在抗震救灾中保卫国家和人民生命财产安全等重大斗争中做出卓越贡献的人民解放军、公安干警等，并表彰其英勇行为和先进事迹。

（2）安慰慰问。如慰问由于某种原因（自然灾害、事故伤亡等）而遭受重大损失的人民群众，对其表示同情和安抚，并鼓励他们战胜困难、重建家园。对亲友的伤病等慰问也属这种情况。

（3）节日慰问。如教师节来临之际，写信向教育工作者表示节日的问候和祝贺。

（三）慰问信的格式与写法

1. 标题

第一行正中写《慰问信》或《×××致×××的慰问信》等字样。

2. 称谓

第二行顶格写单位、个人名称。

3. 正文

第三行空两格起写慰问的主要内容，包括以下几个方面：

（1）原因背景。用一般简要文字陈述目前形势，写明慰问的背景和原因，以提起下文。

（2）叙述事实。应比较全面、具体地叙述对方的模范事迹或遇到的困难，要实事求是地肯定其功绩，然后向对方表示慰问和学习。

（3）结语部分。先结合形势与任务提出殷切的希望，接着表示共同的愿望和决心，最后用一句慰勉与祝愿的话作为结尾。

4. 署名、日期

署名下一行写日期。

范例：

公司慰问信

公司系统全体员工、离退休老同志及员工家属们：

"春潮传喜讯，鼠年报佳音"，值此新春佳节即将来临之际，公司党组谨向系统全体干部员工、离退休老同志和员工家属们致以节日的祝贺和亲切的慰问！

2007年，公司以"邓小平理论"、"三个代表"重要思想为指导，全面贯彻落实科学发展观，按照"1348"工作思路，扎实有效地开展各项工作，全面超额完成集团公司下达的业绩考核指标，呈现出安全生产持续平稳、资产结构持续优化、盈利能力持续增强、企业形象持续提升的良好态势，各项事业取得了可喜的成绩。

奋斗伴随艰辛，成绩来之不易。公司所取得的成绩是华电集团公司正确领导的结果，是省委、省政府关心、支持的结果，更是公司广大员工不畏困难、团结拼搏、迎难而上、无私奉献的结果。同时，也离不开公司系统离退休老同志及员工家属对华电福建公司事业的关心、理解和支持。一年来的实践证明，公司系统广大干部员工是一支讲政治、顾大局、肯吃苦，能打硬仗、善打胜仗、值得信赖的高素质队伍，正是有了大家共同的努力，公司才能展示出勃勃生机和发展的希望，公司党组向你们表示崇高的敬意和衷心的感谢！

2008年，公司将以党的十七大精神为指导，高举中国特色社会主义伟大旗帜，全面贯彻落实科学发展观，全面实施集团公司确定的各项战略部署，坚持好字优先，推动科学发展，围绕年度工作思路，确保全面完成集团公司下达的年度考核指标和全年的各项工作任务，朝着"保六争八"的发展目标推进公司做强、做大、做好。

积力之举无不胜，众智之为无不成。希望公司系统广大干部员工进一步统一思想，振奋精神，将思想和行动统一到党的十七大精神上来，统一到公司党组的决策和部署上来，在华电集团公司及省委、省政府的正确领导下，凝心聚力、锐意进取、转变作风、埋头苦干、和谐共进、奋发有为，为实现集团公司战略目标和海峡西岸经济区建设做出应有的贡献！

祝公司系统全体员工、离退休老同志及员工家属们新春快乐！身体健康！阖家幸福！吉祥如意！

×××

2008 年××月××日

六、感谢信

（一）感谢信的含义

感谢信是对某个单位或某个人曾给予自己的某种关怀、支援、祝贺或勉励表示回谢的一种信件。

（二）感谢信的格式与写法

1. 标题

第一行正中写《感谢信》或《致×××的感谢信》等字样，字体应大些。

2. 称谓

第二行顶格写被感谢方的单位名称或个人姓名。个人姓名后应加上"同志"、"先生"或职务等，称谓后加冒号。

3. 正文

第三行空两格起写感谢的内容，一般有以下两个方面：

（1）简述事迹，说明效果。应交代清楚人物、事件、时间、地点、原因和结果，并扼要叙述在关键时刻得到对方帮助所产生的客观影响和社会效果。

（2）颂扬品德，表示决心。既表感激之情，也谈今后如何用实际行动向对方学习。

4. 致敬语

最后写上如"此致，敬礼"、"致以最诚挚的敬礼"等表示感激和敬意的话。致敬语前半截一般连接正文或另起一行空两格写；后半截另起一行顶格写，以表尊敬。

5. 署名、日期

在右下方写上单位名称或个人姓名，后一行写发信日期。

（三）注意事项

1. 内容要有真实性

叙述事迹要真实具体，人物、时间、地点及有关数字要绝对准确，关键部分要突出，并给对方以恰如其分的评价。

2. 感情体现丰富性

做到以事表情，以情感人。表达谢意的行动要符合实际、说到做到、切实可行。同时要讲礼貌，开头的称呼、文中的用词、结尾的敬语都要符合双方的身份和社会交往中的习惯。

3. 格式符合规范性

篇幅要简短，语句要精练，格式要符合一般书信的要求。

范例：

感谢信

尊敬的公司领导和亲爱的同事们：

感谢你们一直以来对高新分公司员工的关心和爱护。在这次重大地震灾害中，高新分公司一名员工（高清）家受到了严重的灾难，当我们得知这一消息而手足无措时，是你们自发地为受灾员工家庭积极筹集了善款。

善款让我们感受到全公司人员的心意！数字不代表什么，有你们这份心意足矣！家一样的公司和亲人一样的同事，让我们倍感温暖。高新分公司全体员工将更加团结，在公司的正确领导下，加倍努力，刻苦学习，勤奋工作，以更加饱满的热情、更加专业的技术为客户服务，为公司长远发展尽一份力。

同时，我们高新分公司全体人员一致通过，决定将一部分储备金拿出来帮助高清同志。接下来，我们也会密切关注他家灾后重建的情况。因为我们不仅是同事，更是亲人！

谢谢公司所有人雪中送炭，谢谢你们的一片爱心！

高新分公司全体员工
2008 年 6 月 3 日

七、吊唁信

（一）吊唁信的含义

吊唁信是应用文中的一种，它是向丧家表示吊唁的信函，表达慰问之意。

吊唁信有两种类型：一是以团体名义向丧者亲属或所在团体、单位写的。这种吊唁信的对象多属于曾经有过卓著贡献的政治家、科学家、文艺家以及英雄、模范、先进工作者等；二是以个人名义向丧家发的吊唁信。这种情况是写吊唁信者与逝世者生前交往甚密，志同道合或深受其关怀、教诲与帮助，在惊闻噩耗后，以吊唁信表示慰问。这两种吊唁信的写作格式基本相似。

（二）吊唁信的写法

1. 开头

写吊唁信单位名称或丧者家属名称。

2. 正文

一是表达惊闻噩耗传来后的悲痛心情；二是以沉痛的心情简述丧者生前光辉业绩、高尚品德，激起人们的缅怀之情；三是表示致哀者要继承其遗志，学习其品德的决心和行动；四是向丧者亲属表示慰问。

3. 结尾

常以"特以慰问"作结。

4. 署名和日期

在正文右下方写吊唁者单位名称或个人姓名。署名下方写年月日。

（三）注意事项

写吊唁信时要注意：

（1）感情深沉，淳朴自然，不可滥用修饰语。

（2）叙述丧者生前的功绩、品德、情操等，要突出本质，把握主流，不可本末倒置。

（3）语言精练，文字简练。

范例：

致中国近期地震的吊唁信

我们全球科思基金会对于 5 月 12 日发生在中国四川省的地震给中国以及中国人民带来的重大破坏，给予最深切的哀悼。我们中的很多人曾直接感受过四川人民的热情和友谊。现在，我们愿分担他们的痛苦和悲伤。

我们对在这次灾难中遭受不幸的众多的儿童表示特别的哀痛。我们对于所有丧失亲人的人们深表同情，我们会不断地关注他们，并且为他们及所有四川人祈祷。

约翰·斯巴特博士
全球科思基金会主席
2008 年××月××日

八、公开信与推荐信

（一）公开信

1. 公开信的含义

公开信是向职工或某一特定范围的人员宣布政策或对某一重大问题阐明观点、原则，并号召予以落实的具有广泛宣传性的专用书信。它的发布者应是企事业单位或人民团体。

2. 公开信的结构及写法

公开信的内容结构一般应由以下几个部分组成：

（1）标题。公开信的标题一般包括发信单位名称、主要内容、受信者和文种四个要素；也可由发信单位名称、受信者和文种三个要素组成，如《××公司致消费者的公开信》；内容简单的，也可只标示文种，即《公开信》。

（2）称呼。在标题之下顶格写明公开信的致送对象，并在其后加冒号，提领正文部分。

（3）正文。公开信的正文部分一般应首先扼要表述发信的背景、缘由或者所涉及内容事项的重要意义及迫切性等，然后具体交代有关的内容经过及结果，或者针对有关问题所应采取的办法和措施，最后向有关人员提出希望或要求。

（4）结尾。包括发信单位名称及发信日期两项要素。

3. 注意事项

写好公开信要注意以下几个方面：

（1）要注意内容表达的特定性。利用公开信所发布的内容事项必须是受信者所普遍关注而且又因种种原因没有解决好的问题，在写作时，要力求做到问题确实，观点新颖，富有代表性。

（2）要讲求行文的内在逻辑性。撰写公开信，一定要做到文字简练、结构严谨、节奏明快，通过严整缜密的表述，行文产生一种内在的逻辑力量，具有很强的说服力和感召力。

（3）要选用恰当的发布形式。公开信虽然是发给有关的对象，但其内容往往具有普遍的启迪作用和教育意义，或是表扬，或是批评，或是建议，或是致歉，或是倡导，都具有全局性的指导意义。正因为如此，在发布形式上往往比较宽泛，既可张贴，也可通过报刊发表，还可以通过电视、广播和网络形式传播，要根据实际情况选择恰当的发布形式，以便收到最佳的效果。

（二）推荐信

1. 推荐信的含义

推荐信是一个人为推荐另一个人去接受某个职位或参与某项工作而写的信

件，是一种应用写作文体。

2. 推荐信的格式与写法

第一段：介绍人开门见山地介绍一下所推荐的这个人的能力和对他的熟悉程度。如果被推荐的人是自己的一个雇员或合作者，有必要先介绍一下被推荐人担任的职务，他个人在任职中出色完成的一些项目。接下来，最好用一句简明扼要的话提一下自己所在公司的性质和主营范围。另外，介绍人也应简要地谈一下对被推荐者的看法。

第二段：介绍人可以在这段中写一些与被推荐者综合素质有关的内容。总而言之，可以是这个人是否负责、有礼貌、热情、勤劳、精神饱满等特点。

范例：

大学生求职自荐信

尊敬的领导：

您好！

我是××大学××××系的一名学生，即将面临毕业。

××大学是我国××××人才的重点培养基地，具有悠久的历史和优良的传统，并且素以治学严谨、育人有方而著称；××大学×××系则是全国××学科基地之一。在这样的学习环境下，无论是在知识能力，还是在个人素质修养方面，我都受益匪浅。四年来，在师友的教诲及个人的努力下，我具备了扎实的专业基础知识，系统地掌握了××××、××××等有关理论；熟悉涉外工作常用礼仪；具备较好的英语听、说、读、写、译等能力；能熟练操作计算机办公软件。同时，我利用课余时间广泛地阅读书籍，不但充实了自己，也培养了自己多方面的技能。更重要的是，严谨的学风和端正的学习态度塑造了我朴实、稳重、创新的性格特点。

此外，我还积极地参加各种社会活动，抓住每一个机会锻炼自己。大学四年，我深深地感受到，与优秀学生共事，使我在竞争中获益；向实际困难挑战，让我在挫折中成长。祖辈们教我勤奋、尽责、善良、正直；××大学培养了我实事求是、开拓进取的作风。我热爱贵单位所从事的事业，殷切地期望能够在您的领导下，为这一光荣的事业添砖加瓦，并且在实践中不断学习、进步。

收笔之际，我郑重地提一个小小的要求：无论您是否选择我，尊敬的领导，希望您能够接受我诚恳的谢意！

祝愿贵单位事业蒸蒸日上！

×××

××××年××月××日

九、介绍信与证明信

（一）介绍信

1. 介绍信的含义

介绍信在商务上应用范围非常广泛。介绍信分为两种，即私人介绍信和正式介绍信。正式介绍信是写信人因公把自己的同事介绍给某单位或某个人。这种介绍信要求语言和格式严谨、规范。由于介绍信是面呈的，一般不写信封。私人介绍信写法与普通书信相同，是写信人向自己的亲戚朋友介绍第三者，语气比较亲切随便。私人介绍信一般都要写信封。

2. 介绍信的内容

（1）简单介绍被介绍人的姓名、身份、职务。

（2）接洽事项和要求。

（3）对对方的帮助预先表示感谢。

范例：

介绍信

中国互联网络信息中心：

　　兹委托×××（必须是申请表中的承办人，可以是外单位人员）办理本单位域名注册事宜。

　　单位盖章：（必须是申请单位）

2009 年××月××日

（二）证明信

1. 证明信的含义

证明信是以单位或个人名义书写的，用以证明有关人员的身份、职务、经历以及有关事项真实情况的一种专用文书。

2. 证明信的分类

（1）以组织名义发出的证明信。这类证明信多数是证明曾在或现在本单位工作的职工的身世、经历或与本单位有关系的事件。

（2）以个人名义发出的证明信。这种证明信由个人书写，证明有关人员、有关事项的真实情况，证明人签字盖章后，经所在单位审核并签署意见。

3. 证明信的格式与写法

（1）标题。"证明信"三字写在第一行正中位置。

（2）正文。开头顶格写送达机关名称，接着写要证实的具体事实，说明材料来源等。

（3）结束语。一般用"特此证明"。有的开头没写送达机关名称的，可用"此致××单位"。

（4）落款。写明证明机关、日期，并加盖公章。

总之，证明信的写作要实事求是、简明扼要，要有明确的结论，用语准确。

范例：

证明信

我厂工程师×××同志、技术员×××同志，前往湖北、广东、海南等省，检查并修理我厂出产的××牌热水器。希望有关单位给予帮助。

特此证明。

××省××市××厂（公章）

××××年××月××日

十、拒绝信与致歉信

（一）拒绝信

1. 拒绝信的含义

拒绝信是明确表示对他人不合作，或对他人观点不支持的一种文书，态度和立场非常鲜明。写拒绝信措辞应得体，不要谩骂、侮辱、诽谤他人，应表现出一种胸怀和气度。当然拒绝信也可以写得婉转一些，以免激怒他人。

2. 拒绝信的写法

（1）称谓。

（2）正文。说明拒绝的原因，请对方予以理解。

（3）署名、日期。

范例：

拒绝信

××公司：

首先感谢贵公司对本人的厚爱。贵公司的规模和潜力给我留下了深刻的印象，我真的很高兴能获得这个机会。但是经过再三慎重考虑，我认为自己并不十分适合贵公司，贵公司的薪金不能满足我在北京的生活消费。因此我自愿放弃加盟贵公司的机会。错过您这样优秀的公司，我深感遗憾！真心希望贵公司能招聘到比我更优秀的人才，能够快速稳定地发展，希望以后还能有机会再合作！另外，由于给贵公司的招聘活动增加了工作负担，对此我深表歉意！

王××

20××年××月××日

（二）致歉信

1. 致歉信的含义

致歉信是因工作失误引起对方的不快，而表示赔礼道歉、消除误解，从而增进友谊和信任的信函。

2. 致歉信的写法

（1）称谓。

（2）正文。诚恳说明造成对方不快的原因；表示歉意，请予以理解、见谅。

（3）署名、日期。

范例：

向客户致歉

执事先生：

你方本月22日订货单收悉。非常抱歉！羽绒背心目前无法交货。我们最快的交货期要延迟到7月初。

当然，你方是着急要货的，可是需求量远远超过我们以往的能力，特向你方道歉！

你的忠实的×××

××××年××月××日

第十章　企业书贴公关文案

一、决心书

(一) 决心书的含义

决心书是一种常用的书信文体。决心书是某个人或者集体接受某项重要任务时，为了表明自己的信心、意志、态度、决心而写给上级的一封公开信。

(二) 决心书的写法

决心书的写作格式一般由标题、称呼、正文、结尾和落款五部分组成。

1. 标题

决心书标题一般由两种方式构成：一种是单独由文种名构成，即在第一行正中以稍大的字体写上"决心书"字样；另一种由文种名和决心的事由共同构成，如"争取夺得团体第一的决心书"。

2. 称呼

决心书的称呼应在标题下空两行顶格写清楚决心书送达的组织机关、团体单位的名称或个人的姓名称呼，然后加冒号，如"厂领导："、"敬爱的×××老师："等。

如果决心书是面对广大群众，称呼也可以不写。

3. 正文

正文是决心书的主要组成部分。正文通常要由事情的缘由、决心的内容两部分构成。

(1) 事情的缘由。正文开头从称呼下一行空两格处写起，阐明为什么要写决心书，其背景如何。该段一般要求结合当前的社会大背景和发文人或单位的具体情况来写，要符合实际。

(2) 决心书的内容。决心书的内容一般分条列出，主要写决心做到的具体目标以及实现这些目标的具体措施。分条列出的决心内容要具体真实，既保证其自身的独立性又要同其他各项有内在的联系。

4. 结尾

决心书的结尾可以再次表示决心，也可写些表示敬意的话，如"此致，敬礼"。

当然结尾也可根据情况不写，正文写完后自行结束。

5. 落款

落款写在全文的右下方，要署上写决心书的单位或个人的称呼姓名。如果是集体或单位所写还可以视情况加盖公章。最后还要署上成文的日期。

（三）注意事项

（1）要实事求是。表决心是为团结大家，鼓足干劲，更多更好地完成任务。但也要实事求是，一般决心书上的内容是不能轻松达到的，但经过努力是可以达到的。

（2）决心书不仅有目标还得有措施。措施应具体，步骤应分明。措施是保证目标实现的手段，表达措施的文字越简洁越好。

（3）决心书的语言要简明、扼要，不要太长，一般多用短句，以便把"决心"表达出来。要短小精悍。

（4）如果是集体的决心书，还应该通过会议的讨论，使大家统一认识、共同努力，达到团结奋进的作用。

范例：

决心书

党支部：

学习蒋××、罗××的事迹之后，我们受到了极大的教育，决心以这两位同志为榜样，搞好本职工作。

一、集中一切力量于教学、科学研究工作，勤勤恳恳、兢兢业业，争取在年内做出新的成绩。

二、工作中不为名、不为利，艰苦奋斗，诚恳待人，全心全意为人民服务。

三、努力学习业务知识，刻苦钻研，不怕困难，精益求精，不断提高自己的业务水平。

四、热爱党、热爱社会主义祖国，决心为祖国的现代化建设献出自己的一切。

希望组织和同志们对我们严格要求，时时监督。

王××

李××

××××年××月

二、号召书

（一）号召书的含义

号召，召唤，即领导和下属共同去做某一件事情。书，指文件。号召书对于组织、动员、鼓舞、推动职工完成单位发出的重大号召、提出的中心任务有积极作用。

（二）号召书的写法

（1）号召书的标题。多用"关于……的号召书"的表示范围的介词结构来表达，即把事由和文种写入标题中。

（2）号召书的正文。这是号召书的主要部分，它分三个层次进行写作。

第一层，号召书的前言，多用一段文字集中表达。先说明会议是在什么形势下召开的，再说明为配合企业的中心任务而开展的某项大的活动的重大意义，接着写为了什么目的而写号召书。

第二层，号召书的主要内容。为便于执行，多分四五条来写。每条提出一项措施，即发出一项号召，简述它的意义之后，指出它的实施办法。多用要怎么做、不要怎么做的句法去表达。只提出观点和实现观点的办法，不做阐发。

第三层，号召书的结尾。把全文的内容概括成一个口号，加以集中表达。

（3）写号召书的单位名称和号召的时间。写在正文右下方第三行处，分两行写。

范例：

公司号召书

公司全体共青团员、青年朋友们：

在这热情奔放的季节，在这青春似火的五月，我们迎来了中铁四局五公司第二次团代会的胜利召开。这次大会勾画了今后三年公司共青团工作的宏伟蓝图，吹响了推进企业强企富工、为公司实现又好又快和谐稳定发展的冲锋号角。今后三年是公司走出困境、加快发展的机遇之年，是公司精心耕作、创收争效的管理之年，是公司攻坚克难、奋勇争先的考验之年。今年公司确定了新签合同额确保24亿元、力争26亿元，完成企业营业额确保26亿元、力争28亿元的奋斗目标。目标催人奋进，前景激励人心。作为代表，我们备受鼓舞，深感自豪；作为公司新一代青年，更觉责任重大。为此，我们号召：

一、忠诚企业，勤奋工作，做敬业爱岗的表率。企业的发展壮大，离不开全体员工的共同努力和辛勤付出。每一名团员青年的成长成才、实现自我发展都和公司的改革发展息息相关。我们要树立与企业荣辱与共、共同发展的理念，敬业爱岗，勤奋工作，积极投身建设和谐企业、实现做强做大的伟大实践，做企业改革发展的生力军。

二、勤于学习，提高素质，做终身学习的表率。当今社会已步入终身学习的知识经济时代，谁不学习提高，都将被不断前进的社会所淘汰。团员青年要在创建学习型企业中当模范、做表率，树立终身学习的理念，努力学习科学文化和生产管理相关知识，争做知识型员工，不断提高自身综合素质，做符合公司发展需要的优秀青年人才。

三、与时俱进，争创佳绩，做开拓创新的表率。创新是一个民族不断前进的不竭动力，是企业不断发展壮大的基石。团员青年要立足本职岗位，大胆实践，积极开展技术创新和管理创新，在公司的项目管理、成本控制、科技攻关等工作中勇挑重担，攻坚克难，做公司管理创新、技术创新的排头兵。

雄关漫道真如铁，而今迈步从头越。青年朋友们，面对公司发展的新机遇、新挑战，公司青年必将做出无愧于时代的业绩。推进强企富工，实现公司做强做大、又好又快发展的宏图在前，千斤重担在肩，让我们以青春作曲，用伟业当歌，在公司改革发展的新征程上谱写壮丽的青春乐章！

三、邀请书

（一）邀请书的含义

邀请是请别人到自己的地方来或到约定的地方去，书指书信。邀请书是一种比较复杂的请帖，它是企事业单位在召开重大会议时，所常使用的一种新的应用文样式。此种应用文除了有请帖的作用外，还向被邀请者交代有关需要做的事情。它的使用范围十分广泛。

（二）邀请书的写法

邀请书的结构多由如下几部分组成：

1. 标题

写法有两种：第一种，只在稿纸的第二行中间写"邀请书"三个字，字要比正文的字大一点，必要时可加花边，以示喜庆。第二种，在"邀请书"三个字上面写单位名称，字要比"邀请书"的字稍小点。

2. 称呼

在标题下第二行，顶格写上被邀请同志的姓名，必要时可把"×××同志:"写为"×××书记:",或"×××厂长:",或"×××教授:"等,以示尊重,如果邀请单位不可或由于各种因素不便直接指明请某同志参加会议,称呼可写单位名称。

3. 正文

包括前言和事项两部分内容,前言要简而明,只说在什么时间、什么地点召开什么会议,邀请对方参加就可以了。事项部分,要分项列出;大项下可分小项,每项一般只交代一件事情。

4. 署名和日期

邀请单位的名称和邀请时间分别写在正文最后一项的右下方的第三、第四行;如果在标题上加上单位名称,在此可以不写,但最好再写一遍,以保证篇幅完整。

(三)注意事项

(1)执笔人在起草前务必了解好各种有关情况,掌握各种有关材料,为写好邀请书做好充分准备。例如,会议的指导思想、会议的内容、对被邀请者提出的要求和希望、到会后的食宿办法、报到时间和地点等。

(2)内容要概括,事项要具体。因为邀请书的篇幅都不长。

(3)要热情有礼貌,但又要掌握分寸。

范例:

邀请书

××公司领导:

为进一步开拓进口轿车市场,满足不同层次用户的需求,我公司已与法国标致公司签订了长期稳定的标致系列轿车总代理销售协议,首批标致607型轿车将于今年2月底前陆续到货,此后标致系列其他车型也将批量进口。

为建立及保持与全国各地有实力的区域分销商长期稳定的合作关系,共同开拓法国标致系列轿车市场,我公司拟于2002年1月30日上午9时30分在北京市海淀区闵庄路2号汽车展厅(四环路西北角香山、玉泉山方向出口后去香山方向500米路南)召开"法国标致轿车订货暨区域分销商申请说明会",恭请贵公司有关领导届时光临。

联系人:张××　　电话:010-×××××××××

四、催款书

（一）催款书的含义

催款书是催款单位对超过规定期限还未交款的单位或个人进行查询和催索的一种文书。

催款书是催索款项的通知性文件，其主要用途是通知超期未交款的单位或个人及时还（付）款。如金融部门的到（逾）期借款催收通知书、邮政部门的催领汇款通知书、商务往来中的货款催收通知书等。

催款通知书通常由财经部门，如税务、银行和企事业单位的财务部门发出。

（二）催款书的写法

根据催款的内容，催款书的写作可繁可简，视具体情况而定。催款书可以制作成固定格式，也可以写成便函。不论采用哪种形式，一般都应包括标题、编号、欠款单位名称、正文、落款等内容。

1. 标题

催款书的标题居于文件上部正中位置。固定格式催款书的标题一般只需写明"催款通知书"字样即可。便函式催款书的标题则须严格按照公文标题三要素拟制，即包括发文机关全称、事由和文种。如果催收的款项逾期时间较长，要求返还的时间又较急，可在文种前面加上"紧急"字样。

至于欠款单位的名称及账号，欠款单位的名称一定得用全称。必要时，为明确责任还要写上欠款单位的地址、电话，以及经办人的姓名。如果是通过银行代为收款，还必须写明双方开户银行的全称和账号，账号要准确无误。

2. 正文

这是催款书的中心部分，主要写催款的内容。具体、明确地写清双方财务往来的原因、时间、地址和有关经办人员等事项。有关凭据，如合同、发货单、银行转账单据等要一一列出。最重要的是要写清楚欠款的金额、催款要求和交款办法。有时为了说服对方尽快归还欠款，还可写上因对方欠款而造成的经济后果等。

催款书的处理意见一般居正文的末尾。写催款书是以对超过规定期限尚未交纳欠款的单位进行查询和催收为目的的。但是，有的欠款单位对所欠款项并不是一催就马上还清。因此有必要在催款书中重新规定一个付款期限，一方面留给对方缓冲和筹措资金的时间；另一方面督促对方能按规定的时间从速交付。为了避免对方仍然拖欠不还，在催款书中应把若再次逾期将采取的措施告诉对方。如对方仍不交付欠款，就按供货或货款合同规定收取逾期罚金和超期利息，甚至采取银行停止贷款及付诸法律手段解决等措施。

3. 落款

写明催款单位的全称，加盖公章，签署发文日期。

范例：

××市信托投资有限公司关于催收逾期借款的紧急通知书

×投司［××××］6 号

借款单位：××钢铁公司（地址：××市××区××路×号；开户行：工商银行××市支行××分理处；账号：×××××××××；经办人：×××；联系电话：×××××××）

你单位××××年××月××日向我公司借款肆佰万元，根据贷款合同规定，借款期限为一个月，于××××年××月××日到期。现已逾期 2 天，你单位尚欠逾期本金肆佰万元，利息××万元。接到本通知后，请于××××年××月××日前来我公司办清还款手续。如到期仍不还款，我公司将主动从你单位存款账户中扣收，并对逾期借款按规定加收利息，依照合同约定及法律规定处理担保（抵押）物，收回贷款本息或由担保人偿还贷款本息。

请积极筹措资金，抓紧予以归还。否则，我公司将按《经济合同法》和《借款合同条例》及有关规定进行处理。

特此通知。

催款单位：××信托投资有限公司（公章）

地址：××区××路×号

开户行：中国银行××支行

账号：×××××××××

经办人：×××

××××年××月××日

五、催货书

（一）概念

催货书是一种催索货物的通知书，它是对超过规定期限还未交款（货）的单位或个人进行查询、催索的一种文书。

随着流通领域内的经济往来越来越频繁，许多单位的货收付、查询、催索成为日常的主要工作，催货书作为通知超期未交货的单位或个人及时交货的文书，越来越受到人们的重视。

（二）格式和写法

催货书一般由标题、欠货单位名称、正文、落款组成。

1. 标题

多写《催货通知书》、《××××催收通知书》。如催索的货物逾期时间较长，要求返还的时间较急，可在文种前加"紧急"二字。有些催货书标题下还要标明编号或发文字号，以便查询和联系欠货单位名称及账号，可写在标题左下方，顶格写，单位名称写全称，后面写上账号。

2. 正文

写催货内容。应清楚准确地写出双方发生业务的原因、日期、地点、发票号码、欠款金额或所欠货物数量以及拖欠情况等。这部分最重要的是写清货物数量、催索要求和交付办法。在正文的最后写处理意见，这种意见主要写要求欠货单位说明拖欠的原因；重新确定一个交货的期限，希望对方如数交货；将再次逾期不归还货物所采取的措施或需缴纳的罚金告诉对方。

3. 落款

写催货单位全称，签上日期，加盖公章。

（三）注意事项

（1）催货内容中的日期、金额或数量、账号以及有关事项都要写清楚、明确、具体。

（2）正文中的处理意见要有催索作用，同时又要符合有关财政政策和纪律。

范例：

催货通知书

××丝绸〔2009〕26 号

×××厂：

你厂于××××年××月××日与我公司签订的一个月内供 65330 丝棉达呢 100 万米的供货协议，现期限已过，尚欠 65330 丝棉达呢 20 万米。限你单位于 9 月 18 日前将货发出。如到期仍不发货，我公司将按协议规定追究违约责任。

特此专函。

××丝绸进出口公司（公章）

××××年××月××日

六、倡议书

（一）倡议书的含义

倡议书是首先带头提出建议，发动大家、鼓励大家去实行或使用的信件。也可以说，倡议书是首先公开提出某种建议，希望别人能够响应，以共同完成某种任务或开展某种公益活动的信件。倡议书具有广泛发动群众、调动集体和大多数人团结互助、群策群力、共同奋斗的作用。

（二）倡议书的写法

倡议书一般由以下五个部分组成：

（1）标题。在倡议书开端的中间，标明"倡议书"三个字，也可在"倡议书"三个字前概括倡议的内容。

（2）称呼。根据受倡议对象选用不同的称谓。也有的倡议书不另起行写受倡议对象，而是在正文中指明。

（3）正文。另起一行，空两格，先总述倡议的根据、原因、目的和意义。然后分条开列倡议的具体内容。

（4）结尾。表明决心和希望。

（5）落款和日期。写发出倡议的单位或个人的姓名，下面写明年月日。

（三）注意事项

（1）倡议书有个人发起与集体发起两种，要合乎身份地写明在什么情况下、为了什么目的、发出什么倡议、希望别人怎么做、自己打算怎么做等。

（2）倡议的内容应是于国于民有利而又可以做到的好事。因此，所提条件应当具有先进性与可行性，虽然很好但一时做不到的，就不要提出来，以免成为一纸空文。

（3）语言要简练，条理要清楚，有一定的带动性。

范例：

倡议书

亲爱的工友们：

杨×，一个坚韧自强、刻苦勤奋、品学兼优的大学生。可是，凶恶的病魔已迫使他停学，而且还将要夺去他的生命——一个多么揪心可怕的悲剧啊！我们不忍心看到这样的悲剧。

我们有能力制止这悲剧的发生！

钱——有时实际上是一种救人的武器。现仅靠输血维持生命的杨×同学，急需要的正是钱，我们知道，杨×同学身体要康复，将需要一大笔医疗费，所以，我们向公司每一个员工发出倡议：伸出我们的援助之手，为杨×同学早日康复捐款！

　　"只要人人都献出一点爱，世界将变成美好的人间。"我们都生活在一个充满爱的世界里，用我们的爱心去高奏一曲爱之歌吧！

　　杨×可是一条年轻的生命啊！

　　让我们一起行动起来，让杨×早日感受到我们的爱吧！

××公司员工　王××
××××年××月××日

七、保证书

　　（一）保证书的含义

　　保证书是日常生活、工作或学习中，某集体或个人立誓完成某项工作或发誓不再犯某种错误而写的具有承诺性和保证性的一种应用文书。

　　（二）保证书的写法

　　保证书通常由标题、称呼、正文、结尾和落款几部分组成。

　　1. 标题

　　保证书标题由两种方式构成。其一，单独由文种名构成，即在第一行正中用较大字体写"保证书"字样。其二，由保证内容和文种名构成，如《卫生保证书》。

　　2. 称呼

　　保证书称呼在标题下空两行顶格写上送达方的机关组织、团体单位或个人的称呼或姓名，然后加冒号。

　　3. 正文

　　正文一般而言须包括写保证书的缘由和保证的具体内容两部分。

　　（1）保证书的缘由。要阐明为什么写保证书。要叙述清楚当时的条件和有关情况，使保证的具体内容建立在一定的前提之上。

　　（2）保证书的内容。保证书的内容主要是指保证人做出保证的具体事项，如保证做到什么，在多长时间里，达到什么程度，采取什么具体措施来实现自己的保证等。保证书此部分一般分条列出。

　　4. 结尾

　　保证书的结尾可以再次表示实现目标的决心，如"上述各项保证做到"；也

· 257 ·

可用"此致，敬礼"等礼貌用语；还可以在正文结束后，什么也不再写，自然结束。

5. 落款

落款即在保证书右下方署上保证的单位或个人的名称或姓名，并署上发文的日期。

范例：

保证书

××街道办事处党委：

为响应市委提出的组织城市待业青年发展商业和服务业，方便群众，扩大就业的号召，我们十名待业青年在广大群众热情支持下，成立了"×××街道青年综合服务部"。为了实现街道党委向我们提出的"巩固发展"服务部的殷切希望，我们保证做到以下几点：

一、安心服务工作，钻研业务，努力提高服务质量，根据群众需要增加服务项目。

二、端正经营作风，对顾客负责，替顾客着想，不偷工减料，不以次充好，收费合理，薄利多销。

三、讲文明礼貌，抵制歪风邪气。

四、民主管理，账目公开，分配合理，合法开支，不滥发奖金。

××街道青年综合服务部全体职工

××××年××月××日

八、挑战书与应战书

（一）挑战书

1. 挑战书的含义

挑战书是为了开展某竞赛，而发出挑战邀请，希望他人响应参与该活动的文书。

2. 挑战书的写法

（1）标题和开头。第一行正中以较大的字体写上标题，然后从下两行顶格处写上挑战对象的名称（个人直接写姓名）。

（2）正文。要写明竞赛的目的、内容和条件。

在正文中，还应写上请谁（或哪些人、哪个单位）评判，目的在于使竞赛受到监督。

（3）结束语。要写上"此致，敬礼"等表示敬意的结束语。

（4）署名和日期。挑战书和应战书的末尾居右，写明挑战和应战的单位或个人名称、日期。

范例：

挑 战 书

312 寝室的同学们：

为响应党中央开展文明礼貌月活动的号召，学校发出了建设文明卫生寝室的倡议。我们认为这一倡议很好，应该积极响应。我们希望与你们竞赛，看谁最先成为文明卫生寝室。我们的条件是：遵守校纪、讲究礼貌、清洁卫生、团结友爱。为保证上述条件的实施，我们打算实行室长制、值日制、周末检查制。我们深信我们的挑战是会得到你们的响应的。让我们相互学习，相互监督，共同前进！

330 寝室全体同学

2013 年 2 月 10 日

（二）应战书

1. 应战书的含义

应战书则是个人、集体和单位响应有关方面的挑战而予以答复的一种书信。

2. 应战书的写法

（1）正文。要表明对挑战的态度，肯定地回答同意应战。要交代同意或不同意挑战条件，如果同意要给予肯定的答复，如有补充意见也要写明。如果不同意挑战者提出的竞赛条件，或者不完全同意，但又要参加竞赛，应当对挑战条件加以修改，或者提出自己的竞赛条件，在取得对方的同意后，就可作为新的竞赛条件。对评判人的人选，要明确地表示同意或不同意的态度，如想增加评判人，也要在应战书中写清，并且写出所增加评判人的姓名。

（2）结束语。可以写"此致，敬礼"等表示敬意的话，也可以写"祝竞赛成功"等表示祝愿的话。

（3）署名和日期。写上应战者的名称或姓名，写上发出应战书的日期。

范例：

应战书

330 寝室的同学们：

收到你们的挑战书，我们十分高兴。经过认真讨论，我们一致赞成你们提出的挑战条件，并表示坚决应战。我们建议请校团委为裁判人，每个月进行一次评比，年终进行总评，以评比优劣的次数作为总评的依据。竞赛时间从下月 1 日开始。向你们学习，祝你们胜利。

312 寝室全体同学

2013 年 2 月 11 日

九、申请书与志愿书

（一）申请书

1. 申请书的含义

申请书是个人或集体向组织表达愿望，向有关部门或领导提出请求时使用的一种专用书信。

随着社会的发展，申请书这一文体的运用越来越普遍、广泛。个人对组织表达志愿、理想和希望时，个人在学习、工作、生活上对某一部门有所请求时，下级对上级有所请求时，都可以用申请书。平行单位之间互有请求办理的事情时，也可以使用申请书。因此，申请书可以促进个人与组织、下级与上级以及各个机关团体之间的相互了解，协调相互之间的关系，可以促使申请事项的办理。目前，申请书已成为社会生活中不可缺少的重要文体。

2. 申请书与一般书信的区别

申请书是一种专用书信，与其他书信一样，都是表情达意的工具。但是，申请书与一般书信又有很大不同，其主要区别在于递交对象不同、书写目的不同、所写内容不同、具体写法不同。

书信的内容比较广泛，凡是需要叙述、想要叙述的事情，均可自由述写，可以说没有什么严格的限制。申请书则不然，它必须局限于所请求的事情之内，围绕请求的事情说明理由、介绍情况、表达愿望、谋篇布局。一般是一事一书，内容单纯，目的和用途明确、专一。书信写作，可采用多种多样的表达方式，可以淋漓尽致地抒发个人的情感。申请书一般采用叙述的方式，言辞恳切，概括精练，必须把请求事情的理由、根据、条件表述清楚。

3. 申请书的写法

申请书有固定的结构模式，一般由五部分组成。

（1）标题。申请书都须写上标题。标题一般可写"申请书"三个字，也可根据申请的事项和目的，标明具体的名称，和"××申请书"等字样。

（2）称呼。称呼指申请书接受者的名称，可以写有关的单位、部门，也可以写有关人的姓名，如写"××公司"、"××同志"等。名称要顶格写，后面加冒号，表示下面有话要说。

（3）正文。正文是申请书的主要部分，一般都要分别述写三个方面的内容：①申请的事项。这是书写申请书的目的。如果不首先写出自己申请的事项，申请就失去了目标，就会下笔千言而离题万里，或是使申请书的接受者抓不住要领、本质，感到不知所云。因此，这一部分要注意开门见山，落笔入题，清楚明白地提出申请的意愿或事项。这一部分虽然着墨不多、简单扼要，但在全文中却起着提纲挈领的作用。②申请的理由。这一部分是全文的重点，是申请书的接受者研究答复和批准申请的根据之所在，必须下大功夫构思、写好。但是，由于申请的事项不同，所以应该根据具体情况灵活掌握，提出令人信服的申请理由来。或是谈谈自己的思想认识过程，或是摆摆自己的实际情况，或是列列自己的主客观条件等。写这一部分时，应注意这样几个问题：一是理由提得要充分、肯定，避免含糊其辞，让人一看就能心悦诚服，马上研究解决。二是要避免面面俱到、主次不分，而要抓住要领，突出主要理由，说明为什么要提出这一申请。三是要条理分明，可以分条列项地述写，也可以分段去写，力求段的内容的单一性和完整性，使人看起来眉目清楚。总之，这一部分的写作一定要以申请书的接受者能透彻理解申请的理由为原则，以便尽快研究处理所申请的事项。③申请人的态度。这一部分对全文起着收束的作用。在写作时，一般都要根据申请的事项，对申请书的接受者提出自己诚恳的希望和要求，或是表示自己的决心。

（4）结尾。申请书可以有结尾，也可以没有。有结尾的是写表示祝愿或敬意的话，或是写表示感谢的话，如"此致，敬礼"、"请接受我衷心的谢意"等。其写法和要求与书信相同。

（5）署名和日期。申请书均须有署名和日期。其书写位置应在结尾的右下方，要分行书写。上行写申请人的姓名，下行写提出申请的年月日。

4. 注意事项

（1）实事求是。申请书的写作目的是要申请书的接受者同意自己的申请。所以，只有推心置腹、毫不隐瞒地将自己的真实思想、真实情况说出来，才能沟通申请者与接受者之间的感情，加深理解和信任。因此，申请者在申请之前就须端正态度，抱有诚意，要从自己的实际情况出发考虑和处理问题。在写申请书时，要讲真话、讲实话、讲心里话，不讲大话，更不要讲假话。

（2）考虑阅读对象。申请书的阅读对象是接受申请书的组织或部门的负责人，所以必须从这一特定的阅读对象出发确定申请书的语言。哪些该说，哪些不该说；哪些应该这样说，哪些应该那样说，都须认真考虑。如果接受申请书的人已经了解的缘由就要少说或者干脆不说，反之，就要说清楚。如果所写的不是第一次申请，写作时就不必重复上次的内容，可在原有申请书的基础上或者强调，或者补充，或做必要的修正。

（3）简洁明快。申请书的语言要简洁明快。行文要简明扼要，文字要明白通畅，不用生僻、深奥的字词。同时，书写要认真，字迹要工整。

（二）志愿书

1. 志愿书的含义

志愿书是个人加入某个党派、团体或组织时，表明自己的思想认识和政治态度的一种文书。

2. 志愿书的基本写法

（1）标题。居中写"××志愿书"。

（2）正文。主要内容包括：①对志愿入团或入党的态度。②对志愿入团或入党的认识。③志愿的动机、目的。④自己的优缺点。⑤志愿的决心。

（3）结尾。志愿人要署名和注明日期。

范例：

入党志愿书

敬爱的党组织：

我志愿加入中国共产党，拥护党的纲领，遵守党的章程，履行党员义务，执行党的决定，严守党的纪律，保守党的秘密，对党忠诚，积极工作，为共产主义奋斗终身，随时准备为党和人民牺牲一切，永不叛党。

中国共产党是中国工人阶级的先锋队，是中国各族人民利益的忠实代表，是中国社会主义事业的领导核心。党的最终目标是实现共产主义的社会制度。中国共产党以马列主义、毛泽东思想、邓小平理论作为自己的行动指南。

自1921年建党至今，我们的党已经走过了90余年光荣的斗争道路。党的辉煌历史，是中国共产党为民族解放和人民幸福，前赴后继、英勇奋斗的历史；是马克思主义普遍原理同中国革命和建设的具体实践相结合的历史；是坚持真理，修正错误，战胜一切困难，不断发展壮大的历史。中国共产党无愧是伟大、光荣、正确的党，是中国革命和建设事业的坚强领导核心。

可能是耳濡目染了父亲对党的执著追求的原因，我从小就树立了一定要加入中国共产党的远大志向，并且一直持续到今天，热情更是有增无减。在不断追求思想进步的同时，我还经常做自我批评，发现自己还有一些不足之处。如理论学习过于死板，不能灵活运用；工作中有些情绪化，容易冲动。不过我会尽己所能进行改正，同时还请组织给予指导和帮助。

在组织的关怀与培养下，我认真学习、努力工作，政治思想觉悟和个人综合素质都有了很大进步，已经基本符合一名党员的标准，特此请求组织批准我的申请。如果组织批准了我的申请，我一定会戒骄戒躁，继续以党员的标准严格要求自己，做一名名副其实的党员。如果组织没有接受我的请求，我也不会气馁，会继续为之奋斗，相信总有一天会加入中国共产党的。

我志愿加入中国共产党，为共产主义事业奋斗终身！

申请人：蒋××

20××年×月×日

十、悔过书与检讨书

（一）悔过书

1. 悔过书的含义

悔过书是犯错人为了表示对自己的错误行为进行反省悔悟，并希望今后在大家的监督下彻底改正的一种自我批评性的实用文体（视其具体情况，悔过书有时也称为"检讨书"或"检查"）。

一般悔过书的写作者是在犯了错误，而且其所犯错误又往往对国家、集体或他人造成损失和伤害的，悔过人在经上级机关或有关部门批评教育后认清了自己的错误，这样，悔过书其实是悔过人对自己行为的一种检讨和反省，是自我剖析性的批评性文字。可见，悔过书具有检讨性。

2. 悔过书的写法

悔过书一般由标题、正文、落款三部分组成。

（1）标题。悔过书的标题通常以文种为名，即直接在第一行居中写上"悔过书"三个字。

（2）正文。正文部分应包括：①要写清犯错误的基本过程，所犯错误的性质、后果及其造成的危害性。在叙述事情的过程中，事件的前因后果应当叙述清楚。②提出今后改正的决心和改正方案。改正方案应当是具体可行的，以便于相关单位和群众的监督执行。

（3）落款。悔过人写上自己的姓名，并签上日期。需注意的是在姓名前一般须加上"悔过人"三个字。

3. 注意事项

（1）因为悔过书一般是个人在违反了某一社会公约而造成了不良影响或使他人受到损失时，意识到自己的错误后而写的，所以它适用于一些较严肃庄重的场合和领域，只在个人犯了较严重的错误时使用。如果一点儿很平常的小错误写悔过书是不适当的。

（2）悔过书具有保证性。因为它要悔过人在检讨自己的错误言行的基础上提出今后的想法、打算，向组织、上级领导做出切实可行的保证，以期给予必要的监督检查，所以它的保证性是很明显的。

（3）悔过人一定要尊重事实，对自己所犯错误有一个透彻的认识。切忌流于形式，对自己的错误左遮右盖，敷衍了事。

（二）检讨书

1. 检讨书的含义

检讨书是指自己在学习或工作中出现了问题或过错，为了今后避免再出现此类事件，要求自己以书面的形式，对出现的问题或过错做出的检讨。它一般包括出错问题、产生原因、改正措施或今后的打算。检讨书是一种常用的日常应用文。

2. 检讨书的写法

（1）标题。在正中写明"检讨书"字样即可；也有注明所犯错误范围或性质，如《关于违反财经纪律的检讨书》。

（2）称谓。写明检讨书呈报的组织、单位或个人，如"校党委"、"公司人事部"、"×书记"等。

（3）正文。正文由三部分组成：所犯错误事实、对所犯错误的认识、改正错误的决心与措施。

（4）落款。写上检讨人的姓名或单位名称，落上年月日。

范例：

检讨书

××动物园管理处：

20××年××月××日上午9时，我在动物园游玩，为了逗猴玩耍，竟用馒头包着泥巴、石子喂它，主要目的是想试试猴子聪明与否。当一些游客批评我时，我不但不接受，还用脏话伤人，大吵大闹。后经动物园的领导帮助教育，我认识到自己的错误，我决心引以为戒，决不再做伤害集体利益的事。在这里特向广大游客公开检讨，并向被我骂过的同志赔礼道歉。回厂后，我将以实际行动改正自己的错误。

××厂职工：闻××

20××年××月××日

十一、请柬

（一）请柬的含义

请是邀请的意思，柬本为简，是古代以竹或木材为原料制成的书写材料。由于面积很小，简多是零星文字或短文，后来简专指短小的信札，此义沿用至今。请柬又称请帖、柬帖、简帖、帖子，是一种邀请他人参加某个会议或某项活动的郑重而短小的文书。

（二）请柬的特征

1. 郑重性

请柬的礼仪色彩很强，无论相距远近，凡有必要都用请柬发出邀请，既表示对被邀请者的尊敬，也显出邀请者对此事的郑重态度。

2. 广泛性

请柬的应用范围很广。从主体上看，机关、团体、单位、个人均可使用；从内容上看，大到全国性会议或国宴、小至个人聚会或宴请都可以用请柬邀请。有的请柬涉及面较广，便登报广为宣传。

3. 艺术性

由于请柬一般用于正式的礼仪活动，且多是邀请宾客的，因此装帧和款式设计上讲究美观、精致、大方，令人赏心悦目，有保留和收藏价值。

（三）请柬的种类

1. 按内容分类

有会议请柬、活动请柬。会议请柬用于邀请他人参加各种会议；活动请柬用于邀请他人参加有关活动。

2. 按形式分类

有单帖、双帖、组合帖三种。单帖又称卡片帖，属于单页式请柬，有单面、双面两种，单面即只在正面有图案和柬词，双面即正面为请柬的图案、反面为柬词。双帖、组合帖属于折叠式请柬。其中，双帖又称对折帖，封面为请柬图案、内面为柬词、反面为封底；组合帖一般为参加人数较多、规模较大的会议或活动所用，有时内附其简介图文、临时通行证、代表证等。

3. 按文字书写分类

有竖式请柬、横式请柬。竖式请柬即文字竖排，多用于传统的请柬，如今有时也能见到；横式请柬即文字横排，目前大多采用这一形式。

（四）请柬的作用

1. 公关作用

请柬是一种礼仪性的交际手段，它满怀敬意向对方发出郑重的邀请，使对方愉悦地应邀参与。同时，它还能以精美的图案、典雅的语言对外展示自身的良好形象。

2. 凭据作用

请柬是邀请和应邀的书面凭据，它传递有关会议或活动的信息，不仅让对方知晓并备忘，还可作为入场的凭证。

（五）请柬的格式

请柬的格式比较固定。选购的请柬已印好格式项目，依次填写即可；自制的请柬格式与其大体相同。一般说来由下列项目组成：

1. 封面

单帖双面、双帖、组合帖的请柬有标题和图案。一般只写文种"请柬"或"请帖"，有的以"邀"、"恭请"等字样代替。可在文种前加上会议、活动名称以及主办者、承办者名称，如"阜星高级中学建校 60 周年请柬"。除丧帖外，一般用美术体字，并且烫金。此外，根据内容配有图案装饰。

单页单面的请柬没有封面，标题与其他项目处在同一页。

2. 称谓

即收柬者的称呼。请柬大多有特定的对象。如果接柬者是机关、团体、单位，直接写其名称。如果收柬者是个人，写清姓名，并在之后加"先生"、"女士"、"同志"、"教授"、"主任"等相应的称呼，以示尊重。如被邀请者是夫妇二人，应将两人的姓名上下并列书写。

有的请柬没有具体对象，则不必写称谓。

3. 正文

包括事项、时间、地点三要素。务必写明参加会议或活动的名称，具体的月、日、星期、时、分，地点所在的区、街、路名称和号码、具体场所。如有必要，还要交代会议或活动的目的或根据、乘车路线及接站、联系人、电话号码等。在写法上，一般是篇段合一式，特殊情况分多段说明。

结语多用"恭候"、"恭请"、"敬请"以及"光临"、"光临指导"、"莅临"、"届时出席"等敬语，也有的用祝颂语"此致，敬礼"。

4. 具名

写明发柬的机关、团体、单位名称或个人姓名。

如有必要,可在具名的后面加"敬邀"、"同敬邀"、"敬约"、"同敬约"、"鞠躬"、"同鞠躬"、"拜"、"敬上"、"谨启"等字样。有的请柬有特定的用语,如丧葬帖中常用"哀告"、"泣告"。

5. 日期

标明年月日。

6. 印章

以机关、团体、单位的名义发柬,应当加盖印章。

7. 附言

一般交代签到、着装、就座、人数限制、入场券或签到卡、提交资料、准备发言或节目、携带或禁带物品、领取礼品等特别提示的事项,如"内附入场券×张"。有的请柬将联系人和电话号码放在附言处。

8. 回执

即收柬者收到请柬后寄的回条,告知是否参加。

带回执的请柬大多自制,随请柬一同发出。事先打印有关项目,由收柬者填空,并划去不适用的词语。有的还贴上回邮的邮票。

(六)请柬写作要求

1. 内容明确

古人云:"写帖之法准之以义。"写请柬最重要的在于准确地表达内容,将有关对象、时间、地点、事项写得一清二楚,不得遗漏、含糊、失当。

2. 措辞得体

在力求言简意赅的同时,词句要文雅、大方、诚恳、庄重,如请长辈或领导不能写"恕不介催"。另外,尽量多用现代口语,恰当选用文言词。

3. 制作精美

要做到纸质厚实、色泽鲜亮、设计大方、装帧考究、字迹秀美,而且与其内容、风格保持一致。

(七)注意事项

1. 不能把请柬等同于通知

告知会议或活动的消息有时也用通知。通知是法定公文,带有事务性,而请柬是礼仪文书,具有交际性;通知用于对内下达,而请柬是内外发送均可;通知受文者大多必须参与有关会议或活动,而收柬者自定是否前来;通知的格式法定,而请柬的格式约定俗成。因此,切勿混用请柬与通知。

2. 不能把请柬误为邀请函

请柬与邀请函都以邀约为目的,格式项目相近,但它们也有许多区别。邀请函属于书信，请柬是一个独立的文体；邀请函中被邀请者多是参与者，礼仪色彩稍弱，而请柬邀请宾客，比较郑重；邀请函的事项具体、篇幅较长，而请柬的事项概括、篇幅短小；邀请函的版式只能横排，而请柬的版式横排、竖排均可；邀请函一般不设计图案，而请柬多有装帧。在写作时要辨析请柬与邀请函的异同，不能混淆。

范例：

请　柬

×××女士：

　　兹定于20××年××月××日××时，在省政协礼堂举办工商界人士迎新座谈会。

　　敬请光临

××省商会

20××年××月××日

十二、喜帖

（一）喜帖的含义

　　喜帖又称贺帖，是个人就某些喜事特邀领导、同事、亲戚、朋友前来祝贺的请柬。

　　使用最多的喜帖是婚帖和生日帖。婚帖过去称为团书，是就婚礼之事向有关人员发出邀请。过去婚帖有对亲、定日、送礼、迎亲、送嫁、请新郎偕新娘回门等多种，如今则多用于订婚和结婚。婚帖往往设计精美，图文并茂。生日帖适用于幼儿、少年、成年人、老年人。幼儿有三朝、满月（又称弥月）、百日、周岁等喜帖；少年的生日帖多用于中小学生；一般成年人过生日比较简朴，如果邀人参加，也可以发帖；老年人过生日称为做寿，逢整十则做大寿。做寿一般由子女晚辈操办，也可以由亲友、单位操办，通常要发帖。此外，个人升学、晋职、乔迁、获奖等喜事，也可以用喜帖邀人庆贺。

（二）喜帖的特征

1. 喜庆性

　　婚嫁、生育、生日、升迁等是值得欢喜和庆贺的，喜帖正是为这些喜事而发，既向人们报喜，又传递欢庆的信息，通篇洋溢着喜气。

2. 分享性

人逢喜事，特地邀约领导、同事、亲戚、朋友一起欢聚，共同分享。喜帖便提供了这样一个情感交流的平台，能增强单位的凝聚力，加深亲情或友情。

（三）喜帖的写法

1. 封面

一般只写文种，如"请柬"、"请帖"。

喜帖的图案设计多样而有个性。例如，婚帖、儿童的生日帖大多印有照片，生日帖有生日蛋糕、寿星画，乔迁帖有房屋等。

2. 称谓

大多写收柬者的姓名，并加敬辞。如果收柬者是夫妇，横式按先男后女的顺序从上到下并排，竖式按先男后女的顺序从右至左并排。目前有些喜帖模板的称谓是"送呈×××台启"，其中"送呈"是"呈送"一词的误用，"台启"是信封惯用词之一，不宜将其作为喜帖称谓。

3. 正文

交代事由、时间、地点等，根据实际情况处理。例如，致介绍人、致证婚人、致其他人员的婚帖各有其特定的内容和写法，不能混同。此外，有些订婚或结婚年月日分别写公历和农历。

4. 结语

用"恭候"、"恭请"以及"光临"等敬语。

5. 具名

写明发柬者的姓名或其他名称。如果发柬者是夫妇，横式按先男后女的顺序从上至下并排，竖式按先男后女的顺序从右至左并排。发柬者姓名之后多加"敬邀"、"同敬邀"等字样。以晚辈名义发的帖，发柬者姓名之后多加"鞠躬"、"同鞠躬"。至于寿帖，由子孙或亲友具名，兄弟姐妹较多的可以长子或长女或推对外最有声誉的代表具名；几代同堂者也可用"×××率子孙鞠躬"的字样；亲友具名的，大多逐一标明；如以单位名义主办的，则写单位名称。

6. 日期

标明年月日。

7. 附言

有的喜帖将具体时间、地点等写在附言里，以示强调。例如"席设：××路××号××酒店××厅；时间：×月××日（星期×）×时"。此外，还可以补充其他事项。

（四）注意事项

1. 精心设计

个人喜帖因其特定主旨和诸多作者呈现出艺术化和个性化的特点，许多喜帖佳作具有较高的欣赏性和收藏价值，关键在于设计，无论是封面、封底还是柬词都要力求有美感、有新意。

2. 把握语感

喜帖的种类很多、作者各异，因此要力求切合语境。例如，婚帖中以家长、新人、兄长名义发出的请柬在措辞、造句等方面各有不同，一定要因"境"而为。

范例：

喜帖

某某先生（女士、小姐）：

我们定于××月××日下午×时假座××饭店××厅举行婚宴。

恭请

光临

某某（新人名）谨邀

20××年××月××日

第十一章　企业新闻传播文案

一、综述

（一）综述的含义

综述是指就某一时间内，作者针对某一专题，对大量原始研究论文中的数据、资料和主要观点进行归纳整理、分析提炼而写成的论文。综述属三次文献，专题性强，涉及范围较小，具有一定的深度和时间性，能反映出这一专题的历史背景、研究现状和发展趋势，具有较高的情报学价值。

（二）综述的特点

（1）综合性。

（2）评述性。

（3）先进性。

（三）综述的写法

综述一般都包括题名、著者、摘要、关键词、正文、参考文献几部分。其中正文部分又由前言、主体和总结组成。

1. 前言

用200~300字的篇幅，提出问题，包括写作目的、意义和作用，综述问题的历史、资料来源、现状和发展动态、有关概念和定义、选择这一专题的目的和动机、应用价值和实践意义，如果属于争论性课题，要指明争论的焦点所在。

2. 主体

主要包括论据和论证。通过提出问题、分析问题和解决问题，比较各种观点的异同点及其理论根据，从而反映作者的见解。为把问题说得明白透彻，可分为若干个小标题分述。这部分应包括历史发展、现状分析和趋向预测几个方面的内容。

3. 总结

是对综述正文部分做扼要的总结，作者应对各种观点进行综合评价，提出自己的看法，指出存在的问题及今后发展的方向和展望。内容单纯的综述也可不写小结。

（四）注意事项

撰写综述论文的几个注意事项：

（1）题目不宜过大。

（2）参考文献不宜太旧。

（3）引用文献不宜过多。

（4）综述篇幅不宜太长。

范例：

水泥类上市公司综述

一、2000 年总体情况

目前，我国水泥类上市公司有 23 家，其中 A 股上市公司 22 家，H 股上市公司 1 家（海螺水泥）。而 A 股上市公司中，沪市 16 家，深市 6 家。按业务范围可分为两类：一是单纯从事水泥制造和销售的公司，共 15 家，包括牡丹江、秦岭水泥、西水股份、四川金顶、祁连山、华新水泥、福建水泥、天鹅股份、冀东水泥、大同水泥、江西水泥、天山股份、四川双马、天水股份、巢东股份；二是除经营水泥制造和销售外还涉足其他行业的公司，共 7 家，包括尖峰集团、新疆屯河、ST 金荔、葛洲坝、鲁北化工、云南马龙、富邦科技。

主营业务主要为水泥制造的有 17 家，平均流通股本 9586 万股，2001 年 4 月 27 日平均收市价为 14.06 元，平均市盈率 81 倍，市盈率比较低的是福建水泥（51 倍）和天山股份（47 倍）。

从年报情况看，2000 年水泥类上市公司业绩非常普通，16 家以水泥生产为主营业务的 A 股上市公司平均每股收益为 0.21 元，平均净资产收益率为 7.88%，甚至还要低于该板块 1999 年每股收益 0.222 元和净资产收益率 9.96% 的平均水平。由此可见，前期二级市场上水泥板块的表现是对过去低估了的价值的发掘，而更多的则体现为对未来预期的炒作和对某些概念的炒作。

二、水泥板块分析

水泥板块从投资价值角度分析可分为以下四个梯队：（略）

三、重点上市公司介绍（略）

附表：（略）

二、述评

（一）述评的含义

述评是一种以夹叙夹议、边叙边评的方式反映社会热点或国内外重大事件或问题的新闻体裁，是以事实为基础的评论。

（二）述评的特点

（1）评述结合，以评为主。

（2）述评作为一种具有独特个性的新闻评论体裁，一般都要对新闻事实进行比较全面的，有时是多方面的介绍，包括典型的具体事实、概括的情况以及必要的背景材料等，在叙述事实的同时进行议论。

（3）评述结合并不意味着评和述在篇幅或比重上相等，它主要表现在兼有新闻报道和新闻评论的特点，具备两者的功能，同时它又是以评为主的。

（4）述中有评，评中有述。

（5）由述而评，以评驳述。

（三）述评的类型

述评的应用范围十分广泛，其选题可以涉及社会生活的方方面面，反映人民群众普遍关心的问题，大致可分为以下几种类型：

（1）工作述评。工作述评，顾名思义是针对实际工作中的经验或问题进行评述。

（2）形势述评。形势述评是对国内外形势，包括政治、经济、文化以及其他领域形势的述评。

（3）事件述评。这类述评是根据记者直接调查和掌握的材料，对国内外发生的重要事件或某些影响较大的突发事件进行评述。

（四）述评的写法

（1）选定一个自己感兴趣的话题。

（2）总结和归纳主要放在研究的内容和方法上。

（3）在归纳研究内容的时候，一般可以分为几种观点，而研究方法，不外乎是常用的几种方法。

（4）点评环节。主要点评研究的深度、研究到了哪个程度、哪些问题还值得进一步研究。

（5）几点思考。主要是自己通过归纳和总结的感想，得出一些有价值的东西来。

范例：

足球与黑哨述评

体育比赛都要有裁判，有裁判就得用哨子，而哨子本来就是黑的，那足球就得用黑哨来裁判。

如果用这样的逻辑，似乎这是很合理的事情啊，可此黑哨非彼黑哨，这里的黑哨对应的是"白哨"，即公平！

我们经常用"足球是圆的"来形容足球比赛的偶然性和不确定性，正是由于结果的难以预料和激烈的对抗性使它成为了世界第一运动。在这项运动发展到今天、科技不断进入赛场的同时，需要我们去留意赛场以外的更为重要的事情，那就是裁判的哨子，前提是如果在赛前不照顾好那个哨子，可能在赛后就会自食苦果！我想问一问，如果裁判们哪天不玩黑哨了，那么足球还会不会好看？和现在的比赛比起来，足球还会不会有那么多新闻？哪个球星还会趾高气扬地叫嚣：我可以左右比赛！裁判员在球迷心目中的形象还会不会如此的平庸？我们的联赛还会不会有如此低的上座率？球员的敬业意识还会不会这么差？我们的足球圈子还会不会如此的不干净？

总之，哨子就是黑色的，即便哪个心血来潮的足球管理层提出什么更换哨子颜色的决议，它依然可能是黑的，这就是足球，"足球就是圆的"。足球黑哨，我代表全体球迷、全体国人，真心期待你彻底变白的一天，那时，即便你还是黑色哨子，恐怕也没人叫你黑哨了！

三、简讯

(一) 简讯的含义

简讯又称短讯、简明新闻，它是消息文体中最简短的一种。每则简讯，除电头外，一般只有几十个字，多者不过一二百字。它只报道发生了什么事，不交代新闻背景和事情发生的具体情节，更不涉及细节。它没有或很少有议论。

简讯的时间性也最强。在简讯中经常使用"今天"，当天发生的事当天报道，当天见报。有时也用"昨天"、"星期几"等字眼，必要时还会写出新闻事件发生在几时几分，是北京时间还是格林威治时间，以显示重大事态新闻的特征。

简讯报道的题材广泛，新闻事件多样，东西南北，海阔天空，无所不包。它既可以报道国内外要闻，又能反映社会生活的趣闻轶事。在形式上，无论是报道国内外要闻，还是叙述趣闻轶事，它们都十分短小、简练，但由于所报道的新闻内容的重要性不同，因而它们在报纸版面上所处的位置也不一样。有的被安排在重要地位，甚至可以成为头版头条消息；有的则被放在不显眼的地方，甚至还有被挤掉的危险。在这种情况下，报纸编辑经常采用集纳的方法，把零星、分散的简讯按照它们的性质、特点、类别、主题等集中在一起，冠以"简明新闻"、"国际新闻"、"新闻集锦"、"祖国各地"、"读者今日来电"等之类的栏目，框以花边，发表出来，既能使版面生色，也容易吸引大众的注意。

（二）简讯的写法

1. 标题

概括简讯的主要内容。

2. 导语

导语是简讯开头的一段话，要求用极简明的话概括简讯的最基本内容。

3. 主体

主体是简讯的主要部分，要求具体清楚，内容翔实，层次分明。

4. 结尾

结尾是对简讯内容的小结。有些简讯可无结尾。

范例：

江西发现清代科考范文手抄本

江西上高县上甘山乡近日发现一册清代科考会试、殿试范文手抄本，相当于科举考试备考的"作文大全"。手抄本为线装宣纸竖式，长 12 厘米，宽 9.2 厘米，字迹大小均在 3～5 毫米，为毛笔隶书、行书、草书字体，并由多人书写完成。册内共记载了清代顺治、康熙、雍正、乾隆、嘉庆、道光 6 朝 13 个省的科考士人的 63 篇会试、殿试佳作，每篇文章 700 字左右，其中两篇被注明为"钦定文"。专家认为，该册是清代士子用来学习和备考的手抄本，为研究清代会试、殿试的历史提供了重要的实物史料，同时也给人们提供了一部不可多得的清代微型书法作品。

四、题词

（一）题词的含义

题词是为留作纪念而题写的简短、精练，具有一定的审美教育意义的集公关、书法、艺术等多种功能为一体的文字。

今天的题词是从古代的题词中演变而来的。古代的题词有广义和狭义两种。狭义的专指在书籍前面题写的文辞，广义的还包括题跋和题名。今天所包括的对象和内容要比古代题词广泛得多，它在新的社会关系中表达对人、事、物的积极肯定的态度，在精神文明建设中具有一定的积极作用。

（二）题词的分类

题词的范围和对象可以分赠人、赠事、赠物三大类。

1. 赠人

（1）长辈题给晚辈。这类题词表示对晚辈的关怀、奖励、勉励。

（2）同辈之间的题词。这类题词一般很多，往往称作"赠×××"，而不说为谁题，如同窗好友互赠题词，共勉互励。

（3）给英雄人物题词。这类题词无身份年龄的区别，一般是表示纪念和号召向英雄人物学习的。被题的对象可以是一个人，也可以是一个英雄的集体，如毛泽东同志"向雷锋同志学习"的题词。

2. 赠事

一般指给某个单位、某项有意义的事业的题词。题词者往往是社会中较有名望的人，如领袖、首长、学者和专家等。

3. 赠物

（1）自然物。给自然物题词到处可见。如泰山的"五岳独尊"刻石，趵突泉的"天下第一泉"留题等。

自然风景的题词又可分为两种。①单纯地留作游乐纪念：一般只题上自己或他人的名字并写上日期，如四川凌云山临江岩上刻有苏东坡留名的题词。②借景抒情类题词：如唐代诗人皮日休《题惠小泉》诗："丞相长思煮茗时，郡侯催发只忧迟。吴关去国三千里，莫笑杨妃爱荔枝。"此题词含义是深远的。

（2）建筑物。给建筑物题词包括的范围很广，可以有题额、题匾、题碑、题门、题墙等。此外，水库、大坝、展览馆、纪念堂、公园、商店等都可以成为题词的对象。这类题词依内容也可分为两种。①因物设题：如毛泽东同志为人民英雄纪念碑所题的"人民英雄永垂不朽"。另外，有些仅具有纪念意义，如毛泽东同志题"十三陵水库"等。②借物抒发感想：这类题词一般具有较深的含义。如汉代司马相如未得志时，路过成都"升迁桥"，题词曰："不乘驷马高车，不过汝下！"

（3）日常生活用品。在我国古代人们就喜欢在扇子上题词。此外，手帕、茶具、笔筒、笔、墨、砚、桌、凳等均可成为人们题词的对象。所题的内容也大都因物赋题，或抒发情感。

人们更多地还给书籍题词。在将自己的书送人时人们喜欢题上"请×××雅正"字样；而给别人的书题词时，也会根据书的内容或作者的为人、为义风格题上几句鼓励或赞扬的话。请名人为自己的著作题写书名，在今天似乎也成为了一种新的题词时尚。这样往往可以使人们对书产生几分信赖感。

　　（三）题词的文体要求

　　题词的语言形式一般比较自由，大致分为以下几种。

　　1. 诗歌类

　　如苏轼《题西林壁》："横看成岭侧成峰，远近高低各不同。不识庐山真面目，只缘身在此山中。"又如辛弃疾《丑奴儿·书博山道中壁》："少年不识愁滋味，爱上层楼，爱上层楼，为赋新词强说愁。而今识尽愁滋味，欲说还休，欲说还休，却道天凉好个秋。"

　　2. 对联类

　　对联类题词是最常见的一种题词形式，如毛泽东为刘胡兰烈士题的："生的伟大，死的光荣。"

　　3. 散句类

　　散句类，句子可长可短，形式自由，要求较为随意，可任意挥毫，成为今天人们更乐意使用的一种形式。

　　如艾青为《作文》杂志题的："青年人很容易接近诗，青年人不爱诗，诗就没有发展的前途了。"

　　（四）题词的格式

　　1. 题词的排版格式

　　题词的排版格式分为竖排版和横排版两种。竖排版的题词是从右边开始写的，而横排版的题词是从上到下来写的。

　　2. 题词的写法

　　（1）在题词的上方（横排版）或右边（竖排版）写上被题词的对象的姓名或单位名称，有时还应简单注明一下题词的原因。

　　（2）在题词的右下方（横排版）或左下方（竖排版）书写题词者的姓名和日期。

　　（3）只在下款写上为谁而题、题词者姓名和日期。

　　（4）有的题词可以没有下款。

　　（五）注意事项

　　（1）题物类的题词范围极广，万不可滥用，尤其是在名胜古迹和借阅的书刊上，不可胡乱涂写。

　　（2）题词文字一般不宜过长，通常三言两语即可。

（3）题词内容要切合题赠的场合和题赠的对象。

（4）题写时，既可自己编写，也可摘录前人或别人现成的佳句，要做到恰到好处。

（5）题写时要认真，书法要优美，富有审美情趣。

五、新闻

（一）新闻的含义

新闻是一种传递迅速、文字简明的事实信息，是新近发生的、有价值的事实报道，新闻的特点可简单概括为四个字：快、实、新、短。具体表现为材料要新，要把人物、新事迹、新经验、新创举等新鲜事物报道给人们，扩大人们的视野；认识要新，新闻所反映的思想、说明的问题要富有新意。

（二）新闻的写法

新闻的结构一般由以下五种基本要素组合而成，即灵活鲜明的标题、引人入胜的导语、深化题旨的文体、有的放矢的背景、恰到好处的结尾。

1. 精心拟制标题

新闻的标题是其"眼睛"，是其内容的主题，是全文的精华。标题是否精彩，直接关系到能否激发读者的阅读欲望。

2. 倾神写出导语

万事开头难。导语是新闻的开头部分，其作用是以最简洁的语言把最重要的事实表述出来，以紧紧地抓住读者。导语是新闻的精华、灵魂，是新闻最重要的开场白，导语在新闻中具有十分重要的作用，担负着统率全文的任务。

3. 全力写好文体

文体是新闻的主干和中心，是一则新闻的主要内容所在。它承接导语自然而具体地展开新闻的事实和内容，围绕主题，展开新闻事实的叙述。写作新闻文体时，首先，须同导语前后呼应，协调一致，不能转向生发，横生枝节。具体说来，导语中提出的问题，在文体中要有具体事实来回答，导语中概要列出的主要事实，在文体部分要予以具体展开，导语所做的论断，在文体部分要用事实予以说明。其次，用事实说话，写出充分的事实材料。

4. 详细交代背景

新闻背景是指新闻事实的历史状况、周边环境、其他事物的关系以及内外联系。

5. 水到渠成的结尾

结尾就是新闻的结束，是新闻的最后一句话或一段话，它阐明新闻事实的意义，揭示事件发展的趋势，加深读者的理解和引起读者的思考。

范例：

好啊！诚实永存

一位年轻的女售货员昨天来到本报，要求登一则广告，寻找她接待过的一位外国顾客。因为她在卖给他酸奶时，少找了钱。

她叫张××，26岁，是北京市东单大街×××食品店的售货员。20××年11月3日，她错把一张五十元外汇券当成了五元。

"那位顾客看上去是欧美留学生。星期一下午六点左右，他来买酸奶。走后没多久，我就发现钱找错了。"小张说。

"我马上追出去找他，但他已经不见了。我一连两个晚上没睡好，担心我的过失会带来很坏的影响。最后，我决定在《中国日报》上登广告找人。"小张说。

"当时还有许多其他顾客，而且这也是我头一回见到外汇券。"她解释说。

虽然她每月的工资只有51元，但对于高于她工资两倍的广告费，这个好女孩儿似乎并没有被吓到。

广告部工作人员问她为什么不找她自己的单位报销广告费，她说："因为这是我自己的过错。"

《中国日报》给她的广告（见本报今天第八版）费用以特殊优惠。商店领导得知此事后，也决定给她经济补助。

六、短评

（一）短评的含义

短评是短小精悍的议论文章。它篇幅短小，重在评论。短评的写作分为两种情况，一种是针对某本书、某部影视剧、某篇文章进行评论，是有具体可见的对象的评论；另一种则没有具体可见的对象，而只是针对某种现象、某件事物进行评论。短评可以提倡、赞成，也可以批评、批判。

（二）短评的写法

在针对具体对象的短评中，一定要紧扣对象，如果是写书评，就一定要结合这本书的内容、作者、写作特色等进行评论；如果是写影视评论，也要结合影视剧的剧情、结构、拍摄过程等进行评论。在针对某些现象或事物的评论中，则主要是抓住事物的特点、事物的社会意义进行评论。

（三）注意事项

（1）论点鲜明。

（2）说服力强。

（3）语言要精练。

（4）脉络要清晰。

范例：

《论世文聚》书评

季羡林是一棵"文坛常青树"，他的心态与其"望九"的年龄相比显得年轻得多，从融入了他的阅历和智慧、充满人生哲理的《论世文聚》中可以看出这一点。

"望九之年"的季羡林曾到过三十多个国家，"上至总统、总理，下至行车卖浆者，不管肤色是黑、是黄、是白都见到过"，可谓阅人无数，自有许多经验，但在"老马识途"中却也有"马失前蹄"时。季老在海淀区住了将近半个世纪，对海淀的道路而言，应该是一匹地地道道的"老马"，"我也颇有自信，即使把我的眼蒙住，我也能够找回家来"。可是，有一次他走一条新修的路，却一时在家门口迷失了方向，由此，"我悟到，千万不要再迷信'老马识途'，千万不要在任何方面，包括研究学问方面以'老马'自居"。季老善于总结生活，以小见大，在《从哲学的高度来看中餐与西餐》一文中，季老总结到，中餐是把肉、鱼、鸡、鸭等与蔬菜全烹，而西餐则截然不同，可多数西方人虽然觉得中餐好吃，却不肯照中餐的做法烹饪，季老认为这里有更深层的原因，即与东西方人的思维模式不同有关，西方是分析的思维模式，西餐在西方已机械化、数字化。而东方基本是综合的思维模式，中国菜系尽管名目繁多，但"运用之妙，存系一心"，每个厨师均有各自的风格，据说这也是中餐难以机械化的重要原因。

季老自称活到这把年纪，走过的桥比别人走过的路都要多。《论世文聚》中的很多篇幅就是谈论人生的，季老用他的人生经验告诉我们，在人生的漫漫道路中，人们该对世态炎凉持容忍的态度，既待人容忍，又要与大自然和平相处，这样才能荣辱不惊、天人合一。但是，季老的处世哲学并不是消极的，他主张积极行动，在《三思而行》等篇中可以看出。

《论世文聚》的篇篇文章不仅饱含哲理，还饱含作者纯真的情感，如在《我的母亲》、《人间自有真情在》中分别写了自己对母亲的怀念和一个外国老妇人对故去丈夫的情感，浓浓情愫不禁使人怦然心动、潸然泪下，似心灵沐浴了风雨的洗礼。

《论世文聚》收录的文章很多，季老论锋所及的方面也较为广阔，仁者见仁，智者见智。读这本书就像品陈年老酒，回味无穷。

七、社论

（一）社论的含义

也称社评、社说。一种代表报社、杂志社的重要指导性言论。它往往就当前国内外发生的经济事件或问题，或针对党和国家的经济工作发表意见，表明看法。它的任务可用十六个字加以概括：表明态度，解释政策，提出任务，指引方向。它具有时效性、政策性、针对性等特点。

（二）社论的分类

社论通常可以分成两大类：

一是全局性的综合社论，针对一个时期的一系列重大问题进行全面概述，阐述党的经济政策，提出指导思想，指明今后的任务和奋斗方向。它通常在年初或重要节日、召开重要会议时发表。

二是局部性和专题社论，就当前某一事件、典型、问题做专题性论述。这类社论往往是大量的。社论的写作要坚持"代圣立言"和高度的党性原则，面向广大读者，观点鲜明，强调政策性、针对性和指导性，具有一定的思想水平和理论色彩，文字简练、通俗、生动。

（三）社论的写法

（1）开头部分。概述提出问题的背景。在什么样的形势下提出问题，这是必不可少的内容。

（2）主体部分。要分析问题产生的原因、解决问题的重大现实意义及如何解决问题，讲措施、讲方法。

（3）尾部。表示坚定的信念和决心。充满自信心，给读者以巨大教育和鼓舞。

范例：

调整，开始了

全球金融市场上周度过了惊心动魄的一周，因为反映第三季度经济表现的指标——出炉，有些大好，如美国经济终于恢复增长，并且优于预期；有些不佳，如美国9月消费支出出现5个月来首次下滑；反复的指标让美股暴涨暴跌，也让亚洲市场"心乱如麻"，反映华尔街预期心理的恐慌指数（VIX）上周五更一举飙升24%。这些现象反映的是，市场的不确定性提高了；意义正是：调整，开始了。

　　金融海啸一年过后，第三季度经济表现成为各方检视政府刺激方案效益及景气复元稳定度的前期指标，更是政府研判刺激方案退场步调的评量表。因此，目前全球经济处于转折的拐点上，一方面，不只经济表现与刺激政策间相互影响，政策的决断力与正确性也考验着政府决策者；另一方面，指标信息与相应的政策解读间也存在着矛盾。亦即景气指标报喜，固令人安慰，但可能代表一年来支撑经济的氧气筒快要撤了，市场不免担心少了政府活力的经济体系能否持续复苏；反之，若指标表现还是无力，或能继续保有政府政策的扶持，却也令市场担忧经济自我疗育功能的弱化。于是，市场预期及其带来的波动又反过来影响经济及政策，并因彼此间无一致共识，调整就这么开始了。

　　经济决策者犹如舵手，当然不该随波逐流，而应依其政策初衷，为所当为。因此，随着经济形势的调整，货币政策的调整也已展开，但程度因各自需求而不同。像处于这波金融风暴核心的美、英等国，就对货币政策的退场还心存忌惮，担心信贷元气未复就退场，经济可能陷入二次衰退，因而以微幅缩减刺激规模或不再扩大的方式测试景气抵抗力，预期本周四的利率决策会议仍将按兵不动，但将以会后声明释放些许退场信息。相对地，属于金融危机外围或未高度依赖欧美市场的印度、挪威及澳大利亚等国，就以直接的升息或启动退场之举，非常自信地宣告衰退结束。

　　比较特别的是亚洲各国，靠着区域内贸易深化及中国的崛起，度过金融海啸后欧美市场萎缩的冲击，虽然复苏脚步相对较快，却因尚无法完全摆脱对欧美出口的依赖，而未能自主地启动升息按钮，以保持与欧美间一定的利率差距，避免因此吸引热钱涌入而带来本币升值的压力，限制了出口带动的经济增长。

　　不过，亚洲的复苏及宽松货币政策的持续，让此区域面临资产价格上涨，甚至可能出现过热、通货膨胀蠢动的现象，也促使暂不想升息的亚洲央行，以选择性信贷管制的方式进行宏观调控。上周中央银行总裁彭淮南邀集三大行库，提示房贷授信风险，已在宣示他的新政策方向；中国香港、新加坡、韩国也高调提出抑制房价的作为，如提高放款门槛及取消优惠房贷等。中国国务院更直言，因为经济向好的趋势已得到巩固，将把控制通货膨胀风险纳入决策时的考虑因素。这是金融危机爆发以来，中国官方首次做出这种表述。因此，尽管没有太多国家升息，但货币政策的调整，也已经开始了。

　　经济调整期的特质之一是个体各自依凭所知的信息，依自利原则，做出判断、采取行动；但因信息纷乱、自利导向、资源重置，就会步调不一，进而可能带来政策分歧、经济调整的落差，甚而导致市场的剧烈波动。因此，去年底全球一致抢救经济大作战的局面已不再，现在已到各国各显本事的时候了。尤其去年第四季度到今年第一季度，是金融海啸后全球经济跳水大调整的时期，在低基期下，经济指标到明年第一季度前会有段好光景，但如何正确解读、抓紧趋势，这更是政策判断力最严厉的考验期。

八、广播稿

（一）广播稿的含义

广播稿就是为了广播需要而准备的稿件。

（二）广播稿的种类

广播稿的种类有录音讲话（包括录音座谈会）、录音报道（包括文字解说、音响和配乐、人物谈话）、录音新闻、口头报道、录音通讯、录音特写、录音访问、配乐广播、广播对话、广播评论、广播大会、重大集会的实况广播、重要文体表演活动的实况转播。

（三）广播稿的写作要求

1. 通俗口语化

广播稿是用耳朵听，要求语言明白易懂口语化，口语化要求写"话"而不是写"文"。

（1）多用短句，少用或不用长句。

（2）少用方言、土语，尽量不用群众不熟悉的简化词或简称。

（3）少用书面词汇、文言词汇和单音词。把单音词改成双音词，书面语改成口头语，文言词改用白话，音同字不同的词要改换。

（4）不宜用小括号、破折号、省略号，因为其中的内容不便读出来；那些表示否定含义的引号也尽量不用，改用"所谓的"。

2. 结构简洁明了

广播稿由于受到时间的限制，更要注意干脆利落。

（1）突出句子的主干，不滥用不必要的附加成分。

（2）用准确的词贴切地表达要说的意思，不说空话、套话。

（3）不用倒装句，不用倒叙和插叙。广播稿的叙事一般按事物过程的发展顺序，因为这样顺乎人们听的思路和习惯。

3. 生动活泼

（1）采用多种写作方法，避免单调乏味。

（2）句式富于变化，运用设问、排比、对偶等句式，使文章有文采；适当选择主动句、被动句、肯定句、否定句等句式使文章有感染力。

（3）具体的事例比抽象的议论更能吸引听众的注意力。

（4）主题单一集中。开头要吸引观众，主体要设计悬念，结尾要不落俗套。

（5）音调和谐。广播稿要避免连续出现仄声字，平仄声要互相交错、配合得当，读起来就会抑扬顿挫、悦耳动听。

范例：

广播稿

Hello！大家好，欢迎收听我们今天的广播。今天的主题是"精彩运动，精彩生活"。20××年10月18日，我校的又一次盛会——校运动会，在卢湾体育场顺利举办。我们看见的，是青春花朵的绚丽绽放，是精彩生活的华丽展现！在接下来的时间里，就让我们来回顾一下运动会上的精彩内容吧！

首先映入眼帘的，是那一个巨大的方阵。谁说棱角整齐的形状就不能富有动感？谁说简单的体操动作就不能展现出我们最具活力的一面？动作简洁、有力，精神抖擞的学生在这明媚的阳光下，对于这时代的召唤给出了整齐的回应！如果说广播操是富有动感的方阵的话，那接下来的健美操就是舞者们的天下了。当充满活力的音乐响起，舞姿华美、步伐矫健的舞者们都开始展现自己的魅力，在团队的协力合作下，将会场的气氛一次次推向顶峰！

助跑、踏跳、腾空、落地，一条条美丽的弧线，一个个轻捷的身影，从眼前掠过，如同展开双翼，在呼啸的风中抛开与起跑线的距离；纵身一跃，在蔚蓝的天空下，留下一条条美丽的彩虹，那是一条条完美的抛物线，如同精工构造的桥梁，轻松越过高位的水流。跳高，跳远，刚拉开战幕，激烈的竞争就已经开始！

终于，高潮开始向我们袭来。是百米跑和长跑！红色跑道上飞奔而过的运动员们，仿佛是飞翔的鹰、奔跑的鹿、凶猛的豹，如飞扬的火焰一般，百米的距离在短短几秒内被瞬间燃过。那看台的助威声，此起彼伏，震耳欲聋，在风驰电掣的速度下，更显气势！冲过终点线的那一刻，白线被甩在身后，胜利，已经属于所有参赛的人！千米竞赛中，那长长的行程，又被一批批力量充沛的运动员们征服。也许有的运动员倒下了，但温暖的双手会及时向他们伸出，他们收获了更美好的成功！

时间过得真是快，不知不觉中已经到了结束的时候了。不知大家是否仍旧在回味着运动会上的精彩点滴呢？好了，今天就到这里了，希望大家继续关注我们的广播，下周同一时间再见！

九、答记者问

（一）答记者问的含义

答记者问是企事业单位负责人或专家、学者直接回答记者提问的一种报道形式。通常就某项事件由记者请有关方面负责人正式发表意见，随后以问答记录形式公布。

（二）答记者问的特点

（1）有助于读者、听众、观众明白某一问题的实质，明白某项决策的精神。

（2）采用提问、答问的形式。

（3）提问在很大程度上包含着记者的主观性。

（4）答问包含着各级领导人和有关方面负责人就某一决策性问题向读者宣传、解释的内容。

（三）答记者问的采写

（1）提问要为读者着想，力求是读者当时想问、未问、欲问的问题。

（2）物色和选准答问者。答问者不仅要具有权威性，而且要熟知某一问题表象及其实质，答问时能说出一个"所以然"来。物色这样的答问者，答问才有说服力。

（3）提问要集中，要抓住要点。采写答记者问的提问，不同于采写其他新闻报道，它本身就是发表稿的组成部分。提问不宜随口而提，泛泛而提。它要求记者对客观情况有所了解，并经过思考之后，有准备、有目的地提出来。答记者问的稿件，在发表前要让答问者或其委托者过目，以便加以必要的修改和订正。

范例：

金人庆就2005年关税调整有关情况答记者问

央视国际（2004年12月27日21：25）

新华社北京12月27日电，近日国务院关税税则委员会办公室发布了2005年我国关税总水平将降至9.9%的消息。就此相关话题，记者采访了国务院关税税则委员会主任、财政部部长金人庆。

问：金部长，请您简要介绍一下2005年我国关税的调整情况。

答：自2001年加入世贸组织后，我国一直严格履行"入世"承诺的降税义务，得到了国际社会的广泛好评。我国的关税总水平逐年降低，平均一年降低1个百分点。从2005年1月1日起，我国将再次降低900多个税目的关税税率，关税总水平也将由 2004 年的 10.4% 降至 9.9%，其中农产品平均税率将由 15.6% 降到 15.3%，工业品平均税率将由 9.5% 降到 9.0%。此次降税完全履行了我国承诺的 2005 年降税义务，充分说明中国政府是信守承诺和负责任的。

问：2005 年我国关税调整所遵循的原则是什么？

答：2005 年关税调整的原则，第一是要继续履行我国"入世"承诺的关税减让义务；第二是履行我国与有关国家或地区签订的关税协定；第三是根据国家宏观调控政策的基本取向和国内经济运行的实际情况，以暂定税率的形式对部分进出口商品的税率进行调整，着重考虑支持农业和鼓励高新技术发展、抑制个别过热行业盲目发展等方面的需要；第四是根据加强进出口管理等实际需要，在必要、可行的前提下，对税则税目进行适当增减。

问：关税下降会对国内经济产生什么影响？

答：经过连续几次大幅度的降税，已基本完成了我国"入世"承诺的降税义务。从实际效果看，关税水平的下降对国内经济健康、稳定发展起到了积极的促进作用。

关税水平的下降有力地促进了国内外的经贸往来，有利于国内企业充分利用国内外两种资源，面向国内外两个市场择优选购，降低生产成本，提高产品质量。随着机电产品关税的下降，也有利于我国企业引进国外的先进设备，加快企业的技术改造，提高我国产品的国际竞争力。

近几年我国对外贸易持续快速增长，关税的下降是其中的重要因素之一。2004 年我国进出口贸易总额突破 1 万亿美元，中国经济日益融入世界经济的大舞台。

关税下降还进一步拓宽了税基。从近几年的统计数据来看，随着关税水平的逐年下降，进出口税基不断拓宽，进出口税收逐年上升。2001 年我国的进口税收为 2492 亿元，2002 年为 2591 亿元，2003 年为 3712 亿元，2004 年 1~11 月进口税收就达到了 4334.4 亿元，全年有望超过 4700 亿元。预计 2005 年的进口税收仍会保持增长态势。

问：关税下降会对老百姓的日常生活产生什么影响？

答：2005 年，一些和老百姓日常生活密切相关的商品的税率将会有不同程度的下降，更多的国外商品将进入中国市场，对普通消费者来说，在吃穿用行等方面将会得到更大的实惠。

具体说来，明年进口小轿车的关税将由目前的 34.2% 和 37.6% 降至 30%；进口化妆品的关税将由 14.2% 降至 10%；威士忌、烈性葡萄酒、伏特加酒等酒类产品的关税将由 19.2% 降至 10%。其他一些诸如服装、床上用品、纸制品的关税也都会有不同程度的下降。另外，2005 年还将新增加一批零关税商品，如数码相机、家用摄录一体机、家具、玩具、游戏机等。

问：2005 年的关税调整在贯彻国家宏观调控政策方面采取了哪些措施？

答：根据国民经济运行和对外贸易的需要，2005 年的关税调整主要从以下几个方面突出了国家对重点地区、重点行业的宏观调控：

首先，为加大对农业的支持，促进农民增收，对农业生产急需的饲料、农药中间体、氨基酸等产品实行较低的进口暂定税率。同时，在明年春耕期间，对尿素出口征收一定数量的出口关税，以控制明年春耕用肥的价格，缓解春耕用肥的紧张，尽量减轻农民负担。

其次，为加大对环境、能源和不可再生资源的保护力度，对硫磺、大理石毛料等商品实行较低的进口暂定税率，以尽可能减少矿产开采对环境的破坏，并尽量延长国内不可再生资源的使用年限；对镍、不锈钢产业发展急需的原料实行较低的进口暂定税率以降低企业生产成本；为了限制电解铝、镍、铜等高耗能及国内短缺原材料的出口，适当提高了这些产品的出口暂定税率。

最后，为支持东北老工业基地振兴以及信息技术等高科技行业的发展，对这些地区和行业生产急需的机床数控装置、数码相机镜头等原材料或零部件实行较低的进口暂定税率。

十、新闻评论

（一）概念

新闻评论是运用正确的观点、方法对现实社会生活中的种种事物、现象、问题在评析议论的过程中，透过现象揭示本质，从而分清是非曲直、优劣丑美，以其鲜明的意旨、明确的导向，提高人们的思想认识，指导人们的社会实践。

（二）特点

1. 新闻特点

评论这种说理文章，其内容仅限于针对最近发生的事实，眼下存在的社会问题、思想倾向进行评价论理，发表主张意见，从而发挥指导或影响群众思想、促进和推动工作的作用。它像消息、通讯一样，紧跟社会运转的步伐和节奏，有严格的时限。求快求新，而且多是配合着消息、通讯的主要内容选择、确定观点，展开评论。

2. 论理特点

评论文章的主要表达手段、主要内容在于议论说理，同一般说理文章很相近。评论文章运用概念、判断、推理的手段，即议论的手段，把道理直接说出来，文章的内容由论点、论据、论证三要素构成。

3. 灵活的特点

（1）从篇幅上看评论可长可短，以千八百字长短居中的篇幅为多，近年来有日益短小精悍的发展趋势，三五百字、二三百字的微型评论越来越多。

（2）从内容上看，评论文章涉及的范围除去很专门的学术问题理论问题外，现实社会生活中的各式各样的问题大至国家前途、世界风云，小至一个人的言谈举止、街谈巷议，它都可以抓住其中的是非曲直进行评论。

（3）从风格上看，评论以通俗晓畅见长。在这个前提下，根据评论内容的实际情况，它既可以庄重严肃、朴实无华，也可以幽默轻松、活泼生动。

（三）写作要点

1. 论点务必具体单一

评论和多数专栏言论属于跟踪现实生活中发生的具体事件、社会现象的说理小型评论文章，它们不正面接触大政方针、大是大非的问题。

2. 关键是把"理"评出来

短评和专栏言论的论点具体单一，文章也不能写长，但是一定要把道理评出来，这一点和其他评论以及别的说理文章大同小异。评论说不出一点道理，无论长短，也无论论点怎样高明，都是不合格的评论。

3. 采用"短平快"的论述节奏

从总体上说，评论的篇幅是比较短小的，文字量极为有限。因此，评论多采用简洁明快、直截了当的论述节奏。对于评论的事，要用尽可能简明的文字交代出来，而不必添加什么铺垫，因而也不需要绕弯子。评论的意见主张也宜开门见山、鲜明干脆地告诉读者，论证问题更要简明扼要，是非曲直的根据在哪儿，点到为止，而不能像写学术论文那样引经据典、长篇大论。

十一、信息快讯

（一）信息快讯的含义

信息快讯是以简短的文字，对新发生的事件或出现的问题做及时报道的书面材料，是企事业单位常用来传递信息的一种简讯方式。

信息快讯最突出的特点是短、快、新。

（二）信息快讯的写法

信息快讯一般分标题、正文两部分。

1. 标题

通常采用揭示中心的命题式或提问式，贴切、醒目、简洁。

2. 正文

信息快讯的结构内容常采用篇段合一的形式，突出信息的中心内容。从开头到结尾，文字简练而有概括性，抓住中心事件或问题的重点，简明扼要地报道信息动态，突出政策性和时效性。

范例：

全国将有大范围雨雪天气　局部降温 8～10℃

冷空气前锋终于冲到了黄河流域，未来 24 小时，华北、黄淮等地将加入降温的行列，气温普遍下降 6～8℃。与此同时，安徽、江西等地有望迎来中到大雨。

中央气象台继续发布大风降温消息：受强冷空气东移影响，今天夜间到明天白天，内蒙古大部、东北、华北、黄淮等地有 4～5 级风，江河湖面风力可达 6～7 级；内蒙古中部和东南部、东北、华北、黄淮等地气温将下降 6～8℃，其中，东北地区东部的部分地区降温幅度可达 10～12℃。

深秋初冬的雾气终于在冷空气的打击下烟消云散，明天的主角除了大风降温，主要有中东部地区出现的大范围雨雪天气。预计内蒙古部分地区、华北大部、东北地区东部等地将有小到中雪（雨）或雨夹雪；重庆、陕西大部、江汉、黄淮中西部、江淮大部、江南、华南北部和中部等地有小到中雨或阵雨。需要特别注意的是，湖北东南部、安徽中南部、江西北部、浙江中北部等地的部分地区会出现大雨。

气象专家提醒，冷空气来袭，雨雪天气增多，大家外出要做好防雨雪的准备，驾车的朋友要注意交通安全；北方部分地区同时要防备大风可能带来的火情，做到防患于未然。

第十二章　企业哀祭丧仪文案

一、悼词

（一）悼词的含义

悼词是对死者表示哀悼的话或文章。它有广义和狭义之分。广义的悼词指向死者表示哀悼、缅怀与敬意的一切形式的悼念性文章；狭义的悼词专指在追悼大会上对死者表示敬意与哀思的宣读式的专用哀悼文体。

（二）悼词的写作技巧

（1）记叙作者表示对死者十分沉痛的心情；概括地对死者进行评价；交代何年何月何日因何原因，与世长辞，享年多少岁。

（2）介绍死者生平事迹，主要介绍死者的籍贯、身份、家庭情况、参加工作时间、一生中所做的工作和对人民的贡献。要写得具体、概括、突出重点。

（3）对死者的评价：对死者一生的为人，对国家、对社会、对人的高贵品质，思想作风进行综合的评价。

范例：

悼词

今天，我们怀着十分沉痛的心情，悼念我们的好经理×××同志！

×××同志是中国共产党党员，××公司经理，因病多方治疗无效，于××××年××月××日下午××时××分在县人民医院不幸逝世，终年××岁。

×××同志××××年××月参加革命，××××年××月参加中国共产党，历任××公司营业员、采购员、会计、财务股副股长、××公司经理等职。在长期的革命工作中，她大公无私，热爱集体，工作积极，勤勤恳恳，认真负责，任劳任怨，作风平易近人，谦虚谨慎，是党的好干部。她三十多年如一日地忠于党和人民的事业，为党的财贸事业做了大量的工作，做出了一定的贡献！

现在，×××同志与世长辞了，我们党失去了一个好党员，我们财贸战线失去了一个好干部，我们感到无比悲痛！

我们沉痛地悼念×××同志，要化悲痛为力量，学习她勇往直前的革命精神和大公无私的高贵品质，在党的领导下，为建设我们伟大的祖国，为实现四个现代化而努力奋斗！×××同志安息吧！

××公司全体职工

20××年××月××日

二、唁电

（一）唁电的含义

唁电是向死者的组织或家属表示慰问、对死者表示哀悼的文电。以信函形式发出的称唁函，以电报形式发出的称唁电。

（二）唁电的写法

写接收唁电的单位或个人，用全称、通用的简称或尊称。正文一般以"获悉"、"惊悉"、"痛悉"逝世（去世、牺牲）开头，然后简述死者生前的品德和功绩，接着表达悼念之情，向死者家属致以亲切的慰问。正文写完后，署名并注明成文时间。

（三）唁电的写作要求

（1）感情诚挚，语言恳切。不论何类唁函、唁电，都应着重表达对死者的悼念之情，语言要恳切、朴实，切忌华丽藻饰。

（2）事迹、生平的叙述要简略、概括、准确，不溢美、不贬损，实事求是，分寸得当。

（3）语言的运用应与悼念者、被悼念者的身份和关系相符合。

（4）应劝慰死者家属节哀。

范例：

唁电

亲爱的米其林公司及爱德华·米其林先生的亲属：

惊闻爱德华·米其林先生不幸遇难，对于他的英年早逝，我谨代表我个人和我的家属及河南省郑州中化轮胎有限公司全体员工，向爱德华·米其林先生表示沉痛哀悼！

　　爱德华·米其林先生是世界头号轮胎巨人，他继承米其林集团创始人的遗志，将家族事业发扬光大，他带领米其林公司走过了辉煌的七年，在这七年中，米其林轮胎在中国市场取得了辉煌的业绩，可与日月同辉，永载米其林史册！我们一定要化悲痛为力量，继承爱德华·米其林先生遗志，在河南轮胎市场把米其林品牌做得更好。在此沉重悲痛之际，特向贵公司和爱德华·米其林先生的亲属表示亲切慰问，望节哀！

　　肃此电达

柴××

20××年××月××日

三、讣告

　　（一）讣告的含义

　　讣告又称"讣闻"、"讣文"。"讣"原指报丧的意思，就是将人死了的消息报告给大家。讣告是企事业单位或个人，把某人去世的不幸消息向死者的亲戚、朋友、家属发出的通告性文书。

　　（二）讣告的写作技巧

　　1. 一般讣告的写法

　　（1）在开头一行中间写"讣告"二字，或在"讣告"前冠上死者的姓名，如"×××讣告"。字体要大于正文的字体。

　　（2）写明死者的姓名、身份、因何逝世、逝世的日期、地点、终（享）年岁数。

　　（3）简介死者生平，着重简略介绍死者生前具有代表性的经历。

　　（4）通知吊唁、开追悼会的时间、地点。

　　（5）署明发讣告的团体或个人的名称，以及发讣告的年月日。

　　2. 隆重、庄严的公告，宣告式讣告的写法

　　（1）标出发公告或宣告的单位名称和死者的姓名。如"中共中央、全国人大常委会、国务院"，"××同志逝世"。

　　（2）标明文种"公告"或"宣告"。

　　（3）正文写公告或宣告内容。①公布死者逝世的消息。如死者的职务，姓名，逝世原因、时间、地点以及终年岁数。②简介死者生平和对死者的评价，以及对死者表示哀悼之词。③署名及公告或宣告时间。

　　作为一则消息在报纸上公布的新闻报道式讣告，旨在让社会各界人士知道。这种讣告的内容和形式都很简单，但也有些报道得较详细。

范例：

×××先生讣告

中国作协××省分会理事、××市文联主席×××先生因病医治无效，于××××年××月××日上午××时在××医院逝世，享年××岁。

×××先生生前曾任地委办公室秘书、办公室主任、地委统战部部长、地委文联副主席等职务。出版小说×部，为党为人民做了许多有益的工作。×××同志的逝世，是我党的一个损失。

为了表示对×××同志的哀悼，特定于××月××日上午××时在××公墓礼堂举行追悼会，有赠送花圈、挽联和吊唁者，请按时前往。

×××治丧委员会

××××年××月××日

四、生平

（一）生平的含义

生平是用于悼念去世者，评价其一生经历、功绩及品德，昭示活着的人向去世者学习的纪念性文书。

（二）生平的特性

（1）一般不当众宣读，只是发给参加向遗体告别的人员或随讣告发出。

（2）根据有关规定，有的人的生平可在报纸上发表。

（3）除特殊情况外，生平一经组织审定，一般不做改变。

（4）生平不同于悼词，通常最后不写向死者学习的有关内容。

（三）生平的格式与写法

1. 标题

标题居中写"×××同志生平"。

2. 正文

正文开头介绍逝世者姓名，出生年月，籍贯，出身，逝世者生前职务，逝世原因，逝世地点时间及终年岁数，然后按照时间顺序介绍逝世者生平历史，对其一生进行正面评述，突出其美好品质和主要功绩。最后对其逝世表示惋惜和哀悼，常以"×××同志永垂不朽"或"×××同志安息吧"结尾。

3. 落款

落款处签署发文单位全称和年月日。

（四）生平的写作要求

（1）对死者的介绍要准确无误，客观公正。

（2）语言要得体、公允，经得起推敲。

（3）篇幅要适中，不宜过长，也不宜太短。

范例：

茅以升同志生平

第六届全国政协副主席、九三学社中央名誉主席、中国科协名誉主席、欧美同学会会长、著名桥梁专家、教育家、社会活动家茅以升同志，因病于 1989 年 11 月 12 日在北京逝世，终年 94 岁。

茅以升同志是中外知名的科学家、成就卓著的桥梁专家。他在桥梁工程领域的成就得到了国际上的广泛认可。早在 1956 年，他就成为国际桥梁及结构工程协会个人会员，1979 年获美国卡利基—梅隆大学"卓越校友"奖章，1982 年被美国国家工程科学院选为外籍院士，1984 年被选为加拿大土木工程学会荣誉会员。

茅以升同志是著名的教育家。他曾任中国科普协会副主席，为组织和促进中国的科普创作做出了重要贡献。他特别关心青少年的成长，不辞辛苦、呕心沥血，引导青少年爱科学、学科学、用科学，献身于祖国的科学事业。

茅以升同志是一位精力充沛的社会活动家，同时又是一位与时俱进的爱国主义者。

茅以升同志为人豁达，识大体，顾大局，勇于进取，乐于助人。他桃李满天下、交友遍天下。他的一生丰富多彩，是坚定的爱国者的一生，是奋进的成功者的一生，是为人民服务的一生，是由民主主义者转变为共产主义者的一生。

××研究院

××××年××月××日

五、遗嘱

（一）遗嘱的概念

遗嘱是按法律规定，立遗嘱人对自己财产进行处理的承诺。立遗嘱人可以按照自己的意愿，将自己的财产全部或一部分指定由法定继承人或其他的人继承。这种法律行为属于单方法律行为，无须经他人同意，自立遗嘱人死亡时起，遗嘱即开始生效。

（二）遗嘱的主要内容

（1）写明立遗嘱人的姓名、性别、年龄、籍贯、住址等。

（2）写明立遗嘱的原因，要处理的财产的名称、数额，财产分割意见，有关继承人应得的具体数额，以及其他有关要求。

（3）立遗嘱人、证明人、代书人分别签字盖章，最后署明立遗嘱时间。

范例：

林××遗嘱

立遗嘱人：林××，男，××岁，××省××县人，住××县××街×号。

我今年××岁，且患有高血压症，身体随时可能发生意外，故特立此遗嘱，表明我对自己所有的财产在我去世之后的处理意愿。

一、原籍××省××县××乡××村有瓦房四间，共 83 平方米，家具共有 17 件，其中双人床两张，单人床一张，大立柜两个，方桌四张，木凳八个。

二、有××县银行定期存款单一张，存有人民币 6000 元。

为了在我死后在财产分割上不发生纠纷，现对我和后妻陈×各自的财产加以明确，并对我自有的财产提出如下处理意见：

一、后妻陈×现年××岁，无亲生子女，丧失劳动力。我们结婚 20 年，她对我关怀备至。对我和她共有的财产应先明确她所有的部分。房屋靠东的两间共 43 平方米，房内家具包括双人床一张，大立柜一个、木凳四个、方桌一张，归陈×所有。存款中的 3000 元为陈×的财产。

二、我自己的财产在我死后按如下方式予以分割和继承：

1. 靠西两间房共 40 平方米，房内家具共有双人床一张，大立柜一个、方桌一张、木凳四个，由长子林××继承。

2. 存款 3000 元，分给：陈×1000 元；长子因承担了赡养后母的责任，分给 1500 元；长女林××已在外成家，丈夫有固定收入，经济不太困难，分给 500 元。

3. 本遗嘱一式四份，经公证机关公证后，分别由后妻陈×、子林××、女林××各执一份。

立遗嘱人：林×× （签章）

证明人：王×× （签章）

甘×× （签章）

20××年××月××日

六、碑文

(一)碑文的含义

为死去的某人树碑，在碑上刻上赞颂、褒奖他的文字即为碑文。

碑的种类繁多，碑文也十分丰富多彩，但一般内容都是记事、颂德，以示怀念。

(二)碑文的写法

碑文一般没有固定的格式，特别是名人、诗人做碑文，更是自由随性而为。但是，对于一般的碑文大体也有个格局。

1. 题目

在碑文最上处正中书写题目，字样略大于正文。一般是以碑之所在地、碑记之事、碑主人姓名为题。要求题目明确点明碑文的主旨，切忌含混、模糊。

2. 前言

在题目之下，有的碑文书写"词碑并序"等语，有的不写。大多碑文会在题目之下另起一行并空两格写上碑文作者的姓名以及职衔。

3. 正文

此部分是碑文的主体部分。正文的内容要依碑的性质、功用而定，若是记事碑文，要写出事之过程、意义；若是功德碑，则要具体述说功德之事；若是名胜古迹源流碑，则要写出名胜古迹的源流、景状；若是墓碑，要写出墓主人的身世、经历、突出事迹及性格特点、音容笑貌等。

4. 结语

往往是对碑文述说的内容进行一两句总结，或赞或叹、或哀或悲。

5. 落款

在结语之后是落款，即写上做碑文者的姓名，有时在姓名之前要署上职衔，有的刻在碑石上的落款要署上三个姓名，即碑文作者、书写者、刻石者。落款之后是时间，要把为文的年月日具体写明确。

(三)注意事项

(1)真实。碑文要传之后世的，因此，碑文所述的内容，无论记事或志墓，所有事情，都应以真实为要。不能失真、失实，更不允许杜撰臆造。

(2)详略恰当。碑文所记的事，一定要选取最能表达人、事本质的，具有典型代表性的内容，切忌粗糙芜杂。

地、事、人、时要具体化，不能含混或遗漏，如有数字，也要具体，不能只写个"大概"。

(3)语言。碑文的语言最主要的是精练和准确，在叙述描写时，用语要以朴实通畅为主。

（4）感情。这可以说是碑文成功的重要尺标。要对为文的对象有真挚的感情，才能写出感染人、影响人、启迪人的文字。因此，为文者一定要对对象有深切了解，并动之以情，才能情涌于胸，情溢于笔。

七、挽联

（一）挽联的含义

挽联又称哀挽联，是为哀悼死者所做的对联。一般以歌颂死者或描述死者生平为内容，于丧礼上悬挂在灵堂两侧。有其社会性，也有其时代的代表性。

（二）挽联的写法

写挽联应该是立意积极的，与时代精神合拍的，对人民起正面作用。在写作中要求有针对性、真实性，不能把挽联写成通用联，既适用于张三，也适用于李四。并要有艺术性，讲求对仗，讲求平仄，讲求技巧，做到言简意赅，一语千韵，使人过目难忘。

（1）书写。挽联可以写在长幅白纸上，也可以写在长幅白布（绢）上。

（2）字体。书写挽联的字体可以是正楷、行书、行草，也可以是隶书和篆书等，但以多数人能够辨认为好。

范例：

（一）灵堂门联

1. 父亡选用

难忘手泽，永忆天伦

继承遗志，克颂先芬

2. 母亡选用

难忘淑德，永记慈恩

春晖未报，秋雨添愁

3. 灵堂通用

音容已杳，德泽犹存

精神不死，风范永存

灵魂驾鹤去，正气乘风来

良操美德千秋在，高风亮节万古存

（二）通用联

流芳百世，遗爱千秋

音容宛在，浩气常存

陇上犹留芳迹，堂前共仰遗容

桃花流水杳然去，明月清风几处游
美德堪称典范，遗训长昭泣人
一生俭朴留典范，半世勤劳传嘉风
慈竹当风空有影，晚萱经雨似留芳
流水夕阳千古恨，凄风苦雨百年愁

（三）挽男联

前世典范，后人楷模
名留后世，德及乡梓
一生行好事，千古留芳名
高风传乡里，亮节昭后人
悲声难挽流云住，哭音相随野鹤飞
鹤驾已随云影杳，鹃声犹带月光寒
朗月清风怀旧宇，残山剩水读遗诗
等闲暂别犹惊梦，此后何缘在晤言
天上陨颗明星，人间少名俊杰
瑶池来位贵客，佛国添座金刚

（四）挽女联

秋风鹤唳，夜月鹃啼
独剪西窗，梅残东阁
慈颜已逝，风木与悲
白云悬影望，鸟鸟切遐思
花为春寒泣，鸟因肠断哀
女星沉宝婺，仙驾返瑶池
花落胭脂春去早，魂销锦帐梦来惊
西地驾已归王母，南国辉空仰婺星
宝婺光沉天上宿，莲花香观佛前身
蝶化竟成辞世梦，鹤鸣犹作步虚声
鹃啼五夜凄风冷，鹤唳三更苦雨寒
魂归九天悲夜月，芳流百代忆春风
绮阁风凄伤鹤唳，瑶阶月冷泣鹃啼
慈竹临风空有影，晚萱经雨不留芳
慈竹霜寒丹凤集，桐花香萎白云悬
情操白如银，洁净晶莹光如雪
慈心红盛火，鲜明炽烈映红梅

八、丧帖

（一）丧帖的含义

丧帖又称报丧帖、丧葬帖，用来向亲友告知死者逝世及办理丧事的简要情况，以便前来吊唁或参加葬礼。

（二）丧帖的特征

1. 报丧性

丧帖一般在死者逝世的当天或次日用分送的方式将情况通报给至亲及挚友。

2. 肃穆性

丧帖往往用白色纸张、黑字，语气沉痛，体现出庄重、素雅的基调。

（三）丧帖的写法

1. 封面

一般不拟标题。如拟题，写明事由、文种即可。

有的丧帖配以与丧葬礼仪相协调的图案，并在周围加上黑边。

2. 正文

说明死者的身份、姓名，逝世的原因、日期、地点、终年岁数；通知吊唁、殡葬的时间、地点等。

3. 结语

写"哀此讣闻"、"谨此讣闻"等。

4. 具名

一般由家人选择有代表性的人具名，也可以用"×××率××"的字样。具名之后加"哀告"或"泣告"。

5. 日期

标明年月日。有时可以省略此项。

6. 附言

有的丧帖附带说明联系地点、电话号码等。

（四）注意事项

1. 切勿将丧帖写成公告

公告与丧帖同样可用于告知丧事，但在作者、重要程度、传递方式等方面有很大区别。因此用于个人报丧的丧帖不能误用为公告。

2. 区分丧帖与讣告的异同

有的学者认为，丧帖就是简明型讣告，把丧帖与讣告等同起来。尽管都用来报丧，但讣告除了少数用于个人之外多是机关、团体、单位使用，而丧帖仅用于个人；讣告多通过报纸、杂志、广播、电视、网络、张贴等形式传递有关信息，而丧帖一般直接送达亲友。

范例：

丧帖

先父梁占鸿于 2013 年 6 月 11 日逝世，享年 80 岁。为答谢各位亲朋好友，兹定于 6 月 13 日中午 11∶30 在胜利路小学旁边（西湖银峰）四楼宴会厅敬备薄宴，敬请准时光临！

孝子：梁玉明　　儿媳：李永凯

孝女：梁玉屏　　女婿：张联盈

2013 年 6 月 12 日

第十三章　企业宣介推广文案

一、产品说明书

（一）产品说明书的含义

产品说明书是指企业对自己产品的原理、性能、材料、规格、用途、特点、使用方法及维修和注意事项等方面的情况进行介绍说明的文字资料。

产品说明书的主要作用：可让人们获得有关这一商品的知识，以便正确使用和保养；可以扩大宣传、增加销量，具有广告作用。

（二）产品说明书的特点

1. 真实性

它必须真实地介绍产品的性能，不能为了推销产品而故意夸大其作用。

2. 条理性

是指产品说明书必须按照一定的次序进行说明，以便使用者按照它进行操作。通常是按照操作的先后顺序和结构的空间顺序进行介绍。

3. 通俗性

产品说明书的读者是文化程度不同的广大用户，为了使这些用户都能读得懂、照着做，应当写得通俗易懂。为了达到最佳介绍效果，常用图画、照片做一些示例。

（三）产品说明书的类型

产品说明书具有多种类型：以表现形式分，有文章式产品说明书、条款式产品说明书、表格式产品说明书、图文结合式产品说明书等；以内容分，有简约型产品说明书、完整型产品说明书、产品使用说明书、产品目录等。

我们经常见到的是简约型产品说明书。其特点是结构不完整、篇幅短小，只简要介绍产品的功能、特点、使用方法、注意事项等，药物、食品、化妆品等一次性消耗类的产品说明书都属于这种类型。一般地说，完整型产品说明书能体现出产品说明书的共同特点。这类产品说明书通常由标题、引言、原理、技术指标、结构特点、操作说明、故障排除七个部分组成。这七个部分可视产品的具体情况灵活变换，并非一成不变。

（四）产品说明书的写法

这里讲完整型产品说明书的写作方法。

1. 标题

标题是产品说明书的名称，常有四种写法：

（1）由商标名称、产品名称、文体名称构成，如《红梅石英电子挂钟说明书》。

（2）由产品名称和文体名称构成，如《电热毯说明书》。

（3）由商标名称和产品名称构成，如《三九胃泰》、《双喜压力锅》。

（4）只写《产品简介》、《产品说明书》等字样。

2. 引言

产品说明书的引言往往比较简短，主要讲明产品的适用范围、使用对象等。

3. 原理

许多产品说明书中有关于产品的设计原理和操作规则的说明。这一部分内容可以用"原理"或"操作规则"作为小标题，也可以用能够体现这一内容的词语作标题。其目的是满足人们寻根究底、欲知其详的心理，以便为后一部分内容——操作说明做准备，回答"为什么这样操作"的问题；并且，一旦产品出了故障，用户可以据此进行修理。

4. 技术指标

又叫主要性能参数、主要特性等。主要技术指标通常都是选择最能反映本产品特点和性能的那些数据。

5. 操作说明

主要是解决"怎样做"的问题，对操作中的各个步骤做出实际说明。这个部分应注意条理性，不能前后倒置，要按操作时的顺序加以说明。操作说明几乎都用图解相配合，图解有利于读者与实物相对照，很快理解文字的作用。

6. 故障排除

这部分内容是专为使用者在遇到故障时阅读的，一般采用表格方式加以表达或说明。

写产品说明书应做到科学客观，尽量少用或不用专业术语，语言应清楚明白，以免引起误解；要用纯粹的说明文字，切忌描写、抒情和议论。

范例：

淑美华化妆品使用说明

一、粗、黄、黑、暗及健康皮肤使用凝肌嫩肤套盒

护理程序：

洁面：柔白滋养洗面奶→紧肤：柔白紧肤精华→去角质：去角质凝露→热敷：七到八遍→按摩：要求用本公司专业淋巴排毒手法→热敷：将多余的按摩膏擦拭干净→敷膜：纯中药美白面膜粉（取5g加入温水搅拌6~7分钟，用面刷涂于面部25~30分钟后擦净）→紧肤：柔白紧肤精华→导入：嫩白精华液→嫩白乳液→隔离亮肤霜。

备注：面膜适合三天一次，连续使用十周后改为一周一次。

日常护理产品搭配使用：

1. 日间护理产品搭配使用

洁面：柔白滋养洗面奶→柔白紧肤精华→嫩白精华液（全脸使用）→嫩白乳液→调理晚霜→隔离亮肤霜。

2. 夜间护理产品搭配使用

洁面：柔白滋养洗面奶→柔白紧肤精华→嫩白精华液（全脸使用）→嫩白乳液→调理晚霜。

二、色斑皮肤使用全息调理套盒（黄褐斑、雀斑、色素沉着等各种斑均匀适用此方法）

护理程序：

洁面：柔白滋养洗面奶→紧肤：柔白紧肤精华→去角质：去角质凝露→热敷：七到八遍→按摩：要求用本公司专业淋巴排毒手法→热敷：将多余的按摩膏擦拭干净→导入：嫩白精华液（套盒内绿色瓶子）→敷膜：调理面膜或香蕉蜂蜜调理面膜（40分钟后热敷擦拭）→紧肤：柔白紧肤精华→导入：精华液2号→调理晚霜2号→调理美肤霜→隔离亮肤霜。

日常护理产品搭配使用：

1. 日间护理产品搭配使用

洁面：柔白滋养洗面奶→柔白紧肤精华→精华液2号（全脸使用，斑处按摩吸收）→调理晚霜2号（斑处按摩吸收）→调理美肤霜→隔离亮肤霜。

2. 晚间护理产品搭配使用

洁面：柔白滋养洗面奶→柔白紧肤精华→精华液2号（全脸按摩）→如角质层厚用调理晚霜1号（皮试后方可使用），如角质薄用调理晚霜2号。

备注：使用十周后即可改用凝肌嫩肤套盒。

本疗程使用三至五天后出现调理反应属正常现象，可继续使用，调理表现为：痒，干，轻微红疹（建议：外用香蕉蜂蜜调理面膜或调理面膜1号方每晚一次，内服油彩皮炎1号方，严重水疱者外敷调理面膜3号）。

三、敏感性皮肤使用全息调理套盒

受损皮肤，换肤后遗症、激素后遗症、周期性过敏均适用此方法，应首先调理修复皮肤。

护理程序：

洁面：柔白滋养洗面奶→紧肤：柔白紧肤精华→去角质：去角质凝露→冷敷：七到八遍→敷膜：调理面膜＋半只香蕉＋蜂蜜5毫升调匀后同时敷面40分钟→滋养：柔白紧肤精华→调理美肤霜2号→调理美肤霜。

日间与夜间相同护理产品搭配使用方法：

洁面：柔白滋养洗面奶→紧肤：柔白紧肤精华→调理美肤霜2号→调理美肤霜。

备注：

（1）敏感症状严重者或各种顽固性皮炎，使用调理面膜1号，外敷50分钟。

（2）敏感症状全部消失后，再调理痘和斑，痘、斑消失后改用凝肌嫩肤套盒。

四、痤疮皮肤使用全息调理套盒

护理程序：

洁面：柔白滋养洗面奶→紧肤：柔白紧肤精华→角质：去角质凝露→热敷：七到八遍，清痘及黑头要求严格消毒防止交叉感染→敷膜：调理面膜→痘痘调理露→精华液2号→调理美肤霜2号→痘痘调理霜。

日常护理产品搭配使用：

1. 日间

洁面：柔白滋养洗面奶→紧肤：柔白紧肤精华→痘痘调理露→精华液2号→痘痘调理霜→调理美肤霜→隔离亮肤霜。

2. 晚间

洁面：柔白滋养洗面奶→紧肤：柔白紧肤精华→痘痘调理露→精华液2号→痘痘调理霜或粉质调理晚霜（皮试后方可使用，粉质晚霜只有调理痘精品小套盒里有）。

五、干燥、衰老性皮肤

护理程序：

洁面：柔白滋养洗面奶→紧肤：柔白紧肤精华→补水眼部精华→嫩白乳液→调理眼霜→嫩白滋养日霜→隔离亮肤霜。

二、公关解说词

（一）解说词的含义

解说词是对事物、人物进行解释的说明文体裁。它广泛运用于科技、艺术、历史、旅游等各个领域，是被解说对象的语言文字辅助形式。它借助语言、文字对图片、幻灯、标本、展览品、纪录影片、电视录像、名胜古迹、历史文物等客体进行介绍、解说，使之转化为主观上的正确、完整的认识，从而获得知识或受到教育、感染。

根据解说对象的不同性质，解说词可分为实物解说、画面解说和音响解说三大类。

（二）解说词的写法

1. 把握解说对象特征，反映事物本质

解说词往往不是孤立存在的，它总是与特定的人、事、物相配合而发挥作用。写作时，只有对解说对象有一定的熟悉、了解，只有把握其内部规律和基本特征，才能准确地反映被解说对象，才能有真知灼见。要做到这一点，撰写者还必须具有渊博的知识和一定的艺术修养。

解说词还应反映事物的本质。既要有对事物外在形象的具体说明，又要揭示其深刻的内涵，使眼见之"形"与内在本质结合起来，使人从中获得知识，受到启迪。

2. 井然有序，节段分明

人们对客观事物的认识往往是按一定的顺序完成的。写作解说词也要按一定的顺序，才能使人有条理地、完整地理解事物。

3. 方法灵活多样，强化解说效果

解说词除了严格按照客观物体进行解释说明外，它还要求给人的感受和印象要比解说对象自身给人的东西强烈得多、深刻得多。这就要求解说词所具有的表现效果能超越解说对象自身的解说效果。要达到、增强这种效果，单凭干巴巴的解说或照相似的照搬，都是不行的。它应该运用多种表现方法，使其生动形象。解说词主要运用叙述、说明、议论，也可运用抒情、描写，还可以将这几种表达方式结合使用。解说词还可运用比喻、排比、对仗、拟人、反复等修辞手法，使解说产生更好的效果。

4. 语言准确、通俗，节奏鲜明、突出

准确性是解说词的生命。因此，解说词的语言也必须符合解说对象的实际，不能虚言假意，不能言过其实。还要尽量使用通俗的语言，使人一听就懂，一看就明白。解说词还要注意声调的高低和强烈的节奏。

范例:

泰山解说词

欢迎大家到泰山旅游观光,并预祝各位旅途愉快。我们现在是从泰山西溪的天外村路登山。蜿蜒盘旋的游览公路全长 14.35 公里,是 1985 年建成的,汽车行驶需要 40 分钟左右。

泰山西溪谷阔幽奥,峻峰簇拥,林木荫翳,清泉奇石,因而被称为旷区。

下面我将沿途的景观介绍给大家,我们经过的第一个景点是天外村。它位于西溪谷口,这里既是山城接合部,也是环山公路与西溪游览公路的交汇点和游客集散地。2000 年开始对天外村路进行综合治理,首先建成"天圆地方"广场,"天圆地方"是"天人合一"之意,古帝王封禅大典即是在泰山极顶设圆坛以告天,然后在山下设方坛以祭地,以示"天圆地方"。

[龙潭湖] 天外村之北是龙潭湖,于 1942 年日军侵华时建造,库容量约 36 万立方米,坝长 165 米。原来这里是一片景色奇绝的大石坪,有剑匣石、仙人石、惠我泉等景观,并有冯玉祥先生在泰山时,为了反对日军侵华而书刻的《墨子》中的《非攻篇》。水库构成山间平湖,山色湖光,相映成趣。每当夏秋时节,水从坝上溢出,形成瀑布,令人心旷神怡,是游人休闲避暑的好地方,也是冬泳夏游的露天游泳池。

过了水库迎面而来的是东西向建岱桥,泰山林场于 1964 年建,取建设泰山之意。桥东头是游人进山的售票处。

[白龙池] 白龙池历史悠久,根据宋代碑刻所记,自汉唐以来至宋,历代帝王均派重臣到这里投金龙、玉简,焚香祈雨。宋代元丰五年即公元 1082 年,神宗皇帝曾封白龙为"渊济公",并建神龙祠一座。明代泰安知州袁枪还在此题写白龙颂歌:"白龙之潭,渊渊莫测。有祷则应,沛降甘泽。粒食生民,四境既宅。灵承神麻,永祀功德。"2000 年在原址复建宋式石室渊济公祠。

民间传说,小白龙曾变成一健壮青年,到岱南田家做工。田老汉见他勤劳忠厚,就把女儿许配给他。白龙每天浇田都是遍地透,但就是听不到辘轳声。邻居们非常纳闷,就暗地窥探,只见白龙身长数丈,银鳞万点,寒光夺目,于是人们惊呼相传。小白龙见事情泄露,就告别爱妻来到白龙池居住。据说古时在此求雨求雪是很灵验的,所以自汉唐以来,历代官民常在此处求雨求雪。

白龙池东有招军岭,西有飞鸦峰,前有锣鼓湾,后有黑龙潭。每年夏暮秋朝,在这里可看到黑螭白龙,神潭水府,云烟吞吐,轰雷掣电,被古人誉为"龙洞甘霖",列为泰安八景之一。

［黑龙潭］由此顺谷而上就是黑龙潭。潭之北高崖耸立，绝壁环围，这就是东百丈崖。中溪之水自崖巅悬流下泻，似天河落地，直冲崖下石穴，如虎啸龙吟，溅珠迸玉，又是一番奇观，人们称它为"老龙窝"；又因瀑流好似古代士大夫的垂绅，又名"天绅泉"。长瀑下流之水，又顺峡谷直泻黑龙潭。石潭因常年溪水冲击，腹大口小，形若瓦坛，深广数丈，传说与东海龙宫相通，所以被称为"黑龙潭"。龙潭之西有西百丈崖，再往南又有南百丈崖，每年夏秋之季阴雨连绵，三条瀑流犹如玉龙从云中凌空而降，古称"云龙三现"，是泰山十大自然景观之一。因此泰山人有谚语："冒雨游山也不嫌，游山遇雨景更添。"2000 年盛夏，《泰安日报》某记者在老龙窝的百丈崖上发现了众多的天然壁画：天马行空、美女出浴、鲤鱼跳龙门、猛虎出山及著名世界油画蒙娜丽莎头像等。

龙潭东南方有西溪石亭，北侧有清代光绪三十四年即公元 1908 年，泰安知府事宗室玉构题联："龙跃九霄云腾至雨；潭深千尺水不扬波。"

在东百丈崖之上，有石桥横跨西溪，是 1925 年军阀张培荣创建的月牙形石拱桥，犹如长虹卧波。再加两侧置以红色箭杆铁栏，与青山绿水相映，玲珑别致。桥头两侧有石亭，遥遥相对，东为"云水"，西名"风雷"，1965 年建，供游人小憩赏景。

三、公关推介书

（一）概说

公关推介书是指在报刊、网络等媒体上刊登发表的宣传、推荐、介绍推介对象自身、产品、项目等，实现树立良好的组织形象和品牌形象、招商引资等目标的公关文书。推介书是市场竞争的产物，如何在社会公众中树立自身良好的形象，如何开拓市场、引领消费，是一个企业不得不思考和实践的问题。推介书就是要通过宣传推介，把企业最有特点的东西、最能满足消费者需求的东西展示出来，让受众和消费者了解企业、认可企业、接受企业，并产生利益上的互动行为，从而满足各自的需求。

（二）写法

1. 标题

推介书的标题写法没有十分固定的格式，但一般来讲，标题中都应当标示出推介对象，即企业、产品、项目等名称，并提示推介对象的特质，如"胜利油田——全国企业文化示范基地"、"重庆良奇——让柴草变燃气"。也有的标题使用广告宣传式的写法以达到引人注目的目的，如"桃花源里的城市——常德"。还有的采用推介对象＋文种名称，如"××风景区旅游项目推介"等。

2. 正文

推介书因推介对象的不同，正文的写法也呈现多样性。一般来讲，导语部分先对推介对象做总体性的介绍，使读者有一个轮廓性的认识和基本评价，多采用概括的表现手法。主体部分多选取独特的视角，从不同的侧面进行分项介绍，对导语部分进行具体说明，结构上一般采用横向式写法，按照事物的组成要素，分条列项去写。

写作推介书要注意找准切入点，把最具特色、最具诱惑力和竞争力的地方体现出来，做到重点突出，不必面面俱到。同时，在表现手法、语言风格上要与推介对象的风格相和谐，如推介产品要写得简洁、朴实、明确，突出其实用性和实效性。总的来讲，要注意激发受众的阅读兴趣，使宣传推介能够得到受众的积极响应。

范例：

黄山：世界遗产保护的成功典范

黄山作为世界文化与自然双遗产、世界地质公园，在全国的风景名胜区中具有举足轻重的地位，在世界遗产地保护中也具有极其重要的意义。黄山位于安徽省南部，精华景区的范围达 154 平方公里，每年游客流量达 180 万人，遗产的保护与管理面临较大压力。多年来，黄山的管理者始终坚持"科学规划，严格保护，统一管理，永续利用"的风景名胜区工作方针。近年来，黄山的管理者以科学发展观为指导，创新思路，切实保护好人类珍贵的文化和自然遗产，使之世代流传永续利用，一直是黄山保护与管理的核心，也是景区发展的生存之本。为此，黄山风景区确立了严格的五项保护目标：

1. 保护风景名胜区自然地貌，使其不受破坏。
2. 保护风景名胜区自然生态环境系统，使之永续利用。
3. 保护人文胜迹和景观资源，使之不受破坏和废圮。
4. 保护景区内原生物种资源，使之不致减少或灭绝。
5. 在保护的前提下，立足于自然资源的保护和人类需求相协调、相统一，进行合理开发，使旅游与环境协调发展。

黄山是一个出经验的地方，多年来，黄山人在实践中摸索出了一套对世界遗产地进行完善保护与适度开发的可持续发展管理新模式，很多先进的管理模式和经验得到了世界遗产组织的充分肯定。

首创景点"轮休"，黄山的重要景点享受"法定假"

黄山正式对外开放后，国内外游人以平均 14.41% 的速度逐年递增，到 1987 年已达 65 万多人次，比 1979 年的 10 多万人次增长了 6 倍多，生态承载能力是有限的，景区疲劳，景物生命力就会下降。这和人疲劳过度会生病是一样的道理。一些热点景区如始信峰、丹霞峰、天都峰、莲花峰等因游览面积狭小，容量有限，长期开放，造成游道两侧及景点周围生态疲劳，局部土壤裸露、板结，水土流失明显，树木长势减弱，生态环境在一定程度上有所退化。

1987 年 10 月，黄山园林局天海管理区的管理人员受海洋休渔期和封山育林的启发，在国内首创景点轮休，封闭始信峰，利用 1～2 年时间，通过人工辅助促进自然恢复的措施，使林木植被得到很好的恢复，改善了生态环境。黄山的这一做法，得到了社会各界的认同，并在 1989 年 4 月安徽省人大常委会通过的《黄山风景名胜区管理条例》中，以法律的形式固定下来。

封闭"轮休"后，园林部门要对景区植物和林间环境进行严格的卫生清理，清除枯死倒伏木，枝干发生病虫害的对症下药，针叶瘦弱的叶面喷肥，根系闭气积水的"透气透水"，同时测土施肥，增加营养，中和土壤酸碱度，促使生态尽快恢复。另外加大景区设施建设，水土流失严重的，移土固土，栽草植树，增加辅助设施。

通过 20 多年来的主要景点轮休，黄山热点景点经过休养生息后，其微生物、动植物均较轮休前有显著变化，微生物丰富，动物种类增多、活动频繁，植物生长茂盛。黄山的森林覆盖率也由 20 世纪 70 年代的 56% 提升到 84.7%，植被覆盖率达到 93.6%。景区空气质量指标、地表水环境质量指标等均达到或优于国家制定的 I 级标准。

目前，黄山正在对封闭轮休的报批程序、专家论证程序和轮休期间的动态监测、保护管理程序等加以规范，给黄山的重要景区景点安排"法定假"，这是生态自然恢复的大胆而有效的尝试。目前，已有多家风景区先后效仿推广。在实施景点轮休的同时，黄山还加大新景区的开发力度，已经开发了白云溪景区、西海大峡谷、莲花新道、莲花横排道等，既分散了客流、减轻热点景区的接待压力，又扩大了全山的游客接待容量。

联防联动，黄山连续 27 年无森林火灾

黄山风景区有林面积 9636.7 公顷，森林总蓄量 68.6 万立方米，森林覆盖率达 84.7%，景区内动植物种类繁多，树木参天茂密，林相整齐美观，有"山之魂"美誉的黄山松位居黄山"五绝"之首。历史上，黄山曾因游客吸烟、乱丢

烟蒂引发了两次森林火灾。一次是1972年的天都峰火灾，另一次是1979年的眉毛峰火灾。这是黄山历史上惨痛的记忆，更是保护管理上的警钟。

从1987年起，黄山不断加大防火基础设施投入，平均每年在森林防火方面投入资金达300万元以上。并严格按照《扑火预案》规定，建立了以专业防火队伍为主，驻山武警、消防和各单位各部门义务消防队为辅，并与周边乡镇建立了森林防火联动机制，毗邻地区以基干民兵为主体的14支应急小分队为补充的扑救队伍。目前，景区现有防火专业队伍110人，分驻在全山各个主要景区景点，24小时昼夜值班，全天候处于临战状态，担负着黄山154平方公里的资源保护、森林防火的巡护和督查工作。依靠严防死守，截至目前，黄山已27年无森林火灾。

严防死守，20年拒松树"癌症"于山外

黄山景区共有松林面积2514.9公顷，占森林总面积的29.3%；古松、名松、奇松数不胜数，仅列入世界遗产名录的就有31株，观赏价值和纪念意义巨大。然而，被喻为松树"癌症"的松材线虫病，从1986年起直逼黄山，最近疫点直线距离黄山不足6公里，形势十分严峻。黄山管委会成立了森林病虫害防治指挥部，设立植物检疫站，制定严格的检疫检查制度，杜绝一切松木及其制品进入景区。与此同时，还积极与科研院所进行科技合作，研究松材线虫病的防治方法。与安徽农业大学合作的黄山风景区监测预防松材线虫研究课题，获得安徽省科技成果奖。先后成立了林业派出所，设立护林点，并常年聘请景区周围乡村有威望的老干部担任护林员。实行重点地区驻点值班制度，加强对景区外围地带的巡查工作，从而确保了外围保护工作的完备性。为了从根本上解除松材线虫病对风景区的侵蚀，黄山市正在积极组织实施生物隔离带工程，在黄山景区周围建设一个宽4公里，长100公里的非松树林带，彻底截断松材线虫自然传播的渠道。

2005年8月，《黄山市松材线虫病预防体系工程》一期工程建成，黄山景区松材线虫病的综合预防体系形成：黄山陆续建成了以松材线虫病为主的景区病虫害监测网络，设立黄山风景区森林病虫害监测站和温泉、天海、松谷及南大门4个监测分站，下设16个监测点、检疫检查站，设置4个票房复检站，配备专职监测员，形成景区内植物调运检疫的双重防线。黄山园林局负责人自豪地告诉记者，历经20年，黄山成功地堵截了松材线虫病的侵入。

垃圾"日产日清"，污水"统管处理"

20世纪90年代以来，黄山景区在垃圾减量化、资源化及无害化方面采取了大量的有力措施：优化景区燃料结构，以电、气、油替代柴油、煤，控制污染

源；在景区外建成洗涤中心和净菜中心，蔬菜洗净后再挑上山，山上酒店客房内的棉制品挑下山来清洗，有效地减少了景区内的污水和垃圾的总量；禁止一次性非降解塑料（如一次性雨衣、快餐盒、方便盒等）在山上销售，全面治理"白色污染"。从 2006 年起，在垃圾全面袋装化的基础上，广泛开展垃圾源头分类收集、分类处置工作；加强废品回收工作，提高废物回收利用率；对垃圾焚烧炉进行工艺改进，并加装除尘除臭设备以控制焚烧尾气的二次污染。现在，黄山彻底实现了垃圾"日产日清"。

生活污水处理是国内景区普遍遇到的难题。21 世纪初，黄山风景区原有的大多数污水处理设施已陆续进入腐废期。为了进一步提高景区污水处理设施的运行效率和处理效果，2003 年 7 月，黄山成立了污染治理管理站，对景区的生活污水治理负总责。全山建成了 13 个污水处理站，日处理污水能力达到 5000 吨。针对有机垃圾受温度低、湿度大、含水量高等因素影响，以及发酵处理效果差且渗沥液易污染环境这一问题，积极引进微生物处理技术，开辟了生物处理的新途径。如今，玉屏、西海两大景区的近千吨生活垃圾均可得到无色无味、无残渣零排放式的处理。

独创"保姆式"服务，细致呵护"国宝"迎客松

"国宝"迎客松是黄山的标志，是黄山名松之首，黄山人对它更是呵护备至。它除了享受和其他古树名木一样的"待遇"之外，还有两项特别的优待，黄山风景区从 20 世纪 80 年代后期对迎客松实施全球首创的专人"保姆式"守护，在迎客松边上一间不到 6 平方米的小屋里，常年居住着专职护理员，使它成为全国唯一配有"警卫"的树木。护理员每天的工作就是负责观察迎客松的树干、树皮和松针的变化以及病虫害和天气变化情况，并做好详细的日记。一有异常情况立即汇报，并配合技术人员采取有效的措施。此外，护理员还要给迎客松浇水、培土、施肥；整个白天都站在迎客松的保护栅栏外看护，规劝游客不要吸烟，不要接近迎客松。

自 2004 年 6 月以来，黄山风景区在迎客松边上建立了一个小型气象观测站，对迎客松周围的各项环境因素如风力、风向、温度、湿度进行监测，为迎客松的保护提供了科学依据。

不仅是"国宝"迎客松拥有这样的特殊待遇，其他的名松也倍受呵护，黄山名景"梦笔生花"上的扰龙松被称为"梦笔生花"之"灵魂"，1982 年枯死后，黄山风景区随后用塑胶仿真树替代。为了弥补这一缺憾，2003 年 7 月底，景区开始研究采用创口愈合、保湿抑蒸、接种菌根等一系列先进的栽培技术，并于2004 年 3 月成功地将一株有 50 年树龄的扰龙松移植到高 44 米、顶部面积不足

0.4 平方米且尖削无土的峰顶上。

专家最近对这棵移植的松树进行检测表明，该松树已适应了恶劣的自然环境，生长正常。扰龙松的移植成功开创了国内自然景观古树保护先河，被评为黄山市最新科学技术成果一等奖。

今年 11 月，园林部门专业技术人员又利用"梦笔生花"扰龙松移植的成功经验和成熟技术，制定了《梅松古树保护复壮技术方案》，对"喜鹊登梅"这一景点的梅松进行了复壮。

从"梦笔生花"移植、扰龙松自然老死后选择替身、梅松复壮等细节上，都可以看出黄山人在对黄山松的保护上是尽心尽力的。

古树名木是景区的重要景观和遗产的杰出代表，黄山现有古树名木 800 余株。其中，已建档的古树名木 43 株，隶属 17 个科计 31 种。为保护好这些珍贵的古树名木，景区设立了"黄山风景区园林局技术研究室"，聘请大专院校的专家教授，常年对黄山古树名木的生长环境、分布规律、土壤特征等进行多次大规模的普查，制定古树名木保护的各项专业规定，建立了技术保护档案，划定保护带并设立标志说明牌，对景区列入世界自然遗产名录的 54 棵名松古树确定了日常监护与技术管理责任人，实行分级挂牌管理。

保护文化遗产，让文化与自然相印生辉

"黄山文化"底蕴丰厚，景区内现有摩崖石刻 200 多处，各朝修建的古道、古桥、古寺、古亭等古建筑近百处，历代歌颂黄山的诗词歌赋达 2 万多首（篇）。以黄山为题材的书法、绘画作品难以计数，明末清初著名画僧渐江、石涛、梅清等人创立的"黄山画派"均是黄山珍贵的文化遗产。多年来，我们始终坚持自然遗产与文化遗产保护并举、人文古迹和景观资源管理并重的方针，实现了对景区内文化遗产的有效保护。对一些列入世界遗产名录的文化遗产有计划、有针对性地进行挖掘、整理、修复。有的采取措施控制性保护，有的则通过利用进行保护，如重点抢修的明代古刹慈光阁，部分修建的"黄山风景资源保护管理宣传教育中心"等。

黄山遗产保护受到联合国官员高度赞誉

时任联合国秘书长安南在参观考察了安徽省黄山风景区和皖南西递村古民居后，对安徽省政府在保护世界自然与文化遗产方面所做的工作给予了高度评价和肯定。

安南夫妇一行在时任中国常驻联合国代表王光亚的陪同下，分别参观了世界自然与文化遗产黄山和世界文化遗产西递村古民居。在欣赏黄山风景区秀丽风光

的同时，安南详细查看和询问了当地政府在保护黄山风景区和西递村古民居生态环境的方法，考察期间，欣然为黄山"雨伞松"命名，并高度评价："中国人民为保护和维护这块世界遗产地所付出的不懈努力，令我们赞叹。"

在联合国官员的眼中，黄山是一个备受赞扬和推崇的世界遗产地。

世界遗产委员会盛赞"黄山是一个杰出的景区，是一个管理很好的世界遗产景区，是一个有大量游客到一个复杂景区的优秀管理示范"，黄山"有许多做法都是实际工作中的创举，应推广到全世界其他遗产地学习和借鉴"。

早在 1990 年 5 月 17 日，桑塞尔博士受联合国教科文组织委托来华，对黄山的文化和自然遗产进行实地考察时说："在我看过的山中，这是最特殊的、最绝妙的，没有再好的了。"

联合国教科文组织前世界遗产中心主任冯·德罗斯特对黄山评价说，"黄山，具有伟大的文化意义，拥有无与伦比的美丽，是最特别的世界遗产"，"黄山——中国的名片，我为她骄傲"。

时任黄山市市长李宏鸣与应邀参加第十届黄山国际旅游节暨徽文化节的世界旅游组织特使黄·哈瑞先生举行专题会谈，双方就在安徽黄山市共同举办"世界旅游与遗产地保护全球论坛"达成共识。

黄·哈瑞说，随着经济的发展，世界遗产地的开发与保护问题日益严峻，举办"世界旅游与遗产地保护全球论坛"，就是为了通过共同探讨，寻找旅游发展与环境保护的最佳结合点，大力推进旅游业的可持续发展、旅游资源的有效利用、原居民的效益增加。

黄山，不仅是中国遗产地保护的成功典范，更是世界遗产地保护的骄傲。

四、软文

（一）软文的含义

软文是相对于硬性广告而言，由企业的市场策划人员或广告公司的文案人员来负责撰写的"文字广告"。与硬广告相比，它之所以叫做软文，精妙之处就在于一个"软"字，好似绵里藏针，收而不露，克敌于无形。等到你发现这是一篇软文的时候，你已经冷不丁地掉入了被精心设计过的"软文广告"陷阱里。软文追求的是一种春风化雨、润物无声的传播效果。

我们所说的"软文"，是指通过特定的概念诉求、以摆事实讲道理的方式使消费者走进企业设定的"思维圈"，以强有力的针对性心理攻击迅速实现产品销售的文字（图片）模式。

软文的定义有两种：一种是狭义的，另一种是广义的。

（1）狭义的定义：指企业花钱在报纸或杂志等宣传载体上刊登的纯文字性的广告。这种定义是早期的一种定义，也就是所谓的付费文字广告。

（2）广义的定义：指企业通过策划在报纸、杂志或网络等宣传载体上刊登的可以提升企业品牌形象和知名度，或可以促进企业销售的一些宣传性、阐释性文章，包括特定的新闻报道、深度文章、付费短文广告、案例分析等。

（二）软文的写作要求

（1）写软文首先要选切入点，希望传播的内容是既定的，但根据所选择的传播渠道的不同，需要以不同的视角、不同的立场、不同的语言风格、不同的标题来写适合这个传播渠道的软文。例如，选新闻渠道来发布，那么就要用到媒体视角、专家观点、大众声音。也可以找专业软文营销机构帮忙写软文，如你选择BBS来传播，那么就要关注这个论坛板块的风格是什么，这里的人群关心什么、喜欢什么，怎么样引起他们的关注和兴趣。

（2）不要急着把所有亮点和想说的话在一个软文里说完，而是要把不同的亮点和内容用最有说服力的那一方的视角来表达，因此也选择不同的渠道，甚至不同的角度来撰写。可以用一系列软文来推广一个东西，有时特别有效时，一篇软文即可达到轰动吸引人的效果。

（3）软文从业者应具备一定的见识面，语言驾驭能力以及与进步中的时代语言相贴近。从集中度比较高的佰依软文写手中调查来看，目前，很多软文写手都是草根写手，他们基本有自己固定的职业，软文写作对他们来说是一种爱好。而草根写手的增多，也给软文提供了十分精彩的内容，毕竟这是个多元化的社会。软文写作不止要求的是语言驾驭能力，还要求有一定的社会阅历。

（4）文章和标题要简单、直接，吸引人关注。

（5）内容框架。目标事物本身是什么，观众关心的是什么，所选渠道最有说服力的人群都有谁，用他们的视角一一展现。

（6）创新角度。其实大部分软文的基本框架是大同小异的，能不能发挥更大的作用，完全在于角度是否够创新，是否能吸引人关注。

（7）注意不同传播渠道的特点与用语风格。

（三）软文的几种形式

1. 悬念式

也可以叫设问式。核心是提出一个问题，然后围绕这个问题自问自答。如"人类可以长生不老？""什么使她重获新生？""牛皮癣，真的可以治愈吗？"等，通过设问引起话题和关注是这种方式的优势。但是必须掌握火候，提出的问题要有吸引力，答案要符合常识，不能作茧自缚，漏洞百出。

2. 故事式

通过讲一个完整的故事带出产品，使产品的"光环效应"和"神秘性"给消费者心理造成强暗示，使销售成为必然。如"1.2亿买不走的秘方"、"神奇的植物胰岛素"、"印第安人的秘密"等。讲故事不是目的，故事背后的产品线索是文章的关键。听故事是人类最古老的知识接受方式，所以故事的知识性、趣味性、合理性是软文成功的关键。

3. 情感式

情感一直是广告的一个重要媒介，软文的情感表达由于信息传达量大、针对性强，当然更可以叫人心灵相通。"老公，烟戒不了，洗洗肺吧"、"女人，你的名字是天使"、"写给那些战'痘'的青春"等，情感最大的特色就是容易打动人，容易走进消费者的内心，所以"情感营销"一直是营销百试不爽的灵丹妙药。

4. 恐吓式

恐吓式软文属于反情感式诉求，情感诉说美好，恐吓直击软肋——"高血脂，瘫痪的前兆！""天啊，骨质增生害死人！""洗血洗出一桶油"。实际上恐吓形成的效果要比赞美和爱更具备记忆力，但是也往往会遭人诟病，所以一定要把握度，不要过火。

5. 促销式

促销式软文常常跟进在上述几种软文见效时——"北京人抢购××"、"××，在香港卖疯了"、"一天断货三次，西单某厂家告急"。这样的软文或者是直接配合促销使用，或者就是使用"买托"造成产品的供不应求，通过"攀比心理"、"影响力效应"多种因素来促使你产生购买欲。

6. 新闻式

所谓事件新闻体，就是为宣传寻找一个由头，以新闻事件的手法去写，让读者认为仿佛是昨天刚刚发生的事件。这样的文体有对企业本身技术力量的体现，但是，文案要结合企业的自身条件，多与策划沟通，不要天马行空地写，否则，多数会造成负面影响。

上述六类软文绝对不是孤立使用的，是企业战略整体推进过程的重要战役，如何使用就是布局的问题了。

（四）软文写作的注意事项

1. 软文应具备一定的新颖性

软文需要具备一定的新颖性，这样才能引起别人的关注。在写作软文时，可能涉及新闻、故事以及专业知识的普及，需要软文写作者事先对软文主题进行深入的研究，有了这个前提，软文的主题才能得以全面的体现。

2. 软文更注重实用性

不少软文都是以介绍产品为主，应客户们的要求，软文写作者们常常联系日常生活来充分说明产品的实用性，借此来刺激读者的购买欲。因此，在日常生活中，多搜集一些生活常识，对写作的切入点也会明确许多。

3. 软文也能华丽上演

朴实的文字已经不能打动顾客挑剔的心，深厚的文学功底逐渐将软文的艺术升华。华丽的辞藻营造出一种典雅的氛围，偶有动人的句子跃然纸上，深入人心。软文并不是一味地鼓吹什么产品好、企业口碑好之类的，恰如其分的修饰，会给原本平淡无彩的软文披上五彩缤纷般的"外衣"。

4. 软文也需头尾兼顾，内容紧密

不少人写了一个华丽的开头，在结尾却匆匆带过，给人虎头蛇尾的感觉。开头是引子，结尾可以穿插一些点睛之笔，这才是凸显自己文字功底的最佳时机。写软文在很大程度上也是推销自己。还有些人喜欢在软文中增加一些主观的感受，常以体验者的角度来行文，这样更贴近读者。但是，一个观点的提出，需要多种事实的论证，这才符合逻辑行文的基本准则，可信度更高，效果也更好。

范例：

房地产软文

峰景 C 座：倡导都市主流生活

烈日炎炎，我的朋友小玲今年夏天的心情也比较焦躁。小玲的丈夫是某单位的中层干部，小玲则打理着一家小店，两个人年收入 10 万元左右。这个收入在临河属于不多不少的"小康"水平。可是，她家的住房却还是多年前购置的 60 平方米的旧楼房。买一套新楼房、改善居住条件，成了她家迫在眉睫的事情。

其实，小玲和丈夫从去年春天就开始看房了。那时候，小玲的理想是 120 平方米左右的楼房。小玲和丈夫在各个新开的楼盘间寻寻觅觅：A 楼盘，房间户型不合理，窗户太小，空间浪费大；B 楼盘，没有 100 平方米以上的户型；C 楼盘，位置不好；D 楼盘，社区规模太小……小玲和丈夫有个一致的意见：自家现在就有房住，买房子是为了改善居住环境。买房不是小事，所以，一定要买一套称心如意的楼房，没有称心的，宁可不买。就因为"称心"二字，两人看了一年多房。眼看着房价隔一段时间涨一次，小玲越看房越心浮气躁。

去年，小玲和丈夫去峻峰华庭看过一次房。回来后，小玲说："峻峰华庭的房好是好，可是户型面积都在 160 平方米以上。自己家一共三口人，女儿还经常不在家，160 平方米太大了。"

前几天，小玲终于看好房了！户型面积120多平方米，位置在市中心，这回，小玲和丈夫终于称心了。他们看的房在峻峰华庭新推出的一幢高层电梯楼：峰景C座。把房选在峻峰华庭，小玲特别开心。

110～130平方米户型成稀缺资源

其实仔细想一想，小玲买房花了那么长时间，一方面原因是她和丈夫对房子的要求确实比较高，比较挑剔，另一方面原因是临河目前符合他们要求的房子确实不多。位置、户型暂且不说，单说面积，因为经济相对宽裕，他们最喜欢的户型面积在110～130平方米。这个面积的房子，居住舒适，又避免了空间的浪费。可是，这个面积的房子在临河本来就不多，以后，还可能更少。

市区两级房管局领导在2007年住房工作会议上明确宣布：今年要认真落实全市住房建设"十一五"规划，进一步加强房地产市场宏观调控，必须按照国务院通知要求认真做好住房供应结构的调整，实现两个70%，即套型建筑面积90平方米以下的商品房户型占所开发建设总面积70%以上，普通商品住房和经济适用住房建设面积占所开发建设总面积的70%以上。

7月份，我市新建住房项目审批结果显示，90平方米以下的户型已占据主导地位。这表明，大面积的新建住宅已经成为我市房地产市场的稀缺资源。

虽然，国家政策还为90平方米以上的房子留了30%的发展空间，可是，许多房地产商都瞄准有钱的"富人"，将不多的大面积房子多数盖成了150平方米以上的大房。这个面积的房子，让年收入10万元左右的三口之家来买，有的家庭并不愿意买。

多亏了峻峰华庭峰景C座！

峰景C座120～130平方米的住房是应运而生——城市中心位置、高层电梯楼、合理的户型设计、优美的小区环境、完善的物业管理，华裕房地产公司已经成功地将峻峰华庭打造成临河一流的住宅小区。以至于在许多人的印象中，在峻峰华庭买房的都是我市的成功人士。也难怪，前两年峻峰华庭推出的都是160平方米以上的大房子。

据峻峰华庭售楼部工作人员介绍，很多前去峻峰华庭看房的人，都是去看120～130平方米的楼房。但是，由于峻峰华庭前几年没有这个面积区间的楼房，于是，希望买120～130平方米楼房的客户，一部分买了超出他们预期消费的160平方米以上的大面积楼房，另一部分客户就遗憾地走了。

客户的遗憾其实也是华裕房地产公司的遗憾。峻峰华庭户型好、位置好、环境好、物业管理好，是众所周知的。这么多客户想住进峻峰华庭，却只因为户型面积不合适而不能如愿，华裕房地产公司的负责人开始考虑：建设一至两栋120～130平方米面积区间的住宅，满足这部分客户的需求，让想住进峻峰华庭的客户大部分都能如愿。

于是，就有了峻峰华庭峰景 C 座的诞生！可以说，户型面积区间在 120～130 平方米的峰景 C 座是应运而生！

峰景 C 座　精致尊贵

"会当凌绝顶，一览众山小"，居住在高层的好处自不必赘述。峻峰华庭的户型，是请北京的设计师设计的。我们先就峰景 C 座户型的亮点在这里向大家介绍。

a. 全景户型、四明设计。峰景 C 座的每一套住宅都设计有 270 度观景窗，再加上各个房间的落地窗、飘窗，使得客户在每套住宅里，都能看到东、南、西、北四个方向的景观；峰景 C 座的户型全部采用四明设计——明厅、明卧、明厨、明卫，即客厅、卧室、厨房、卫生间都能得到采光。传统的板式住宅多是短开间、长进深，通风采光性差，大部分的卫生间为黑房，有的甚至连客厅也得不到直接采光。

b. 分区合理。传统的板式住宅由于是几个单元连在一起，设计受到局限，户型分区不明确。高层住宅由于结构的改变使得户型更加合理舒适。峰景 C 座户型分区也做得相当好，动静分区、干湿分离、洁污分开，这使得居住在里面的业主，生活更加安逸、舒适。

c. 空中花园，将绿草红花搬回家。居住在都市中的你，是不是也和我一样，远离了大自然的绿草红花，心中便时时滋生着亲近大自然的渴望，于是便时时想着将花园搬进家里？峰景 C 座为每一户业主设计了独特的空中花园。这是属于每一户业主的私有领地，在这里，你可以随意经营属于你的花园，让自己的心灵在与大自然的亲密接触中放松。午后，你可以邀三五知己在这里赏花、品茶、谈心。

d. 不小于 40 平方米的客厅。在 120～130 平方米的住宅中，不小于 40 平方米的客厅是很少见到的。最难得的是，峰景 C 座的每种户型，客厅都基本是方正的，而不是我们平常所见的窄窄的长方形。方正简约的大客厅，充分体现主人的大气风范，高贵的感觉也油然而生。每一个客厅里，都有超长落地窗，也就是超长观景线。全天候丰富的光景变化，从这里进入室内：日升时的阳光房、夕阳下的金色大厅、夜幕下的家庭晚餐，将生活装点得其乐融融。

e. 主卧室套房设计。在每个户型的主卧室中，都有单独的卫生间、空中花园，多数户型主卧室还有单独的衣帽间，主卧、次卧不同朝向，保证了主人生活的私密性。主卧的 270 度观景窗，可双面采光，延长日照 2 小时以上。同时，也可让主人饱览窗外美景，蓝天、白云、四季风光，心情自然惬意。

f. 入户玄关。峰景 C 座的每一套住宅都设计有入户玄关。入户玄关让访客刚一进门的时候，看不到主人生活的全景，从而保证了主人生活的私密性。玄关同时兼有衣帽间的功能。步入玄关，让你的心情瞬时放松。

120 ~ 130 平方米的户型，每套住宅都是三室、两厅、两卫的设计，有空中花园、270 度观景窗、飘窗、落地窗……峰景 C 座的每一种户型，都充分体现了人性化设计，既不过分奢华，又典雅、精致、适用。

特别值得一提的是，峰景 C 座的北面，是在临河独一无二的 10000 平方米的中心景观花园。景观花园巧妙运用了对景、借景等园林手法，通过蜿蜒的小径和主体广场的组合，长长的廊架与郁郁葱葱的绿色植物结合，小径两侧起伏错落的坡地景观，形成高低错落的视觉美感，俨然一个生态屏障，充分体现了观赏性与实用性结合、环境与人性化结合的原则。

漫步其中，亭台楼阁掩映姹紫芳菲，鸟语花香萦绕步道，诗情画意油然而生，东方文化荡然于胸，也展现了与众不同的高尚品位。当你倚立窗前，欣赏花园中的景观时，此刻的你，也将成为邻人眼中一道美丽的风景线。

峰景 C 座　为主流消费群体量身制作

一座城市的主流消费群体是哪些人？既不是家庭收入低于平均水平的低收入群体，也不是拥有很多财富的高收入群体，应该是这座城市的小康家庭。在临河，应该包括企业白领、公务员、个体户……他们是建设一座城市的中坚力量，是个数量庞大的群体，也是一座城市的主流消费群体。

峰景 C 座就是为这个群体量身制作的。

三室两厅的户型设计精致实用，功能分布合理，户型亮点多，窗前更有 10000 平方米的中心景观花园，再加上峰景 C 座本身是节能建筑，既节能又隔音，又配有酒店式会所、图书阅览室、健身房、桑拿中心、棋牌室……

峰景 C 座，让城市主流群体尊享精致生活！

五、企业社会责任报告

（一）企业社会责任报告的含义

企业社会责任报告是指企业定期向社会公开发布的秉持经营宗旨、责任理念及履行其承担的经济责任、社会责任、环境责任情况的报告。企业社会责任（简称 CSR）是指企业在创造利润、对股东承担法律责任的同时，还要承担对员工、消费者、社区和环境的责任，它要求企业必须超越把利润作为唯一目标的传统理念，强调在生产过程中必须加强对人的价值的关注，强调对消费者、对环境、对社会的贡献。企业社会责任报告不仅是企业担当社会责任情况的反映，也是企业向社会公众做出的庄严承诺。企业发布社会责任报告是企业向社会负责、向企业员工负责的具体体现，是企业接受社会公众监督的必要形式，能够展示企业积极承担社会责任、参与社会发展的良好形象。

（二）写法

1. 标题

写法（1）：企业名称＋报告年度＋文种名称，如"国家电网公司××年社会责任报告"。

写法（2）：报告年度＋文种名称，如"××年度企业社会责任报告书"。

写法（3）：正标题＋副标题，正标题一般用形象化的语句概括主旨，副标题一般标示企业名称、报告年度、文种名称等，如"诚信立责任和谐筑未来——中国移动通讯公司企业责任报告"。

目前，一般将标题部分做成封面形式，特别是印装成书册式的企业社会责任报告，如果标题中没有标示企业名称，在封面的底部居中的位置一般也要印上企业名称。

2. 报告说明

一般包含的内容有：该份报告是企业发布的第几份社会责任报告；报告撰写所遵循的原则和要求；报告中有关数据的来源；报告的参照标准；报告的版本情况；与以前年度报告比较的改进之处等。

3. 目录

用于介绍报告的结构框架及所在页次，一般篇幅较长特别是印装成书册式的报告都设置目录。

4. 导言

导言是社会责任报告的总纲，主要介绍企业的基本概况，高屋建瓴地展示出企业宗旨、企业文化、企业精神及经营理念等，一般包括领导致辞、公司概况、公司理念、利益相关者等。

5. 主体

主体是企业社会责任报告的核心，因涉及面较广，内容较多，多是长篇大论，一般按照并列的横向结构组织材料，详细介绍报告企业所尽的社会责任实践，披露报告年度企业全面履行经济、环境、社会等责任的业绩表现。一般可从以下几个方面来写：

（1）生产经营。一般围绕主业的生产运作、市场的稳定供应、新项目的开发研究、产品和服务的提升、海外市场的拓展来写，以体现企业在科学决策、高效管理、技术和服务创新方面的成就。

（2）安全环保。一般就企业积极应对气候变化，强化安全环保管理，全力保障生产安全，强力推进节能减排，大力推行清洁生产的做法、经验以及取得的成绩加以展示。

（3）社会公益。一般主要就企业扶贫帮困、捐资助学、赈灾救危、构建和谐社区、支持新农村建设、青年志愿者行动等内容进行表述。

（4）员工发展。一般围绕企业保障员工权益、搭建成长平台、注重员工培训、加强基层建设、珍视员工健康、关注员工生活等内容来写。

在具体写作中，要善于将概括性材料与典型性材料结合使用，要善于将文字说明与图表说明、数字说明等结合使用，要注意结构清晰、逻辑严密、叙议结合、表述准确。

6. 结语

可以展望企业承担社会责任的愿景，可以阐述企业今后承担社会责任的任务等，一般写得简洁有力。

7. 附录

为了增强报告的说服力，在正文之后还可以附上相关业绩数据。一些行业色彩较浓的企业，还需对报告中涉及的相关专业术语在附录中予以解释等。

范例：

人福医药集团股份公司：2012 年度企业社会责任报告

人福所承诺和践行的社会责任，从根本上表现为当代知识分子对实业强国的企业梦、中国梦的担当和践行。在这个强大信念和信仰的承续和创新过程中，历经 20 年的人福医药发展自身的同时，在关爱员工、关爱社会、扶农助教、普及防艾等方面也履行着一个上市公司的社会责任，并积累了一定的实践经验和独有特色。

播下信念的种子

人福医药（前身为人福科技）于 20 世纪 80 年代末，在新一代知识分子"实业强国"的理想下诞生。历经 20 年风雨历练，发展成为湖北省医药工业龙头企业、中国最大的麻醉药生产企业、中国最大的计划生育药生产企业、中国最大的维吾尔族药生产企业。近年来，通过聚焦医药产业发展，坚持研发创新，人福成为中国医药企业中不可小觑的一匹黑马。

在人福发展的背后，始终有一股强大的力量支撑着企业创业不息、开创不止。这股力量就是流淌在人福血液里的，不断激发人福人激情和梦想的——企业"信念"所在。诚如企业创始人所言："中国企业不仅是为了盈利而存在，它还应承担使中国前景更美好的社会责任。我们经营企业应该上升到这种高度，这样我们的事业才有意义。也许目前有很多企业在这样实践着，但他们并没有意识到这种意义，当我们自觉意识到这种价值并以此推动企业发展，我相信人福会成为'百年常青'的企业。"

一个有信念支撑的企业就像一条动力永续、稳健前行的船。在市场经济的汪洋大海中，它也许不是一条最大的船，也许不是一条最耀眼的船，却是一条永不沉没的船。企业家便是这船上的舵手，是播下信念种子的人。人福也正是因为有了具有责任感和事业心，以自身行动诠释企业责任的领航者，企业的发展才获得了永续的原动力。

责任担当之一：爱员工

不久前，武汉人福药业供应部老员工罗金全不幸被查出罹患肝癌，人福医药集团领导和员工踊跃捐款、送去爱心。此情此景如同一股暖流，不仅罗师傅十分感动，也让人福人备感温馨。因为我们再次感受到了人福人与人之间浓浓的情谊，以及企业和谐共进的氛围。

还记得2009年6月23日晚，人福为葛店人福药业员工梁辉举行了一场特殊的入党宣誓仪式。之所以说特殊，是因为梁辉是白血病患者，地点就在协和医院内科楼的一间小型会议室里。当时的情形让在场的人无不热泪盈眶。一家企业在全力以赴保障自己的员工可以得到妥善治疗的同时，并没有忽视对员工精神层面的关怀，在生命随时都有可能被命运吞噬的时刻，梁辉未尽的梦是我们最大的牵挂。虽然，全集团的爱心接力仍然没有挽回他鲜活的生命，至今让我们回想起来仍然心痛不已，但在他生命的最后时刻，站在鲜红的党旗下，我们感受到了他的力量和勇气，我相信虽然有那么多不甘，仍然有一缕欣慰会停驻在他的心田……

这就是人福对员工的情怀，有危难之际的雪中送炭，更有对人福员工人生价值观和理想的尊重。这种对人性的洞悉，让人福之爱不仅博大清澈，更加细致入微，如涓涓细流，让人如沐春风，因为这不是施舍和给予，而是犹如家庭般的温暖。

一家具有爱心的企业首先是爱护员工、关怀员工的企业。否则，更遑论爱社会，乃至爱国家。而且这种爱是自然的、真诚的、发自内心的。

爱家庭

人福创始人艾路明在许多场合都曾经说过："一定要善待我们的员工，员工不仅代表他个人，他们身后还背负着一个家庭，而这是企业和社会稳定的基础……"

还记得2007年人福春节联欢会上，一首《穿越思念》的诗歌朗诵感动了无数人福人：

"……听惯了城市的喧嚣，习惯了旅途的奔波。大雁南飞，候鸟迁徙。那些在异乡辛勤工作的人福人，是否想起家中的妻儿，想起万家灯火中永远为你守候的那一盏灯？想起故乡小院里的篱笆墙，还有儿女蹒跚学步时那些摇曳的星星草？

我们不想触动过往，但思念总是在孤独的时候，湿润了心田。穿越思念的罗网，跨越时空的阻隔。亲爱的人啊！我该怎样表达对你们的想念，又该如何向你们证明，爱让我们相互牵引，我一直在感谢你的理解与支持……"

是的，人福同样没有忘记背后默默付出和做出牺牲的员工家人——这是人福一缕最深沉的牵挂。我们一直感谢人福人家人的理解与支持！人福深知员工除了在工作上事业心的追求，内心也有着对家庭温暖和亲情呵护的诉求。所以，人福不仅会对为了工作而不得不背井离乡的同事们的家属进行走访和慰问，当其家庭或亲人陷入困难之际也会伸出援助之手，而且人福也真诚关心和呵护员工对爱情的期盼、对亲情的渴望，一次次联谊活动成就了人福一段段佳话和姻缘。人福医药集团总裁、宜昌人福药业董事长李杰还明确宣布：当其员工步入婚姻殿堂之时，派送车辆优先权高于公司领导。并且，公司经常会为员工举行集体婚礼，在婚礼仪式上为员工出谋划策。

"人人健康，家家幸福"，宜昌人福药业的企业宗旨形象地代表了人福医药集团对所有家庭和谐美满的衷心期盼。"家和万事兴"，家庭般的亲情和温暖托举着人福人为我们共同的事业而奋斗着。

责任担当之二：爱同胞

初来人福的员工都会被一段话所吸引：

……

作为一个高科技企业，

我们愿通过运用当代高科技成果，

向顾客提供一流的产品和服务，

用我们的努力造福人类。

……

让我们携起手来，

为了民族的昌盛，

为了人类的进步，

为了生命的健康而努力！

让生命之树常青！

人福选择医药产业作为企业的支柱产业，其出发点便是为了救死扶伤、强身健体，为了国民的健康事业。人福创始人不止一次地说："我们的产品首先要有疗效，这应该在对效益的追求之上。"在人福人的不懈努力下，人福的药品在缓解病痛、营造健康生活方面发挥着重要的作用。无论是汶川大地震，还是在之前发生的芦山地震中，人福都是第一时间将灾区急需药品一批批运输到灾区最需要的地方，并组织志愿者在当地开展救护工作。

此外，人福还长期积极参加幸福工程、关怀工程等各种类似的对人民直接有益的活动，不仅做到捐钱捐物，还利用人员和设备，配合着进行活动的推广；为了使贫苦地区的孩子们都可以接受到良好的教育，人福捐献和直接投资，建立了一个个"人福小学"和"希望小学"，让学生们走进了宽敞明亮的教学楼；为了帮助穷苦农民脱贫致富，人福以数百万善款反哺农村，为农村盖房子修路，而且还与一些农村结成定向资助对象，用实际行动支援和深化新农村建设对口帮扶工作……这样的事例比比皆是。

人福就是这样以对人类生命和健康的尊重，实现着企业"让生命之树常青"的承诺。

责任担当之三：爱社会

爱人民体现着对个体的终极关怀，爱社会则体现着对整个社会体系的思考和探索，人福就有着这样高度的社会责任感。

1999年9月11日《长江日报》曾经报道：经济学博士扎根农村搞扶贫，并且利用自己公司的资金、人才和市场优势带领农民脱贫致富乃是一个创举。所说的这个博士便是人福的创始人之一——艾路明。他说："仅仅在物质上帮助农民，并不能从根本上解决农村贫困的深层次问题。"于是，1996年初，艾路明以"中国农村现代社区产业化"理论为指导，着手对新洪村进行社区产业化改造，带领新洪村的农民走上了脱贫致富的道路。为了便于工作，艾路明干脆将城市户口转为农村户口，落户新洪村，并成功竞选上了村支书，成为了一名地地道道的农民。在艾路明的带领下，新洪村开发了"三高"农业产品；将新洪村原来的一条泥巴路改建成4.8公里长的水泥路面，解决了村民进出难的问题；修塘堰，打水井，解决了群众吃水和农田灌溉问题；贷款给村民买种子、化肥，指导村民们养猪、养鸭、养鱼；还种出了优质红山菜苔、黄瓢西瓜等科技含量高的农副产品……1995年村民人均收入700多元，全乡倒数第一，到了1998年，新洪村人均收入便已达到了2400多元，接近了全乡平均水平。艾路明表示，他仍要以新洪村为范例，继续探索中国落后农村走向现代化的路子。

人福医药现任董事长王学海早在临危受命经营杰士邦时期，就深深地认识到"艾滋病"这个问题的严重性以及持续进行社会公益推广的重要性。他常说，艾滋病不只是一个医学问题，更是个社会问题。王学海充分利用杰士邦公司的资源，积极参与艾滋病防治事业，并率先在全国范围内持续开展"杰士邦社会营销工程"。目前，工程的足迹已遍布全国二十多个省、上百个城市，并取得了积极的社会效果。人福也由于在艾滋病防治事业和计划生育事业方面做出的突出贡献而连续两次获得由中宣部、人事部、组织部以及团中央等部门联合授予的高规格的"中华人口奖"，而且是唯一连续两次获奖的企业。

时至今日，人福医药及集团下属企业仍呐喊、战斗在防艾、抗艾的第一线。人福医药集团及旗下玛诺生物公司携手高校学子，支持参与了"百校进千企"大型预防艾滋病社会公益推广活动，共同奔赴武汉市各社区、各工地进行防艾物资捐助及最新的"唾液测艾滋"防艾新技术的免费体验和知识推广。活动的主办方工商联、防艾办的领导在看到人福是本次活动中唯一一家主动参与活动的民营企业，说道："你们人福能持续参与艾滋病预防事业，参与社会公益事业，能做到不容易！"

责任担当之四：爱国家

为什么人福之爱如此深刻和广博，这是因为企业家"实业兴国"的情怀铸就了企业品质，让其在成立之初便卓然而立。

与一般民营企业不同的是，人福集团的创始人是7位武汉大学研究生，他们是艾路明、周汉生、张晓东、张小东、潘瑞军、贺锐、陈华，都有着光明的前景和让人称羡的"金饭碗"，但他们却毅然放弃，凑足2000元，便义无反顾地"下海"了。为什么他们要选择这条异常艰辛的创业之路，他们并不是一无所有，甚至有的家庭背景优越，他们绝对不是追求金钱，而是通过办企业这一途径来实现他们的实业强国梦。

人福创始人之一张小东告诉我们，他们在决定创业之际曾经为此整整讨论了两天。讨论的结果是认为在中国如果所有精英都去政府部门，中国是没有希望的；如果知识分子全部埋首书卷做学问，中国也是没有希望的。他们一致认为，办企业对中国发展最有意义，也最能承担起民族发展和社会进步的重任。

这种情怀和理想始终不曾改变。人福医药董事长王学海曾经将社会责任感分为三个层次，其中最根本的就是首先要把企业经营好："我们首先应该把企业经营好，这是我们的本质责任和基础所在，唯有如此，才能最大限度地回报股东，并增加政府税收。否则，就显得有些本末倒置了……"第二层次是利用自己的资源促进社会发展，第三个层次是企业直接参与社会公益或慈善事业。如今，人福正在进一步努力，朝着"'十二五'期间内实现年销售收入过百亿，成为中国医药行业的领导者之一"的宏伟目标而努力。届时，我们相信，始终以"让生命之树常青"为核心价值观，以"创新，求实，真诚，坚毅，团结"为企业精神的人福医药集团将会进一步运用当代高科技成果和先进的管理，致力于人类健康事业的发展，为了民族的繁荣昌盛，为了国家的长治久安贡献更大的力量。

衷心希望企业或者个人在实现奋斗目标及自身人生价值的同时，为我们的国家和社会尽可能多地贡献出自身力量以及光与热，真正履行起社会责任。我和所有的人福人都会一直谨记我们的企业宗旨："怀着对生命的敬畏和热爱之心，全心全意地关怀人类的生息和繁衍，致力于提高人类的健康生活质量和生殖健康水平，让生命之树永葆生机与活力。"

六、企业简介

（一）企业简介的含义

企业简介是企业向外界简要宣传、介绍自身和产品情况的具有传播作用的公关文书。它通过介绍企业的历史沿革、业务范围、经营方针、生产状况、发展远景、未来展望等情况，宣传企业的风貌、观念，促进企业与公众间的传播沟通，让更多的公众了解企业的情况，树立企业形象，提高企业的知名度。

（二）企业简介的写法

1. 标题

写法1：只标示文种名称，即直接以"企业简介"、"公司简介"等作为标题。

写法2：只标示企业名称，如"中国石油大港油田公司"。

写法3：企业名称＋文种名称，如"××公司简介"。

写法4：正标题＋副标题，正标题一般标示企业名称，副标题一般使用带有凸显企业特色等的宣传性的概括语句，如"宝鸡石油机械有限责任公司——以至诚之心为人　用唯美标准做事"。

2. 正文

一般由前言、主体和结尾三部分内容构成。

（1）前言。对本企业做概括性的介绍，一般简要介绍企业的性质、特点等，引出有关的具体情况的说明。

（2）主体。重点对企业的经营方针、策略、范围、场地、产品、业绩等做全面的介绍，通常对于企业的经营和主要产品要做重点介绍，目的在于促使公众了解和认同该企业的经营项目和产品，并根据简介的联络方法和企业建立联系或购买企业的产品。写作中要注重展示亮点。企业简介的写作目的是向社会公众推介自身形象，所以要展示企业最能够吸引公众、唤起公众的需要和兴趣的信息内容，要有闪光点，如企业骄人的业绩等。

（3）结尾。一般以祈盼、呼唤性的语句表达广交朋友、为顾客真诚服务的愿望，以唤起潜在顾客、合作者的信心和希望，并达成与市场建立紧密联系的目的。

企业简介的内容必须是客观准确、真实可信的，切忌为了吸引顾客而弄虚作假，浮夸吹嘘，唯有做到客观真实，才能使公众按照简介指示的内容与企业交往和合作。企业简介在语言表达上要做到简洁、生动、流畅、上口，同时还可以附上企业景观、拳头产品、获奖证书等相关照片，配合文字说明，更具说服力。

范例：

阳光保险

阳光保险成立于 2005 年，是国内七大保险集团之一、中国 500 强企业，集团注册资本金 67.1059 亿元人民币。集团目前拥有阳光财产保险股份有限公司、阳光人寿保险股份有限公司、阳光资产管理股份有限公司等多家专业子公司。

依托集团优势，以人文、科技为驱动，阳光保险有效地整合旗下保险和投资资源，持续研发满足客户需求的产品，不断升级以"闪赔"、"直赔"为特色的服务，着力打造强大的市场拓展能力、卓越的客户服务能力、杰出的风险管控能力和专业的资产管理能力，实现了健康、持续、快速的发展——成立 3 年跻身国内七大保险集团，5 年跻身中国企业 500 强，7 年成为集财产保险、人寿保险和资产管理于一身的保险金融集团。

阳光财产保险成立于 2005 年 7 月，是主要经营财产保险业务的全国性保险公司，注册资本金 26.5 亿元人民币。阳光产险成立以来，连续多年刷新国内新设保险公司年度保费规模的历史纪录，实现了又好又快的发展。目前阳光产险已有 36 家分公司开业运营，三四级分支机构 1000 余家，服务网络实现全国覆盖。

累计为 3300 多万名客户提供了保险保障，累计赔款近 250 亿元。

阳光人寿保险成立于 2007 年 12 月，是主要经营人寿保险、健康保险和意外伤害保险等一切人身险业务的全国性专业寿险公司，注册资本金 73.37 亿元人民币。阳光人寿成立以来发展势头良好，公司价值不断提升。目前阳光人寿已有 30 家二级机构开业运营，三四级分支机构 600 余家。公司竭诚为广大客户提供人身、养老、医疗、健康、意外等保险保障。

阳光资产管理公司成立于 2012 年 12 月，前身是阳光保险集团资产管理中心，凭借专业的投资团队和"稳健，规范，专业"的投资理念，阳光保险投资收益连续多年居行业前列。2010 年阳光保险就凭借良好的资产管理能力和风险控制能力成为业内除保险资产管理公司之外首家同时具有股票直接投资资格和无担保债投资资格的保险公司。

与不断壮大的企业实力相匹配的是阳光保险的责任与担当。阳光保险成立以来，在一系列重大事件中发挥了金融保险企业的社会责任。7 年来，累计承担社会风险超过 44 万亿元，累计支付各类赔款超过 256 亿元，创造就业机会超过 10 万个，上缴税收突破 88 亿元，累计为 7500 多万个客户提供了保险保障，在各项公益慈善事业中累计投入近 5000 万元。"5·12"汶川地震，捐款捐物超过 300 多万元；青海玉树"4·14"地震，向地震灾区捐款 1000 万元；2010 年海南洪涝灾害，捐款 200 万元；2012 年"7·21"北京暴雨，向重灾区捐款 200 万元。此外，阳光保险先后开展了赞助我国第 22 次南极科考，与团中央合作"全国青春建功新农村"暨促进农村青年转移就业创业，陆续在湖南、贵州、四川、山东、福建、西藏、云南、广西等地捐建 18 所阳光保险博爱学校等一系列有影响的公益活动。为促进公益活动机制化、常态化，2009 年 3 月阳光保险率先在行业内成立了全国性青年志愿者组织"阳光保险青年志愿者协会"，注资成立了"北京市阳光保险爱心基金会"。自 2010 年起，阳光保险启动员工父母赡养津贴计划，截至 2012 年底，已为 1 万多位员工父母发放父母赡养津贴。

创新的管理模式、优秀的企业文化和持之以恒的社会责任与担当得到了社会的高度认可，阳光保险相继获得"中国公益 50 强"、"中国红十字勋章"、"最具社会责任保险公司"、"中国最佳商业模式"、"最佳管理创新奖"、金融行业首家"全国企业文化示范基地"、"最佳雇主企业"、"最佳企业文化奖"、"最佳理赔保险公司"、"最具竞争力保险公司"、"最具幸福感企业"等多项荣誉，成立 5 年进入并蝉联中国企业 500 强与中国服务业企业百强，公司品牌形象和影响力不断提升。

阳光保险秉承"打造最具品质和实力的保险公司"的企业愿景，践行"共同成长"的使命和"诚信"、"关爱"、"创造价值"的核心价值观，以"战胜自我"的企业精神致力于成为国际领先的保险金融集团。

七、宣传单页文案

（一）宣传单页文案的含义

宣传单页是企业在报刊、电视、户外等媒体宣传形式之外使用的一种灵活便捷的印制宣传媒介，是对报刊、电视、户外等媒体宣传形式的重要补充和延伸，常用于企业产品销售及大型促销活动。宣传单页一般分为产品宣传单页和活动宣传单页，它作为一种特定的传播手段，也是企业形象、企业特征、企业信誉和企业文化的结合与浓缩，既能促进产品销售，也能树立企业形象。

（二）宣传单页文案的写法

1. 内容

宣传单页文案的内容主要包括企业的经营理念、发展规划、产品信息、市场服务等方面。其中，产品宣传单页可以介绍产品的基本性能、技术参数、使用方法、售后服务信息等，强化消费者对商家的信任感；活动宣传单页可以介绍企业商务活动的提示和细则，包括活动日程、注意事项、举办方有关信息等，使得消费者顺利地找到自己所需要的商品。

宣传单页文案写作没有固定的结构和模式，一般都应当包括标题、正文、图片三部分，有的还印刷企业（产品）名称、标志、广告语等。文案内容必须真实可靠，做到不夸大、不虚假、不隐瞒、不恶性竞争。商务活动的宣传单页上相关信息要完整，如活动时间、范围、电话等。

2. 形式

宣传单页的设计形式常见的有：

（1）单片式。以32开、16开为多，携带方便，但保存期不长，适应于快速和短期的宣传。

（2）书刊式。一般设计成16开、多页装订成册的形式，常常把商品拍成照片向消费者展示，产品内容介绍比较详尽。

（3）风琴式。一般设计成6开6折、8开2折或4折、16开2折或3折的折页形式，折完拉开后形如风琴。

（4）插袋式。为了放置多种产品样张而设计成内袋式的一种样本形式，便于查阅和携带。

范例:

吉利街宣传单页文案

P1 封面
logo
民俗商街/复式公寓/精品住宅
P2～P5 商业街效果图

吉利街

财富门户、传世商街

超5万平方米沈阳唯一观光、餐饮、购物、休闲、娱乐一体化民俗主题消费街区，一条传承百年民俗商业的文化之街、一条所有人为之向往的消费之街、一条汇聚无限机遇的财富之街……

吉利源起

吉利街所打造的民俗商业文化宗旨就是挖掘和吸收沈阳乃至全国的优秀民俗文化。

吉利街的民俗商业凝聚了流传千百年的国家民间艺术，是属于全人类的珍贵文化遗产。

吉利街的民俗商业有自己独特的文化内涵、保存自己独特的风俗，具有浓郁的民族历史和传统的人文气息，原汁原味的独特民俗文化理念将为街区提供一种先天的、怀旧的、新颖的竞争优势，这必是一种可持续性的、可以流传百年的商业优势！

吉利风情

民国建筑在中国近代建筑史上有独特的地位，是城市宝贵的历史资源和文化遗产，吉利新城整体以民国建筑为规划蓝本，将北方的端庄浑厚、南方的灵巧细腻、西方的恢宏高贵、东方的实用典雅恰到好处地融合在一起，以民俗商街、复式公寓、精品住宅三种复合建筑形态吸引周边区域乃至全市人民的目光，前所未见的民国风情建筑群落、古色古香的老字号店铺、新潮时尚的各色主题消费区域都会成为人们逛不够、买不完的消费天堂。

吉利区位

买铺和买房的第一选择都是要看地段，项目位于沈阳市于洪新城吉利湖街北、汪河路两侧三块楔形地块，邻近沈城盛景浑河晚渡，位居新城生活核心、财富门户之上风上水之位，尽享四通八达之交通格局，极其便利的出入条件为未来的商业街区和住宅提供了绝佳的便利条件和广阔的升值空间。

吉利人气

北邻配套设施完善的铁西新区，东倚都市新兴生态住区——长白岛生，西接张士经济技术开发区，紫郡城、阳光100、水调歌城、滑翔小区等大型高尚社区近邻环绕，极具超前消费意识的主力消费人群密布街区周围，以得天独厚的巨大人气支持，成就本项目无与伦比的商业配套服务区域之龙头优势。

吉利布局

在于洪新城核心区与周边项目均以住宅开发为主的大环境下，本案将高品质公寓、住宅与民俗商业步行街两种建筑形式进行统一、整合，在完善自身综合型社区要求的同时，为于洪新区乃至整个城市的特色配套建设提供完美的解决方案，让特色民俗商业与自身及周边居住区和谐共生、互补互利。

P6公寓的内部效果图

民俗商街/财富之街

吉利街将国外现代商业与国内民俗文化进行有机融合，在传承百年民俗商业的基础上将街区分片进行餐饮、娱乐、休闲、购物、便民服务、民俗博物馆等各种主题划分，以20世纪20年代交融多元的唯美流派建筑风格和新老结合的商业形态，编织一条极具魅力以及吸引周边、全市乃至各地游人关注目光的著名商街，商业机遇无限扩大，以可以传世典藏、传富三代的财富商街开创属于您的新投资、经营时代！

复式公寓/好"室"成双

复式住宅打破原有普通单元式住宅单调的平面形式，把室内居住环境空间化、层次化，使功能分区更为合理，动静有别，公私分明，格调高雅，是介于普通单元式住宅与别墅之间的一种理想的高档住宅形式。复式住宅不具备完整的两层空间，而是利用不同层高的两部分结合成一套住宅，不仅通过地面的高差进行了功能分区，还分别赋予不同空间不同的比例尺寸，它的高度的变化实际上是平面功能分区的延伸。

吉利新城推出的复式公寓最大优点就是付出一层价格可以获得双层享受，具有空间宽敞、总价低廉、装修随意、潜力巨大等特点，无论单身贵族，还是二人世界，抑或三口之家，也无论您是普通住家，还是时尚商用，或者稳健投资，在于洪新城核心地带选择吉利新城的创新复式公寓，都能满足您多种生活方式需求，开创一个家、两种生活的新居住时代！

P7 住宅的外立面效果图

精品住宅/精品人生

究竟什么是精品住宅？究竟什么样的家能够满足我们对房子质量、对后代学习、对便利交通、对齐全配套的完美梦想？如果以上这些购房要求在中油·吉利新城都能够实现，那么这里就是您心目中的精品住宅。因为，经过了严格的考察与验证，这里已经有数百套住宅被享誉国际的著名企业中油集团签约团购，与国际名企员工居住在同一屋檐下，共同拥有吉利新城为您提供的优尚生活，这已不再是遥不可及的梦想！

P8 地图加电话地址等必要信息

八、对外宣传册文案

（一）对外宣传册文案的含义

对外宣传册是社会组织对外全面推介自己、弘扬自身形象的传播载体，是组织对外宣传和展示不可缺少的资料，是组织与目标受众沟通的重要桥梁。组织可在领导和嘉宾来考察或参观时奉上一本宣传册，也可以在公关关系活动中分发给参与的公众和记者，具有不可忽视的"名片"效应。对外宣传册的篇幅可以根据社会组织的不同情况、不同需要而定，但一般来讲应当全面介绍组织的有关情况，让读者对这一社会组织有一个全貌式的了解，形成比较完整的印象。

（二）对外宣传册文案的写法

1. 构成要素

对外宣传册的构成要素一般包括色彩、文案、图片、表述、视觉符号等，册页可分为封面、目录、正文、封底等。

2. 基本内容

一本较为规范的宣传册的内页，在文案内容的编排上一般包括：

（1）组织理念识别系统（MIS）。这是组织的灵魂，也是整个组织形象识别系统（CIS）的核心和依据。一般将这部分内容置于宣传册内页的卷首，如扉页或最前面的一至二页。这部分内容通常尽可能用简明确切，并能被组织内外乐于接受的易懂易记的语句来表达。

（2）领导人致辞。紧接着组织理念识别系统之后，用 1～2 页篇幅安排组织最高领导人如董事长、总经理的致辞。一般是配置一幅能够体现当事人精神风貌的半身照或工作照，在图片下方或侧旁配上简短精辟的致辞文字，体现领导人的战略眼光和管理睿智，表达对组织发展的战略期待。致辞文字下面，应当有领导人的亲笔签名。

（3）组织的基本情况。一般包括组织的成立时间和历史沿革、员工人数和层次结构、资产规模和主营业务等，要着眼于简明扼要的概括，不必展开叙述，一般只用一页篇幅即可。

（4）组织的机构设置。一般是放置一幅让人一目了然的组织结构设置图，介绍组织现有机构框架，如决策层、管理层、职能部门、业务部门等，并且清楚地揭示彼此关系。这部分内容往往能引起外部公众的兴趣，因为一个组织结构的设置往往能展示其运作模式和办事风格。

（5）组织的业务领域。一般包括主营业务、兼营业务、产品或服务的行业特征和销售对象、客户的分布范围、经营的主要业绩和增长趋势等。表述时要做到主次分明，多而不乱，显示组织的运作实力和对社会的贡献。

（6）组织的技术开发。这项内容不是每一个社会组织都涉及，但对于高新技术企业则至关重要，要突出技术研发的迁延性、实用性等，借此体现其核心竞争力。这部分在表述上要尽可能做到通俗易懂，避免深奥晦涩，因为目标公众不是技术专家。

（7）组织的经营管理。一般包括组织的管理理念、用人制度、员工培训、奖惩机制等。组织在经营管理上的特色也是组织对外形象的重要内容，不可忽视。

（8）组织的文化建设。一般包括组织在文化建设方面的投入和所采取的措施、员工日常文化活动的开展等。这部分内容的表述要突出自身的特色，不可用一些放之四海而皆准的活动内容来凑数。

（9）组织的既得荣誉。主要展示组织历年来获得的表彰和荣誉，可用文字形式列表，也可用照片、图表等来反映。还可包括上级领导的视察、参观情况及领导人和知名人士的题词等。需要注意的是要有所选择地列举既得荣誉。

（10）组织的远景规划。在宣传手册的最后部分，可略加介绍组织的中、长期发展战略规划，显示组织的长远追求，让人有所期待。

3. 文字处理

（1）说明为主。对外宣传册的文字表达应当以说明为主，记叙为辅，慎用抒情文字。切忌让华而不实的辞藻淹没真正要传播的信息。

（2）力求简练。对外宣传册的文字表达以把情况交代清楚为尺度，不做铺陈，避免冗长，力求简练。一些图片如果需要配文字说明也要点到即可。

范例：

公司宣传册文案

公司宣传册文案

栏目：

1. 封面——新标识为主角

2. 封底——广告（吉祥物）

3. 董事长寄语

4. 企业简介

5. 公司荣誉

6. 产品介绍

7. 天伦海参文化

8. 未来展望（天伦海洋生物科技园效果图）

文案：

1. 董事长寄语

大连天伦水产有限公司经过二十年的艰苦创业，企业不断发展壮大，在产业上已形成三大养殖基地、一个育苗场、一家大酒店，营销网络已初具规模。目前，公司实现跨越式发展的条件已经具备，为此公司提出在养殖产业稳固发展的基础上积极开发海产品深加工项目，"天伦海洋生物科技园"是我公司正在兴建的东北地区具有一流规模和高科技含量的海产品精加工基地。企业的发展和基地的建设都离不开社会各界的支持。唐朝大诗人李白有诗云："会桃花之芳园，序天伦之乐事"，我们真诚希望与社会各界朋友携手共创美好明天，共享天伦之乐。

2. 企业简介

大连天伦水产有限公司是一家集海珍品育苗、海底底播养殖、捕捞及冷藏加工、出口贸易和酒店服务为一体的综合型企业集团。主要生产"天伦牌"刺参、鲍鱼、海胆、虾夷贝等系列海珍品。现有职工300多人。其中专业技术人员20多名。底播增殖海珍品海域面积7000多亩，育苗场水体5000立方米。建筑面积10000余平方米，固定资产总值5000多万元。在产业布局上形成了长海县小长山岛、普兰店市皮口镇和庄河明阳镇三大海底底播养殖场。

"天伦牌"海参常以"补品之王"而著称。这是因为天伦海参生长在中外闻名的大连长山岛海洋之中，海况良好，无任何污染。近年来与国内著名的海洋科研专家合作，自主研制出海参杂交新品种，不仅保留了原有的海参品质，而且抗病能力强、生长迅速，两年就可以生长为成品参。

2003 年，公司在海产品主业的基础上开始探索企业的多元化经营战略，投资1000 多万元在大连长海与内陆连接处的皮口港黄金口岸购建了一座三星级酒店——海港大酒店，酒店建筑面积4500 平方米。

辛勤的劳动换来了丰硕成果，"天伦牌"商标先后被大连市、辽宁省评为著名商标，公司先后获得"辽宁省十佳信誉知名企业"、"2004 年中国市场信赖产品"、"大连市企业信誉评级3A 级信用企业"、"辽宁无公害海珍品产地"和"中国无公害农产品产品认证"等。

3. 产品介绍

天伦即食海参包装文字资料—— 本品精选大连长海国家无公害海域野生刺参，采用高科技低温缩水保鲜技术，完整保留海参特有的优质蛋白质、18 种氨基酸、刺参粘多糖、海参皂甙、硫酸软骨素、牛黄酸、总黄酮、SOD、锌、硒、钒、钙、铁、碘、磷、锗、锰等矿物质及维生素B1、B2 等50 多种营养成分和活性物质。

海参独有8 种人体不能合成的必需氨基酸。其中精氨酸含量丰富，号称"大富翁"，是构成男性精细胞的主要成分，又是合成人体胶原蛋白的主要成分，可以促进机体细胞的再生和机体受损后的修复，还可以提高人体的免疫功能，消除疲劳，延年益寿；酸性粘多糖和软骨素具有延缓衰老的特效，它可以明显地降低心脏组织中脂褐素和皮肤羟脯氨酸的数量，有延缓衰老的作用。另外，锰、牛磺酸等都对延缓人体衰老有独特的功能，因此，海参又被称为"长寿之神"。

公司名称：大连天伦水产有限公司

公司荣誉：

2002 年被评为辽宁省十佳信誉知名企业

2004 年荣获中国市场信赖产品称号

2004 年大连市企业信誉评级3A 级信用企业

2004 年《天伦牌》商标被评为辽宁省著名商标

2004 年获得大连市无公害水产品产地认证

2005 年荣获大连名牌产品称号

2005 年通过 ISO9000 质量管理体系认证

大连天伦水产有限公司

地址：大连市普兰店皮口镇工业开发区

电话：0411－84506000

传真：0411－84507446

邮编：11621

网址：×××××

4. 天伦海参文化

海参属棘皮动物，位海八珍之首，因其外观很像带刺的黄瓜，古人形象地把刺海参叫海黄瓜，海参名字的来历是因为它的药用价值和人参相似。明朝谢肇的《五杂俎》云："海参在辽东海滨有之，其性温补，足敌人参，故名海参。"天伦公司位于辽东大连，天伦海参产于辽东海滨——长海，我们习惯上叫它"天伦牌"大连长海野刺参。天伦海参的功能作用非常明显，古代医学名著《本草从新》称其"补肾益精，壮阳疗痿"；《本草遗拾》谓其有"补肾精，益精髓，消痿涎，壮阳，生百脉"等作用。我国古代民间也有海参"养血润燥，调经养胎，助产催奶，可治疗经血亏损、伤口不愈等症"之说法。现代医学把它作为降压和延缓衰老的食品之一。天伦刺参品质好、名声大，与产地较低的水温有直接关系。科学证明，食用水生经济动物常常是越往北品质越好，天伦海参品质好与它的生长环境和野生品质有关。

天伦海参情也深、意也真，天伦海参款款情深。

天伦公司祝天下有情人尽享天伦之乐！

5. 未来展望

大连天伦水产有限公司"天伦海洋生物科技园"项目简介：

"天伦海洋生物科技园"位于大连普兰店市皮口镇工业园区，占地近 50 亩，该科技园是大连天伦水产有限公司规划拟建的东北地区一流规模和高科技含量的海产品精加工基地。科技园计划投资 3000 万元，引进国际先进设备和国家专利技术，首期推出两大系列产品——"天伦牌"双参宝（海参、人参）海参产品和"邵老三"牌干海鲜火锅底料，预计 2 年收回投资，年实现利税 2000 万元。

第十四章　企业规章制度文案

一、制度

（一）制度的含义

制度是企业常用的规范性公文之一。主要用于企业对某项工作和某一方面的活动提出规定性的要求，有关人员必须遵守和执行。

（二）制度的写法

1. 标题

标题应由发文机关＋发文事项＋文种类别（制度）三部分组成，但很多时候在标题中将发文机关（或称适用范围）省去，只将标题写成事由＋文种的形式。适用范围、发布机关、发布日期用标题下括号标示法标明。

2. 正文

制度的正文分三部分来写：第一部分要写明制发制度的缘由，用"特制定本制度"一语承上启下；第二部分分条写明各项具体条文；第三部分写实施范围、生效日期、修订权、解释权等内容。第一部分、第三部分要简明扼要，第二部分要具体切实。

3. 尾部

标明单位部门、时间。

范例：

辽宁××实业有限责任公司车辆管理制度

为使车辆管理统一合理化，及有效使用各种车辆，为公司的良好运行提供强有力的后备保障，特制定本制度。

第一条　公司车辆由办公室车管处统一管理、调度。各部门公务用车，由部门负责人先向办公室申请，说明用车出车目的地及事由、时间，办公室根据需要统筹安排派车。

第二条　公务用车辆由车管部门负责管理，分别按车号设册登记管理。公务用各种车辆的附带资料，除行车证件、保险卡、养路费证明及保养手册由各使用人携带外，其余均由车管部门保管，不得遗失，如该车移转时应办理车辆转籍手续，并将该车各种资料随车转移。车辆的有关证件及保险资料统由管理部保管，并负责一切违规费的缴纳及维修。

第三条　本办法中司机的雇用、解雇、奖惩各项，均依本公司人事管理办法处理。

第四条　车辆使用人意图虚伪欺瞒或擅自外借第三人使用等情形时，除依法严办外，应按残价（损失）一次偿还。

第五条　公司司机必须遵守《中华人民共和国道路交通管理条例》及有关交通安全管理的规章规则，安全驾车，并应遵守本公司其他相关的规章制度。

第六条　司机应爱惜公司车辆，平时要注意车辆的保养，经常检查车辆的主要机件。每月至少用半天时间对自己所开车辆进行检修，确保车辆正常行驶。如果遇到不明白的问题应及时向老司机请教，需要维修的及时到车辆管理处办理相关手续。

第七条　司机应每天抽适当时间擦洗自己所开车辆，以保持车辆的清洁（包括车内、车外的清洁），一个月必须清洗一次车内座套。

第八条　出车前，要例行检查车辆的水、电、油及其他性能是否正常，发现不正常时，要立即加补或调整。出车回来，要检查存油量，发现存油不足时，应立即加油，不得出车时才临时加油。

第九条　各部需要使用车辆时，应事先填写"用车通知单"，并一式二联，驾驶员一份，车管部门备案一份。

第十条　办公室建立车辆的用油台账，不定期核算、抽查，严格按行车里程与百公里耗油标准核发油料，驾驶员或办公室人员做好油卡记录，油卡由办公室管理登记。中华尊驰轿车每100公里按12升耗油量计算，俊杰每100公里按10升耗油量计算，面包车每100公里按10升耗油量计算，节奖超罚。公司车辆一律凭卡到指定加油站加油。

第十一条　车队实行安全奖、优质奖、服从调度奖、节油奖。以年为单位对安全行车、优质服务、服从安排、节油的驾驶员给予奖励。

第十二条　公司将对驾驶员的出车公里数进行补助，具体补助办法为：司机出车每公里得到公司0.02元的出车补助，此项补助只在年底结算，对于新来驾驶员不满一年者将把公里数累计到下一年年底发放。中途辞职或被辞退者不发放。

第十三条　根据每辆车的百公里耗油量、公里数、加油钱数对每辆车进行评比、监督、抽查，对于油和公里数实行多罚少奖的政策（少：包括对于空调的控制、道路的选择等；多：包括中途绕道办其他事、道路的选择、空调的控制等）。

第十四条　车管部门或其他领导将不定期对院内车辆进行抽查评比，对于车辆停放不规范、车辆卫生差的车辆负责人进行批评教育，如不改者将进行罚款甚至开除等处理。

辽宁××实业有限公司行政部

2009 年×月×日

二、规程

（一）规程的含义

规程是企事业单位对某种政策、制度等所做的分条的规定。按正常情况，凡初建一个部门，单位都应该先制定一个行之有效的规程。如果当时考虑欠妥，执行一段时间后还要进行修改、补充。作为一个商务人员，不仅应该懂得规程的性质和作用，而且还得会写一般的规程。

（二）规程的写法

（1）要明确规程的特点，以便在写作中和执行中把它体现出来。规程是兼有行政公文和法律条文两种性质的，一般都由集体制定，必要时报请上级领导机关批准才能执行。

（2）要非常熟悉和你所写的规程有关的党和国家的路线、方针和政策，以此作为制定规程的指导思想。

（3）要掌握本部门、本单位的全面情况，为你所写的规程提供充分的文字材料。

（4）要掌握规程的写作方法。规程由标题、日期和正文三部分组成。①标题。这种应用文样式的标题要包括单位名称、事由和文种。②日期。写在标题下面，用括号括起来，如"（2009 年 3 月 25 日）"。有的还将批准机关的名称和批准日期也写在里面。③正文。多用"一"、"二"、"三"等若干条来写，条下面还可分项，如无条就单用项。每条和每项提出一个方面的内容，多从正面做出规定。正文的语言要明确、具体、精练，篇幅越简短越好，以便贯彻执行。

范例：

锅炉工安全操作规程

1. 总体操作

1.1 将药用热水溶解后，总药量一次加入锅筒内，加药前把水位调整到低水位，加药后再把水位调到最高水位进行煮炉。注意不能把固体药加入炉内。

1.2 煮炉期间应从锅筒和水冷壁下集箱排污处取炉水样，监视炉水碱度及磷酸根的变化，排污前后各取一次水样，煮炉后期炉水的碱度和磷酸根应不再变化。

1.3 煮炉期限为 3 天，第一天保持 0.1MPa 表压力下煮 24 小时，第二天保持 0.2 ~ 0.3MPa 表压力下煮 24 小时，第三天保持 0.1MPa 表压力下煮 24 小时。

1.4 煮炉的前两天停止排污，第三天的最后一班每两小时排污一次。

1.5 锅炉停火以后，4 小时内关闭烟风挡板。

1.6 锅炉停火 4 小时后，打开烟风挡板自然通风冷却。

1.7 停火 6 小时后，当炉水温度降到 50℃ 以下时可全部放出炉水。

1.8 炉水放完后，再上满水，再放出去，冲洗一遍。

2. 向锅炉和管网注水操作

2.1 开启汽包的排空阀。

2.2 进水温度不宜过高，水温与锅筒筒壁温差不大于 50℃。

2.3 注水过程要加强检查，发现漏水及时处理，并检查水位自动控制和高低水位报警器，动作应可靠。

2.4 给水上升到最低水位时，暂停给水，观察水位有无变化，如有变动立即查明原因，无异常，可继续给水，使水位上升到正常水位。

2.5 向热水炉注水时，当排空阀见水时停止注水；给水网注水时，用补给水泵从回水管注水，同时在管网最高点放空，能够放出水时为注满水。可以启动循环泵，循环压力稳定时方可进行点炉。

3. 点火操作

3.1 打开烟道挡板，启动风机进行机械通风 5 ~ 10 分钟。

3.2 把点火把点着烧旺，送入油枪喷头前下方，开进油阀门，小心点火。

3.3 根据燃烧情况，调整油门和送风量，使燃烧稳定进行。

3.4 等火焰稳定、燃烧正常，炉膛温度有所上升以后，抽出点火把。

3.5 点火速度不要太急促，特别是水容量大的和水循环较差的锅炉，炉温更应缓慢上升。

3.6　如果出现灭火时，应分析原因，排除故障。强制通风 5～10 分钟后，再进行点火，严防发生爆燃事故。

3.7　严密监视水位的变化情况。适当加强通风和燃烧，开始升压或升温。

3.8　若点火未着，应立即切断点火气源，重新强制通风 5～10 分钟，再点火。

4.　锅炉升压（升温）操作

4.1　蒸汽锅炉当压力升至 0.05～1MPa 表压力时，冲洗水位表。

4.2　当压力升至 0.1～0.15MPa 压力时，冲洗压力表存水弯管，以防止因污垢堵塞失灵。

4.3　当压力升至 0.15～0.2MPa 压力时，关闭上锅筒排空。

4.4　当气压上升至 0.2～0.3MPa 压力时，检查应无渗漏现象，拧紧松动的入孔、手孔和法兰连接螺丝。操作时应侧身，所用扳手的长度不得超过 20 倍螺丝直径。

4.5　当气压升至 0.3～0.4MPa 压力时，进行一次下部放水，放水引起水位降低时，应开启给水阀补水。

4.6　热水炉温升达到 20℃时要进行排污串水一次，压力表要进行冲洗。正常开户升温过程不能少于 4 小时。

5.　蒸汽锅炉的暖管操作（略）

6.　蒸汽锅炉的并炉操作（略）

7.　蒸汽锅炉的供汽操作（略）

8.　蒸汽锅炉的排污操作（略）

9.　缺水事故的处理（略）

10.　满水事故的处理（略）

11.　汽水共腾事故的处理（略）

12.　蒸汽炉爆管事故的处理（略）

13.　热水炉的爆管事故处理（略）

14.　烟道内二次燃烧事故的处理（略）

15.　燃烧室炉墙损坏事故的处理（略）

16.　电源中断事故的处理（略）

17.　热水锅炉汽化事故的处理（略）

18.　锅炉灭火事故的处理（略）

19.　紧急停炉的操作（略）

三、办法

（一）办法的含义

办法是企事业单位使用的一种规范性公文，主要用于制定对某项工作的安排或具体管理措施，涉及范围多属于具体事务和单一事项。

（二）办法的写法

办法的结构由标题（包括题下标示）、正文两部分构成。

1. 标题

办法的标题应由发文机关、事由和文种类别组成，也有省略发文机关的，但不多见。办法如属"试行"、"暂行"的，要在标题中标明。属会议通过或需标明发布日期的，可在标题下加括号注明。也有的在题下标示中同时标明发文机关，但这时不能再在标题或落款中有发文机关重复出现。

2. 正文

办法的正文一般由三部分组成：办法的制发缘由、办法的具体内容、结语或附则。制发缘由指制定办法的依据、目的；具体内容为办法正文的主体；结束语常用以说明办法的适用范围、实施日期、要求、解释权等。

办法内容复杂的，可分为总则、分则、附则来组织结构；内容简单的，通常用分条列述的写法。

办法的制定依据往往是上级机关的法令、决议、条例等。具体明确、切实可行是办法写作的基本要求。

范例：

食堂管理办法

一、食堂员工必须有健康证，必须在接受食品卫生法规和食品卫生知识培训并考核合格后方能上岗，每年必须体检两次。

二、食堂员工关心公司、关心食堂，热爱本职工作，讲究职业道德，讲文明有礼貌，维护公司食堂的声誉。

三、食堂员工服从上司，员工应切实服从上司的工作安排和调度，按时完成任务，不得无故拖延、拒绝或终止工作。

四、食堂领导要建立健全各项卫生制度和卫生岗位责任制。

五、食堂餐具实行"四过关"：一洗、二刷、三冲、四消毒。

六、食堂环境卫生"四定"办法：定人、定物、定时间、定质量，划片分工，包工负责。

四、章程

（一）章程的含义

章程是政治、经济、文化等组织或团体的纲领性文件，有明确的范围、宗旨、鲜明的目的性和较强的针对性，对该组织或团体的成员有较强的约束力。

章程不仅用于政党或社会团体规定其组织的性质、任务、宗旨等，而且还用于企事业单位规定其业务性质、活动制度和行为规范。

（二）章程的写法

章程的基本格式由标题、通过的时间及会议、正文几部分组成。

1. 标题

由章程制定者和文种类别组成。

2. 通过的时间及会议

在标题下，写上何时由什么会议通过，或何时由何机关批准，或何时公布，并用括号括上。

3. 正文

章程的正文与公文不同，一般都是开门见山和分章列款行文的。大体有两种写法：

（1）总纲分章式，或总则、分则、附则式。总纲分章式一般用于政党和团体的章程；总则、分则和附则式多用于企事业单位的章程。

（2）条目式，即比较简单的章程，逐条写下去，不再分章、分项、分款。

范例：

中国写作学会章程

（××××年××月××日中国写作学会×届理事会通过）

第一章　总则

第一条　本会是我国高等院校从事写作教学或写作教学科研的教师，以及从事与写作教学有关的党政机关、新闻出版等方面工作的人员，在党的领导下，自愿组成的群众性学术团体。

第二条　本会的宗旨是：以马克思主义、毛泽东思想、邓小平理论和"三个代表"重要思想为指导，贯彻"百花齐放，百家争鸣"的方针，发扬理论联系实际的学风，团结和组织写作学科的教学和研究力量，积极探讨人类写作活动的基本规律，为建立和完善写作学科的基本理论体系和基本功训练体系、提高写作教学和科学研究水平、普及写作知识、促进社会主义精神文明的建设贡献力量。

第二章　任务

第三条　本会的任务：

1. 制定并实施写作教学研究规划、交流、推荐会员的科研成果。

2. 组织编写各类院校的写作教材，交流教学经验。

3. 编辑出版会刊（写作）和有关写作的丛书。

4. 组织年会及其他教学和学术活动。

5. 加强与各省、市、自治区写作学会的联系，促进和加强写作教学的国际交流。

6. 保护会员从事本会业务活动的正当权益。

第三章　会员

第四条　凡我国高等院校从事写作教学的教授、副教授、讲师以及成就突出的助教，或从事与写作教学有关的党政机关、新闻出版等方面工作的相当于讲师以上的人员，承认本会章程，均可申请入会。入会人员须经各省、市、自治区写作学会推荐，报总会批准。会员有退会的自由。

第五条　会员的权利：

1. 有选举权与被选举权。

2. 有参加本会学术活动的权利。

3. 对本会工作有建议和批评权利。

第六条　会员的义务：

1. 遵守会章，执行本会决议，完成本会交给的任务。

2. 向本会介绍教学经验。

3. 向本会提供科研成果。

第四章　组织机构

第七条　会员代表大会是本会最高权力机构，每四年召开一次。必要时，经常务理事会决定，可以提前或推迟召开。

会员代表大会的任务是：

1. 审查理事会的工作报告。

2. 制定学会的工作计划。

3. 修改会章。

4. 改选理事会。

第八条　理事会是会员代表大会闭会期间的执行机构，由会员代表大会选举若干名理事组成，任期四年。理事会成员可连选连任，但每届理事须更新三分之一；理事会可单独召开亦可结合学术年会召开。

第九条　由理事会推选会长一名、常务副会长一名、副会长若干名、秘书长一名、常务理事若干名组成常务理事会，代表理事会主持日常工作。会长负责学会的全面工作；常务副会长协助会长主持学会的全面工作；副会长协助会长主管某一方面的工作。

第十条　本会对各省、市、自治区写作学会和其他专业研究会负有业务指导的责任。

第十一条　本会聘请名誉会长、总顾问及顾问若干名，任期与各届理事会相同。

五、条例

（一）条例的含义

条例是党的中央组织制定规范党组织的工作、活动和党员行为的规章制度所使用的公文。

条例是党内规定的公文。国家立法、行政机关也使用它，属于下行文。它涉及政治、经济、文化等各个领域，是对在某个领域中的某个方面的长期性工作或活动做比较全面、系统的规定，而这种规定是分章节条款序列写明，一般说来比较有原则、系统。各党、政、军、团体等机关单位都可以使用。

如范文《中国共产党和国家机关基层组织工作条例》，是一个为了加强、改进党和国家机关的工作，充分发挥机关基层党组织作用而制定的条例。本条例涉及党组织的设置，党组织的职责，党员的教育、管理和发展，党内监督，思想政治工作，党务工作人员队伍建设，对机关党的基层组织工作的领导和指导等政治工作，内容全面，是工作条例的范例。

（二）条例的特点

（1）规定的强制性。条例是依据党和国家的路线、方针、政策和法律制定的，是党和国家的路线、方针、政策和法律的具体化、条文化。条例一经颁布必须执行。因为条例就是规定组织或个人遵守什么、执行什么、禁止什么、违反什么、受到什么处罚等。所以，强制性和约束力十分明显。

（2）长期有效性。一般说来，条例颁布之后要长期执行，不能轻易修改，具有一定的稳定性。需要执行一段时间后再正式确定的条例，必须在标题中写明"暂行（试行）"。但暂行（试行）条例的党纪国法效力丝毫不改不减。

（3）制发者的特定性。特定的党、国家最高权力机关、行政机关及受这些机关委派的组织才有权制发条例。地方党政机关的规定名称一般不能冠以条例。有的条例要经重要会议通过，由党和国家高层机关批准实施。

（三）条例的写作方法

条例的写作方法，可分为格式、内容两方面。

1. 在格式写作方面

（1）标题。标题写法一般有两种：一是写明发文机关、发文事由和文种，即写出完整的标准式的公文标题，如《中华人民共和国防汛条例》。二是写明发文事由和文种，省去发文机关，如《农业化学物质产品行政保护条例》。条例标题下面一般写明发布的时间和发布机关，如《扫除文盲工作条例》（1988 年 2 月 5 日国务院发布）。如果是暂行的条例，要加上"暂行"二字。

（2）正文。正文是条例的主体和核心部分。其写法应视条例内容的实际情况而定。一般写法有两种：一种是分章式；另一种是分条式。①分章式写法。把条例内容分成若干章，每章分成若干条，条下还可以立项、立款；章与条按顺序写明号码；每章内容集中，拟出小标题，眉目清楚。一般是第一章为总则，写明制发条例的依据、缘由、目的及其适用范围；接着（第二章之后）为分则，即中间部分，写明要遵守、执行的事项、要点、措施、奖罚等条款，这是条例的中心部分；最后一章是附则，写明条例的解释权、修改权归属，执行要求，生效日期，或与此条例相抵触的内容作废等。②分条式写法。对内容比较单纯、层次不复杂、条款较少的条例应采用分条式写法。即将内容分成若干条，各条按顺序排列写明号码。一般是第一条写明制发条例的根据、缘由、目的等；第二条写明对条例的适用范围做解释；中间各条写明条例执行的要求、做法、措施等；最后一二条写明条例的解释权归属和施行、生效日期。

条例在写作时要注意语意的准确性、单一性，防止产生歧义；语义界限要明确、清晰，不能模棱两可；条例的章节条款前后顺序要有条理。

（3）落款。因在标题中写明发文机关，或在标题下写明发文机关，在正文之后的右下角就不要落款了。

（4）日期。因在标题下写明条例的发布日期，就不另写日期了。

2. 在内容写作方面

由于条例种类不同，其写法也就有所不同。但是，无非是分章式、分条式两种写法，在前面已经谈及，不再重复，看下面范例就清楚了。

范例:

中国共产党和国家机关基层组织工作条例

（××××年××月××日）

第一章　总则

第一条　为了加强、改进党和国家机关的工作，充分发挥机关基层党组织（以下简称机关党组织）的作用，根据《中国共产党章程》和党内有关规定，结合机关工作实际，制定本条例。

第二条　机关党组织以马克思列宁主义、毛泽东思想、邓小平理论为指导，紧紧围绕党的基本路线，结合本部门的工作任务和特点。加强党的思想、组织和作风建设，加强党内监督，坚持从严治党，充分发挥党的思想政治优势、组织优势和密切联系群众的优势，促进本部门各项工作任务的完成，为改革开放和社会主义现代化建设服务。

第三条　机关党组织协助行政负责人完成任务、改进工作，对包括行政负责人在内的每个党员进行监督。

第四条　机关党组织在上级党的委员会或党的机关工作委员会领导下工作，同时接受本部门党组的指导。

第二章　党组织的设置

（第五条至第十条）（略）

第三章　党组织的职责

（第十一条至第十二条）（略）

第四章　党员的教育、管理和发展

（第十三条至第十五条）（略）

第五章　党内监督

（第十六条至第十八条）（略）

第六章　思想政治工作

（第十九条至第二十二条）（略）

第七章　党务工作人员队伍建设

（第二十三条至第二十六条）（略）

第八章　对机关党的基层组织工作的领导和指导

（第二十七条至第二十九条）（略）

第九章　附则

（第三十条至第三十三条）（略）

六、规则

（一）概念及特征

规则是由企业的领导和职能部门根据宪法和其他有关法律、法规的精神制定的、具有一定约束力的规范性公文。

规则具有以下特点：

（1）针对性。规则的制发具有很强的针对性。它是依据有关法律、法规的规定，针对某项管理工作或某项公务活动而制定的操作规定，其内容必须合法，不能有任何随意性。

（2）可操作性。规则的规范事项必须周密、精细、具体，可以直接付诸实施，不需要再制定出实施细则来保证其贯彻执行。

（二）内容及写法

规则由首部、正文、签署和日期构成。

1. 首部

（1）标题。由事由和文种构成，如《计算机房安全管理规则》等。有的则由制发机关、事由和文种构成，如《××工人运动会参赛规则》等。

（2）制发的时间、依据。写在标题之下，有的用括号注明规则通过的年月日与会议名称；有的注明批准、公布的日和单位；有的写明公布的日期和单位。

2. 正文

规则的正文内容由总则、分则、附则组成。总则是关于制定规则的指导思想、缘由、依据等内容。分则是规范项目，它是规则的实质性内容，要求执行的依据。

规则正文的结构形式主要有两种：一是条款式，全文按序列条；二是章条式，全文分若干章，第一章为总则，最后一章为附则，中间为分则。

3. 签署和日期

通常将发文单位写在正文的右下方，在署名下方写明日期，正式公布时还应加盖公章。有的规则将制发时间写在标题之下，用圆括号注明通过的日期与会议名称。有的在标题之下注明批准、公布的日期和机关。因此，要灵活掌握。

范例：

公司党委常委会议事规则

第一章　总则

第一条　为了更好地贯彻党的民主集中制，提高公司党委常委会议的议事质量和效率，保证公司党委决策化、科学化，根据《中国共产党章程》、《中国共产党地方委员会工作条例（试行）》和局党委文件精神，特制定公司党委常委会议事规则。

第二章　议事原则

第二条　坚持以科学理论为指导的原则。要以马列主义、毛泽东思想、邓小平理论和"三个代表"重要思想为指导，认真贯彻落实党的基本路线、基本方针，认真执行上级决议和决定，牢固树立全局观念，正确处理整体与局部利益的关系。

第三条　坚持解放思想、实事求是的原则。要运用马列主义的基本立场、观点和方法，观察、分析和解决问题，深入调查研究，努力把中央、上级指示精神同公司实际相结合，创造性地开展工作。

第四条　坚持集体领导和个人分工负责相结合的原则。全局性、政策性的大事，干部的推荐、任免和奖惩，都要由常委会议集体决定。常委要关心全公司工作，积极参与集体领导，维护党委的集中统一，并根据集体的决定和分工认真履行自己的职责，遇事不推、不靠，勇于负责。常务委员之间要互相通气、互相信任、互相支持、互相理解、互相补位，积极开展批评与自我批评，不断增进团结。

第三章　议事内容（略）

第四章　议事程序（略）

第五章　时间安排（略）

第六章　附则

第十三条　本规则由公司党委办公室负责解释。

第十四条　本规则自印发之日起施行。

七、规定

（一）概念

规定是企事业单位对有关事项做出政策性限定的法规性公文。

（二）规定的写法

规定的结构包括标题和正文。

1. 标题

规定的标题有三种常见的写法：

（1）发文机关、规范内容加"规定"构成。

（2）规范范围、规范内容加"规定"构成，如"广东省城镇园林绿化管理规定"。

（3）在"规定"前加某些修饰语，如"关于对赞助广告加强管理的几项规定"。

2. 正文

规定正文一般由缘由、规范、说明三部分组成。不同类型的规定，其内容构成及具体写法也不尽相同。

（1）政策性规定。政策性规定着重于界限划分、明确范围、提出要求和惩处情况，解决"应当怎样"和"不应怎样"的问题。

（2）管理性规定。管理性规定侧重于规定管理原则、管理职责、质量标准、措施、办法、管理范围及要求。

（3）实施性规定。实施性规定的写法和实施办法、实施细则大体类似。它侧重于对实施文件的有关事项做出规定，对原件条款做出解释，提出具体的实施意见。

（4）补充性规定。补充性规定主要就原件中某些提法不够明确、不够具体的方面加以明确，加以补充或解释，以便实施。

以上各类规定，缘由和说明部分写法相似：缘由部分一般说明制定依据，说明部分附带说明制定权、解释权和施行日期。

（三）注意事项

规定的写作除要遵循法规性公文写作的一般要求外，还要做到以下两点：

（1）正确使用规定，避免滥用错用。

（2）写法灵活规范。规定的写作，在结构安排上，篇幅较长的将整篇分若干章，再分条表述。篇幅不长的只分条表述，依次排列制定缘由、规范条款和说明事项，这类写法最常用。而"补充规定"，则一般无须分章、分条列出，也不求系统完整，只根据需要，有多少项就说多少项。有的规定还加前言，略摆情况，简述理由，阐明意义。规定的写作，切忌反复论证及具体陈述。

范例：

<h3 style="text-align:center">企业办公用纸管理规定</h3>

为节省能源，降低成本消耗，制定公司文印室管理规定如下：

1. 文印室采取定人定岗制度。

2. 文印室统一领用打印纸，各部门可以从文印室领用，并由文印室工作人员详细记录。

3. 打字员打印文件、资料时要认真校对，减少错误，避免浪费纸张。

4. 复印内容较多的文件时，可用双面复印。

5. 名片打印，每月初由总裁办统计当月所需名片数量，并由主管领导签字，确定格式、内容后，由文印室统一打印。

6. 设计人员在出图时，应仔细核对后再出图。

7. 各部门到文印室打印、复印资料时，要认真记录，月底统计使用纸张数，上报财务部。

8. 两台打印机原则上放入废纸打印，当需要使用新纸时电话通知打印人员放入新纸打印，由文印人员记录打印张数。

9. 两台绘图仪平时不放入纸，需要打图时事先与文印人员联系后放纸打印，打印后记录打印尺寸作为月底报入财务凭证。

10. 需要复印资料由复印员来专门复印，并根据需要采用相应纸张来复印并进行登记。

八、守则

（一）概念

守则是企事业单位为维护公共利益和工作秩序，向所属成员发布的行为准则和道德规范。守则通行于某一系统或某一单位内部，其成员必须共同遵守。如果涉及面广，守则的内容通常比较有原则。如果涉及的是具体的工作事务，守则的内容可以详细一些，如《值班人员守则》。

守则的制定有三个依据：一是党和国家的方针、政策；二是有关法律、法规；三是全社会共同遵守的道德规范。因此，遵守守则，实际上也就是遵纪守法，就是讲文明、讲道德。

（二）作用

守则对其所涉及的成员有约束作用，但守则从整体上说属于职业道德范畴，不是法律和法规，不具有强制力和法律效应。也就是说，如果有人不按守则办事，可能并不违法，但至少是违背了道德准则，会受到人们的批评和谴责。它旨在培养成员按道德规范办事的自觉性，对本系统，本单位，本部门的工作、学习、生活也能起到一定的保证、督促作用。

（三）特点

1. 原则性

守则的原则阐述多于具体要求，它在指导思想、道德规范、工作和学习态度等方面提出基本原则，但不过多涉及具体事项和方法、措施。

2. 约束性

守则是用来规范人的道德、约束人的行为的，通常在一个系统内部人人都要熟悉守则，人人都要遵守守则。它虽然不具有法律效力，也没有明显的强制性，但对有关人员的教育作用和约束作用还是很明显的。

3. 完整性

守则一般篇幅都比较短小，但内容涉及成员应该遵循的所有基本原则和规范，系统而完整。为此守则的撰写要注意条目清晰，逻辑严谨。

（四）写作方法

1. 标题和日期

（1）标题。守则的标题由适用对象加文种组成，如《商业营业员营业守则》。

（2）日期。有些守则需要在标题下方正中加括号标注日期和发布机关（或通过守则的会议）。

2. 正文

守则的篇幅一般比较短小，多采用通篇分条式写法。如果内容复杂，为了更有条理性，也可采用条例、规定、章程、细则那样的章条式写法，由总则、分则、附则三部分组成，下面再分章，章下再分条，不过这种情况比较少见。

在正文的写作中，条与条之间的划分是否符合逻辑规律，能不能做到条理清楚、层次分明，是写作成败的关键。另外还要注意语言表达的简练、质朴、准确。

范例：

企业技能比赛裁判员守则

一、裁判员在比赛过程中，必须佩戴统一制作的证件。

二、裁判员必须熟悉掌握所评判工种的竞赛内容、评分标准和安全要求等，做好有关设备、检测仪器、安全操作的检查工作。

三、井下裁判时，按入井规定统一穿戴工作衣，并佩戴防护用品。

四、严格按标准评定成绩，力求准确、公平、公正，并在评分表上签名。

五、裁判员采取回避制度，如因编排原因遇到本单位选手时，裁判员应主动向裁判长报告。

六、对考核内容要严加保密，如有泄露，取消其本次大赛的裁判资格，并将追究相应责任。

七、现场执行裁判时要关闭手机，不许与外界联系。在驻地待命期间，不许外出，如有紧急事情需要离开驻地，必须经总裁判长同意。

九、准则

（一）准则的含义

准则是单位主管部门对某一方面的工作做出规定的应用文体。

（二）准则的写作方法

准则主要由三部分组成：一是标题；二是正文，开头概括说明制定的目的，主体部分可分条陈述；三是署名和日期。

例如，范例《会计核算基础工作准则》，第一是标题部分，明确具体，指出准则的主题。第二是正文首先说明制定本准则的目的，是为做好会计核算的基础工作，其次是准则的内容，全面而结合实际。第三是写作本准则的时间。

范例：

会计核算基础工作准则

为做好会计核算的基础工作，使会计在反映和监督企业的生产经营活动方面发挥应有的作用，特制定本规程，作为全厂会计工作人员的工作准则。

一、会计人员必须加强政治学习、会计业务学习和财务政策学习，切实按照

《会计人员职权条例》的规定做好会计核算的基础工作。

二、做好凭证的编制工作

1. 各项原始凭证（包括自制凭证）要做到：日期、名称、单价、数量、金额的大写和小写准确、清楚，公章齐全；经手人背书、审核人和主管人的签章齐全完备；在报销列账后，应分别加盖"收讫"、"付讫"、"转讫"等图章。

2. 记账凭证（包括汇总记账凭证）要做到：日期、会计科目编号及名称、对方科目名称、金额大写和小写、各有关人员签章、收付手续齐全，证证相符。

3. 各项凭证粘贴、装订要牢固、整齐；封面、封脊书写明白，装订成册，以便查核。

三、做好记账工作

1. 记账必须及时，要做到内容完整，数字真实，摘要明白，便于查阅。坚决防止漏记账、记错账、重复记账和积压账目。

2. 每本账簿启用时，应在账簿内列表载明单位名称、开始使用日期、共计页数（活页式账簿应在装订成册后记明页数）和记账人员姓名，加盖单位公章，并由记账人员签章。调换记账人员时，应在表内注明接办人姓名和交接日期，并由接办人签章，以明确责任，保证账簿记录的合法性。

3. 为了使账簿记录清楚整洁，防止篡改，记账要用蓝黑墨水钢笔，不得使用圆珠笔。红色墨水笔只能在划线、改错冲账时使用。

4. 账簿必须依照编定的页码连续登记，不得隔行、跳页。

5. 记账时必须严格根据经过审核的会计凭证填列会计科目的名称，或同时填列会计科目的名称和编号。

6. 总分类账和各种明细分类账都应事前编列目录，记明每一科目的名称和页次；记账后，应将记账凭证或汇总凭证的编号记入账簿内，同时在记账凭证或汇总凭证上注明账簿页码，或记作"V"符号，表示已经登记入账；在每一页账页登记完毕，需要转入新账页时，要在最后一行加计总数，结出余额，在摘要栏内注明"转后页"，并在新账页摘要栏内注明"承前页"，同时将上页金额总数记入新账页金额栏的第一行。

7. 账目如有记错时，应用红笔双线将错误处全部注销，然后在划线上做更正记录，并由记账人员在更正处盖章。划线注销之处，必须原有字迹仍可辨认，不得刮擦、挖补或使用褪色药水。对于错误的数字，必须全部划线更正，不能只划线更正其中的个别错字。

四、做好会计报表工作

1. 会计报表，必须根据核对无误的账簿记录和经过审核的各项有关资料编制，以保证会计报表的真实性。

2. 会计报表的编制要及时，做到严格遵守规定时间报送会计报表。报表数字必须真实，绝对不可将估计数字填入会计报表。

五、为了做好会计基础工作，严格执行并健全会计工作岗位责任制，按照各部门、各分厂的内部分工规定，做到每一项会计工作都有专人负责，每一个工作人员都有具体明确的岗位职责。各部门、各分厂的会计工作岗位责任制由各部门、各分厂财会科拟订，报总厂财务处批准后执行。

六、本准则报经厂部批准后施行，修改时亦同。

×××× 年 ×× 月 ×× 日

第十五章　个人职场公关文案

一、自我鉴定

（一）自我鉴定的含义

鉴定就是对别人的优缺点进行鉴别和评定。自我鉴定是企事业单位的领导由于某种需要，在总结前一时期政治、思想、工作表现时，做自我评定时所常使用的一种应用文样式。

（二）自我鉴定的写法

（1）要掌握自我鉴定的时间和内容的范围。凡自我鉴定都有相对的时间限制和特定的内容。例如，我们去党校脱产学习一年，毕业时，根据领导的要求，每个学员要做自我鉴定，时间只限定在党校学习这一年，内容也侧重在思想和学习这两个方面，至于工作则可一带而过或根本不提。

（2）写自我鉴定既要谦虚谨慎又要实事求是，对主要优点，要充分自我肯定，不要缩小；对主要缺点，也要尽力找出，不要掩饰。这是写好自我鉴定的正确态度。

（3）要掌握写自我鉴定的结构方法。其结构方法一般由如下三部分组成：

①标题。写法有三：一是用"我的鉴定"四字标出；二是用"自我鉴定"四字表达；三是用《我的毕业鉴定》这样的格式来写。另外，还有用《干部培训班结业自我鉴定》这样的格式制题。

②正文。一般写四层意思：前言（一两句），优点，缺点，今后态度。

③署名和日期。写于正文右下方第三、四行处。

范例：

自我鉴定

本年度以来，本人在政治上能追求进步，坚持四项基本原则，拥护党的各项方针政策。工作上认真负责，勤勤恳恳，从无怨言，超额完成任务。同时，本人亦能勤于业务研究，除正常的教学任务外，完成《实际应用传播学》一书（25万字，××大学出版社 2008 年 1 月版），并发表学术论文 13 篇。不足之处是，本人对集体建设工作关心不够。今后当加以改进，发扬成绩，克服缺点，争取做出更大贡献。

×××
20××年××月××日

二、组织鉴定

（一）组织鉴定的含义

组织鉴定是党政机关、社会团体和企事业单位的组织人事部门，对本单位某个同志在一定时期内的政治思想、工作学习，以及生活等各方面的实际表现做出评价的一种事务性文书。

组织鉴定能够较为全面地反映出被鉴定人的历史和现实面貌，客观、真实地体现出被鉴定人的人生价值，是组织、人事部门考察、选拔和任用干部的基本依据和凭证。同时，它又提供和积累了被鉴定人的人事资料，是建立人事档案的重要内容。

根据组织性质的不同，组织鉴定有党组织鉴定、团组织鉴定、合法的群众团体组织鉴定等种类。

（二）组织鉴定的特点

组织鉴定具有以下几个方面的特点：

（1）客观性。组织鉴定能反映出一个组织成员或干部各方面的真实面貌，其优缺点符合被鉴定人的实际情况。

（2）严肃性。组织鉴定是一级组织对其所属成员或干部的看法和意见，对其评价的高低、优劣，具有较强的权威性，直接影响着被鉴定人的声誉。因此，必须以严肃、认真、负责的态度做出鉴定。

（3）概括性。组织鉴定是对被鉴定人各个方面真实情况的高度概括，一般用较小的语言密度来涵盖丰富的内容，而不宜做过细陈述。

（三）组织鉴定的写法

组织鉴定的内容由标题、正文、结尾和落款四部分组成。

1. 标题

一般有三种形式：一是直接以文种《组织鉴定》为标题；二是由组织名称

与文种构成的标题，如《党组织鉴定》、《团组织鉴定》等；三是由介词"关于"引出被鉴定人姓名和文种，如《关于×××同志的组织鉴定》等。

2. 正文

这部分是组织鉴定写作的重心。它要根据组织上所了解和掌握的被鉴定人的情况，准确、客观、完整地反映出其在一定时期内各方面的实际表现和优缺点，并做出恰切、公正的评定。具体说来，应当载明以下三个方面的内容：

（1）概括介绍被鉴定人的基本情况。包括姓名、性别、出生年月、民族、学历、政治面貌、参加工作时间、现任职务、职称及其主要经历等。

（2）简要充分地写明被鉴定人在思想政治及工作学习方面的实际表现、能力水平以及所取得的成绩等。在结构安排上，既可采用概述的方式，也可采用分条的方式。

（3）直截了当地指出被鉴定人存在的不足之处。

3. 结尾

一般是对被鉴定人提出希望，并明确其今后的努力方向。视实际情况，这部分内容有时也可省略。

4. 落款

在上项内容的右下侧，写明做出鉴定的组织全称及鉴定日期。

（四）注意事项

要写好组织鉴定应切实注重以下四点：

（1）要深入实际，认真进行调查研究。组织鉴定贵"实"，最忌虚妄，必须深入实际，认真进行调查研究，切实掌握第一手材料，以便对被鉴定人的实际表现及优缺点做出恰如其分的总结和评定。切忌仅靠现成的材料和传闻进行撰写，或单凭"印象"办事。这样会有损组织鉴定的意义和价值。

（2）要注意讲究"透明度"。组织鉴定应与被鉴定人"见面"，并允许其提出自己的看法和意见，以增加"透明度"。如果被鉴定人的意见正确，则组织上应予以接受和采纳，使之更加贴近实际；如所提意见不够妥当，则应对其进行说服教育，做到以理服人。讲究"透明度"，是确保组织鉴定价值的需要，也是当前人事制度改革的需要。

（3）评价要全面恰当。撰写组织鉴定，对被鉴定人各方面的情况都要进行评价，力求全面恰当。不能只注重能力、业绩，而不注重其政治思想表现；不能只肯定优点，不写缺点；更不能不看成绩和主流，夸大其缺点的严重性。对其长处、短处的评价都应实事求是、恰如其分地表述清楚。

（4）语言要简洁朴实。组织鉴定的语言应当力求朴素、实在、简明扼要，不叙述具体的事例，不做长篇的议论。

三、转正申请

（一）转正申请的含义

转正申请是试用期的员工在试用期满或即满之时写给用人单位，请求转为正式员工的申请书。

（二）转正申请的写法

员工转正申请报告的格式包括五部分：

（1）标题。在第一行的正中写"员工转正申请书"。

（2）称呼。即在标题下空一行顶格写接受申请书的组织名称。

（3）正文。个人在工作中的学习成果以及经验教训等。

（4）结尾。一般在正文后写"此致"，再另一行顶格写"敬礼"。

（5）署名和日期。在结尾下一行的后半行（右下方）写出申请人的姓名和具体申请日期。

范例：

员工转正申请

尊敬的领导：

我于200×年×月×日成为公司的试用员工，到今天，6个月试用期已满。根据公司的规章制度，现申请转为公司正式员工。

作为一个应届毕业生，初来公司，曾经很担心不知该怎么与人共处，该如何做好工作；但是公司宽松融洽的工作氛围、团结向上的企业文化，让我很快完成了从学生到职员的转变。

在轮岗实习期间，我先后在工程部、成本部、企发部和办公室等各个部门学习工作了一段时间。这些部门的业务是我以前从未接触过的，与我的专业知识相差也较大。但是各部门领导和同事的耐心指导，使我在较短的时间内适应了公司的工作环境，也熟悉了公司的整体运作流程。

在本部门的工作中，我一直严格要求自己，认真、及时做好领导布置的每一项任务，同时主动为领导分忧。专业和非专业上不懂的问题虚心向同事学习请教，不断提高、充实自己，希望能尽早独当一面，为公司做出更大的贡献。当然，初入职场，还有一些小差小错需要领导指正。但前事之鉴，后事之师，这些经历也让我不断成熟，在处理各种问题时考虑得更全面，杜绝类似失误的发生。在此，我要特地感谢部门的领导和同事对我的入职指引和帮助，感谢他们对我工作中出现失误时的提醒和指正。

经过这6个月，我现在已经能够独立处理公司的账务，整理部门内部各种资料，进行各项税务申报，协助进行资金分析，从整体上把握公司的财务运作流程。当然我还有很多不足，在处理问题的经验方面有待提高，团队协作能力也需要进一步增强，需要不断继续学习以提高自己的业务能力。

这是我的第一份工作，这半年来我学到了很多，感悟了很多。看到公司的迅速发展，我深深地感到骄傲和自豪，也更加迫切地希望以一名正式员工的身份在这里工作，实现自己的奋斗目标，体现自己的人生价值，和公司一起成长。在此我提出转正申请，恳请领导给我继续锻炼自己、实现理想的机会。我会用谦虚的态度和饱满的热情做好我的本职工作，为公司创造价值，同公司一起展望美好的未来！

此致
敬礼！

×××
200×年×月×日

四、停薪留职申请

（一）停薪留职申请的含义

停薪留职申请是申请者想要办理停薪留职，给企业领导写的申请批准的书面材料。

（二）停薪留职申请的写法

停薪留职申请同其他申请一样，包括标题、称谓、正文、结尾、署名及日期。

（1）标题。可以直接以文种为标题，如"申请书"，也可以用事由加文种构成。

（2）称谓。即写明申请送达的单位部门或者领导。

（3）正文。这部分是申请的主体，要求写明办理停薪留职的事由等。

（4）结尾。再一次重申自己的请求，最后一般以"望总经理批准"或"盼予批准"等结尾。

（5）署名及日期。

范例：

申请办理停薪留职

厂领导：

　　我因家庭人口较多（父母、岳父母、妻、儿共7人），仅我夫妻两人工作，靠工资收入难以养家。加之老人多病，经济收入入不敷出，虽承组织关心，常给予补助，但我不能全依靠组织解决我家的困境。经过多方考虑并征得家人的同意和支持，我拟筹划开一小饮食店。今特申请办理停薪留职手续。盼组织考虑我家的实际情况，给予批准。不胜感激之至。

　　此致

敬礼！

职工：×××谨呈

××××年×月×日

五、退职申请书

（一）退职申请书的含义

退职申请书是请求企业领导同意申请者在没有达到退休年龄的情况下，自愿退职的申请。

（二）退职申请书的写法

退职申请书同其他申请书一样，包括标题、称谓、正文、结尾、署名及日期。

（1）标题。可以直接以文种为标题，如"申请书"，也可以用事由加文种构成。

（2）称谓。即写明申请送达的单位部门或者领导。

（3）正文。这部分是申请的主体，要求写明自己为什么要求退职的事由。

（4）结尾。再一次重申自己的请求，最后一般以"望领导批准"或"盼予批准"等结尾。

（5）署名及日期。

范例：

退职申请书

厂领导：

　　我系×××年×月参加工作，至今已有××年工龄。由于我所学专业与现干工作不对口，工资收入亦难维持一家五口的生活，每次为孩子的学费也要苦筹一番。经过与家人共商，我再三思考，认为自己尚有一技之长，为生存和图发展，决定申请退职，今特专此报请，盼予批准。

职工：×××谨呈

××××年×月×日

六、考察材料

（一）考察材料的含义

　　考察材料是指企业行政部门在考察的基础上，通过对考察情况进行综合分析后，形成反映考察对象德、能、勤、绩、廉等方面表现的综合材料，是用以反映职工或领导班子具体表现情况的事务性文书。

（二）考察材料的写法

　　考察材料的内容结构一般由标题、正文和落款三部分组成。

　　1. 标题

　　标题由考察对象名称和文种组成，如《×××同志考察材料》；有时可在考察对象名称前冠以介词"关于"，如《关于张××任销售经理五年工作情况的考察材料》。

　　2. 正文

　　正文包括前言、主体、结尾三部分。

　　（1）前言。概括介绍考察的目的及考察的方法和过程。

　　（2）主体。这是考察材料的核心，应按先后顺序写明三个方面的内容：①考察对象的基本情况和主要经历。要写得简洁、概括。基本情况包括考察对象的姓名、性别、年龄、民族、籍贯、政治面貌、文化程度、职务或职称等身份要素；主要经历包括考察对象参加工作以来的职务变化情况、历史上所受的奖惩情况等。②现实表现。这部分包括两方面内容：一是考察对象的德、能、勤、绩、廉方面的主要表现和主要特长。德是指思想品德、政治表现，特别是在一些重大历史事件中的表现，包括一贯思想倾向、思想作风、道德修养等；能是指其在实际工作中运用所学知识解决问题的能力，包括文化水平、政策水平、专业技术知识、理解力、创造力、统率力、指导力、规划力、决策力等；勤是指其工作态度、纪律性和责任心；绩是指其履行岗位职责的情况，包括具体工作的数量、质量、效率、效果等；廉则是指遵纪守法、廉洁自律情况。二是主要缺点和不足。③民主推荐和民主测评情况。要将所推荐的职务、得票的多少，以及在得票人中的排列序位等情况交代清楚。

（3）结尾。要写明考察的意见，就考察对象能否使用、如何使用，向企业人事部门提出意见。

3. 落款

在结尾的右下方，签署考察单位名称及考察人姓名，并写明考察材料的成文时间。

对于考察中重大问题的调查情况及其他补充说明材料，可以作为附件一并上报。

（三）注意事项

要写好考察材料，应注意以下三点：

（1）要全面准确。考察材料要全面地、历史地反映考察对象各个方面的情况，其中引用的数据、事例要有依据，做到准确无误。对考察对象德、才表现的分析要中肯，定性分析要客观，定量分析要适度，要恰如其分地概括出考察对象的本质特征。尤其是在表述缺点和不足时，要更为准确，既不能文过饰非，也不能夸大其词。同时，在语言表达上，要平铺直叙，做到准确恰当，言简意赅，切忌笼统空泛。

（2）要重点突出。考察材料对考察对象有关情况的叙写，要抓住能够反映其本质特征的材料，将最突出、最重要的评价性观点放在前面，做到主次分明，详略得当。切忌面面俱到、罗列重复、堆砌材料。

（3）要具体形象。考察材料在反映考察对象工作中做了怎样的决策、提出了什么建议、做了哪些具体的工作、效果如何时，要用具体的事实说话，善于运用一些典型的有充分说服力的具体事例加以佐证。

七、典型材料

（一）典型材料的含义

典型材料是指用于宣扬企业生产与建设活动中涌现出来的有代表性的先进人物或先进单位的事迹、经验而写成的书面材料。

典型材料的宣传教育功能是明显的。通过宣传人物和单位的先进事迹、经验，有利于树立典型，传播经验，弘扬正气，扬善抑恶；有利于激励人们向模范人物和先进单位学习、借鉴；有利于使先进人物的优秀品格成为广大人民群众奋发向上、建功立业的精神动力；有利于形成崇尚先进、学习先进、争当先进的良好氛围。

（二）典型材料的分类

典型材料的种类很多，主要有以下几类：

（1）按照典型材料的对象，可分为个人典型材料与单位典型材料两种。①个人典型材料。即反映模范人物感人的事迹、不凡的经历的材料，主要介绍模范人物高尚的品格与情操，以及骄人的业绩。②单位典型材料。即反映先进单位值得推广的成功做法或在某一项工作中取得的显著成效的材料。

（2）按照典型材料的内容，可分为典型事迹材料、典型经验材料和典型事件材料三种。

（三）典型材料的特点

典型材料作为一种常用事务文书。具有以下几个方面的特点：

（1）代表性。典型材料所反映的内容必须是同类事物中最具代表性，最能够反映事物的本质，最能揭示事物规律性的材料。典型材料的代表性是典型材料的生命力所在。

（2）真实性。典型材料中所涉及的有关事迹、做法、业绩等都是客观存在的事实，是典型在现实生活中的真实表现。只有真实，才能发挥典型材料应有的作用。

（3）充实性。即指所用材料要充实，要用具体的有充分说服力的材料来显示先进单位或先进人物的特性，让人感到血肉丰满，富有表现力。

（四）典型材料的写法

典型材料的内容结构通常由标题、正文和结尾三部分组成。

1. 标题

标题有以下两种写法：

（1）公文式标题。由"关于"引领的介词结构和对象、事由、文种组成，如《关于××乳业公司扩大奶源的经验材料》。有时也可以省略事由，如《关于××造纸厂的经验材料》。

（2）双题式标题。即由正题和副题组成，正题用精练的语言概括出典型材料的内容或主旨；副题标明典型材料的对象，如《余热生辉荡阴霾——记安徽省立医院主任医师、共产党员许××》。

2. 正文

典型材料的正文由开头、主体、结尾三个部分组成。

（1）开头。一般简要介绍典型个人或单位的基本情况，如个人姓名、性别、年龄、职业、工作年限、单位工作范围，以及主要事迹概述等，使人们对典型材料所涉及的对象有一个大体的了解。

（2）主体。主体部分是典型材料的核心，它要具体叙述先进人物或单位的主要事迹或成功做法，其所取得的主要工作成绩（即工作的收获和效果）和具体表现，要善于运用典型事例加以说明。选材务求真实，切忌人为地拔高甚至随意编造，以免事与愿违。此外，对先进单位或人物的思想来源、先进形成的过程和成长基础等，也应加以反映，以增加材料的可信度和真实感。在写法上，多采用撮要标目或分设小标题的方式。

在层次安排上，通常采用如下两种结构顺序：①时间顺序。即所列几个小标题按照事件发生、发展的先后顺序来排列。②逻辑顺序。即所列几个小标题按照事件的主次、递进、并列、因果等内在关系来安排。

3. 结尾

典型材料结尾的写法多种多样，可以阐明先进事例的意义，进行总体评价；也可指出先进人物或单位的事迹或经验将产生的深远意义和影响；还可以发出号召，或提出向先进学习的要求。

（五）注意事项

要写好典型材料，应注意以下几个问题：

1. 选材要与时俱进

典型是时代的印记，是随着时代的发展而涌现出来的，是时代精神的反映，是为促进各条战线、各项事业的进步而树立的代表，是形势任务的需要。所以，选材要合着时代的步伐，做到与时俱进，不能选择那些已经过时或与时代精神相违背的材料，否则，就不称其为典型。

2. 叙述要具体深刻

典型材料以叙述的表达方式为主，兼用议论、描写、抒情。通过叙述、描写，反映典型事例中的情节、细节，树立典型在人们心目中高大的形象。通过议论和抒情，进一步挖掘出典型所蕴含的本质特征、价值和意义，使典型材料起到引领方向的作用。

3. 语言要生动感人

事例生动、事迹感人是典型材料写作的一条基本要求。为此，在行文时要善于运用生动形象的语言加以描绘，尤其是对事例中情节、细节的描写，要使人们有一种如临其境、如见其人、如闻其声的感觉，达到真正感染读者、教育读者的目的。否则，典型材料就没有可读性，就会失去其应有的激励和教育功能。

八、汇报提纲

（一）汇报提纲的含义

汇报提纲是企业各部门主管向企业负责人汇报工作时使用的文书。多数汇报提纲是汇报者在口头汇报时使用的大纲，它的作用是：使发言条理清楚，中心明确，避免重复，听取汇报的人也容易把握要点，从而达到讲者清楚、听者明白、节约时间、提高工作效率的目的。

（二）汇报提纲的特点

使用的灵活性是汇报提纲的主要特点。汇报提纲使用的范围很广，它往往是在一项工作进行到一定阶段时，为使领导人员了解指导，进行口头或书面的汇报。这种汇报多数是提纲挈领式的，它是全面总结性汇报的前导。

（三）汇报提纲的写作方法

汇报提纲的文体结构和工作要点相似。它由标题、正文、落款三部分组成。

1. 标题

汇报提纲的标题有两种形式：

（1）汇报单位＋事由＋文种，如《××市零售商业系统关于一季度销售情况的汇报提纲》。

（2）汇报单位＋接受汇报单位＋文种，如《×××公司向×××市工商行政管理局的汇报提纲》。

2. 正文

汇报提纲的正文由三部分组成。一是导言，主要用于介绍和说明有关问题的基本情况，提出对汇报事项的总的看法。二是主体，这是汇报提纲的中心部分，要求分列出汇报的事项，说明具体做法及其效果，以及尚存的问题。三是结语，结语中要将汇报的情况做概括性的小结说明，并将需要领导指示、决策的问题再次简明地提出。

3. 落款

落款包括两项内容，一是单位，二是时间。时间如已在标题中出现，最后就不必重复。如标题中未出现，可写在标题下面，并加上括号，也可写在最后。这两项对汇报提纲来说，都很重要。

（四）注意事项

撰写汇报提纲，一要观点鲜明，切不可模棱两可，含糊其辞；二要纲目分明，讲什么问题，从几个方面讲，讲哪些事例和数据，都要安排妥当；三要事例典型，汇报提纲中的事例、数据都要精选，要具体，要有能够反映本质的细节、生动的情节和语言，这些往往是汇报提纲中的点睛之处；四要用单音节文言词语，尽量少用复句表述，总的要求是要做到说起来流畅顺口，听起来舒畅入耳；五要注意人称和人称变换，在汇报提纲中往往要涉及第一人称单数"我"、第一人称复数"我们"、第三人称"他"、第三人称复数"他们"，人称选用不当，既可能造成材料混乱，还有可能造成听方的误解。

范例：

物业管理公司党建工作汇报提纲

根据中心组织科《关于开展基层党建调研工作的通知》要求，我们玉山物业公司党委及时进行了部署，要求各基层党支部按照通知要求进行自我查排和总结。在此基础上，公司党委认真进行抽查、梳理、分析和提炼，利用通知下发后近10天的时间对公司所属的11个支部进行了走访调研，加深了对基层党建工作的理解，摸清了基层党员队伍的现状，找到了制约基层党建工作的症结，发现了基层党建工作的闪光点，为今后进一步加强和改进公司两级党组织建设奠定了基础。现就我们玉山物业公司一年来党建工作的有关情况汇报如下：

一、公司党建工作的主要做法及成效

一年来，公司党委始终坚持以"十六大"的精神和"三个代表"的重要思想为指导统领公司的各项工作。我们认为，公司基层党建工作的好与坏，党建工作开展得扎不扎实，党员队伍的作风过不过硬，将直接影响到公司的整体发展，公司大的思路和各项工作目标也将依靠基层党员的艰苦奋斗来实现。所以，我们一直把加强基层党组织建设作为公司工作的重中之重，把公司的基层党组织建设与公司的各项工作紧紧地绑在一起，做到了"公司发展靠党建，抓好党建促发展"。

（一）通过学习，狠抓了干部队伍的思想作风建设，有效地促进了基层领导班子的决策水平。

（二）强化落实，加强了党建工作的制度建设，有效地发挥了基层支部的核心作用。

（三）深化主题，增强了党员干部的责任意识，有效地激发了基层支部的争先意识。

（四）突出重点，优化了基层支部的结构配置，有效地加强了对基层党员的管理。

二、目前公司党建工作还存在的问题

（一）虽然基层党支部学习制度坚持得很好，但是学习的效果还不够明显。

（二）对党员管理和教育的覆盖面还存在死角，个别党员的组织生活坚持得不好。

（三）部分党支部还存在因循守旧的意识，工作中创新力度不够，没有真正地激发基层党员的工作积极性和主动性。

三、今后一个时期公司党建工作的新思路

（一）以点带面，充分发挥好先进典型的示范作用。今年，我们将抓住萃苑党支部创建管理局"党建示范点"的良好机遇，逐步探索出一条非在职党员管理的有效途径。

（二）进一步加大基层班子建设，重点突出党支部的战斗堡垒作用，正确处理好支部工作与行政工作之间的关系，努力做到党政领导的"既分工，又协作"，将党政工作统一到公司外"闯市场，求生存"的思路上来。

（三）要解决好党支部对党建工作及开展党建活动的思想认识问题，要加强以"服务职工，服务居民"教育为主的思想政治工作。

（四）进一步增强干部队伍的进取意识。

九、调查提纲

（一）调查提纲的含义

调查提纲是企业部门领导经常要使用的一种提纲性公文，是调查研究题目的具体化。

（二）调查提纲的写法

调查提纲的格式一般包括标题、正文、签署三部分构成。

1. 标题

标题通常只写"调查提纲"字样，也可分别在"调查提纲"前加上"××事情"的"调查提纲"或"汇报提纲"。

2. 正文

正文可以分三方面的内容来写。先讲调查提纲的准备缘由、收集情况的范围、方式和要求等；次写要调查或汇报的内容，具体提出调查的重点、准备汇报的问题等，这部分是提纲的主体，可以分条列出。最后对被调查的单位及负责人作必要的交代，以明确责任及汇报的时间等。

如果调查提纲是要上报或下达的，一般在正文开头先顶格写受文单位；如果是自己使用的，则不必标明。

3. 签署

签署制发机关、日期。

范例:

民俗文化调查提纲

一、县情概述

二、生产民俗

（一）农业生产民俗

（二）狩猎民俗

（三）畜牧民俗

（四）蚕桑民俗

（五）渔业民俗

（六）矿业民俗

（七）林业民俗

（八）采集民俗

三、经济民俗

（一）商业民俗

（二）交通民俗

四、生活民俗

（一）饮食民俗

（二）居住民俗

五、社会民俗

（一）家族、宗族民俗

（二）村落民俗

（三）教育民俗

（四）节庆民俗

（五）人生礼仪民俗

（六）信仰民俗

（七）科技民俗

（八）医药民俗

（九）游乐民俗

六、文艺民俗

（一）民间艺术

（二）民间工艺

（三）民间口头文学

十、工作要点

（一）工作要点的含义

工作要点也是一种重要的企事业单位计划体公文。它以简要的文字，反映一个单位在一定时间内工作计划的主要方面和要点，内容十分扼要。

（二）工作要点的写法

工作要点的内容结构一般由标题、正文和结尾三部分组成。

1. 标题

要点的标题一般由制定单位名称、适用时间和文种三个要素组成，如《××公司二〇〇九年业务工作要点》。

2. 正文

这部分是工作要点的重点，一般应由前言和主体两层内容组成。其中前言部分要用简要的文字交代制定要点的目的、依据、指导思想和总的任务要求，用语要富有概括性，篇幅不宜过长。主体部分将前言内容具体化，要将有关的措施和办法逐一列出；可以采取条项贯通的形式，将所要做的工作明确、清晰、概括地表述出来。从内在结构形式上讲，应当体现出一种"做什么"（前言）——"怎样做"的结构模式。

3. 结尾

在正文的右下侧注明制定工作要点的机关或单位名称及制作日期。

（三）注意事项

写好工作要点要注意以下几点：

（1）目的明确，重点突出。

（2）要吃透"两头"。一方面要认真学习国家文件和精神，另一方面必须系统了解本公司的有关情况，把握其有利条件和不利因素，弄清发展工作的潜力。

（3）用语要简练。由于是工作计划的"首要之点"，故在文字表达上一定要简练，要直陈其事，无须修饰，所提出的措施和办法不必展开，以求内容与形式的和谐一致。

十一、经验介绍

（一）概念

经验介绍是企业总结经验时所写的文字材料。它不是正式文件，但在商务活动中，也有一定的指导作用，是一种参考性文件，具有典型性、经验性以及观点和材料的统一性的特点。

（二）写作方法

经验介绍的格式由标题、署名、正文和时间组成。

（1）标题。大体有两种写法，一种是公文标题法，如《××厂关于体制改革的经验》，另一种是一般文章标题法。

（2）署名。在标题下方，署上单位或个人的名字。

（3）正文。经验介绍的正文在写法上比较灵活，没有固定模式，开头一般介绍基本情况、工作成效或提出问题，并略加阐发。主体介绍基本经验，往往从提高认识、加强领导、发动群众、掌握政策、注意方法、正确处理好各种关系等方面入手，进行总结。这是写单位或集体经验时，带有规律性的写法。结语一般写存在的问题或不足之处，展望未来，有时写几句谦虚的话。开头和结语应力戒重复，如开头写基本情况，结语就要写取得的成效，开头提出问题，结语则是解决问题。

（4）时间。正文之后注明经验材料的写作时间。

（三）注意事项

（1）经验介绍可以偏重于提炼工作经验或介绍先进事迹，也可以经验和事迹并重。根据材料进行安排，在没有确定主题以前，收集材料的范围可以放宽些，掌握了一定材料，就应该确定主题。最终写进经验介绍的事例材料，要精选，不是越多越好。而且题目要小，要有针对性，不要面面俱到。题目过大，就很难写得深，写出特点。

（2）对于具体内容要精心构思，安排层次，搞好通盘谋划。至少要做到层次分明，结构严密，重点突出，论点紧扣中心。

（3）还要注意，不论是以经验为主还是以事迹为主，都要用事实说话，要精选几件最激动人心、最有特色或最能表现人物、阐明主题的主要事件。

范例：

山东家家悦集团有限公司经验介绍材料

家家悦集团是以超市连锁为主业的现代流通企业，现有直营连锁门店 400 多处，连锁网络覆盖了山东省内 29 个市县，形成了"东西结合，城乡一体"的网络格局。面对金融危机带来的困难和压力，我们强化机遇意识，变压力为动力，积极应对，迅速调整，继续保持了较快的发展势头。2008 年，实现销售收入 85 亿元，名列中国快速消费品连锁企业第 22 位。

一、加快规模扩张，一手抓城市大卖场，一手抓农村市场开拓

发展连锁，网络是基础。面对激烈的市场竞争，我们始终把规模扩张作为公司发展的关键，按照"区域密集，城乡一体"的战略，不断延伸服务网点，扩

大连锁规模，形成了滚动发展的良好态势。

（1）区域密集化。确定了区域密集的发展战略，不断强化网络密度建设，加快区域网点的扩张和延伸，提高网点的辐射能力，逐步形成了市场主导地位。同时，利用区域密集化形成的市场优势，通过集中采购、统一配送，有效降低了运营成本，进一步提升了企业整体竞争力。目前，在公司400多处连锁门店中，仅威海市中心区连锁门店就达到80处，形成了以城市为中心、以各县镇为点、沿公路成线、区域成网的连锁经营网络格局。

（2）业态多元化。按照多业态并举的思路，对经营业态进行了明确定位，根据城市和农村不同消费群体的特点，把大卖场、综合超市和农村店三种基本业态重点发展，形成了业态之间良好的互补性。在此基础上，适应城市居民消费观念品牌化、时尚化、多元化的要求，积极创新经营业态，投资12亿元在威海建设一处总建筑面积27万平方米，集购物、餐饮、文化、娱乐、运动、休闲等多种消费功能为一体的大型商贸中心——威海九龙城休闲购物广场，使经营业态进一步丰富。

（3）城乡一体化。发展初期，我们就制定了"以城市为中心，以农村为基础"的战略，在城市发展连锁超市的同时，积极开展"超市下乡"，在农村富裕乡镇建立连锁店，为在农村发展连锁经营进行了积极的探索和实践。"万村千乡市场工程"启动以来，我们进一步加大开拓农村市场的力度，依靠现代化的物流配送体系，通过企业较强的品牌影响力和规范的管理，积极发展农村店，整合农村零售网络，构建城乡一体化的发展格局。目前，我们400多处连锁门店中，农村店180多处，覆盖了120多个乡镇。当前，我们正在积极布局，在胶东半岛实现所有乡镇都有我们的直营门店。

二、夯实发展根基，一手抓物流建设，一手抓技术提升

物流是连锁经营的核心，我们按照"建自己的物流体系适应本土化发展"的理念，通过加强物流体系建设，为企业扩张提供了强有力的后台支撑，保证了连锁经营的持续健康发展。

（1）抓基础，建设物流中心。

（2）抓管理，提升运营效率。

（3）抓拓展，推进物流对接。

三、延伸产业链条，一手抓农超对接，一手抓工贸结合

随着企业规模的不断扩大，利用自身的网络优势和物流优势，积极向第一、二产业渗透，以建立现代流通产业体系为目标，形成了主业突出、农工商一体化的发展格局。

（1）抓好农超对接，建设农产品现代化流通体系。

（2）加强工贸合作，建立更加紧密的战略合作关系。

（3）提升内部竞争力，一手抓基础设施建设，一手抓内部管理提升。

近年来我们抓住机遇，创新经营，加快发展，在商贸流通工作中积累了一些经验，取得了一定的成绩。但与领导的要求相比，与其他先进单位相比，还有相当大的差距。我们将以本次培训为契机，虚心学习，大胆创新，加快企业的外延扩张和内涵提升，努力实现又好又快发展，为富民强省做出我们应有的贡献。

参考文献

[1] 成松柳. 现代公关礼仪写作 [M]. 武汉：武汉大学出版社，2011.

[2] 向国敏. 公共关系写作 [M]. 北京：首都经济贸易大学出版社，2009.

[3] 金常德. 常用公关文案写作规范与实例 [M]. 南宁：广西人民出版社，2012.

[4] 阎杰，高鸿雁. 文秘人员工作必备的公关文案写作规范与例文 [M]. 北京：中国纺织出版社，2012.

[5] 阎杰，高鸿雁. 礼仪文书写作 [M]. 北京：气象出版社，2012.

[6] 谢伦浩. 即兴讲话借鉴大全 [M]. 北京：石油工业出版社，2003.

[7] 廖雄军，赵如锋. 领导讲话稿写作规范与技巧 [M]. 南宁：广西人民出版社，2006.

[8] 张向东. 公务员口才演讲必备手册 [M]. 珠海：珠海出版社，2001.

[9] 樊鸿武. 党政干部会议讲话艺术 [M]. 北京：中央文献出版社，2002.

[10] 张浩. 最新行政公文写作范例大全 [M]. 北京：蓝天出版社，2006.

[11] 千惠. 实用应用文写作指导与范例全书 [M]. 北京：中国戏剧出版社，2003.

[12] 温迎军. 新编现代应用文写作全书 [M]. 北京：光明日报出版社，2004.

[13] 陈冠任. 顶尖说话口才 [M]. 北京：中国工人出版社，2002.

[14] 霍唤民，任鹰，宋海军. 新编应用文写作全书 [M]. 北京：中国社会出版社，2002.

[15] 张浩. 新编领导人讲话稿写作技巧与范例 [M]. 北京：蓝天出版社，2005.

[16] 张浩. 最新办公室文秘写作必备全书 [M]. 北京：蓝天出版社，2005.

［17］余飞．领导干部讲话稿写作实务［M］．南宁：广西民族出版社，2004．

［18］于成鲲．现代企业管理文书写作规范［M］．上海：复旦大学出版社，2011．

［19］郝惠文．企业文书写作规范与经典范本［M］．北京：化学工业出版社，2011．